新臺灣史讀本

江燦騰
陳正茂 著

東大圖書公司

國家圖書館出版品預行編目資料

新臺灣史讀本／江燦騰,陳正茂著.——初版四刷.——
臺北市：東大，2016
面；　公分

ISBN 978-957-19-2900-2　(平裝)

1.臺灣史

733.21　　96019775

© 新臺灣史讀本

著作人	江燦騰　陳正茂
發行人	劉仲文
著作財產權人	東大圖書股份有限公司
發行所	東大圖書股份有限公司 地址　臺北市復興北路386號 電話　(02)25006600 郵撥帳號　0107175-0
門市部	(復北店) 臺北市復興北路386號 (重南店) 臺北市重慶南路一段61號
出版日期	初版一刷　2008年2月 初版四刷　2016年1月
編　號	E 670110

行政院新聞局登記證局版臺業字第〇一九七號

ISBN　978-957-19-2900-2　(平裝)

致讀者

現在擺在讀者面前的這本新書，是由東大圖書公司所悉心規劃和出版的，一本有關臺灣史的嶄新著作。

其目的是，準備提供給國內大專及技職院校，屬於大學階段成年者，「臺灣史」課程教學所使用的最新讀本。

本書內容突破一般教科書之窠臼，以新穎多元之內容，來彰顯臺灣歷史與文化之豐富內涵。這是本書有別於一般臺灣史之教科書的一大特色。

本書在詮釋體系上，兩位作者議定：撰寫自解嚴以來，當代臺灣社會大量湧現的各種新穎的學術課題。有關本書的這一部分，可說是當代臺灣現行歷史教科書，較少觸及的條目。本書的內容，即由此建構起來。

兩位作者都體認到，自解嚴以來的臺灣政局變化，和社會各方面的發展，及兩岸的複雜關係，這些當代的現成歷史素材，書中均有深刻的論述。讀者當能體會，本書內容不會只是空洞的表述，或僅存概念性的歷史書寫。

因此，本書的特點之一，就是能呈現具有血肉鮮活和深情動人的歷史書寫。因為兩位作者有深刻感受和鮮明個性，也才能據以撰出此一新類型的臺灣史教科書。

雖然如此，在本書中所論述者，仍得力於學界既有成果的多，完全由兩位作者嶄新開創者少，但我們都願打開心胸，避免出現任何特定政治立場的詮釋觀點，也不妄斷未定論的司法案件，以及不偏愛任何統獨的觀點或立場；甚至於包括兩岸敏感的統獨論述在內，本書也都在不避諱的加以論述之同時，不作任何偏袒，而是以史家專業的態度，來進行分析，或據以進行高度思維性的相關論述。

所以，本書在問題意識的思考層次上，是深刻而細緻的；在持論態度上，雖仍相當嚴謹，卻能保有極大的開闊心胸，為史事當事人設身處地的設想，或為之留餘地的寬容及諒解，來撰述相關史實。

根據以上所述，讀者不難了解，兩位作者的撰書心態，整體來說，是充滿撰史熱情的；在題材的挑選上，也是百無禁忌的；但在專業上，則仍嚴格遵守客觀史家應有的不偏頗立場，亦即，是以極冷靜的深刻思維，和處處懷著關愛自己鄉土同胞的心，來進行如此的新臺灣史書寫。

因此，此一新書的出版，既是在深刻描寫當代，也是在紀念當代和歌頌當代！同時，也藉此和當代讀者交流及對話。兩位作者雖能撰此新書，卻也非事事精通，和所論皆對。因而，對於本書中，仍存在的知識空隙和見識不足，也已了然於胸；對於相關書寫內容，也隨時可能犯錯。

也因此，凡能讀本書，而指正其中論述疏失、記載資料有不確、或疏忽者，皆兩位作者史學之師，或難得請益之學友。而且，不論其身分是學生、初學者，或一般喜愛本書的普通讀者，兩位作者也會對其任何的指正，衷心感謝。

2008 年元月

江燦騰　陳正茂

凡　例

一、本書為方便現代讀者閱讀，書中年代皆標示世界通用的西元紀年。

二、本書為大專用書，非學術著作，故僅附參考書目和少量不可或缺的註解。

三、為求全書行文流暢，具高度可讀性，所以不附入數字圖表，此為西方通史性教科書的作法，有其長處，故本書亦援用之。同樣，大事記，也因各書皆有，內容重複且作用不大，本書亦加以省略。

四、本書的目的，著重在閱讀後的思考和相關問題意識的討論，故不須過於記誦或過於拘泥在形式方面的進度教學之講求。

五、將書中各主題自行重組來進行教學，是本書作者最願意看到的正確作法。

新臺灣史讀本

致讀者
凡　例

第一卷　早期臺灣的歷史

（從古代臺灣到清季開港前）

第二卷 臺灣近代史

（從清季開港後到日本撤出）

第三卷 臺灣現代史的戰後發展

（自二戰後——2006年）

早期臺灣的歷史

（從古代臺灣到清季開港前）

第一章　近代人類學認知下的臺灣史前文化

1.1　臺灣先史時期的文化遺址

舊石器時代的文化遺址

臺灣史前文化的挖掘和出土，是近代人類學認知下新領域之知識產物，而非自然被呈現和被論述的原始文化史之遺物和遺址。

所以，這不是史前自然人，現存的、樸素的、早期臺灣土著的生活史，而是帶著近代人類學專業知識，和解釋概念的人類史前文化的科學性之發現。

而在當代，透過新穎和現代化的史前文化博物館的展出，例如位於臺北縣八里鄉淡水河南岸的「十三行博物館」，就是能結合最新多媒體視訊傳播的現代展示場，具有歷史教育和文化休閒等多功能作用。

本章以下所論內容，皆可歸之於近代人類學認知下，臺灣史前文化之敘述，或被歸納之知識結果。

1971 年 11 月，在臺南縣左鎮鄉菜寮溪發現人類右頂骨殘片化石，1974 年元月，又於同地點發現人類左頂骨化石，該古人類被命名為「左鎮人」。

據考古人類學家推測，左鎮人屬晚期智人，其年代距今約二萬至三萬年；至於他從何而來，眾說紛紜，有可能從大陸東南沿海處，長途跋涉到臺灣。

左鎮人的出土，代表臺灣在舊石器時代晚期，即有狩獵、採集的先住民棲息。唯左鎮人的發現，僅止於若干頂骨殘片，其他的生產工具及相關石器，並未挖掘到，因此，我們現在對左鎮人的了解仍甚有限。

1968 年 3 月，臺大考古隊在宋文薰教授與地質系教授林朝棨的帶領下，於臺東縣長濱鄉八仙洞遺址之海蝕洞穴內，發現其中若干洞穴的堆積中，含有舊石器時代的文化層，年代可能屬於古老的紅色土層，掀起了「長濱文化」的神秘面紗。

在長濱文化層中發現的石器，大多由礫石製成，係直接敲打礫石面加以片解的，加工的並不多見。另有一些石器則用石英、燧石、鐵石英等質地較緻密的石料製成，加工痕跡明顯，常見的為刮削器、尖器、刀形器等。

長濱文化遺址中還發現骨角器。這些骨角器，有長條體器和骨針兩種，反映了長濱文化人已有較高的骨器製作技術。他們利用骨針，縫製獸皮，作防寒保暖之用。另外，在長濱文化的先陶文化層也發現木炭粉末的遺跡，說明長濱文化人已進入用火照明取暖、防禦猛獸及燒烤食物的「熟食」階段了。

據宋文薰教授考證，長濱文化距今約五千年至五萬年，早先以為僅存在於臺灣東海岸，1979 年在臺北市士林區，芝山岩背後的水田中，發現一些礫石砍器，與八仙洞出土的類似，也屬於長濱文化，說明了臺灣北部，亦存在過這種文化。

新石器時代的文化遺存

新石器時代，臺灣全島普遍都有文化遺址出土，較著者，有大坌坑文化、鳳鼻頭文化、圓山文化和麒麟文化。

㈠**大坌坑文化：**大坌坑遺址位於臺北縣八里鄉埤頭村觀音山北麓，是屬於繩紋粗陶文化層。此為由繩紋或撚絲紋陶器所代表的文化層，為臺灣最古的文化層。

基本上，繩紋粗陶及打磨石器，可謂構成大坌坑文化的主要內涵。這種繩紋粗陶文化層，在臺灣分佈很廣，其中以大坌坑文化為代表，其年代約屬新石器時代的文化，距今約七千至四千七、八百年前，大坌坑文化屬繩紋粗陶晚期的文化。

㈡**圓山文化：**據劉益昌教授考證距今約四、五千至三千年前，其石器屬有段石斧文化層，主要分佈於臺灣北部。此文化層之石器為扁平、柱狀兩類型之有段石斧及石鏃等，另併用者可能有金屬器存在。有段石斧文化層的傳入臺灣，據鹿野忠雄之考證，可能從福建傳入。

另外，圓山文化層尚有陶器，陶器多為手製，含細砂，以棕灰色為主，器形主要為飲食器的碗，器表多素面，沒有紋飾，簡單大方。而有紋飾的圓山素面陶，表面多塗紅褐色顏料，外觀鮮豔；或出現彩繪點紋和條紋，也有一些是施印網紋，更能凸顯圓山文化與其他文化不同的特點。

圓山貝丘還出現許多魚骨和獸骨，出土的石骨箭頭、骨魚叉、石網墜等工具都和漁獵活動有關，而為數眾多的石斧、石鋤和陶器可能是用於農業生產的，可以想見當時臺灣北部的早期住民，大概是過著以漁獵撈貝為主，以農耕為輔的生活型態。

㈢**鳳鼻頭文化：**臺灣西南部的文化遺址，以高雄縣林園鄉的鳳鼻頭文化遺址為代表，該遺址的代表性遺物是泥質磨光紅陶，質地細膩，不含大粒砂土，顏色多橙紅或深粉紅，多手製，器表印上繩紋或席紋，有些繪有深紅色的彩畫，器形有碗、盆、壺、瓶、豆、鼎等。

石器亦多為磨製，以玄武岩和頁岩為主要原料，器物有石鋤、石斧、石錛、石鑿、石刀等多種，代表當時社會型態已進步到以農耕為主，兼營漁獵的階段。

另外，黑陶文化在臺灣似乎僅見於西海岸，尤以中南部為甚，重要遺址有臺中縣營埔、南投縣大馬璘、臺南市牛稠子貝丘、高雄縣大湖、鳳鼻頭等處。而出土於貝丘，另亦有石刀、偏鋒石斧等。

鳳鼻頭遺址的第三、四文化層以橙紅陶為代表，次為黑陶和彩陶。黑陶仍是手製，另輔以慢輪修飾的痕跡，色澤光鮮亮麗，製陶技巧頗為進步。彩陶都是用深棕、深紅色畫在紅色細陶或砂陶上，有填充三角形、平行直線紋、人字紋、雲紋等，有的在碗口外緣加上一道黑彩，器形有碗、杯、罐、豆等。

總之，鳳鼻頭文化遺址出土的器形，大多是大口盆、碗、細長頸的瓶、小口寬肩的罐和圓柱形足的鼎。其製法，多屬人工手製，外表飾以繩紋或席紋，有的陶片上有刻劃紋和附加堆紋。少數杯片或砵片，甚至有深紅色彩畫。鳳鼻頭文化的石器，以鋤、斧、鑿為主，石器多磨製，製作頗為精美。陶器以橙紅陶、黑陶為多，亦為手製。

㈣**麒麟文化：**在東部沿海一帶，除了舊石器時代的長濱文化，和同屬大坌坑文化的繩紋陶文化外，尚有與臺灣其他地區完全不同的巨石文化，以臺東縣成功鎮的麒麟文化遺址為代表。

巨石文化的最大特色，是由岩棺、石壁、巨石柱、單石、石像、有孔石盤為主，它們的來源，及其與其他各原始文化的關係，因相關證物不夠，還有待進一步研究。

早期先住民的社會生活圖像

無論是舊石器時代晚期或新石器時代，臺灣先住民的社會生活型態，都有了進一步的發展，活動範圍亦擴大許多。

他們利用較進步的工具，在原野山林奔馳，獵取動物果腹；他們也懂得製造石箭網墜，從事水產捕撈，這點可由圓山文化遺址出土，帶有倒刺的骨角魚叉得到證實，也說明當時的漁獵技術，已頗進步。

此外，農業種植已出現。從圓山文化出土大量的石斧、石鋤及鳳鼻頭文化遺址中大批的石刀來看，這些工具，顯然是運用於種植和收割農作物之上的。

至於，營埔文化遺址，還發現有稻穀遺痕。牛稠子文化遺址的紅陶文化層，亦發現有粟粒遺跡。凡此均足以說明，臺灣在新石器時代，農耕文明已起步。

而隨著社會和生產力的發展，石器製造技術也有長足進步，至少已從打製發展到磨製。新石器時代初期的大坌坑文化遺址，石器仍停留在打製與磨製並存階段，即便是磨製，技術仍很粗糙。

但到晚期的圓山、鳳鼻頭文化遺址時，所使用石器，幾乎都是磨製，且技術已逐步提高，例如石鋤、石斧、石刀的刃口已甚鋒利，製作更精美。

陶器的製作亦始於新石器時代，在大坌坑文化及圓山文化遺址的底層，都發現用草拌泥搭蓋的半圓形的低屏壁，據考古學家推測，其用途可能是擋風燒陶的窯址。

鳳鼻頭文化的先住民，製陶技術已精進不少。早期為手製，體積較厚，厚薄也不均勻，缺乏美觀。但到了晚期鳳鼻頭黑陶文化時，其所製黑陶已經慢輪修整，體輕質薄，色澤光亮，所製陶器亦多樣化。有盛儲器如罐、盆，飲食器如碗、盤，炊具如釜、甑等等，有些陶器還安上腳架，美觀實用。

值得一提的是，尚有陶紡錘、陶網墜等生產工具，使陶器發揮更大的功用。另外，在陶器的裝飾上，佈滿各式花紋，有刻劃或壓印上去的各種繩紋、席紋，外觀再塗上顏色彩畫，色彩鮮豔，形象生動，古樸大方，製作精美。

生產工具的進步，帶動農業、手工業的發展，也為臺灣早期先住民改善居住環境，提供了基本條件。他們已逐漸脫離洞穴生活，走出外面建屋築房，如鳳鼻頭紅陶文化遺址，即發現有房屋遺址，設計齊全結構完整，其中有洞柱隔間，有門，洞口甚至覆蓋一層土瀝青當防潮之用。

土瀝青的使用，至少反映了當時臺灣住民在木結構的建築方面，已有一定的技術水平。

參考書目

宋文薰，〈由考古學看臺灣〉，收入陳奇祿等著，《中國的臺灣》（臺北：中央文物供應社，1980 年）。

林朝棨，〈從地質學說看臺灣與大陸的關係〉，收入劉寧顏主編，《臺灣史蹟源流》（南投：臺灣省文獻委員會，1981 年）。

鹿野忠雄著，宋文薰譯，〈臺灣先史時期的文化層〉，收入黃富三、曹永和主編，《臺灣史論叢》第一輯（臺北：眾文，1980 年）。

陳孔立主編，《臺灣歷史綱要》（臺北：人間，1997 年）。

陳碧笙，《臺灣人民歷史》（臺北：人間，1996 年）。

凌純聲，〈古代閩越人與臺灣土著族〉，收入林熊祥等著，《臺灣文化論集》㈠（臺北：中華文化出版事業委員會，1954 年）。

國分直一，〈種族層面與文化層面的關係〉，收入國分直一著，邱夢蕾譯，《臺灣的歷史與民俗》（臺北：武陵，1998 年）。

張光直，〈中國東南海岸考古與南島語族的起源〉，收入《南方民族考古》第一輯（1987 年）。

劉益昌，《臺灣的史前文化與遺址》（南投：臺灣省文獻委員會，1996 年）。

1.2　「臺灣人」族群的源流與分類

臺灣島的主人——原住民

在地球史的更新世晚期，約三萬年前，臺灣與中國大陸尚連在一起，直到一萬多年前，因地球氣候暖化，冰河融解，海平面上升，臺灣海峽形成，臺灣始與大陸分離而成為一海島。

臺灣島分離後，因海洋交通便利，於是吸納了許多不同的種族，利用順風潮流來到臺灣，而這些漂洋過海來臺的各族群，可說是臺灣人最早的祖先。

最早進入臺灣的原住民，大概是屬於尼格利佗種 (Negrito) 的矮黑人，他們身軀矮小，皮膚黯黑，毛髮卷縮，用弓矢，善游泳，行巫術，有疤痕紋身之俗。

其原鄉為菲律賓，所以臺灣的矮黑人應該也是來自菲律賓，他們曾分佈在臺灣各處山地，今已消失。但原住民中的布農族、泰雅族至今仍有矮靈祭活動，據說即是以他們為祈禳對象。

另外，尚有屬於琉球人種的琅璠人，其族身材短小，皮膚美麗，服飾風俗與琉球人相近。此外，還有知本人，然人數不多，至今亦消失得差不多。

現存臺灣土著族，不論生番或熟番，大部分是屬於南亞蒙古人種，他們可能是直接或間接從大陸移居臺灣的。南亞蒙古人種源於中國北方，其中一支南下東南沿海一帶定居，古稱「百越族」。百越族又有許多旁支，有東甌、閩越、南越等。其中，閩越主要居住於今浙江南部，和福建東部沿海，「越人習水便舟」，為一擅長航海的民族。

因此，早期臺灣住民，有一部分是閩越族，渡海來臺，直接進入臺灣。閩越族何時移居臺灣，目前說法紛紜。臺大教授林朝棨從史前考古學的角度，論證大陸古人類與臺灣早期先住民的關係。他指出，在第四紀，出現幾次的海進海退期，每當海退期，海平面下降，古人類即有可能從大陸進入臺灣。

臺灣早期先住民另外一支來源，是從南洋群島移居來的南島語族。據人類學家研究，古代有幾支越人和濮人，經中南半島到達南洋群島，他們與當地土著融合，成為原馬來人 (Proto-Malay)。而其中有一支原馬來人，經由菲律賓群島進入臺灣，成為現在魯凱族、排灣族、雅美族、阿美族、卑南族的祖先。

現今臺灣南部和東部的排灣、魯凱、雅美、阿美、卑南等族，無論就體質、語言或風俗習慣，都與南洋群島的原馬來人有諸多相似之處。例如蘭嶼的雅美族，其體型、體質皆與呂宋島北端巴丹群島的菲律賓土著十分相近。

而語言聲調上，也與菲律賓的馬來語相同，更確切的是文化特質，如燒墾輪休、鹿獵、魚筌捕魚、弓箭腰刀、矮牆茅屋、腰機紡織、貝飾、拔毛、缺齒、鼻笛、獵首、男子會所、骷髏崇拜、親族外婚、老人政治、年齡階級、多靈魂觀、鳥占與夢卜、室內蹲葬、紋身、父子連名等等，都還保有馬來半島，古印度尼西亞文化系統的多數原始文化特質。

換言之，臺灣的土著族，包括平埔族，他們大部分都是屬於南亞蒙古人種的原馬來人之後裔，所操語言也屬於馬來一玻里尼西亞語族 (Malayo-Polynesian) 的印度尼西亞語系 (Indonesian)，他們同時保有印度尼西亞文化系統中，許多原始文化特徵。弔詭的是，臺灣的南島語族，幾乎沒有受到大陸、印度、阿拉伯三大亞洲文化的影響，而獨立的存活於臺灣島上。

綜上所述，臺灣的主人土著族，其源流有二：一為從大陸東南沿海直接渡海來臺，他們成了今泰雅、賽夏、布農諸族的祖先。另一支源自海外，即從菲律賓群島、印度尼西亞各島嶼和中南半島，漂移來臺，他們的文化有濃厚東南亞南島語族的古文化特質。他們漂移來臺後，成了今排灣、魯凱、雅美、阿美、卑南等族的祖先。然亦有學者認為臺灣也是南島語族的祖居地之一，甚至發源地，因此有關臺灣土著族的源流，學術界尚未有定論。

中土漢人的大移民

臺灣自古以來即是以移民開發為主的移墾社會，移民多來自中國大陸的漢人。故要論及中土漢人的大移民潮，不得不略敘臺灣與中國大陸的關係史，這層關係，包含兩個層面，即漢移民的海外移民史和臺灣的開發史。

臺灣與中國大陸的關係，早期史籍記載，始於三國時代的吳大帝孫權，於 230 年，遣將軍衛溫、諸葛直率甲士萬餘「浮海求夷洲」。

夷洲在何處？歷來有爭議，或謂日本、或言琉球沖繩，但大多數學者，則認為夷洲，即今日之臺灣。

其後，到了隋代，隋煬帝於 607 年，下令羽騎尉朱寬與航海師何蠻，渡海至流求，因言語不通，僅掠一人而返。610 年，隋煬帝再遣武賁郎陳稜和朝請大夫張鎮州，率兵萬餘人，自義安（今廣東潮州）起航，先至今澎湖的高華嶼（今澎湖花嶼），又到鼅鼊嶼（今澎湖島東北的奎壁山），再航行至流求。

流求是否為臺灣，歷來也是爭議不休。荷蘭學者施列格 (Gustave Schlegel) 在〈古流求國考證〉文中，從地理、方位、民居、政治、服飾、兵器、習俗、動物等事證，極力主張，流求即臺灣。當然也有不少學者認為，流求應該是今日的沖繩琉球。

關於漢人在臺灣的活動，甚至定居臺灣，比較明確的記載，是宋代樓鑰的《攻媿集》中之〈汪大猷行狀〉提到，南宋孝宗於 1171 年 4 月，汪大猷知泉州郡，「郡實瀕海，中有沙洲數萬畝，號平湖，忽為島夷號，毗舍耶者奄至，盡刈所種」。海中大洲的平湖，就是今天的澎湖群島。

而趙汝适《諸蕃志》〈毗舍耶〉條謂：「泉有海島曰澎湖，隸晉江縣，與其國密邇，煙火相望」，由此可知，澎湖於南宋入中國大陸版圖，殆無疑義。

澎湖於南宋與中國的密切關係，是因為南宋首都臨安（杭州）緊鄰福建，而當時因航海技術進步，中國和東南亞一帶國家，商業往來頻繁，泉州時為南宋的對外貿易中心。澎湖群島恰位於泉州航往菲律賓、呂宋諸島的必經之地，故時有商船在此停泊加水兼從事貿易，所以出現了「工商興販，以樂其利」的盛況。

到了元朝，到澎湖的漢人更多，他們已長期定居島上，以農漁畜牧業為生，形成男耕女織的聚落社會。其後，因臺灣水道險惡，元政府接受楊祥、吳光斗等之建議，宜先以澎湖為基地，再徐圖進取。元順帝至元年間，乃在澎湖設「巡檢司」正式派官治理。巡檢的出現，代表元朝政府已在澎湖地區設置行政管理機構。

明朝建國後，為防方國珍、張士誠殘部逃亡海外，捲土重來，也防止倭寇之騷擾，乃在東南沿海，實施遷界移民、堅壁清野政策，此一政策，亦波及至臺、澎地區。

朱元璋以澎湖「居民叛服不常，遂大出兵，驅其大族，徙漳、泉間」，此明初所謂的「墟澎」政策。但明廷的遷界之策，完全無法阻擋福建沿海居民往臺、澎遷徙，因為內地農民為逃避苛捐雜稅的沉重負擔，還是絡繹不絕，「往往逃於其中，而同安、漳州之民為多」。此情況，尤以明中葉後為甚。

另一造成中土漢人來臺澎者，為海上武裝集團崛起。這些被明朝稱為海盜者，為躲避官兵追勦，紛紛以臺、澎為藏匿之地。如明嘉靖年間，陳老結巢澎湖，林道乾集團更攜眾逃至臺灣。後雖到占城，但想必留下不少黨羽於臺灣。萬曆年間，林鳳集團亦復如此。

海上武裝集團，雖無法久駐臺、澎，但大陸渡海來臺、澎貿易的商旅，卻不絕於途，相當多商旅甚至長久住了下來。

當時，每年約有十多艘漳、泉商船，往返於臺、澎各港口，從事兩岸的貿易活動。由此可見臺、澎應有不少大陸移民人口，否則兩岸貿易不會有如此盛況。

明末，鄭芝龍繼顏思齊後據臺，在海峽兩岸從事走私貿易活動，為擴充勢力，他趁福建饑荒，用錢米救濟飢民，於是，福建漳泉飢民求食者眾，紛紛來臺依附。

崇禎初年，朝廷招撫鄭芝龍，並授意其往臺灣發展。時適值福建大饑，年年旱災，成千上萬的無業流民，對社會治安形成一大威脅。為此，鄭芝龍經福建巡撫熊文燦批准，允其招募飢民，前往臺灣拓墾。結果，鄭芝龍招募不少飢民來臺墾荒，其對早期臺灣人口的增加和土地開發，貢獻實在不小。

移民潮下的族群意識及其關係

綜上所述，似乎在談論中國大陸與臺灣自古以來的關係，其實重點不在此，而是在論述當今臺灣四大族群的源流。

除臺灣最早的主人——土著族原住民外，臺灣的另外三大族群：福佬人、客家人、外省人，其原鄉都來自中國大陸，所謂「唐山過臺灣」是也。

即便是土著族，其源頭與中國古代閩、越族群的遷徙，也甚有關係。所以嚴格講，今天臺灣的四大族群，其源流都與中國大陸有著千絲萬縷的關係。

至於「四大族群」的分類，那是在特定歷史時空背景，所自然形成的。任何族群都有「我族認同意識」，原住民長期居住在臺灣島上，早就發展出與眾不同的特有文化。雖然其中平埔族曾經漢化，但其他的原住民仍保有自己的文化特色迄今。

再說福佬人，尤其是漳、泉佔絕對優勢的福佬人，其原鄉固然是唐山，但幾代下來，在臺灣已落地生根。唐山，已變成只是他們精神上的原鄉，在對自己披荊斬棘所開發的土地認同下，臺灣，其實才是他們真正的故鄉。

尤其在朝代更迭，外來政權殖民統治下，基於一股團結禦侮的反抗精神感召，凝聚出一種不分族群、不別你我，只有捍衛鄉土、認同臺灣的「臺灣意識」。這股臺灣意識，在對抗外來政權打壓下，顯得特別凸出。

經過幾代在臺灣的勤奮打拼，漳、泉、福佬從敵視械鬥，到抵禦外侮時油然而生的「命運共同體」共識，便得臺灣在外來政權統治時，讓同是福建原鄉的漳州人、泉州人捐棄前嫌，大家都來自唐山，你我都歷經千辛萬苦橫渡黑水溝，好不容易在臺灣另闢樂土。大家都是臺灣人的共識乃逐漸形成，這臺灣人共識，經過時間的焠鍊，終於根深柢固。

至於客家人，是臺灣人口第二多的族群，因在臺灣的移墾史上，粵籍客家人的移民時間，比漳、泉閩籍漢人渡臺的時間較晚，人口比例相對較少，移墾地區多為山邊丘陵。就族群發展而言，是處在較不利的條件，因此，多少造成客家人的族群身分認同較隱而不顯，這是有其歷史結構的原因。

但客家人秉其不服輸的「硬頸精神」，在面對臺灣這塊土地，遭到外侮時，其「義民」精神，便義無反顧的展現出來。甲午割臺，客家人犧牲慘重的抗日義舉，就是最佳寫照。

客家人在臺灣史上，曾備受福佬人的排斥欺凌，無疑的，這是福佬人站在「漢族中心主義」的觀點在看問題，但重點其實是——我們有沒有以更恢宏的胸襟，去包容了解客家人的心聲。

例如，重新建立歷史的詮釋權，鑑於過去清領時期，客家人常協助官府平定民變，就動輒將客家人醜化為依附政權的工具。另外，建立民主公平的政經體制，給予客家人應有的尊重和合理的權益。

說到外省人，現今臺灣普遍認知是，將其界定為 1950 年代，隨國府遷臺的大陸籍人士。這些來自中國大陸各省的族群人數約一百五十萬餘，人數雖然不多，但在國府執政時期，幾乎壟斷臺灣絕大部分的政治資源，在政治上佔有明顯的優勢地位。

「二二八事件」及「白色恐怖」的舊仇，與威權統治時期的新恨，使臺灣人一度對外省人心存敵視的心態。但隨著族群的長久相處，通婚融合，日久生情，省籍的畛域，終於逐漸模糊，進而促成一種「生命共同體」的雛型。

當然，要凝聚全民意志，尚亟需釐清歷史的恩恩怨怨，以建立各族群間的良性互動。族群間彼此扶持尊重，真心認同臺灣這塊土地。唯有如此，才能化解族群對立，營建臺灣人的生命共同體，進而提升到休戚與共的命運共同體。

總體而言，四百年來，中土漢人相繼移墾臺灣，並與當地原住民混合，尤其是平埔族，終於形構成一個嶄新的「新臺灣人」或「臺灣民族」，並創造出有別於中國大陸的臺灣海洋文化。

但由於解嚴前的外省族群，和解嚴後的福佬人，居於絕對優勢的政治地位和「漢人中心主義」心態作祟，對待臺灣文化，恆以漢化角度思考，而有所偏頗。此舉曾大大的傷害了其他族群的感受，對臺灣內部族群融合是不利的。

不幸的是，歷來臺灣的統治者，為了自己政權的統治利益，不惜對各族群間，採取分化利用的伎倆，例如「以客制臺」（以客家人制福佬人），或以外省人制福佬人等。

當代臺灣每逢選舉一次，族群就撕裂一次，而藍綠政黨的政治對決，也幾乎已到了沒有相互妥協的餘地。根本的解決之道，只有大家認同臺灣這塊生我、育我的土地，只有讓臺灣先成為一個正常的法治國家。然後，先不管它的國號是「中華民國」或「臺灣共和國」，只有當臺灣全體住民，對國家未來發展的去向有一致性的共識之後，上述的族群諸問題才有可能迎刃而解。臺灣亦得以長治久安。

參考書目

王甫昌，〈光復後臺灣族群意識的形成〉，《歷史月刊》第 131 期（1998 年 12 月）。
王甫昌，《當代臺灣社會的族群想像》（臺北：群學，2004 年 2 月）。
王嵩山，《臺灣原住民的社會與文化》（臺北：聯經，2001 年）。
江運貴著、徐漢彬譯，《客家與臺灣》（臺北：常民文化，1996 年）。
邱彥貴、吳中杰著，《臺灣客家地圖》（臺北：貓頭鷹，2001 年）。
淩純聲，〈古代閩越人與臺灣土著族〉，收入林熊祥等著，《臺灣文化論集》㈠（臺北：中華文化出版事業委員會，1954 年）。
孫大川，〈夾縫中的族群建構——泛原住民意識與臺灣族群問題的互動〉，收入張炎憲等編，《臺灣近百年史論文集》（臺北：吳三連臺灣史料基金會，1996 年）。
施正鋒主編，《族群政治與政策》（臺北：前衛，1997 年）。
徐正光，〈臺灣的族群關係：以客家人為主體的探討〉，收入張炎憲、陳美蓉、黎中光編，《臺灣史與臺灣史料》㈡（臺北：吳三連臺灣史料基金會，1995 年）。
張茂桂等，《族群關係與國家認同》（臺北：業強，1993 年）。
蕭新煌，《臺灣社會文化典範的轉移》（臺北：立緒，2002 年）。

1.3　臺灣原住民的社會與文化

福爾摩沙最早的主人——原住民

長久以來，臺灣島因考古的發現，確實證明新、舊石器時代人類活動的足跡，遍佈臺灣各地，更加深了臺灣原住民在島上活動時期的幅度。

基本上，臺灣原住民在族群分類上有：雅美（達悟）、泰雅、布農、賽夏、鄒、阿美、卑南、排灣、魯凱及邵族。另外，定居於平原地區的平埔族，亦被視為原住民族群之一員。

根據中日考古學者的研究，臺灣原住民除若干族群可能來自大陸東南沿海外，大部分自東南亞來到臺灣。在種族特質上，它係屬於南方古蒙古人種之「原馬來人系統」，在語言學上是屬於馬來一玻里尼西亞語族之「印度尼西亞語系」，而在文化特質上也是屬於東南亞文化圈的「印度尼西亞文化群」。此說法頗具科學性，為目前學術界所認定。

臺灣原住民在人類學上稱之為「南島語族」(Austronesian Language Family)，這些南島語族的原住民大多棲息在亞洲大陸南方之島嶼上，活動力甚強。在地理分佈上，東起南美洲西岸之復活節島，西抵非洲東岸的馬達加斯加島，南止於大洋洲之紐西蘭，跨越太平洋和印度洋的遼闊海域均是南島語族活動之範圍，臺灣則位於南島語族分佈的最北方。

臺灣原住民幾百年來，雖屢遭逢外來政治、經濟、文化的挑戰，但仍勇敢的在傳統的持續與激烈變遷中求生存。

臺灣原住民各族之社會與文化

㈠**邵族**：是目前原住民族分類尚有爭議的一族。日本學者森丑之助在其《臺灣蕃族圖譜》書中，將其歸類為阿里山鄒族的一支；伊能嘉矩的《臺灣蕃人事情》又認為其與布農族關係較密切；當然還有如馬淵東一等日本學者，將其視為獨立族群。

邵族的棲息地幾乎全部集中在南投的日月潭附近，人口相當的少。由於漢番雜居，所以漢化特別快，邵族人大多能操用漢語（臺灣閩南語），其語言也尚保存完整。在宗教方面也是如此，雖然漢族的佛、道信仰，甚至西方天主教、基督教早已傳入部落，然其固有的祖靈信仰依舊根深柢固。

邵族的社會是父系社會，其氏族亦為父系氏族。氏族的功能，有一點很重要，即其為一個外婚單位，同一氏族名稱的男女不得結婚，至今仍嚴格遵守著，此其人口不多的原因之一。邵族人盛行收養子女，尤其養女，因男子不易得，邵族收養子女純為延續香火。養女行招贅夫婿，招贅又多為漢人，故漢化得很快。

邵族今日在臺灣是個瀕臨絕種的族群，政府應該成立保護區，尊重邵族人的生存權利及其文化。在強調族群融合的當今，我們不能眼睜睜看著邵族人及其文化，因漢化而消失於臺灣，這是全民應做且須快做的事。

㈡**阿美族：**阿美族定居於花東縱谷，以花蓮縣最密集，人數居目前原住民之冠。阿美族為母系社會，但在政治體系上，男子的年齡組織仍居於主導地位，而非母系氏族或世系群。

阿美族的聚落形態以定居集中為主，生產形態為刀耕火種與水田稻作。社會形態則從母居，財產及家系的傳承均為母女相承，親屬體系中有嚴密的階層組織，此階層關係亦展現在其宗教信仰和神祇系統方面。

至於在政治方面，領袖制度和年齡級制為阿美族政治架構的兩大支柱，其中呈現出非常明顯的社會結構之階序原則，組織也相當專門化。

㈢**卑南族：**卑南族的經濟生產方式以農業為主，狩獵飼養為輔。農業型態同時並存著水田與旱田兩種耕作形式，作物以小米、玉米、番薯、高粱為主。

這種定耕的經濟型態，配合強有力的部落組織與會所制度、年齡階級制，使卑南族曾一度稱霸於東海岸。社會型態上亦為母系社會，家庭中一家之主由女嗣繼承，但氏族之首長和祭司仍由男性擔任，即便男子出贅也不影響其資格與機會。

另外，部落內的公共事務之運作，則是透過會所制度和年齡組織整合的集體推動。

㈣**賽夏族：**賽夏族為臺灣原住民中人口相當少的一族群，居住於今新竹尖石一帶，為一父系社會。父系氏族為部落組織的基本單位。賽夏族人行從夫居制，繼承人以長子、次子逐漸向外分，而由幼子來繼承家產。

賽夏族家中陳設以具有神聖意義的祖靈袋為特色，祖靈袋並非人人都有，只有氏族宗家才有。由宗家家長當司祭，若干重要祭儀的司祭權，往往經由世襲而分屬於各主要氏族。

賽夏族最重要的祭典為矮靈祭，矮靈祭是全族性的祭儀活動，舉行的時間通常在粟收穫後、稻已成熟而尚未收成之間舉辦，且每隔一年舉行一次。

賽夏族的統治威權是由個人逐漸轉向特定的世系群，它是在宗教信仰的基礎上結合地緣關係來運作的，而權力來源已出現世襲的現象。

㈤**布農族：**布農族為一典型父系社會，經濟來源完全依賴山田燒墾的生產方式和狩獵而來，維持著相當原始的經濟型態。其生產勞力並不被社會群體所控制，而是藉由家族姻親所組成。在開墾過程中，又以地緣為基礎組成換工團體以獲得勞力。

布農族的經濟型態，已初步有土地私有之概念，開闢的土地為家庭及其後代所有；大多採山田燒墾方式經營，為一自給自足的經濟體系。

此外，布農族的社會型態為一公平競爭的開放方式，因為布農族非常強調個人在團體中的表現來認定其能力，因此社會成員能平等取得社會資源，即便身為領導者亦無多少特權。

布農族的整個社會呈現多樣性、組織團體小及易於趨向分裂的結構，且缺乏強有力的宗教信仰，他們在宗教上未有神之系統，而是以不具特定形象的「精靈」(hanito) 為主要的信仰，這是頗為奇特之處。

㈥**鄒族：** 鄒族和布農族一樣也是父系社會，農耕行山田燒墾方式為之，以番薯、小米為主食而佐以魚類、獸肉。土地歸部落氏族所有，生產全賴人力，目的在於自用。

鄒族的社會單位與經濟單位為世系群，部落組織分大社、小社，整個社會由上層結構的頭目、軍事領袖與巫師所掌控。

傳統的鄒族社會由一主要上層結構為核心，核心周遭圍繞眾多小旁支，此中心與旁支係由明顯的高低階序所決定，其中父系氏族的親屬聯結與男子會所的年齡組織為此一結構的基本原則。

㈦**雅美族（達悟族）：** 分佈於臺灣東部太平洋上蘭嶼島上的雅美族，其生活方式為地下式定居，各家毗鄰而建形成幾個村落。村落大權掌握在父系世系群手中，具體表現在漁團組織上。

雅美族的經濟生產方式：一是水田定耕與山田鋤耕；二為海上漁團捕撈。由於雅美族孤懸海上，為一典型島民，其宗教信仰與社會整合有密切關係，兼亦與其漁業生產有關。至於政治權力，則分散於各聚落間，尚未集中化。

㈧**泰雅族：** 泰雅族為一農耕社會，農耕方式為山田燒墾，其次狩獵亦為主要生產來源之一。通常狩獵採全族團體圍獵的方法捕殺，大多在秋冬乾季施行，且此圍獵方式亦含有宗教意義在裡頭。

泰雅族有一特殊之宗教信仰，即基於祖靈的嘎嘎 (gaga) 信仰。泰雅族人共同祭祀祖靈嘎嘎，是其整合社會組織的重要基礎，也是泰雅族維持社會秩序的支配性規範與價值。

泰雅族部落的經濟型態多為自給自足，既無職業分工，也沒有專業化的現象，每一個泰雅族人所擁有的資源都差不多，他們可說是平權社會中經濟資源均等的最佳寫照。

㈨**魯凱族：** 魯凱族的生產方式也是以農業的山田墾燒為主，輔以狩獵、採集和捕撈。部落土地幾乎為地主貴族擁有，集中在上層少數人手中，生產者為無土地權的平民，且生產所得尚須繳交一部分給貴族，另外還要付租稅，生計壓力十分沉重。魯凱族人以家氏為親族關係發展的基礎，家庭結構稍偏父系，繼嗣上為雙系法則，即每一家屋以長子優先承居，無男嗣時則以長女承之，餘嗣則分出，但與其宗家仍維持系統的階序關係。

魯凱族部落中的大權由頭人階級所掌控，其家屋和服飾與平民不同，以凸顯其貴族之地位。總之，魯凱族的社會階級性是十分嚴明的，而經濟上的專業分工，反倒使得魯凱族在工藝、石刻、木雕等技藝方面的成就非凡。

㈩**排灣族：**分佈於南臺灣的排灣族其生產方式亦是以山田燒墾的農業為主，另雜以狩獵、捕魚畜養為輔。其生產除自用外，還須上繳一部分給貴族及付稅，捕魚打獵的收穫亦須分貴族一杯羹。

當然，貴族也可以將部分報酬賜予平民，以支使平民去從事公共事務或貴族私人間的事。排灣族之繼承，也是以長嗣繼承為優先，餘嗣分出，與魯凱族類似。

家是排灣族最重要的社會單位，家族成員地位、權力全出自家庭叢結。因此，基本上排灣族之宗支系統，乃由家屋系統發展而出，並以直系為中心，越接近直系其家族地位越高，因此形成階級化的貴族宗支組織，其情形與魯凱族大同小異。

另外，臺灣原住民之社會與文化特色，還有一點值得特別提出，即臺灣的原住民文化是代表南島文化的古型，易言之，乃係古南島文化的基本原型。其因，為臺灣是南島文化之北限，在臺灣以北即無南島文化，在漢移民未來臺之前，臺灣可謂孤立於此，甚少與外界接觸。

而與此同時，包括南島本區，東南亞和太平洋群島卻不然，這些地區因位於民族移動的要衝，先後受到印度、阿拉伯與中國文化多少不一的文化衝擊，文化數經變遷。

而臺灣原住民則孤懸海隅，獨不受影響，故能保存純淨的南島文化，準此而言，在南島文化的學術研究上，臺灣將具有特殊意義的重要性。

平埔再現

一度曾被視為「完全漢化」而幾乎絕跡的平埔族，近年來又常現於臺灣歷史舞臺。通過「後現代」強調主體性意識差異的歷史意識、語言與文學論述、風俗習慣與物質文化的再脈絡化，「平埔族」風華再現，在臺灣史時間深度、多元文化、族群界限、文化形式的繁衍的探討議題上，重新在文化政治場域中出現，勾勒起人們逐漸遺忘的平埔記憶，平埔的集體記憶輪廓，也因此越來越清晰彰顯。

相對於活躍於深山的「生番」、「野番」，漢人和日本人稱定居於平地的「熟番」、「化番」為平埔族，其實此一稱呼是否得當仍甚有爭議。荷據時期，臺灣平埔族尚有一百五十餘個部落，約五萬餘人。在漢人尚未大移民來臺前，臺灣西部平原地帶都是平埔族主要活動區域。

至今我們由北而南看到許多新石器時代的文化遺址，大多是平埔族的活動遺留，他們可說是當時臺灣西部走廊唯一的主人。

一直到十九世紀末，可辨認的平埔族尚有分佈於臺北盆地基隆淡水海岸的凱達格蘭族 (Ketagalan)，居住臺北盆地周圍外緣到桃園一帶的雷朗族 (Luilang)，臺灣東北角蘭陽平原的噶瑪蘭族 (Kavalan)，棲息在新竹、苗栗海岸平地的道卡斯族 (Taokas)，臺中縣境有巴則海族 (Pazeh) 和巴布拉族 (Papora)，彰化縣境則是貓霧揀族 (Babuza)，至於洪雅族 (Hoanya) 則居住於南投、嘉義兩縣，南臺灣的臺南、高雄、屏東等處則是散居著西拉雅族 (Siraya)，近時也有將日月潭水沙連一帶的邵族 (Thao) 納入平埔族的範疇。

唐山過臺灣後，伴隨大量漢移民移入臺灣，挾帶著強勢的漢文化，兼以「有唐山公，無唐山媽」的「羅漢腳」在臺拓殖，近水樓臺的自然而然與平埔族婦女通婚，日積月累後平埔族在漢文化影響下，「漢化」得很徹底。

傳統平埔族的政治組織、部落公約、土地交易型態、保守的宗教信仰等，在漢文化的衝擊下逐漸解體。通婚後的平埔族在接受漢文化後，不僅族群界限日漸模糊，更可悲的是在平埔族意識的自我隱形下，原有的平埔文化形式與族群意識，在短短的一、二百年間，幾乎消失殆盡。

但文化的激盪磨合是相互的，在平埔族受漢化之際，平埔的文化亦一部分融入臺灣漢人社會中。

平埔女子成為漢人族譜成員後，臺灣人有平埔血統的人數可能有一、二百萬之多。女性在平埔社會佔重要地位，有學者甚至將平埔族群視為母系社會。雖然是母系社會，但是以「舅權」為重，此舅權之重視現仍流行於臺灣人的社會中。進入現代社會的平埔人，在強調族群自我認同的今日，亦極力去追查往昔的流風餘韻，摸索被解構的平埔圖像。

近百年來平埔族常被視為同一族群，其實這是有待商榷的，平埔族各族之間確實有些共通點，但亦有不同的社會文化特徵。

目前平埔風華再現，其族群文化的重構，見證了臺灣原住民豐富多元的文化特色。平埔人的文化自我尋根，不僅代表平埔族不願再屈就為漢文化的附庸，更重要的意義是找回平埔族的族群尊嚴，建立其族群的主體價值。

參考書目

王甫昌，〈光復後臺灣族群意識的形成〉，《歷史月刊》第 131 期（1998 年 12 月）。
王嵩山，《臺灣原住民的社會與文化》（臺北：聯經，2001 年）。
李壬癸，《臺灣平埔族的歷史與互動》（臺北：常民文化，2000 年）。
周婉窈，《臺灣歷史圖說》（臺北：聯經，1998 年）。
林美容，〈族群關係與文化分立〉，《中央研究院民族學研究所集刊》第 69 期

（1990年）。
孫大川，〈一個新的族群空間的建構：臺灣泛原住民意識的形成與發展〉，收入游盈隆編，《民主鞏固或崩潰：臺灣二十一世紀的挑戰》（臺北：月旦，1997年）。
陳奇祿，《臺灣土著文化研究》（臺北：聯經，1999年）。
張茂桂等，《族群關係與國家認同》（臺北：業強，1993年）。

第二章　荷西與明鄭時期的臺灣

2.1　荷西入主臺灣及其拓殖

荷蘭兩次入侵澎湖

臺灣地處中國東南海上，與福建隔海相望，北通日本，南鄰菲律賓，為西太平洋航道之要衝。故在大航海時代，即因其貿易轉運的樞紐地位，為歐陸海權國家和日本給看上。經過一番角逐的結果，由荷蘭捷足先登，入主臺灣三十八年。

荷蘭殖民者於十六世紀末來到東方，1602 年，為加強競爭實力，在阿姆斯特丹成立了東印度公司，為其經營東方的大本營。1609 年荷蘭東印度公司在日本平戶設立商館，1619 年擊敗英國，重佔巴達維亞（今印尼雅加達），在那裡建造城堡要塞、駐紮軍隊，從此，巴達維亞成為荷蘭侵略遠東的主要基地。

1602 年，由韋麻郎 (Wijbrant van Waerwijk) 率領的一支龐大船隊從荷蘭出發，目標是至遠東與中國建立通商管道。1603 年來到東方後，本欲驅逐澳門的葡萄牙人，失敗後離去。

在攻擊澳門的同時，韋麻郎還率船隊前往大泥（暹羅），時大泥是中國商人雲集的地方，韋麻郎在此結識了駐地華商李錦等人。李錦等向韋麻郎建議，向福建稅監高寀行賄，並佔據澎湖作為對中國通商的據點。

荷蘭人之所以佔據澎湖，一方面是由於他們老早就看中中國市場，想要尋找一處新的通商據點，與葡、西兩國競爭；另一方面也與李錦、潘秀等人的勾引不無關係。

1604 年 8 月 7 日，韋麻郎的船隊抵達澎湖，當時正值春汛之後、冬汛之前，汛兵已撤，荷人如入無人之境，於是便在島上伐木築舍，為久居計。澎湖島第一次陷入荷蘭之手。

荷蘭據澎後，對岸的福建官員早已知悉，曾多次派員到澎湖，警告韋麻郎，勸其離開。然韋麻郎不僅不離開，反而派人向高寀行賄。

幸此時福建巡撫徐學聚堅決反對荷蘭佔有澎湖，因為荷蘭若擁有澎湖，可能會導致荷蘭與日本勾結，貽害更大，同時也會嚴重影響福建的貿易和關稅。為此，徐學聚一方面上疏皇帝，一方面令沿海加強守備。

在屢勸無效的情況下，徐學聚派總兵施德政，出兵前往澎湖驅趕荷蘭人。1604 年 11 月 18 日，都司沈有容帶兵到澎湖，明確表示不准通商，並要求韋麻郎撤離澎湖，在明朝強大兵威下，韋麻郎不得不於 12 月 15 日撤走。總計荷蘭人在澎湖駐留了一百三十一天，至今澎湖馬公還存有「沈有容諭退紅毛番韋麻郎等」碑。

韋麻郎雖然撤離澎湖，但荷蘭人並沒有忘情於澎湖，因為十七世紀的歐洲市場，對中國的生絲及瓷器需求量很大，高額貿易利潤對荷蘭誘惑很大，因此荷蘭殖民者急需打開對華貿易；荷屬東印度公司，尤其重視中國生絲的貿易。為了可以源源不絕地購買中國的生絲和瓷器，獲取高額利潤，荷蘭殖民當局急於在中國沿海覓尋優良的貿易據點，最後他們看上了臺灣和澎湖。

就地理位置言，臺灣、澎湖的優越性無庸置疑，其西面正對著當年大陸東南兩個最重要的海上貿易商港——月港與南澳港。佔有臺、澎，就可以控制中國商品的貨源，打開對華貿易大門。

1621 年當荷蘭當局知道西班牙也有意染指臺灣時，決定先下手為強。是年 11 月，荷屬巴達維亞總督柯恩 (J. P. Coen) 向艦隊司令雷約茲 (Cornelis Reijersz) 發出佔領臺灣的命令。1622 年 6 月 29 日，雷約茲率艦抵達澎湖島，7 月 11 日進佔馬公港。8 月 2 日荷蘭在澎湖風櫃尾修建城堡，作為扼阻大員與大陸各沿海港口貿易的據點。

荷蘭二度佔領澎湖後，隨即派船至大陸沿海要求通商，福建巡撫商承祚，要求先行離開澎湖，再談通商，但在未找到適合貿易場所前，可同意暫留澎湖。由於要求貿易目的不遂，雷約茲憤而不斷派船在沿海騷擾，引起明廷的不安。

1623 年 8 月，福建巡撫南居益決定採強硬立場，一方面下令戒嚴禁止與荷蘭交易，再方面操練水師，準備渡海驅逐荷人。1624 年 2 月 8 日，由守備王夢熊率舟師直驅澎湖，5 月，總兵俞咨皋到達澎湖，對荷蘭進行包圍之勢。

時荷蘭新任艦隊司令宋克 (Martinus Sonck) 以中國兵艦佈滿海上，且明朝還在繼續增兵中等實力懸殊的情況下，最後接受了中國海商李旦的斡旋，從澎湖撤走，而福建當局則允許其至臺灣貿易。

基本上，臺灣當時仍是個無所屬的島嶼，島上雖有零星漢人開墾或通商，但明朝主權實不及此，故大方同意荷蘭來臺貿易。準此而言，中國至今口口聲聲強調，臺灣自古以來，即為中國之領土的說法，恐怕是站不住腳的。

荷蘭的殖民統治

1624 年 9 月，宋克率領艦隊到臺灣後，立即在大員建築城堡，取名為奧倫治城 (Fort Orange)，1627 年改名為熱蘭遮城（Fort Zeelandia，即安平），並以熱蘭遮城為中心，建立起殖民統治。荷屬東印度公司派駐臺灣的最高官員，稱為臺灣提督（一說臺灣行政長官），總攬全島行政事務。

提督外設一評議會，稱大員評議會，或熱蘭遮城評議會，為真正的最高決策機構。評議會設評議長一人及若干評議員，但所有決策都必須經評議會通過，取得決議，再交由提督去執行。所以嚴格講，提督並非專制獨裁，其政策是經由合議制的評議會，先行擬定通過再實行的。臺灣提督下設政務員、稅務官、會計長、檢察官、法院院長等等編制，此為荷蘭統治臺灣的基本架構。

此外，軍事力量更是荷蘭統治臺灣的王牌，當時荷蘭人在臺灣各個據點都駐有軍隊。1650年代後，荷蘭人在臺灣的統治，日見危機：一則聽聞國姓爺鄭成功，要攻打臺灣的消息頻傳；再則大陸前來臺灣開墾的移民越來越多，對荷蘭人亦構成嚴重的威脅。

因此，東印度公司決定荷蘭駐臺軍隊人數不得少於一千二百人，唯此一目標並未達成。因兵力不足，迄鄭成功在1660年收復臺灣前夕，荷蘭在臺守軍仍不滿九百名，兵力的短缺，是荷蘭敗於鄭成功的主要因素。

移民與農業開發

荷蘭統治期間，除了鄭芝龍招徠移民以外，荷蘭人也從大陸沿海運載移民前來臺灣。估計自1640–1661年間，移民人數從五千人增加至三萬五千人，漢移民急速暴增，主要仍是受中國大陸戰爭動亂的影響。漢移民來臺主要從事農業、漁業和商業，一個以職業關係為基礎的漢族聚落，在臺灣逐漸形成，其中尤以農業的開墾最為重要。

有關荷據時期臺灣的農業墾殖，荷蘭人是採取勸墾的方式，即採取所謂的「結首制」。合十畝為一結，推舉通曉事理，且有資力名望的人為首，名為小結首；而從數千的小結首中再舉出富強有力、公正足以服眾者為大結首（此「結首制」的勸墾模式，而有學者提出不同看法，認為「蘭人結首」的說法，僅是指噶瑪蘭（宜蘭）地方的墾殖型態，並非荷蘭時代臺灣的制度，但學術界仍有爭議）。按人口多寡分給耕地徵租，農民不得私用其田，只許耕種田主之田。所有農田均屬荷蘭統治者所擁有，名之為「王田」。今南部尚有王田之名即由此而來。

至於土地丈量方法，則以一丈二尺五寸為一戈，周圍一百戈為一甲，五百甲稱為一張犁，土地分上中下三等課徵田賦。「甲」的名稱至今尚有農民沿其舊制；而今日臺北近郊的「三張犁」、「六張犁」，更是荷據時期的遺風。

總之，臺灣水田及農業，經由荷蘭的獎勵指導而迅速發展，尤其是他們招徠漢移民和土番入墾，並設法由印度引進種牛和耕牛，設「牛頭司」管理之，解決了臺灣當時勞動力和畜力短缺的問題，大大的增進殖民事業和農業的發展。

其開墾區域，以現在的臺南為中心，而漸及於附近番社，北至北港、蕭壠、麻豆、灣裡、茄拔、新港、大目降，而南到阿公店附近，其開墾面積，田園合計九千八百甲步，當然這些開墾以漢移民的貢獻最大。

水田的拓殖，帶動水稻之生產，為此荷蘭人還特別建立糧倉。在荷蘭的獎勵政策下，1637 年後，赤崁及其附近的稻田，有了長足的進展。但 1650 年後，隨著自然災害，和郭懷一抗荷事件的爆發，種植面積和生產量略呈下滑趨勢。然總計至 1655 年止，漢移民在此地區，共開墾的水田和甘蔗園面積，以及農業生產，仍呈現上揚增長的局面。

對原住民和漢民族的統治

荷蘭人對臺灣人民的統治，可分兩部分：即原住民和漢族移民。就統治措施言，因為當時臺灣族群主體為原住民，故他們把重點放在原住民上，漢族移民則相對較弱。荷蘭人對原住民的統治主要是通過牧師在新港社學習當地語言，並向附近諸村落傳教，以緩和其與原住民之間的緊張關係。但在荷蘭開始征伐原住民後，雙方矛盾升高，強化殖民統治的趨向也越明顯。

荷蘭人在臺灣統治初期，由於歸附村社不多，對原住民的統治主要靠村民自理，讓每個村選出長老（村長）自行管理村內事務。1645 年起，荷蘭人將所轄地方之番社，分南北二路，各社區村長以理民政，由數十民戶選一小結首，從數十小結首中，推舉素孚眾望者為大結首，以維持地方秩序。

荷蘭人據臺初期，對原住民並沒有徵收貢賦，直到 1644 年，才向原住民徵收貢賦，以作為實行統治的象徵。徵收貢物，一般以村為單位，由各村長老統一徵收，再交給公司有關人員。荷蘭對原住民實行的納貢制度，每年增加不少收入，對其財政不無小補。此外，削弱原住民的領主勢力及限制原住民的活動，如禁止原住民外出狩獵，不准原住民任意遷徙，也都是荷蘭人統治原住民的手段。

荷蘭人對漢移民的統治，比較簡單，在行政上主要是利用漢移民中的有力人士來進行約束。這些人被稱為長老或「僑長」(Cabessa)，意指僑居於臺灣的華人首領。

這些長老很早就在臺灣從事商業貿易或墾殖活動，財力雄厚與荷蘭人有較深的交往。荷蘭人利用長老進行統治，主要是利用他們在漢人社會中的地位和影響，對他們勢力所及的漢移民進行管理。

荷蘭人把漢移民集中在若干特定的區域居住，長老則對居住區的移民，實施管理。另外，荷蘭也利用經濟手段，來對漢移民進行統治，每個移民自七歲以上，都必須繳納人頭稅。

至於從事各種經濟活動，如農業生產、捕魚、打獵、商業貿易等也均須納稅。所以說，荷據時期，漢民族的賦稅是相當重的。同時，禁止漢人任意遷移，也是荷人統治漢移民的方法之一。

荷蘭人的傳教與教育事業

荷蘭人對臺灣的統治，除軍事鎮壓和行政控制外，傳教也是相當重要的一環。荷蘭將傳教與行政結合，雙管齊下來教化統治臺灣人民。荷蘭人的傳教與武力，是相輔相成的。荷據臺灣三十八年間，先後從巴達維亞派出二十九位牧師至臺傳教，其中以甘第丟斯 (Rev. Georgius Candidius) 與尤紐斯 (Robertus Junius) 兩位牧師的貢獻及影響最大。

荷蘭人在傳教的每一村落，都建有教堂和學校。教堂是牧師講道的場所，用以讓原住民普遍信教；學校則是進行基督教文化教育的地方。因原住民沒有文字，對傳教的深入為一重大障礙，因此開辦學校講授文化知識，本身亦是傳教的一環。1636 年，第一所學校在新港建立，初時僅招收學童二十名，以後迅速增加，在附近各社也建立學校。

荷蘭人之所以要如此用心來辦教育，目的是為了讓兒童從小就接受基督教教義，使他們能夠成為虔誠的基督徒，服從荷人統治；另一方面，亦希望在普遍培育的同時，能拔擢人才，以後讓其在村中傳教，既可解決荷蘭人傳教人員之不足，還可以收到克服語言的障礙，深入傳教的效果。

另外，荷蘭人有鑑於培養原住民教員之必要，於1657年更進一步決定，在麻豆興辦原住民教師學校，以培養原住民教員，並有相當嚴格的實施辦法。總之，荷蘭人在臺灣推行基督教教育可謂不遺餘力，在此種政策影響下，很多原住民都學會了用拉丁文拼寫其語言，形成一特有的文化現象。

一直到清代，在荷蘭人辦過學校的一些村社中，仍發現用拉丁文字，以鵝毛管削尖，注墨汁於筒，湛而橫書，自左而右的書寫方式之契約文書，被稱之為「新港文書」，為我們提供荷據時期社會文化史的第一手資料。

經濟上的轉口貿易

荷蘭人在臺灣的轉口貿易，是以大員為據點，收購從大陸運來、或在臺灣獲得的商品，運往巴達維亞和日本各地出售；再將巴達維亞和日本各地運來的商品，返銷中國大陸，或轉運其他地方，通過此種輾轉販運網絡來獲取暴利。

基本上，荷屬東印度公司，原本在亞洲各地都設有商館，如日本、臺灣、暹羅、廣南、柬埔寨、巴達維亞、萬丹、錫蘭等地，這些商館相互連結，形成一巨大貿易網絡，而臺灣商館，是這個網絡中的一個重要環節。

臺灣商館負責接受從各地商館發來的訂單，按要求購買所需商品，再運往各個目的地。同樣，它也向各地商館發出訂單，讓它們代購所需貨物，以便銷往中國獲利。

當時荷蘭人收購的商品，主要是生絲、瓷器、砂糖、絲織品，以及臺灣的鹿皮；而銷往大陸的商品主要是東南亞的香料，如胡椒、丁香、蘇木等。生絲、砂糖和鹿皮輸往日本，運回大量白銀和少量商品；生絲、砂糖、瓷器，則運往巴達維亞，再轉運歐洲，運回的是香料以及若干歐洲貨物。砂糖輸往波斯；從中國購買的黃金則運往印度兜售。

荷蘭人佔大員後，透過李旦、許心素等人與中國進行貿易，初時頗為順利，也獲取豐厚的利潤。但自鄭芝龍等海上武裝集團竄起後，福建沿海地區持續動亂，因為戰事連連，沿海要地不靖，明朝政府又恢復海禁，荷蘭人在大員的貿易，從 1629 年始急劇下降。

1634 年，隨著海事逐漸平靜，海禁漸開，由大陸來臺貿易的商船又明顯增加，海峽兩岸的通商關係亦開始復甦。由於臺灣與大陸之間的貿易蓬勃發展，荷蘭在臺灣商館輸往日本、巴達維亞等地的貨物，也明顯增加。

1641 年後，臺灣轉口貿易量逐漸式微，荷蘭人在臺灣轉口貿易量的下滑，主要是從臺灣輸向日本的貨物急劇銳減。日本時為臺灣輸出貨物的最主要地區，對日本輸出的減少，說明臺灣轉口貿易出現了困難。之所以出現此問題，主要是荷蘭人輸送過量的貨物前往日本，引起市況惡化，商品嚴重滯銷。

另外，中國商人改用自己的船隻運載貨物前往日本出售，不再經由大員，荷蘭嚴苛的收購令，是使華商不願前來大員的主要原因。當然造成大員轉口貿易衰敗的還有一個更根本因素，即中國大陸的動亂加劇，社會動亂造成生產力的嚴重破壞，生絲、瓷器等生產銳減，主要出口商品的供應量，大受影響。

所以說，中國境內的戰爭導致生絲、瓷器等出口商品的供應量不足，兼以鄭芝龍等海商集團不與荷蘭人合作，自己壟斷貨源，運往各地出售。荷人在大員轉口貿易的黃金時光，終於一去不返。

經濟資源的掠奪

荷蘭人在大員轉口貿易量銳減後，導致它從臺灣輸往各地的商品減少，但也造成臺灣經濟結構的改變。即荷蘭人從臺灣輸出中國的商品減少，但從臺灣本地直接出口的商品，卻大幅增加。

以砂糖為例，因為漢移民的大量湧入臺灣，為臺灣提供充足的勞動生產力。隨著臺灣開發與農業生產，砂糖的產量越來越多，不久即取代中國砂糖，成為輸往各地的主要出口商品之一。

臺灣砂糖當時為熱門搶手貨，不僅輸往巴達維亞與日本，甚至遠達波斯等地。臺灣砂糖的大量輸出，說明隨著臺灣土地的日益開發，臺灣逐步變成出口商品的供應地。但基本上，在 1640 年以前，臺灣輸出的商品，主要來自於中國大陸，臺灣只是以轉口基地出現於國際貿易舞臺。

可是自 1640 年後，中國大陸出口商品如生絲、瓷器、砂糖的供應量銳減，反而臺灣本地出產的砂糖、鹿皮、硫磺、煤炭佔日益重要的地位。當時商品的輸出，在結構上發生了很大的變化。

其中因戰爭的需要，中國對硫磺及鉛需求量大增，臺灣的硫磺成了中國大陸的必需品。鄭芝龍時期，曾銷粗製硫磺十萬斤，1642 年，在大員的中國商人，即擁有粗硫磺二十至二十五萬斤，是當時臺灣僅次於砂糖的第二種主要產品。另外，鹿皮也是荷蘭輸出的大宗商品之一，而早在荷據以前，臺灣的鹿皮已開始輸往日本，每年都有日本船前來大員收購鹿皮。

荷蘭佔領臺灣後，鹿皮仍是輸出的主要商品。1634 年，有十一萬餘張鹿皮銷往日本，1638 年更高達十五萬張。其後因濫捕的結果，輸出量略有下降，但每年仍有六到九萬張左右。

總而言之，臺灣本地資源的輸出，為荷蘭人賺取豐厚的商業利潤，所以荷蘭治臺末期，其主要的經濟殖民政策，即建立在對這些本地資源的掠奪與壟斷之上。這不僅反映在對鹿皮、硫磺等自然資源的掠奪方面，也體現在米、糖等農業生產之中。

荷蘭治臺末期的統治危機

1650年後，荷蘭人在臺灣的殖民統治，逐漸出現危機，一則島內局勢不穩，1652年，爆發了規模頗大的郭懷一抗荷事件，引發島內臺灣人民抗荷意識高漲。另一方面，鄭成功自1646年海上起兵後，對荷蘭人亦形成嚴重威脅，他們幾乎無時無刻不在擔心鄭成功出兵臺灣。

其中代表臺灣人民反抗荷蘭殘暴統治，莫過於郭懷一大規模的武裝抗荷事件。郭懷一領導漢人抗荷，是荷蘭人殘酷殖民統治，與經濟剝削造成的結果。

1652年，有幾個因素，對郭懷一反抗有催生的效果。從1651年後，因甘蔗生產銳減，導致很多漢移民失業，衣食無著落且無事可幹，臺灣社會逐漸彌漫一股不安和怨恨的情緒。原本漢移民的生活已經困苦不堪，而荷蘭殖民統治者又於此時提高人頭稅率。這對生計已相當貧困的漢移民而言，無疑是雪上加霜。且荷蘭人為保證這項收入，經常派收稅官吏和士兵強迫徵收，挨戶搜尋敲榨勒索，擾民措施使民怨沸騰。

在糧荒、失業與人頭稅提高所產生不滿的情況下，又聽聞反抗後可得到鄭成功派軍隊前來增援之鼓舞下，郭懷一乃決定大舉推翻荷蘭之統治。

1652年9月7日，郭懷一計畫利用中秋之夜宴請荷蘭人，乘機將渠殺死，發動反抗，惜因消息洩漏，反抗不得不提前。9月8日黎明，郭懷一率領反抗軍，進攻普羅文遮城，當場打死荷蘭人數名，並焚燬房舍。其中有荷蘭人逃脫，奔赴大員求救，荷蘭迅即派兵一百二十名增援。

郭懷一等反抗民眾雖然奮勇殺敵，但事先缺乏縝密計畫，領導人又意見紛歧舉棋不定，兼以荷蘭人從新港、麻豆、蕭壠、大目降、目加溜灣等地，策動原住民加入圍剿的行列，反抗軍雖據險頑抗，但在荷蘭強大火力下，郭懷一中箭犧牲。

9 月 19 日反抗軍在力拚十天之後，這場轟轟烈烈的武裝反抗，仍在彈盡援絕的情況下，被鎮壓下去。

郭懷一抗荷事件後，荷蘭人的血腥屠殺與殘酷統治，更加變本加厲，但隨著島內漢人的天怒人怨，外加國姓爺鄭成功的強大威脅，荷蘭統治臺灣的末日已為期不遠。

從馬尼拉來的西班牙人

大航海時代，基本上是西方海權國家，在地理大發現之餘，為找尋東方之路，掠奪海外資源，及與中國貿易的驚異大奇航。

這趟驚異奇航，為葡、西、荷、英等西方海權國家，帶來豐碩無比的收穫。美洲的發現，響噹噹的墨西哥銀元、非洲黑奴的買賣交易，為早期葡、西兩國，帶來無可估計的財富。

葡、西兩國，一從非洲繞過印度洋，航向東南亞；一為橫渡大西洋，經過南美，直接衝到遠東。葡、西兩國東來，目的有二：一為欲佔領歐洲人不可或缺的香料群島（即今摩鹿加群島）；二為試圖找尋與中國貿易的機會。

當然十六、十七世紀，歐洲人競相來到東方後，最大的戰利品是侵佔了很多殖民地，西班牙也在這場角逐中，佔領了菲律賓，為其前進亞洲的灘頭堡。

西班牙佔領菲律賓，尤其是馬尼拉後，即以此為其在東亞海域擴張政經勢力的據點。由於西班牙夾著美洲白銀的強大購買能力，使得各方商旅群聚馬尼拉，爭相與其交易。

其實，東亞海域各地商人群集馬尼拉，目的是以商品，換取美洲來的白銀，但對馬尼拉的西班牙人而言，與中國人的貿易才是更重要的。

為與中國建立貿易關係，鄰近中國的島嶼，遂成為西班牙擴張的目標，其中自然也包含臺灣在內。荷蘭人佔領臺灣後，在馬尼拉的西班牙人深感威脅，更覺得刻不容緩，不能讓荷蘭人擁有整個臺灣。

1626年，菲律賓的西班牙總督施爾瓦 (Fernando de Silva) 派卡黎尼奧 (Antonio Carreno de Valdes) 率艦北上。5月11日至三貂角，12日進駐雞籠港，16日在社寮島舉行佔領儀式，並築聖薩爾瓦多城 (San Salvador)。接著西班牙人在港內山上建築堡壘，加強防禦，而在大沙灣附近，建立澗內 (parian) 以為中國人的街市。1628年，西班牙又進一步佔領淡水，築聖多明哥城（San Domingo，今淡水紅毛城），力謀鞏固其在北臺灣的勢力。

十六、十七世紀之交，在世界各地競相角逐殖民地的荷、西兩國，居然為了開闢拓展與中日兩國的貿易，同時割據臺灣南北兩處，這是很有意思的事，此亦充分展現臺灣在貿易轉運角色之重要地位。

雞籠淡水馬尼拉閩南商業網絡的成形

西班牙之所以佔據臺灣北部，一方面是為了對抗荷蘭；再方面亦是要誘使中日等處之商賈來臺灣北部與其貿易，兼欲向中日兩國傳播天主教。

為擴大其在臺灣的地盤，1632年西班牙人又溯淡水河，進入臺北盆地，1633年循著東北部海岸侵擾噶瑪蘭（宜蘭）。

西班牙在北臺灣期間，其殖民統治特徵為以武力鎮壓民眾，供其差遣築城鋪路，並儘量搜刮淡水河流域一帶的資源，如砂金、硫磺、鹿皮等特產，和圍繞臺灣海域的日本人、閩南人做生意。這些滿載而歸的商品，即是從福州出海至雞籠和淡水的交易品。

由此可知，此時福州與雞籠、淡水間的貿易，應該頗為熱絡。其貿易網絡，為藉由補給船往返雞籠與馬尼拉之間，中國大陸商品透過雞籠轉運至馬尼拉；而馬尼拉的白銀，也向雞籠流動，再轉入中國商人之手。這代表著雞籠、淡水的貿易，已大有進展。

基本上，1634年至1635年間，是西班牙統治北臺灣的極盛期，當時分駐雞籠、淡水的西班牙人約有五百餘人。雞籠成了閩南與呂宋之間的貿易中繼站，最盛時有滿載貨物的西班牙商船二十二艘同時入港，貿易興旺可見一斑。

商業的熱絡早已引起荷蘭人的嫉恨，兼以一山不容二虎，西班牙佔據北臺灣，使得在南臺灣的荷蘭人，惶惶不安。1641 年 2 月，趁著西班牙防衛薄弱之際，盤踞在南部的荷蘭人，正式出兵攻打雞籠、淡水的西班牙守軍。

這一期間，西班牙守軍雖然奮力反擊，但在寡不敵眾，援軍又不來的情況下，1642 年 8 月終於投降，結束在北臺灣十六年的統治。自是臺灣全部落入荷蘭手中。

參考書目

中村孝志，《荷蘭時代臺灣史研究上卷概說・產業》（臺北：稻鄉，1997 年）。

村上直次郎等著，許賢瑤譯，《荷蘭時代臺灣史論文集》（宜蘭：佛光人文社會學院，2001 年）。

李毓中，〈西班牙人在艾爾摩莎〉及陳宗仁，〈西班牙占領時期的貿易活動〉，《歷史月刊》第 222 期（2006 年 7 月）。

陳孔立主編，《臺灣歷史綱要》（臺北：人間，1997 年）。

陳宗仁，《雞籠山與淡水洋》（臺北：聯經，2005 年）。

陳碧笙，《臺灣人民歷史》（臺北：人間，1996 年）。

曹永和，《臺灣早期歷史研究》（臺北：聯經，1979 年）。

楊彥杰，《荷據時代臺灣史》（南昌：江西人民出版社，1992 年）。

臺灣史蹟研究會彙編，《臺灣叢談》（臺北：幼獅，1988 年）。

韓家寶 (Pol Heyns) 著，鄭維中譯，《荷蘭時代臺灣的經濟・土地與稅務》（臺北：播種者，2002 年）。

2.2 明鄭時期的開發與經營

鄭成功與荷蘭人的矛盾

荷蘭與鄭氏海上武裝集團的關係，自鄭芝龍崛起後，雙方在經貿競爭上，更加白熱化，也曾因角逐環中國海域的商業網絡，常兵戎相見，競爭的非常激烈。

但基本上，在明季末期，鄭芝龍是掌握海上優勢地位的，直到鄭芝龍降清後，此海上情勢才稍有改變。

鄭芝龍降清，其子鄭成功卻大義凜然，重擎「反清復明」大旗，以東南一隅之力，力挽狂瀾，舉兵抗清。從此成了南明最後一支的抗清主力。

鄭成功海上起兵後，荷蘭人幾乎年年都在擔心鄭成功要出兵攻打臺灣，尤其是鄭成功與荷蘭在海上商業利益的競爭，使得雙方的矛盾日益加劇。郭懷一武裝抗荷期間，荷蘭已風聞鄭成功會派兵援助。郭懷一事件最後雖被鎮壓下去，但有關鄭成功出兵臺灣之消息，始終令荷蘭人睡不安寢。

其後，隨著鄭成功海外貿易的發展，與荷蘭人的關係日趨緊張。1653年後，因鄭成功的海外貿易勢力已有長足進展，對於荷蘭人的威脅更大。因此，荷蘭人與鄭成功的關係逐漸惡化，到 1655 年，已演變至全面對抗的程度。

鄭荷之戰與臺灣收復

基本上，鄭氏海上武裝勢力的存在，對荷蘭人始終是一大威脅，隨著鄭成功與荷蘭人矛盾的逐漸加深，有關鄭成功欲攻打臺灣的消息，從 1646 年起即傳聞不斷。1645–1655 年間，因著鄭成功進攻臺灣的謠言越來越多，荷蘭人怕被圍城，還特地向巴達維亞請求增派軍隊加強駐防兵。

其實真正促使鄭成功下定決心，欲收復臺灣，是有其多方因素的。首先，基於抗清的需要，金、廈二島彈丸之地，要給養鄭成功十幾萬大軍有其困難，在戰略上亦缺乏回旋的空間，且糧餉來源和安頓家眷也都是一件棘手之事。因此，如何開闢一個理想的抗清基地，成了鄭成功亟欲解決的當務之急。是以，在長期抗清需要的考量下，臺灣的戰略地位自然成為鄭成功的首選。

其次，維護其海商集團的利益及反荷的需要。鄭氏海商集團之所以能立足縱橫中國東南海域，並與荷蘭一爭雄長，主要的利益來自「牌餉」的徵收和東西洋貿易的收入。此二筆鉅款的收入，一直是鄭成功維持龐大軍隊經費的主要經濟來源，但在大陸基地盡失、沿海又難以固守的情況下，另闢新的海上貿易據點，以便「廣通外國」，也成了鄭成功急待解決的難題。

最後，鄭成功始終認為臺灣為漢人故土，尤以明王朝曾許其父鄭芝龍開墾臺灣之權，因此恢復先人故土，更屬責無旁貸。

以上這些因素是鄭成功進軍臺灣的主因，而促成鄭成功下定決心的是「何斌事件」。何斌與鄭氏家族關係十分密切，他早年曾跟隨鄭芝龍在臺灣活動，後來鄭芝龍受明朝招撫，他留在臺灣。

其後他擔任荷人通事，還充當漢人長老，在赤崁附近種植水稻，並經常出面承包稻作稅、衡量稅等等，成為聯繫荷蘭人與鄭成功的重要人物。

1657 年何斌前往廈門交涉通商，並受鄭成功委託，返臺後代鄭氏徵收關稅。1659 年 2 月，此事遭舉發，何斌受到囚禁與審訊。何斌遭受荷人迫害後，唯一之途，只有尋找機會逃離臺灣，潛回大陸。

何斌返回大陸，對鄭成功獻上最大禮為「鹿耳門水道圖」，長期以來，鄭氏老早即想攻臺，但苦於對臺灣近海水文、水象不熟悉，故一直遲遲不敢採取行動，今何斌獻水道圖，先前的顧慮已然冰釋。

1661 年 4 月 21 日，鄭成功率二萬五千名大軍，搭乘四百餘艘戰艦從金門料羅灣出發，直趨澎湖。22 日，船隊齊抵澎湖，分駐各嶼等候風信。

29 日晚，風雨未息，鄭成功率軍，直指臺灣。4 月 30 日晨，抵達鹿耳門外海。由於何斌的引航，船隊順利駛進鹿耳門水道，進入大員灣，停在熱蘭遮城與普羅文遮城間，對它形成包圍之勢。

5 月 1 日，鄭成功向熱蘭遮城的臺灣提督揆一 (Fredrile von Coyet) 致信勸降，請荷蘭人讓出臺灣，並保證他們生命財產的安全，然遭到荷蘭堅拒。

此時，普羅文遮城已陷入鄭軍重重包圍中，餉源斷絕，彈藥不繼，援軍不來，不得已代司令苗藍斯丁 (Valentijn) 只好同意投降。5 月 4 日，簽訂了投降協議，至此，鄭成功順利的佔領赤崁地區。

鄭成功進攻臺灣的消息，傳到巴達維亞後，荷蘭大驚，巴城總督迅即派出由雅科布・考烏 (Jacob Caeuw) 為首的增援艦隊，於 8 月中旬駛抵臺灣。9 月 16 日，援軍配合熱蘭遮城守軍向鄭軍發動攻擊，反為鄭軍大敗，考烏乘機帶領殘艦逃回巴城。

面對孤立無援的熱蘭遮城，鄭成功決定採取最後行動。1662 年 1 月 25 日，鄭軍從三方面猛烈砲轟熱蘭遮城，及其外圍工事烏特利支堡 (Utrecht)，經過一天激戰，荷人不支，紛紛退回城內。

1 月 27 日，臺灣評議會決定寫信給鄭成功，再度求和，並希望在優惠條件下，交出熱蘭遮城。經過四天反覆折衝交涉，雙方達成協議。2 月 1 日，鄭荷雙方的代表，在大員市鎮的稅務所完成協議的換文，荷蘭殖民者正式向鄭成功投降，結束其在臺灣三十八年的殖民統治。

政治文教制度的移植

鄭成功收復臺灣，建立不朽偉業，被後世臺灣人封為「開臺聖王」。鄭成功對臺灣之偉大貢獻，不只是表現在收復臺灣之上，而是他將中國大陸諸多政治文教制度移植到臺灣來，使臺灣成為一個以漢人社會為主體的地區。換言之，他收復臺灣不只是基於「反清復明」的軍事需要，他更要「開國立家」，建立萬世不拔的基業。

其實早在1661年5月，鄭成功就下令，將已收復的赤崁地區，改為東都明京，並根據中國的郡縣制，在臺灣設立一府二縣。府為承天府，以赤崁城為府治，楊朝棟為府尹；縣為天興、萬年兩縣，以新港溪為界，以南為萬年縣，委祝敬為知縣，以北為天興縣，授莊文烈為知縣，並令楊朝棟查報田園冊籍，徵納稅銀，開展地方行政工作。

1662年6月，鄭成功不幸病亡，其子鄭經繼位，於1664年改東都為東寧，升天興、萬年二縣為州，並設置南、北及澎湖三個安撫司，同時還強化基層社區組織，進一步有系統的移植大陸行政機構於臺灣。

此外，鄭氏復臺後，一批不願降清，秉持民族氣節的文人學士及知識分子，紛紛追隨鄭氏來臺。他們的來臺，為臺灣帶來了崇尚文化的風氣。

這些人中較著者有王忠孝、辜朝薦、沈佺期、郭貞一、李茂春、許吉熼及較早來臺的沈光文，其中尤以沈光文的影響最大。他們將中華文化帶到臺灣一隅之地，並以傳統詩文，寫下臺灣早期第一批流寓文學作品。

文化的傳播，有賴於教育之管道，領臺之初，百廢待舉，無暇言及教育。1665年在全臺粗定後，富有遠見的諮議參軍陳永華，乃積極向鄭經建議，說明在臺發展文教事業的重要性。

鄭經納其議，於是在臺灣建孔廟、置學校，逐漸建立一套教育體系。在推動教育的同時，鄭氏政權也將大陸的科舉制度搬到臺灣來，為獎勵人才提供晉身之階。

如此民眾有受教育的機會，而且因為科舉考試的實施，建立了文官考試制度，為臺灣士子奮力向學，努力上進，提供一個良好環境。從此，臺灣教化大備，人文蔚起。

土地開發與生產發展

鄭氏之所以收復臺灣，其動機之一，即為解決棘手的軍糧問題，為解決軍糧的供應和立足臺灣的長期打算，鄭氏政權對臺灣土地的開發相當重視。

在與荷蘭對峙期間，鄭成功已迫不及待，要求軍隊分派汛地屯墾，鼓勵私墾（包括民墾）和軍墾雙管齊下，以開發土地。鄭氏政權不僅獎勵墾殖，且督促甚嚴，故開墾頗有成效。

僅私墾部分，據蔣毓英《臺灣府志》記載：僅文武官田即近二十三萬畝，遠比荷據時期的四、五萬畝多很多。軍墾部分，即所謂的「營盤田」，亦即鄭氏軍隊自耕自給闢墾之田，雖沒留下正式數據，但為保證提供數萬軍隊之糧食供應，這方面的土地畝數肯定是相當大的。

另外，據學者考證，鄭氏時代軍屯的地點，已知的約有四十餘處，如新營、舊營、五軍營、查畝營、林鳳營、中營、下營、後營、小新營、大營、營前、營後、左營等等，凡有「營」字，均為營盤田開墾的。今臺灣許多地名，也都與當時的屯田有關。從這諸多地名中，亦可窺見當年軍屯規模於一斑了。

鄭氏時期臺灣開墾的區域，主要集中在承天府（今臺南市）一帶，以此為中心，北至北港溪，南到下淡水溪的臺灣中南部。另外，北港溪以北和下淡水溪以南地區，也有零星開發。

而為了使開墾之地有良好的灌溉以栽種作物，當時還興修不少水利設施。這些水利設施，有的是由軍隊帶頭修的，規模雖然不大，但卻發揮不小功能。

因為土地的開發和水利的興建，農業開始快速成長。從 1665 年起，農業連年豐收，不但島上軍民能自給自足，還有餘糧可供輸出，所謂「以其有餘，供給漳泉，以取其利」。

在此基礎上，百業復甦，無論是製糖、製鹽、造船、冶鐵等手工業均有長足進步。以製糖為例，每年製糖即可達七萬擔以上。

另外，臺灣四面環海，鹽為一種天然資源，正可好好利用。鄭氏時期，教民曬鹽，「就瀨口地方，修築坵埕，潑海水為鹵，暴曬作鹽，上可裕課，下資民食」。這種新法製鹽，色白而鹹，品質極佳。總之，經過一番土地開發及農業發展後，臺灣社會當時的情況是「人居稠密，戶口繁息，農工商賈，各遂其生」。

經濟封鎖與臺灣的內外貿易

鄭氏王朝立足臺灣，奉明正朔，扛舉「反清復明」大旗，清朝如芒刺在背，幾次欲渡海攻擊，奈何海上武力，仍非鄭氏對手。因此，釜底抽薪之計，是先行對鄭氏政權採經濟封鎖之策。

1661 年，鄭成功收復臺灣後，清廷對臺灣的經濟封鎖更加嚴密徹底，實行所謂的遷界之策，即「將山東、江、浙、閩、廣濱海人民盡遷入內地，設界防守，片板不許下水，粒貨不許越疆」，把沿海三十里地，劃為界外，不許百姓居住。

1678 年，與臺灣一衣帶水的福建，清朝仍三令五申的強制執行遷界之令，要求福建界外百姓遷移內地，申嚴海禁，絕其交通。

清廷對鄭氏王朝的經濟封鎖，確實帶來不小影響。然而，鄭氏政權也有一套對付清廷經濟封鎖的辦法。方法之一，就是在大陸沿海地帶設置走私據點，從而將貨物轉運臺灣。為了維持與大陸的貿易活動，鄭氏政權還採取了賄賂收買清軍守邊官兵之作法，使清廷嚴密邊禁形同虛設，更有甚者，有些清軍還幫鄭氏進行走私活動。

換言之，透過收買賄賂，清廷雖然厲行海禁，但仍漏洞百出，根本無法徹底封鎖鄭氏政權。不僅如此，在長期的反封鎖中，臺灣反而訓練出一批善於來往兩岸貿易的商人，他們在遷界、海禁的層層束縛之下，從事兩岸貿易，獲利頗豐。

而在有利可圖的情況下，也有一些大陸商人鋌而走險，將各種貨物販運臺灣。因此，儘管清廷實行了嚴格的經濟封鎖，但鄭氏與大陸的貿易活動卻始終沒有中止過。

另外，為突破大陸的經濟封鎖，更促使鄭氏政權積極發展海外貿易，以保障龐大的軍用開支，和民生物資的需求。除了商船四出興販外，鄭氏政權還積極發展與鄰近各國的通商關係，尤其與日本的貿易最為熱絡。

此外，為鼓勵外國來臺經商，鄭氏政權並准許外國公司到臺灣來設立商館。如 1670 年，鄭氏政權即與英國東印度公司簽訂通商協議，英國東印度公司還在臺灣設立了商館。

涉外關係

大航海時代，臺灣因為在東西洋貿易的重要位置，所以鄭氏政權與鄰近各國和日本均有頻繁的接觸。其中和荷蘭、日本、西班牙等國，有較特殊的互動。

荷蘭殖民者被鄭成功逐出臺灣後，心懷怨恨時思捲土重來。從 1662–1664 年間，荷蘭人曾三番兩次地組織艦隊，來臺灣海域附近，伺機報復。

1662 年，荷蘭曾打著協助清朝，征伐鄭逆的旗號，要求清廷准其自由貿易，清未置可否；荷蘭曾單獨攻擊鄭軍，但沒取得多大戰果。但是，荷蘭仍不死心，1663 年 9 月，荷蘭艦隊與清軍結盟，共同對駐守在廈門的鄭軍發動攻擊。

金、廈戰後，荷鄭展開談判，荷蘭要求鄭氏准其通商，並允許其在雞籠、淡水兩地設商館；鄭氏則希望荷蘭解除與清軍之聯盟關係，最後，雙方協商破裂，沒有談成。鄭荷之間的仇恨依舊，這種敵對關係一直到鄭氏降清為止。

至於鄭氏政權，與日本則有較深的淵源，此原因不僅是鄭成功的母親為日本人，而且早從鄭芝龍開始，鄭氏與日本之間就有著非常密切的經貿往來。

鄭氏佔有臺灣後，與日本商業往來頻繁依舊。當時，每年有十四、十五艘大船從臺灣開往日本，1670年更高達十八艘。可見，臺日兩地貿易量之大。主要輸日的為糖和鹿皮，僅1682年，臺灣輸往長崎的糖即近十萬斤，數量相當驚人。

基本上，終鄭氏王朝覆滅，鄭氏與日本的關係，始終不錯。期間雖曾因琉球貢船事件，關係一度緊張，但未幾狀況迅即修復。

而鄭氏與盤據呂宋的西班牙，關係則不佳。彼此間雖有經貿往來，但雙方情況並不友好。鄭成功復臺不久，鑑於西班牙人在馬尼拉常有虐待殺害華人之舉，並不時捕截鄭氏商船之事，立即決定派兵征討呂宋。

後來鄭成功不幸英年病故，內部又發生鄭襲、鄭經叔侄爭權內亂，因此征討行動未付諸實行。1663年，雙方關係稍有改善，臺灣與呂宋又恢復通商。1666年，西班牙要求在臺灣進行傳教活動，為鄭經所拒。以後雙方繼續維持經貿往來。其後，鄭氏雖有幾次想征討呂宋的西班牙，但亦均未付諸實施。

參考書目

天下編輯，《發現臺灣》（臺北：天下雜誌，1992年）。

陳孔立主編，《臺灣歷史綱要》（臺北：人間，1997年）。

曹永和，《臺灣早期歷史研究》（臺北：聯經，1979年）。

程大學編著，《臺灣開發史》（臺北：眾文，1994年）。

廈門大學臺灣研究所歷史研究室編，《鄭成功研究國際學術會議論文集》（南昌：江西人民出版社，1989年）。

臺灣史蹟研究會彙編，《臺灣叢談》（臺北：幼獅，1988年）。

韓振華，〈再論鄭成功與海外貿易的關係〉，收入鄭成功研究學術討論會學術組編，《鄭成功研究論文選續集》（福州：福建人民出版社，1984年）。

2.3 最後的攤牌——鄭清的和與戰

鄭成功與清的議和——剃髮與「兩國論」

順治期間，清軍一路南下，勢如破竹，南明政權，紛紛垮臺。但在南明軍節節敗退之際，清軍所付的代價也至為可觀。尤其鄭成功起兵東南，不時給予清軍迎頭痛擊，使清廷深感兩面作戰異常吃力。

1652 年，清乃改變策略，對鄭成功進行招撫，希望其降清。唯清朝以撫代勦的策略並未奏效，卻從此開啟了鄭、清之間的和談之門。

但清廷仍不死心，1653 年，更是雙管齊下，除了要鄭芝龍親書鄭成功，勸其投降外，並特別頒下諭旨，對鄭氏家族封公賜地。

為慎重起見，清廷還派遣滿洲章京碩色為特使，與鄭成功表親黃徵明等一同攜帶敕諭，及「海澄公印」、「奉化伯印」等物，南下福建，辦理「撫事」。不但如此，並遣鄭芝龍修書一封委李德、周繼武攜至閩南，親自交與鄭成功。

鄭成功看信後，考慮到家人在北京的安危，同意與清方談判，但他更以「大義滅親」的精神，警告清廷欲以其父親及家人來威脅他是無法得逞的。

面對鄭成功的頑抗，同年 11 月，清廷仍決定繼續採安撫手段，以爭取鄭成功。在順治皇帝的敕諭中，不僅賜給鄭成功相當高的爵位，且授與領有泉、漳、惠、潮四府兵權及四府領海之權，這權限之大可說是清廷少見的曠典。

此次攜帶敕諭和印信南下的專差，仍以李德為主，李德並持有閩浙總督劉清泰致鄭成功感性的勸降和談信，李德在廈門見了鄭成功。談判期間，鄭成功並不接受印敕封祿，只以「兵馬繁多，非數省不足安插。和則高麗、朝鮮有例在焉」，並將敕書與印信退給清使，談判就此結束。

鄭成功在清使北歸後，乘機分遣各武將到福、興、泉、漳等屬邑，派助樂捐，徵到不少船料兵餉，真正收到了利用和談，以壯大自己力量之目的。由於當時和議事還未定，清兵也不敢出面阻擋，只有眼睜睜看鄭成功隨心所欲的到處行動。

至於「和則高麗朝鮮有例在焉」，類似「兩國論」的觀點，更是清廷所不能接受，談判因此破裂，自在意料之中。

在談判陷入僵局時，清朝原本欲兵戎相見，但在閩浙總督劉清泰的懇求及鄭芝龍答應再修書勸降的情況下，順治皇帝同意為和談再做最後一次的努力。1654 年 6 月 25 日，順治皇帝再下達一份敕諭給鄭成功，文中一再叮嚀剃髮之事，並有最後通牒的警告意味「順逆兩端，一言可決」，要鄭成功「熟思審圖，毋貽後悔」，顯然清朝已洞悉鄭成功在藉談判行拖延戰術。

清朝與鄭成功的第四次和議，似乎有「以戰逼和」的策略，在談判期間，也徵調大軍，會合駐紮在漳、泉的清兵，準備進攻金廈。

和談方面，清廷原本要求鄭成功派人去福州，迎清特使，南下泉州談判。但鄭成功不願對清使表示過分恭順，拒絕此要求。8 月 24 日，葉成格等清使在萬般無奈下南來泉州，唯態度較前幾次強硬，派人告訴鄭成功「不剃頭，不接詔；不剃頭，亦不必相見」，鄭成功怒斥來人一頓，僵局又現。

9 月 4 日，鄭成功遣人到泉州，請葉成格等來安平談判，並在安平佈署重兵，企圖給清使一個下馬威，雙方即在這種互相猜疑的氛圍下進行談判。

談判中，爭執焦點仍是圍繞在剃髮之事上，清使堅持非先剃髮不能談其他問題，然鄭成功不讓，清使憤而返回泉州。在鄭成功屢不相讓的情況下，清使對他下最後通牒，要求鄭成功在 25 日前作一最後決定。

鄭成功並無回音，鄭世忠、周繼武、李德等人在清使威逼之下，泣求鄭成功接受和議，否則父親及家人性命不保。可是，鄭成功以為剃髮就是投降，不能為一己之私，棄國家民族大義於不顧，因此不為所動。三番兩次的議和不成，清廷只有轉撫為勦了。

和戰的拉鋸

清朝與鄭成功的幾次議和並無結果，認為鄭成功並無剃髮投誠之意，只有訴諸以兵威，征勦鄭成功。於此同時，鄭成功亦主動出擊，連克閩南十餘縣，士氣大振。

1655 年 5 月，清派世子濟度率滿漢大軍三萬人南下入閩，鄭成功亦枕戈待旦，將主力集中廈門，擬與清軍決一死戰。

9 月，濟度率兵抵泉州，仍希望鄭成功效法祖大壽及洪承疇，接受議和降清，鄭成功仍不為所動。1656 年 4 月 16 日鄭清大戰爆發，雙方水師在泉州東南圍頭海上發生戰鬥，戰況十分激烈。最後，清軍因不諳海戰，天氣惡劣，潰不成軍，慘敗而逃。

圍頭海戰失敗後，清廷對鄭成功莫可奈何，只得重用「海禁」之策，希望由此來斷絕鄭氏軍需糧餉之來源。唯此「海禁」政策效果不彰，並不能達到「廓清海氛」的目的。順治皇帝因鄭成功屢次抗命不就撫，下令將鄭芝龍一家流放到東北的寧古塔，最後依謀叛罪名，將他們滿門族誅。

1659 年（順治十六年），鄭成功兵敗南京城，壯志難伸，復明雄心遭受嚴重打擊。當其領軍退出長江時，曾派蔡政同、馬進寶等人「往京議和」，但無結果。

然所謂此一時彼一時，這時情勢丕變，清廷的勝利，對鄭成功的態度自然強硬起來，也不再熱衷與鄭成功談和了。

總的來說，清順治朝與鄭成功的和談，持續近十年之久，尤其在 1652–1654 年間，雙方動作頻繁，然終無結果。就清朝而言，認為對鄭成功已仁至義盡，「朕之推誠待爾可謂至矣！」然鄭成功畢竟是「創格完人」，他一心一意要反清復明，不為清朝許諾的高官厚祿所利誘。

順治帝與鄭成功的和和打打，直到1660年才有了另一番新局。時清朝幾乎已控制整個中國大陸，鄭成功則東渡臺灣。鄭氏政權立足臺灣後，仍繼續奉明正朔，揭櫫「反清復明」旗號，與大陸的滿清展開長期的軍事對抗。

臺海對峙新局——鄭經與清的周旋

1662年5月，鄭成功病逝臺灣，鄭成功死後，群龍無首的鄭氏王朝裡，旋即爆發了鄭成功之弟鄭襲，與鄭經之叔侄爭權的內亂。

趁鄭氏內鬨之際，清廷以機不可失，實為和平瓦解鄭氏政權之良機，乃遣靖南王耿繼茂，和閩浙總督李率泰派出特使至廈門談判，企圖說服鄭氏降清。

而鄭經為由內外交困的局面脫身，亦授意鄭泰、洪旭、黃廷等人虛與委蛇前往談判，為取信清方，鄭經甚至偽造官兵、人口與器械總冊，交親信楊來嘉，親自北上京城呈給清方代表，以迷惑對方。

在談判過程中，雙方爭執的焦點仍在於是否「剃髮」的問題上，清廷堅持鄭經需剃髮登岸受降，而楊來嘉則說，必照朝鮮之例，才能進一步談和，雙方沒有共識，和議破裂。其後，至康熙初年，鄭清之間仍談談打打數回合，唯明鄭仍堅持「高麗事例，若欲削髮登岸，雖死不允」，如此，和談自然更談不下去了。

蓋清方認為既然稱臣納貢了，即屬君臣關係，「君臣之義，譬如父子，而異其衣冠，豈可君臣而別其章服？此剃髮一事，所當一意仰從，無容猶豫者也！」且鄭經及其部屬均為中國人，「非可與外國之賓臣者比」，故應當遵制剃髮。然鄭經則以箕子入朝鮮故事，說明朝鮮人既可不剃髮，他自然可以比照，更何況此項原則為鄭成功所定，他不能改變而「墮先王遺志」。因彼此政治理念及利益不同，最後協議不成，只能訴諸戰爭。

決戰時刻到來

經過反覆談判不成，康熙在平定「三藩之亂」，國內政局已趨鞏固後，又興起了平臺之念。兼以自鄭經棄金廈退守臺灣後，兩岸局勢，明顯有利於清方。原因是臺灣內部出現了嚴重的危機。首先是統治高層出現傾軋，鄭經自廈門敗歸後，意志消沉，怠於政事，溺於酒色。

陳永華、馮錫範互相爭權，劉國軒擁兵在外，權臣悍將，叔侄猜疑，文武解體，政出多門，各懷觀望。不久，陳永華被鬥垮而辭職，旋憂憤而死。陳永華是鄭氏王朝的諸葛亮，鄭氏王朝諸多政務朝事均由其擘劃經營，如今一死，宛如大廈傾倒。

1681 年 3 月 17 日，鄭經病逝內閣即起，馮錫範與權臣扶持年僅十二歲軟弱無能的鄭克塽嗣位。鄭克塽為馮錫範女婿，從此，鄭氏內政事無大小完全取決於馮錫範，外事則歸劉國軒發號司令。他們一個恃戚專擅，一個擁兵自重飛揚跋扈，鄭氏王朝至此上下離心，君臣猜疑多事了。

其次，軍心不穩，是更大之隱憂。鄭經晚期，清朝使用統戰伎倆，招降鄭氏屬下官兵，其中最有效、也是對鄭氏傷害最大的，是姚啟聖於 1679 年（康熙十八年）所建的「修來館」。這個單位專門負責收納鄭軍投降將士的工作，凡是來自鄭軍的人都受到歡迎。而且「使以華轂鮮，衣炫於漳泉之郊，供帳恣其所求」，使他們感到很體面，這是一套很有系統的招降方法和計畫。至於天災人禍不斷，則讓百姓顛沛流離民不聊生，尤其是連續幾年的洪水氾濫，對農業生產無疑是雪上加霜。

1682 年，臺灣即出現嚴重的饑荒，米價昂貴，民不堪命，米糧缺乏，造成軍民之間怨聲不絕。尤有甚者，鄭氏退守臺灣後，因為無法再從大陸取得糧餉，一切負擔全部轉嫁臺灣人民身上，故民眾普遍感到不堪負荷，對鄭氏政權的不滿情緒也與日俱增。

而清朝在平息了反對攻臺之論後，萬眾一心，攻臺志在必得。閩浙總督姚啟聖堅決主張「臺灣斷須次第攻取，永使海波不揚」。

鄭經病逝後，清廷認為平定臺灣時機已成熟，1681 年 9 月，康熙從善如流，起用原本是鄭氏降將的施琅，並授予「專征」大權，同意施琅「相機自行進勦」，進軍臺灣的時機，已然到來。

1683 年 6 月 14 日，施琅舟發銅山，隔天抵澎湖，臺灣面臨戰爭威脅，民心浮動。施琅於澎湖海戰獲勝後，兵敗的劉國軒，因先前已受清廷招降，故力主投降。時劉國軒兵權在握，鄭克塽又年幼無知，無奈只能依劉國軒建議，奉降表求和。7 月 15 日，施琅接受降表。20 日，鄭克塽下令，臺灣兵民全體剃髮投降，鄭氏王朝終於覆滅。

總計鄭氏王朝，為了堅持不剃髮，和滿清僵持二十三載，也延長明祚達二十餘年。為了頭髮力挺了二十多年，在中國歷史上，也算是特例一件。

三百多年前，鄭氏王朝以「不剃髮」而堅持不降清，甚至要求比照朝鮮類似「兩國論」的模式與清廷並存。今大陸以「一國兩制」堅決要臺灣接受，而臺灣則以「兩國論」或「特殊的國與國關係」作為反制。唯雙方均不能接受，撫今追昔，歷史會不會重演呢？不禁令人深思，嚴肅以對。

參考書目

吳正龍，《鄭成功與清政府間的談判》（臺北：文津，2000 年）。
周雪玉，《施琅攻臺的功與過》（臺北：臺原，1999 年）。
陳捷先，《不剃頭與兩國論》（臺北：遠流，2001 年）。

第三章　清領前期的臺灣開發與社會變遷

3.1　土地拓墾與區域開發

土地的拓墾與開發

清領臺後，臺灣的經濟發展，是建立在土地開發之上的。荷蘭、明鄭時期，隨著大批漢移民的來臺開墾，今臺南府城一帶已有相當程度的開發，擴及至鳳山縣（今高雄）、雞籠、竹塹、琅瑀等地亦有局部的墾植。

但基本上，這些地區有很大的一部分，是明鄭時期因為軍事需要及軍屯制度的點狀開發之結果。清初，朝廷雖厲行「海禁」政策，但又有一波的移民潮來臺，為臺灣增添了不少生產力。

當時來臺之移民，最早是從事整理鄭氏王朝大批軍民回大陸後，留下的荒廢田園。他們以臺南地區為中心，依序向南北兩路進墾。總計在清領初期，嘉南平原大片未開發的荒野已進行了相當程度的開拓。

下淡水溪流域的開發，主力為來自粵東的客家人。在康熙年間，他們發現下淡水溪仍有甚多未開發之處女地，乃發揮客家人團結的精神，呼朋引伴成群結隊的戮力開闢。到康熙末年，整個今日高雄、屏東地區已大致開發完成。臺灣南部地區在康熙朝大體已闢墾飽和，移民逐漸將目光注視尚地廣人稀的中、北部平地。

臺北盆地的開發，以 1709 年著名墾號「陳賴章」，請墾大佳臘為標誌。此後，其他地方墾號聞風而來，零星開墾者絡繹而至，由盆地中心向外開闢。經過墾戶的努力開發，到雍正年間，大臺北地區的拓墾，已至盆地周圍的新莊、板橋地區。

桃園地區的開發始於康熙晚期，粵東潮州客家人扮演了先鋒之角色，先是開墾南崁、竹圍等地。乾隆中期，閩、粵人又將目標移墾至中壢、楊梅，並擴散至周遭的臺地。比較可惜的是，因為水源不足，使桃園開發的進程，反而較臺灣其他地區緩慢。

新竹地區的開闢，大約與臺北盆地同步進行。1690 年至 1700 年間，同安人王世杰率族人鄉黨百餘人請墾竹塹，到康熙後期，今日新竹市周遭，已闢成南、北二庄。雍正末乾隆初，竹塹臨海處已開發完畢，一部分墾民往南，向苗栗河谷平地前進，有些墾民則往竹塹山區發展。

中部地區的臺中盆地和彰化平原的拓殖，較北部地區早，此二處因緊鄰已開發的嘉南平原，闢墾的速度十分快。主要墾戶有施世榜、楊志申、吳洛、張達京等。他們親率移民，分兩路前往，一路從雲林平原，越濁水溪北上；另一路從海路，由鹿港登陸，大規模拓墾沿海地區、濁水溪中游河谷平原及臺中盆地。至乾隆中晚期，墾民已進入八卦、大肚臺地一帶拓殖。

乾隆晚期，基本上，臺灣西部地區開發已臻飽和。然來自大陸的移民仍源源而來，因著人口的壓力日甚，晚近的移民只有將目光轉到丘陵山地，和交通不便的東部「後山」地區。尤其是宜蘭地區的蘭陽平原與埔里社盆地等處。

蘭陽平原土壤肥沃，水源充沛，是發展農業的好地區。惜因位於臺灣的東北地方，和臺北隔著崇山峻嶺的雪山山脈，林莽深密，難以通行，使得移民裹足不前。且蘭陽平原為噶瑪蘭族的原居地，對外人之侵擾，非常強悍抵抗，所以常有「番害」發生。1768 年，漳州人吳福生，曾自西部進入宜蘭，而遭當地土著噶瑪蘭族的驅逐。

雖然如此，漢移民仍不死心，漳州人吳沙在淡水富戶資助下，糾合二百餘人，披荊斬棘，進入宜蘭。並於 1798 年 9 月，順利在烏石港建了頭城，作為開蘭第一站。

以後漳、泉、粵移民，紛紛來附，漢人夾著人口優勢及勤奮苦幹的精神，終於開發了蘭陽平原這塊東北角處女地。臺灣的開發，除了後山的花蓮、臺東外，大體上在嘉慶、道光年間，已拓殖完成。

最晚闢墾地，為埔里社盆地。1815 年，水沙連番地隘丁黃林旺和嘉義人陳大用、彰化人郭百年擁眾千人，入埔里社盆地拓墾，並與原住民發生衝突，驚動地方官出面立碑禁墾。

當局的嚴禁，並不能阻絕移民偷越私墾。咸豐年間，埔里社盆地也大致闢墾完成，此亦象徵臺灣西部地區的開發，在漢移民百餘年，辛勤拓墾下，終於大功告成。

清初的土地開發，基本上，是循著大陸的原鄉祖籍（主要為泉州、漳州、惠州三府），使用共同方言（有閩南方言及客家方言之別）所組織，成為一開墾集團。來臺後，由地主出錢，移民出力之方式進行之。地主的職責，是負責向官府申請開墾執照，或向番社打點送禮結交，取得番社首領同意之承諾。其次是，出資開鑿埤圳、購備農具、種子、耕畜，及提供所有一切開拓所需之援助，如口糧、武器、倉儲和開墾期之食用住處。除此之外，地主也要擔任開墾工作的設計、領導指揮，墾成後，亦由其向官府繳稅。而地主最大之報酬為，所有新墾之地名義上均歸地主所有。

此外，當時臺灣土地在拓墾過程中，已充斥著明顯「地權分化」的現象。即原有的地主土地所有權中，逐漸分離出使用權——永佃權，而所有權中，又經常被分割成「田底權」和「田面權」兩部分。

換言之，即在租佃制度上形成永佃關係，而在土地上形成「一田二主」的形態。這種特殊的「一田二主制」，早於明末即盛行於閩南一帶。清領臺後，閩南移民亦將此種土地制度帶進臺灣。因此，清代臺灣土地制度的形成，實含有移民原鄉拓墾形式的移植。

拓墾臺灣，其實是移民交織著汗血和成功失敗的開發史。原始草萊的威脅、疾病尤其是瘧疾的侵襲、原住民的「出草」番害，以及不定時的洪水、颱風等自然災害，在在使得移民常置身危險之境。

總之，在這隨處充滿瘴疫、洪水、番害的惡劣環境下拓荒，是十分艱辛危險的，臺灣先民的拓荒者，必須具備非常堅毅勇敢的精神與毅力。兼以早期這些「無某無猴」的年輕拓墾者，由於缺少女性，終身未娶，未能享受家庭的溫暖，在精神上和生活上，其實是相當苦悶的。他們為臺灣開發付出了極大的犧牲，值得我們感佩。

水利設施與農業發展

土地的開發，為的是發展農業，荷鄭時期，臺灣的開發僅限於臺南一隅，故那時經濟發展仍甚有限。基本上，臺灣傳統經濟的成長與發展，還是清領以後的事。從康熙年間，漢移民投入大量勞動力開發土地，土地開墾面積節節攀升。從 1685 年到 1710 年間，報墾升科田園，達 11,660 餘甲。

從 1711 年到 1735 年，增墾升科田園，達 22,752 甲。換言之，僅二十餘年的時間，增墾數成長了一倍。且因逃避課稅，有些墾闢田數刻意隱瞞，所以實際開發墾數可能更多。但無論如何，康、雍時期，臺灣的耕地面積，絕對較荷鄭時期多兩倍以上。

雍、乾以後，由於來臺移民日多，為提高農業生產，開始從粗放經營，轉向精耕細作。臺灣因為全年雨量豐沛，河川亦能給平地提供豐富的水量，所以中、北部平原地區很快就發展成為豐饒的稻米產區。

但欲植稻，提供便捷的灌溉系統不可少，所以從康熙晚期始，墾民即在中、北部開始興修水利，至乾隆初期，中、北部的水利系統已大體完成，而水田也取代旱地成為主要的耕作形式。

當時的主要水利灌溉設施，臺北盆地有瑠公圳，由郭錫瑠於乾隆初期，投資開鑿，可供灌田一千甲左右。臺中地區從 1723 年開始，有客家人張達京出資興建的貓霧捒圳，灌溉今臺中神岡、大雅、横山等地農田。

其後，張達京又和陳周文、秦登鍵等組六館業戶，籌資六千餘兩，興築朴子籬大埤，使大埤和小圳形成一網狀灌溉系統。這條埤圳，以後稱為葫蘆墩圳，對中部水田灌溉的貢獻非常之大。

彰化平原有八堡圳，由著名墾號施長齡之施世榜，於康熙末年投資建造，工程浩大，歷時二十年始完工，可供灌田一萬九千甲，嘉惠農民良多。

此外，像新竹沿海平原有王世杰領頭修建的隆恩圳，灌田一千二百甲左右。又有林成祖興建的大安圳、張克聲、張必榮的后村圳。噶瑪蘭平原則有金結安圳，灌田一千七百甲。上述這些，都屬於規模較大的水圳系統。

水利設施的發展與完備，自然帶來農業的快速成長，尤其是給水田稻作奠定了堅實的基礎。兼以漢移民帶來先進的水稻栽種技術，如育秧、防治病蟲害、施肥等方法的引進，對稻種的培育栽植，均有所進展。

因此，大約從乾隆中葉起，臺灣的水稻收穫已從水田雙熟制，逐漸取代早期側重晚稻的局面。雍、乾以後，臺灣水田化的結果，不僅稻米糧食自給自足，「所出之米，一年豐收，足供四、五年之用」。且還能輸出大陸，成為中國一重要米倉。

基本上，臺米的轉運大陸，不僅有助於解決大陸閩、粵等省民食不足的問題，同時也平衡了島內米價的穩定和促進稻作經濟的持續成長。有清一代，米始終是臺灣最重要的農作物及出口大宗。

臺灣的南部，尤其是嘉南平原及屏東平原等處，因氣候土質因素，非常適合甘蔗的栽種。所以，以濁水溪為界，「南稻北米」的耕作形態逐漸形成，即濁水溪以北，以稻作為主，濁水溪以南，則稻蔗間作。而在耕作制度上，也摸索出一套「以田育稻，以園植蔗，植蔗之後，可收兩年，改種雜穀，以休地力」的模式。

由於經濟作物的甘蔗利潤頗豐，故從康熙中葉起，南部即有農民大量種植甘蔗。蔗作的快速成長，甚至已威脅到稻作之勞動力。

一般而言，甘蔗的收穫期為秋後至次年初春，這期間也是製糖期。種蔗之園，必沙土相兼，以半沙、半土為佳。甘蔗採割後，即進入製糖階段。清朝臺灣之製糖場所，稱為「糖廍」。當時臺灣糖的成品有烏糖（亦作青糖、赤糖）、漏斗糖（半白糖）、白糖和冰糖四種。

因為製糖獲利可觀，所以農民競相種植，臺灣糖品質好產量多，理所當然成了清代前期臺灣出口之大宗。據估計，臺糖每年輸出量常達五、六十萬擔，如加上島內消費，產量可能高達六、七十萬擔，晚清臺灣開港後，此數目可能更高。當時臺糖主要銷往大陸、日本、呂宋諸地，歲可得五、六十萬兩，約佔當時臺灣出口總值的 70% 以上。

由於有利可賺，於是造成「舊歲種蔗，已三倍於往昔；今歲種蔗，竟十倍於舊年」的盛況。總體來說，有清一代臺灣的糖產量一直呈現攀升的現象，也因如此，對稻米的生產造成重大的衝擊，形成「米糖相剋」的問題。此困擾一直延伸至日治時期，仍無法獲得根本的解決。

參考書目

林再復，《臺灣開發史》（臺北：三民書局經銷，1994 年）。
陳正茂編著，《臺灣經濟發展史》（臺北：新文京，2003 年）。
陳孔立主編，《臺灣歷史綱要》（臺北：人間，1997 年）。
陳碧笙，《臺灣人民歷史》（臺北：人間，1996 年）。
黃富三、曹永和主編，收入《臺灣史論叢》第一輯（臺北：眾文，1980 年）。
程大學編著，《臺灣開發史》（臺北：眾文，1994 年）。
臺灣史蹟研究會彙編，《臺灣叢談》（臺北：幼獅，1988 年）。

3.2　衝破網羅橫渡重洋的移民潮

漢移民來臺原因

四百年來臺灣的開發，基本上，是由漢移民所墾殖出來的，在臺灣史上，不管那個政權統治，為開發臺灣，都需要招徠人力，來此開疆闢土。其因何故？乃因為臺灣島上之土著族，彼等人口不多，缺乏生產力；且亦無先進的生產技術，經濟結構尚停滯在狩獵捕漁的原始階段。因此，對於任何一個外來殖民統治者而言，當時的原住民是無法滿足其人力和生產力需求的。職是之故，早在荷蘭及鄭芝龍時期，他們墾殖臺灣，都從一衣帶水的對岸中國大陸，召募大批的漢移民前來臺灣開墾。

移墾社會的成形

臺灣移墾社會之成形，始於明末。其時，鄭芝龍被明招安後，明廷同意其在故鄉福建召募鄉民赴臺開墾。荷蘭則以重金誘勸閩、粵人民來臺墾殖。而當時閩、粵地區人口稠密，謀生困難、生活不易，所以臺灣這海角一樂園，正是他們向外發展的絕佳天堂。

在此情況下，以福建漳、泉和廣東潮、汕等地的閩南人或客家人，從明末以來，不論是正式或偷渡，絡繹不絕於臺灣海峽，來臺開墾。

即便臺灣海峽風濤險惡，橫渡黑水溝不易，甚多「唐山客」葬身海底，移民的歷史充滿了血淚斑斑的渡臺悲歌，但仍未減低唐山客過臺灣的勇氣。而一部臺灣開發史，即移民的血淚史，也就此拉開序幕。

基本上，漢移民的來臺，對臺灣之開發，是有其重要貢獻的，他們不僅為臺灣的墾殖提供充沛的人力，也為臺灣帶來較先進的生產工具與技術。

紛至沓來的唐山客過臺灣

歷史記載，明末，鄭芝龍曾得到崇禎皇帝許可，於福建召募萬餘人來臺開墾，對臺灣開發貢獻至大。其實，在鄭芝龍之前，已有「唐山客」來臺拓墾，只不過當時來臺之移民人數不多，且停留時間短暫，往往階段性工作做完，即返回大陸，不僅因其家眷在內陸，多少也因臺灣當時乃一蠻荒，充滿瘴氣番害的「埋冤島」。但在鄭芝龍後，臺灣確實開始了第一波的移民潮。

荷據時期，閩、粵兩省很多移民為生計所迫，在荷蘭政府重金誘引下，不得不遠走他鄉來臺開墾。但基本上，他們只是將臺灣視為一暫時歇腳謀生之地，工作完成後仍是要回歸故里。當然，也有一些漢人是真的移民臺灣，長期居住下來並繁衍生根。

鄭氏王朝立基臺灣後，情況則大為改觀。十幾萬的軍眷家屬來臺，對臺灣當時實際情況言，無疑是第一波漢民族大移民潮的湧入，對臺灣日後發展影響深遠。

十幾萬人對臺灣人口結構而言，那是一筆大數目，他們不僅以「軍屯」方式，完成臺灣很多草萊之地的開發，更重要之歷史意義為，在鄭氏王朝「反清復明」失敗後，西望神州歸鄉夢碎，於是落腳長駐臺灣。

在鄭氏東寧王朝統治臺灣這二十三年間，以閩南地區為主體的漢人，為臺灣的開發提供了豐沛的生產力，及較先進的生產技術。

他們開發了現今臺南、嘉義、高雄等地，北到彰化，南至屏東，並和平埔族婦女大量通婚，迄於有清一代，造成平埔族的「漢化」。

土地開發後，農業自然發展開來，農業的蓬勃生產，兼以生齒日繁，需要更多人力的挹注，因此繼閩南泉、漳漢人後，大批廣東潮州、惠州、汕頭等地的客屬移民，也紛紛跟進，來臺拓荒開墾。此情況，以清領臺初期最明顯。即使滿清繼續執行其「海禁」政策，也阻擋不了這些被貼上「羅漢腳」標籤的「唐山客」，陸陸續續地渡海來臺。

臺灣在當時的移民者眼中看來，可真是個寶島，因此追隨鄭氏來臺的十幾萬漢人，雖有部分的感覺是有家歸不得，但更多的是在此已成家立業不想再回去。之後，清領時期來臺的唐山客，大多人的心態也是如此。因而，在這之後的二百多年當中，這一前仆後繼的漢民族移民潮，不但在此島上定居生根，繁衍生息，還因此將臺灣地區墾殖為以漢民族為主體的移民社會迄今。

艱辛困苦的移民路

其實，來臺移民之路是艱苦難行的，當初這批移民潮，實際上是冒著九死一生，千辛萬苦，渡過了風濤險惡的臺灣海峽才來到臺灣。

因為，要到臺灣來的移民者，其內心既期待又惶恐的感覺，是五味雜陳的，所以過去臺灣有句諺語提到：「唐山過臺灣，心肝結歸丸」，即為此種既複雜又無奈的心情寫照。

移民的艱辛路，首先出現於渡海的過程中，因臺灣海峽風浪驚險，常發生海難。其次抵臺後，或因水土不服、或遭原住民殺害，也常有生命的危險。所以有句俗語說：「六死、三留、一回頭」。意思為，當時移民臺灣之人，幾乎只有三分之一存活居留下來，其他不是死亡就是來了以後又返回大陸。

而漢人移民臺灣之後，面臨第二個問題，是結婚大事。當時臺灣的移民要結婚相當不易。那些被平埔族稱為「羅漢腳」的漢移民，雖不一定是「沒某沒猴」，但最起碼在官府嚴禁下，確實有不少人把妻女留在大陸，自己孤家寡人偷渡來臺。所以，當時臺灣社會常流行一句話，「有唐山公，無唐山媽」，即為此意。

的確，當時漢移民來臺後，欲成家立業，因男多女少的移民社會結構，「娶一個某，較好三個天公祖」，要結婚委實非常困難。然也因為移民的孤寂、艱辛，使其容易成群結黨，稱兄道弟，以尋求我族認同。久而久之，這種強烈的認同感，演變成一種族群意識：泉州人、漳州人、潮州人即由此而來。

而此種族群意識，隨著好幾代人在臺灣落地生根，早已對臺灣這塊鄉土產生濃厚的認同感。當外力侵入或殖民政權統治臺灣時，原本還互相敵視對立的族群意識，馬上昇華成一致對外的「反抗意識」，採取各種手段方法與之對抗，不管是清政權或日本殖民統治，臺灣都發生了。

而這些「只有臺灣人而無其他族群分別」的反抗意識，隨著時間的推移，不僅未見泯滅，反而形塑成傲骨精神的「臺灣意識」與生死同運的生命共同體。

所以，這是我們當今所擁有的最核心的生命情感，也是身為此移民後裔者，必須極力共同維護的最高價值所在。

參考書目

向陽，《臺灣的故事》(臺北：財團法人群策會李登輝學校，2004 年)。
林仁川，《臍帶的證言》(臺北：人間，1993 年)。
陳水源，《臺灣歷史的軌跡》(臺中：晨星，2000 年)。
陳孔立主編，《臺灣歷史綱要》(臺北：人間，1997 年)。
陳碧笙，《臺灣人民歷史》(臺北：人間，1996 年)。
陳儀深等，《臺灣的社會》(臺北：財團法人群策會李登輝學校，2004 年)。
胡友鳴、馬欣來著，《臺灣文化》(臺北：洪葉文化，2001 年)。
黃榮洛，《渡臺悲歌》(臺北：臺原，1990 年)。
程大學編著，《臺灣開發史》(臺北：眾文，1994 年)。
臺灣史蹟研究會彙編，《臺灣叢談》(臺北：幼獅，1988 年)。
簡炯仁，《臺灣開發與族群》(臺北：前衛，1997 年)。

3.3　民變迭起與分類械鬥

民變紛至沓來之起因

四百年來充滿反抗意識的臺灣社會，給人的印象即為一難以治理的地方，荷據時期的郭懷一事件，即為最早期及典型的民變抗暴事件。

有清一朝，民變更是風起雲湧，接二連三而至，不僅使得統治者疲於奔命，大動干戈鎮壓之，其實，也使臺灣社會付出極慘重生命財產損失的代價。清代的臺灣社會，何以民變迭起，追溯其原因如下：

㈠臺灣社會長期以來，就是由不同階段移民潮所積累形成的移墾社會。這些飄洋過海來臺之「唐山客」，來自不同的祖籍地，也分散在臺灣不同的地方開墾。然隨著移民人數的快速成長，及臺灣荒地有限，在他們定居於此及開發趨於飽和後，一場場因資源的爭奪而產生的族群衝突遂不可免。

㈡臺灣歷代的統治政權，皆非由臺灣本土移民社會產生，而是由外力強行君臨臺灣統治。這些外來政權，往往將臺灣視為殖民地治理之，不合理的嚴重剝削壓榨臺灣的社會經濟資源。

因為政權未能自民間建立正當性，所以歷來統治臺灣的政權，都有著統治正當性危機的挑戰。而此正當性危機的持續存在，提供了清代民變發展的空間。

㈢移民社會在持續發展過程中，因土地開發或經濟擴張等各種有利契機的影響，積累了自身的實力，也不斷增強其反抗的能量。而在一段長時期的穩定發展後，為了保護社會自身的生存，維護社會的利益和謀求社會的進一步成長，這種強大的社會力，會逐漸擴及到政治的範疇，以排除統治者不當之壓迫，在政治力與社會力劍拔弩張的情況下，民變之爆發亦不可免。

總之，臺灣之反對運動或民變，大體上可說是統治形態、經濟制度與社會發展互相矛盾激盪的反映。有清一代，隨其統治時期演進的不同，而有不同的矛盾產生，當然也就爆發不同類型的集體行動——「民變」。

清代臺灣的三大民變

清代臺灣民變頻仍，在有清統治臺灣的兩百餘年當中，據劉妮玲研究大約有七十三次，平均每三年就發生一次民變事件，顯示清廷統治臺灣的不穩定性。

這七十餘次民變中，又以朱一貴事件、林爽文事件、戴潮春事件規模最大，影響最深遠，號稱臺灣的三大民變，足可視為民變的典型圖像。

㈠朱一貴事件

是清初平定三藩後，全國規模最大的反抗事件之一。朱一貴，福建漳州人，時在鳳山縣大武汀（今高雄縣境內）養鴨維生。平時善於結交，廣結善緣，為人講義氣，頗受人敬重，成了當地知名人物。

1721 年，時臺灣知府王珍代管鳳山縣事務，貪汙腐敗，強徵折色，勒派抽分，魚肉百姓，搞得地方怨聲載道，民心大失。

1721 年 5 月 14 日，朱一貴以地方官員大失民心，正是反抗的好時機，乃和李勇等五十二條好漢結盟，各召黨羽約數百人，以「大元帥朱」為旗號，連夜發動反抗。

未幾，因清廷鼓吹番人殺漢人，反而引起漢人恐慌，紛紛響應依附朱一貴，聲勢頓然壯大。5 月 26 日，朱一貴進軍府城，進入臺灣府，打開倉庫，分發錢糧，又搶得大批軍械，士氣大振，就這樣十日之內，臺灣一府三縣全部淪陷。

於是朱一貴稱「中興王」，俗呼「鴨母皇帝」，建國號「大明」，年號「永和」，並大封官職，建立政權。但旋內部因分封不均，衝突矛盾繼起。

先是杜君英所部劫掠村莊，與朱一貴不和；後為下淡水的粵莊居民，在清廷唆使下，由李直三、侯觀德率領，打出大清義民旗與朱一貴對抗。

而滿清見事態嚴重也速派大軍，由閩浙總督覺羅滿保坐鎮廈門指揮，遣南澳總兵藍廷珍、福建水師提督施世驃率領一萬七千多名兵丁，於 7 月 10 日間反攻安平，反抗軍抵抗失敗。

接著，清軍一路勢如破竹，收復臺灣府城，反抗軍節節敗退，閏 6 月 30 日，朱一貴被俘，反抗軍徹底敗北，朱一貴押送至北京處死。「五月稱永和，六月還康熙」，朱一貴事件，終以失敗收場。

㈡林爽文事件

該事件為臺灣史上，又一次大規模的民變，參加人數達十萬人之眾，聲勢驚人。

林爽文，福建漳州人，曾加入「天地會」。1786 年，因臺灣道永福、知府孫景燧下令逮捕天地會徒，不少人被捕。時彰化知縣親往各莊，下令交出林爽文等人，否則就要燒毀村莊，引起民怨。

1787 年 1 月 16 日，林爽文集眾三、四千人發動反抗，打死官兵數百人。是月 18 日，進攻彰化縣城，殺死知府、知縣，開倉放糧，以清兵武器武裝自己。19 日，又一路攻城掠地，連下淡水、鹿港、諸羅等地，聲威大振。彰化攻陷後，眾推林爽文為盟主，任命文武百官，以「天運」為年號，後改為「順天」。

林爽文舉事後，指出滿清貪官在臺灣剝削膏脂，反抗是為了「勦除貪汙，拯救萬民」，且反抗群眾，紀律嚴明，對百姓秋毫無犯，故深得民心，歸附者眾。

時南路有莊大田等在鳳山豎旗響應，並於 1787 年 1 月 31 日攻下鳳山，莊大田自稱南路輔國大元帥。未幾，與林爽文合攻府城，唯清總兵柴大紀佈署得當，林、莊反抗軍屢攻不下。

1787 年，清援兵萬餘人抵臺，圍勦反抗軍，並收復諸羅、鳳山縣城，但臺灣其他廣大土地仍在反抗軍手中。3 月間，清派湖廣總督常青領兵來臺作戰，然兵力不足，無力反攻，且常為反抗軍所敗，雙方因此形成僵局相持階段。

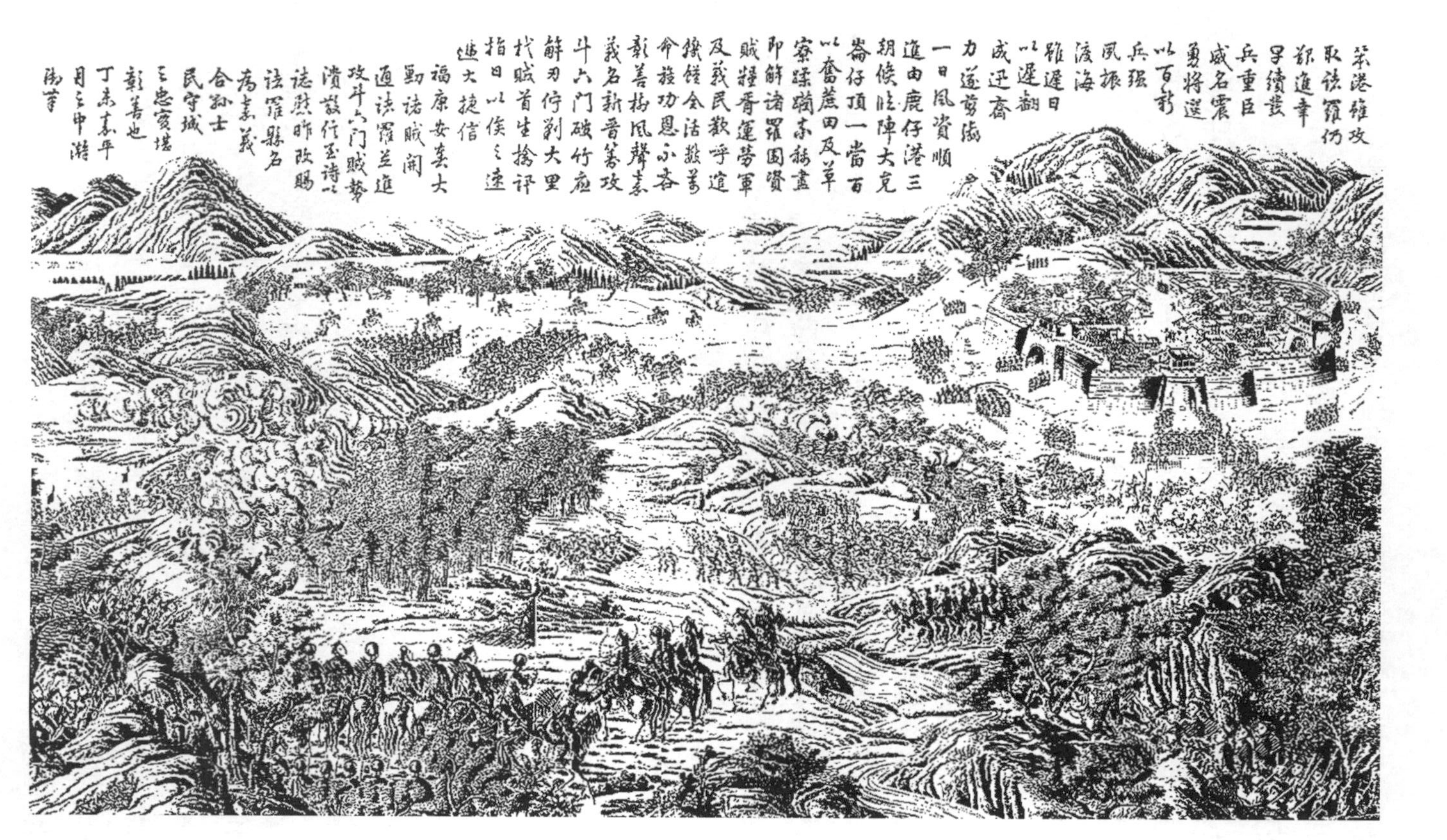

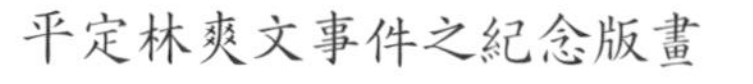

平定林爽文事件之紀念版畫

12 月 8 日，清派陝甘總督福康安，率領萬名精兵抵臺，並利用義民及原住民圍攻反抗軍，情況才開始改觀。官兵先解決諸羅之圍，後進攻林爽文大本營大里，反抗軍雖然奮死抵抗，仍不支失守。林爽文被迫逃到小半天山，清兵一路追擊。

1788 年 2 月 9 日，林爽文終在淡水老衢崎（今苗栗竹南附近）被俘，不久，莊大田亦在琅璚（今恆春）激戰中被捕。震驚全國的林爽文事件，終被鎮壓下來。

林爽文事件反抗者，多以農民為主，為一典型的農民反抗事件；兼以林爽文為天地會員，又具有「反清復明」的民族革命色彩，故其反抗兼具了下層農民造反，與上層反清訴求的雙重意義，無怪乎會帶給清廷如此大的震撼。

而乾隆在其平定後，將其視為「十全武功」的重大事件，由此也可見其在有清一代所產生的巨大影響了。

㈢戴潮春事件

林爽文事件後，臺灣大大小小的民變，仍此起彼落的發生，但均屬小型民變。直到同治年間，才又爆發臺灣史上，歷時最久的民變——戴潮春事件，此事件前後經過了三年方歇。

戴潮春，又名戴萬生，彰化四張犁（臺中北屯）人，家境殷實。其兄戴萬桂，任俠好結交朋友，曾組織「八卦會」，同黨頗多。

時清吏夏汝賢垂涎戴家財富，欲羅織其罪勒索，其兄戴萬桂已死，戴潮春為求自保，遂將八卦會擴充結為「天地會」，以團練為名，積極擴張武力。當時內地正逢太平天國反抗風起雲湧之際，臺地亦人心不安，加入天地會者日眾，人數達十餘萬，眾推戴潮春為天地會首領。

其後清廷聞知天地會聲勢浩大，聚眾滋蔓，地方官漸不能控制，甚有傳聞天地會欲揭竿反抗，乃先下手為強，調集官兵前往查辦，此舉反招致戴潮春疑慮，在會黨徒眾人人自危的情形下，遂起了抗官謀逆之心。

1862 年，戴潮春先是率眾攻下彰化城，臺灣兵備道自殺。接著，戴潮春自封大元帥，並分封文武百官。有意思的是，戴潮春還設有六部尚書與內閣中書等官職，儼然一付小朝廷模樣。

戴潮春據彰化後，士氣大振，歸附響應者甚多，北起淡水，南至鳳山，多有團體與之互通消息。清廷費了九牛二虎之力，經近兩年討伐，仍無功，直至後來的新任臺道丁日健，率兵來臺後，方於 1865 年平定。

臺灣民變的歷史特質

基本上，所謂的民變，也就是臺灣漢人的政治反對運動。有清一朝臺灣民變紛至沓來，其起因與大陸不盡相同。大陸民變起因多為天災人禍所引起的饑荒性民變，因此，農民革命的色彩濃厚。

而清代發生在臺灣大大小小的民變，雖也有因饑荒而起事者，亦有農民革命成分在其中，但更多的是，移墾社會農民對外來統治者剝削壓迫，和吏政敗壞所引起的不滿。因此，甚至有不接受現有政治體制，企圖建立自己新政權的政治性民變者。

若進一步分析，清代這種有政治理想性之民變，之所以肇始於漢移民胼手胝足開墾臺灣之時，很大原因在於，彼等冒九死一生危險的代價，來臺開墾，以艱難求生，卻不僅不能得到清政府之任何助力，清政府作為統治者，反而百般與民爭利。官僚、班兵又多腐化，貪汙無能，魚肉百姓。

統治的鬆散，給移民者累積實力的機會，當「官逼民反」時刻成熟，原本統治脆弱的政權，其正當性又再度成為攻擊的箭靶。

移墾社會的領袖即往往以此為號召，不時發動民變，以挑戰其政權，企圖推翻清朝的統治。

臺灣民變的主體為小農，當時臺灣尚少有富可敵國的大地主，或與皇權關係密切的仕紳階級。故清廷派來的那些貪官汙吏所要面對的，是移墾社會自食其力的小農、墾首和墾戶，這種先天的結構性衝突，自不待言。

清代臺灣的民變雖然都以失敗收場，但卻形成了民間反抗的傳統，同時也自社會底層建立反抗不公不義統治的抗爭正當性。由於他們不顧犧牲的反抗，終於使臺灣這個移墾社會建立了政治反對的正當性基礎。

參考書目

丁光玲，《清代臺灣義民研究》（臺北：文史哲出版社，1994 年）。
林再復，《臺灣開發史》（臺北：三民書局經銷，1994 年）。
林偉盛，〈清代臺灣分類械鬥發生的原因〉，收入張炎憲、李筱峰、戴寶村主編，《臺灣史論文精選》（上）（臺北：玉山社，1996 年）。
翁仕杰，《臺灣民變的轉型》（臺北：自立，1994 年）。
陳孔立主編，《臺灣歷史綱要》（臺北：人間版，1997 年）。
張菼，《清代臺灣民變史研究》（臺北：臺灣銀行經濟研究室，1979 年）。
劉妮玲，《清代臺灣民變研究》（臺北：師大歷史研究所專刊九，1983 年）。

3.4 商品經濟的發展與特殊的郊行制度

開港後的經濟發展

1860 年臺灣開港以前，臺灣對外貿易的主要對象為中國大陸，其中又以閩、粵、浙沿海諸省為主，因其與臺灣有地利之便。

當時臺灣輸往大陸的以稻米、糖為大宗；而由大陸沿海諸省進口的，則以布帛、絲織品、紙張、木材以及日常用品居多。

開港後，臺灣先是開安平、滬尾（淡水）二口，1863 年，打狗與雞籠二港亦開放。在開港前，其實眼尖的英商怡和洋行與鄧特洋行，已先行到臺貿易，其後，英商更派代表進駐臺灣，與清廷訂約，專門採購臺灣的樟腦。此風一開，法、美、德等各國商人也紛紛跟進，各國政府甚至派遣領事在臺設商館、建倉庫。而臺灣各開港口岸也因此商業驟行繁榮，外國船隻絡繹於途。

由於對外貿易日盛，從而改變臺灣的貿易形態，由以大陸為主的兩岸貿易結構開始走向國際貿易。由於對外貿易市場的打開，帶動了臺灣經濟作物的快速成長，也刺激了經濟作物的大量栽培。

糖原本就是開港前臺灣最主要的經濟作物輸出品，早在清領初期，臺灣蔗田已闢地日廣，糖業亦隨之興盛。所有糖產除銷往大陸外，一部分也輸往日本、南洋等地。臺灣開港後，因外商多直接來臺興販，臺糖產量與銷路遂大為增加，外銷市場甚至遠達歐美，最遠銷至南美洲的智利，那是臺糖一段最美好的時光。

如 1856 年，臺糖出口量為十五萬九千擔，到 1870 年，已增至五十九萬九千擔；而到了 1880 年，更高達一百零六萬一千擔。短短二十五年中，成長六倍有餘，其盛況由此可見。惜 1885 年後，由於國際市場供過於求，產量過剩，造成糖價大幅滑落，臺糖外銷量亦受其波及，迅速萎縮，除香港、日本等地外，其他市場相繼喪失，年出口額僅剩二十萬擔到三十萬擔之間。

茶的黃金時代

有關茶在臺灣的歷史，根據連雅堂《臺灣通史》記載：「臺北產茶近約百年，嘉慶時有柯朝者歸自福建，始以武彝之茶，植於鰈魚坑，發育甚佳。」若依此說，則北臺灣植茶的發源地即在鰈魚坑，據考證此地可能在今文山、坪林一帶。

臺灣之茶多由內地移來，因臺地土質、氣候、濕度均適合種茶，故品質反較內地為佳。如以臺北近郊茶區為例，全為海拔一千八百公尺以下丘陵，土質多為礫質黏土，稍帶酸性排水又好，表土深赭黃色，非常適合茶葉之生長，且年雨量平均，日照強烈濕度也夠，因此製造出來的茶葉，不論是烏龍或包種，都有獨特風味。也因此到道光年間，臺茶不僅內用有餘，而且外銷內地福建等地，唯數量不多。臺茶的大量栽種，是在臺灣開港後。1865 年，有英商陶德 (John Dodd) 來臺設寶順洋行 (Dodd & Co.)，從事販運鴉片、樟腦買賣。

陶德在臺灣各地調查樟腦產銷情況，無意中卻發現臺灣北部文山、海山兩堡茶樹極多，且品質良好，因此興起種茶販茶之念。他由福建安溪等地，購買茶籽茶苗，勸導茶農種植。

此外，他以洋行雄厚財力，對茶農實施茶葉貸款，扶助茶葉增產及品種改良，如以茉莉、梔子花來薰茶，使臺產之包種茶味道更醇於閩茶。至於臺灣之烏龍茶，更是風味獨特，清香甘美，而風靡全球。總之，陶德對臺灣茶葉的引進與改良是有其貢獻的。

陶德改良烏龍茶的成功，並在艋舺設精製烏龍茶廠，帶動大規模經營烏龍茶產業。1872 年，至少已有五家洋行專門從事經營烏龍茶出口生意，使臺茶價格持續飆高，當時種茶利潤約為蔗糖、樟腦的五倍。

1881 年，有福建泉州同安縣茶商吳福老，來臺北獨資經營「源隆茶號」。吳福老為最早從事包種茶之製造者之一，亦為臺灣早期專門經營包種茶商之先驅人物。由吳福老所帶動的風潮，吸引了漳、泉一帶茶商紛紛渡海來臺，也大多從事包種茶的製造與經營。未幾，又有泉州安溪縣茶商王安定、張古魁等來臺經營茶莊，對包種茶再給予改良，製造烘焙技術也精進不少。

經過幾代的努力，包種茶不僅品質大為提升，銷路也日漸打開，與烏龍茶並駕齊驅，成為臺灣兩大茶品。當時臺茶主要集散地為臺灣最繁華的大稻埕，該區也成了臺茶之專業市鎮，以製茶和售茶名聞全省。當時在大稻埕淡水河兩岸茶莊茶行林立，不下二、三十家之多，由此可見其鼎盛的局面。

總之，有清中葉後，茶已成為臺灣最重要的經濟作物，東起宜蘭，南達苗栗、南投，茶園廣被，約有三萬四千公頃，出口更是與日俱增。以烏龍茶輸出量為例，1866 年僅十八萬餘磅，1876 年增至七百八十五萬磅，1894 年更突破二千萬磅，成長量之快委實驚人。

樟腦王國

樟腦為臺灣主要特產，在人造樟腦未問世前，臺灣所出產的樟腦幾乎佔世界樟腦總量的 70% 至 80%。臺灣樟腦主要產地在大科崁至埔里社等林邊地帶，因樟樹多為原住民住區的天然林，故製腦採集均有賴原住民。

開港時，樟腦的貿易基本上為英商怡和及鄧特兩家洋行所壟斷，每年可出口七、八千擔。1863 年，清政府鑑於樟腦利潤豐厚，直接成立「腦務局」經營，由政府向製腦業者收購樟腦，再賣給外商，實行對樟腦的專賣。

當時政府收購樟腦價格，每擔約六圓左右，賣給外商為每擔十六圓上下。而外商又以每擔十八圓的價格，在香港賣出，且須負擔運費。在此利潤微薄的情況下，外商當然不滿。

1866年，駐安平的英國領事向臺灣兵備道吳大廷提出廢除樟腦專賣制度，清廷不允。1867年，英商乃聯合所有外商，向臺灣當局提出抗議，終於引起了「樟腦糾紛」事件。隔年因當局又沒收英商樟腦六千圓，幾乎釀成「樟腦戰爭」。

在英國兵戎相見的威脅下，1869年，清廷與外商訂結樟腦條約，同意外商可自由收購樟腦，但不能直接從事製腦。自此以後，臺灣的樟腦實權，遂為外商所掌控。樟腦的產量及輸出，亦大為增加成長，從1868年到1881年，平均年出口量均在一萬一千擔以上。

臺灣建省後，首任巡撫劉銘傳為增加地方財政收入，奏請將樟腦、硫磺兩項，實行專賣。劉銘傳並在臺北設「腦磺總局」以司其事，然而迫於列強的壓力，未幾又宣佈廢除。

當時，利用樟腦可製造無煙火藥和賽璐珞，樟腦成了一種重要的工業原料，需求量大增，國際市場供不應求，價格更是陡漲。

外商於是在臺大肆收購樟腦傾銷國外。自1891年至1894年間，每年平均出口樟腦27,310擔。1894年，更高達39,547擔，出口值達一百二十八萬元。

基本上，外商通過貸款，不僅控制了樟腦的流通，而且還控制了樟腦的生產，幾乎壟斷了整個樟腦的貿易，賤買貴賣，當國際樟腦價格看俏時，外商即可狠狠的賺上一筆。此外，像煤炭也曾引起外人的垂涎和注意，開港後，臺煤曾出口至香港、上海等地，供外國輪船使用，也有一些輸往國外。當時臺煤出口量最多曾達四萬五千餘噸。

中法戰爭期間，基隆煤礦遭到嚴重破壞，元氣大傷。戰後又因經費不足，恢復甚慢，兼以煤務變更不定，產量反而銳減，不復當年盛況。

特殊的郊行制度

清代臺灣與大陸的通商貿易，一般而言有兩種方式，一種是由官府監控合法的貿易；另一種則為違禁的非法走私貿易。合法的貿易經營，是透過一種特殊的「郊行制度」來進行的。

何謂「郊行」? 據唐贊兗《臺陽見聞錄》言:「聚貨而分售各店曰郊，……郊者，言在郊野，兼取交往意。」蓋郊行之起源在「郊野」，兼及臺語謂買賣為「交關」之意。

而至於「郊行」，是「郊」與「行」兩個集合體的總稱。具體的說，「郊」是眾多「行」的聚合體，「行」為「郊」的組成部分。

先說「行」，即「商行」，它是由擁有雄厚資本的貿易商，以獨資或合資的方式，設立於各港口的商業營利機構。其目標為，經營此一地區所需的商貨進出口業務，性質類似於今日各港口的進出口公司，而行商即為從事進出口貿易的商人。

此類商行，亦稱為「九八行」，因「由其受託銷售貨品所得之款項，抽其百分之二仲錢故也」。換言之，即抽取 2% 的傭金之意思。這些商行擁有自己的商船，經營所在地商貨的輸出，和本地所需商品的輸入。

另外，它尚有一任務，即將採購輸入的貨物，再分類批發給下游的各個店鋪或商販零售。這一職能，頗同於今天的物資批發站，或物資調配機關。此外，商行還可以代購官用物資等義務，以換取貿易的經營權。就其業務狀況看，商行可說是臺灣同大陸貿易中最大的營利機構。

至於「郊」，「郊」是由各個經營同一貿易業務，或同一貿易區域的商行組成的商業共同體。其性質如同今日的「同業公會」，或西方所說的行會 (Guild)。由同業商人組成的「郊」，往往以其共同經營的商貨命名，如「糖郊」、「油郊」、「鹽郊」、「米郊」、「布郊」等等。另外，由同一貿易區域的商人組成的「郊」，則由這一地區的地名或方向來命名，如「廈郊」、「泉郊」、「南郊」、「北郊」等。

一般而言，「郊」常常是由十數家，或數十家商行所組成。「郊」的首領，由公議推選或抽籤輪值，由中選的老闆充任。而之所以會有「郊」，其設立的目的，是以確立此一團體成員之間的商業信用，消弭同業者之競爭，維持共同的商業利益。同時，調解或仲裁團體內部成員的紛爭，進而加強各成員間的團結，以維護這一團體的貿易經營壟斷權為宗旨。

另外，「郊」還有一職責，即在其共同商業利益受損時，出面負責與官府交涉。至若主持奉祀庇佑、航海商務安全等禮儀，亦是「郊」的工作。所以說「郊」並非是一個直接的商業營利團體，它反倒更像是公益性的社會團體。「郊」之領袖不僅無利可圖，還要為擔任這一社會職務而奉獻犧牲。由於「行」往往都加入某「郊」，而「郊」又是以「行」為組成單位，所以習慣上人們常將其混為一談。究其實質，二者其實是兩種不同的商業組織，一為營利機構，一是社會團體，它們是截然不同的。

商戰集團——郊行分類及其沒落

臺灣與大陸通商貿易的「郊」，最早源起年代，一般說是源於 1725 年。因為在這年，已有臺南北郊、南郊、港郊的記載。所謂「臺南三郊」，北郊以專門營運臺灣與寧波、上海、煙臺、天津、牛莊等地區的貿易業務為主，以蘇萬利為首，有行商二十餘家。南郊以金永順為首，經營金門、廈門、漳州、泉州、南澳、汕頭、香港的貿易業務，也有商行三十餘家。另外，尚有以李勝興為首的港郊，經營臺灣島內各港對大陸的進出口生意，規模甚大，擁有行商五十餘家。南、北兩郊，可說壟斷了臺灣與大陸的貿易業務。隨著兩岸貿易的熱絡快速成長，臺灣本地的郊行亦紛紛創立。

乾隆中葉，鹿港設有「泉郊」、「廈郊」、「油郊」、「染郊」、「布郊」等郊行。臺北方面則設有「廈郊」、「茶郊」、「米郊」；澎湖馬公設有「臺廈郊」。而對岸廈門、漳泉亦設有「布郊」、「米郊」、「油郊」、「疋頭郊」等與之對應。

總之，這些郊行的相繼成立，可見當時兩岸經貿頻繁往來之一斑。連雅堂於《臺灣通史》說到這些郊商：「各擁巨資，以操勝算。南至南洋，北及天津、牛莊、煙臺、上海，舳艫相望，絡繹於途」，即此之意也。

總的來說，臺灣郊行如雨後春筍般的成立，象徵兩岸經貿之熱絡。

整個有清一代，從乾隆初到咸豐末臺灣開港前，臺灣內外經貿大權幾乎全都掌握在此種郊商手中。直到同治以後，因：㈠港灣淤塞，機能喪失，影響航運貿易；㈡外國資本與列強經濟勢力的侵入；㈢臺灣內亂外患不斷，而航運風險亦日益增大；㈣不肖郊商刻薄巧詐敗壞商譽，郊商勢力，方才逐漸式微沒落。但真正結束，要等到日治時代，其輝煌歷史才告落幕。

參考書目

方豪，〈臺灣行郊研究導言與臺北之「郊」〉，《東方雜誌》復刊第 5 卷第 12 期（1972 年 6 月）。

林滿紅，〈清末臺灣與我國大陸之貿易型態比較 (1860–1894)〉，《師大歷史學報》第 6 期（1978 年）。

卓克華，《清代臺灣的商戰集團》（臺北：臺原，1999 年）。

林再復，《臺灣開發史》（臺北：三民書局經銷，1994 年）。

陳正茂編著，《臺灣經濟發展史》（臺北：新文京，2003 年）。

蔡淵絜，〈清代臺灣行郊的發展與地方權力結構之變遷〉，《師大歷史學報》第 14 期（1986 年）。

臺灣近代史

（從清季開港後到日本撤出）

第四章　清季後期的外力入侵與臺灣的相應變革

4.1　紛至沓來的列強侵擾

鴉片戰爭期間英國之騷擾

長期以來，臺灣以其優異之地理位置，早為西方列強所垂涎。鴉片戰爭期間英國曾五度侵擾臺灣，其實鴉片戰爭前，臺灣即為英國走私鴉片甚為猖獗的地區之一。

在鴉片戰爭前後，英國的鴉片大毒梟馬地臣 (J. Matheson) 即在鴉片戰爭前夕鼓吹佔據臺灣。戰爭期間，英國亦指示侵華英軍司令懿律 (G. Elliot) 和義律 (C. Elliot)，要在中國東海岸某處佔領一海島，據推測這個海島，很有可能是臺灣或舟山群島，反而不是以後的香港。

清政府對英國窺伺臺灣的野心，亦有所察覺，1840 年 3 月閩浙總督鄧廷楨即奏稱:「閩浙緊要之區，以廈門臺灣為最，而臺灣又為該夷歆羨之地，不可不為之防!」果然 1841 年 8 月，英軍統帥璞鼎查 (Henry Pottinger) 率軍南下進犯閩、浙兩省，為防臺灣清軍由後夾攻，乃決定先發制人，用部分船艦伺機騷擾臺灣以為牽制。

9 月 30 日，英運輸艦紐布達號 (Nerbudda) 突然駛進雞籠，砲襲二沙灣砲臺。守軍開砲還擊，擊中英艦，桅杆中彈，不少英軍落海，游上岸者紛紛被逮，擄獲英軍大砲十餘門、砲彈十多顆。為中英開戰後，我方第一次大捷。

兩週後的10月19日，有三桅英艦一艘在雞籠外徘徊，聲言欲贖回被俘英人，守軍置之不理。27日，英軍闖入港內，大砲齊發，砲轟我軍砲臺和營房數處。守軍亦不甘示弱開砲還擊，擊斃英軍二名，英艦狼狽逃去，清軍在臺禦英又獲得一次勝利。

1842年3月5日，英國仍不死心，又有三艘英艦在大安港外洋巡弋窺探，守軍嚴加戒備不與海上爭鋒。11日，英軍二桅帆船安因 (Ann) 號被我漁船誘騙入港觸礁擱淺，我軍見機發砲猛攻，打死英軍數十名，生俘近五十人，奪大砲十一門，為中英開戰以來我方另一次勝利。

經過迭次重創後，英艦知所收斂，不敢輕犯臺灣。稍稍煞了英軍囂張氣焰，此與全臺軍民團結一致，同仇敵愾奮勇殺敵有關。

美國的垂涎臺灣

在1850年代，美國對臺灣的興趣其實不在英國之下。彼時美國對臺灣的青睞主要有兩點：一為看上雞籠質地優良的煤礦；二為奪取臺灣為美國的太平洋戰略基地，後者尤為重要。

1854年，美國東方艦隊司令培理 (Perry) 再次訪問日本時，派遣阿波特 (Captain Abbot) 上校率領軍艦馬其頓號 (The Macedonian) 前往臺灣，表面上為營救遇難的美國人，真正目的在於探勘雞籠煤礦，以及測繪臺灣海岸地圖與調查臺灣狀況。

美國欲染指臺灣的野心，由殖民冒險家打前鋒，那些殖民冒險家早已迫不及待的組織洋行，成立新公司，於1856年前往臺灣。並且以重金賄賂地方官員，取得在臺灣收買樟腦的專利合約，獲得在島內經商並於打狗建置永久性機構的權利。

1867年3月12日，有一艘美國商船羅妹號 (The Rover) 在臺灣南部海域觸礁沉沒，船長亨特 (Hunt) 及船員乘小舢舨在琅璚（今恆春）登陸，進入原住民部落慘遭殺害。事發之後，美國駐廈門領事李仙得 (C. W. Le Cendre) 聞訊，於4月2日火速從廈門趕往福州，要求閩浙總督和福建巡撫迅速救出尚未遇害人員，並嚴懲兇手。

接著，他又於 11 日乘美國砲艦經淡水到達臺灣府城，照會臺灣鎮道撥兵會勦。未得滿意答案，李仙得本想親自前往，因遭原住民所拒，不敢登陸而返。

美船失事後，又燃起美國佔領臺灣之野心，時駐港美國領事阿倫 (Issac. J. Allen) 即舊調重提，主張美國奪取臺灣。是年 5 月 28 日，美國艦隊司令貝爾 (H. H. Bell) 率艦從上海啟航趕往臺灣。貝爾認為「臺灣島上隸屬於中國的地方僅限於西部海岸，琅璚以及東北部的蘇澳等處，連其餘的東部和東南部全為生番居地」，本非中國所有，所以根本不需要與中國地方官共同查辦。

貝爾自恃船堅砲利，直接向原住民開火，並命副艦長馬凱基 (H. K. Mackenzil) 與在臺英商必麒麟 (W. A. Pickering) 先行偵察，結果遭到原住民狙擊突襲，馬凱基和若干美軍當場殞命，美軍狼狽敗逃回艦。動武失敗後，美方又轉向清政府施加壓力，在李仙得一再要挾下，臺灣鎮總兵劉明燈才不得不率軍前往琅璚，李仙得、必麒麟隨行。劉明燈先撫慰生番，繼則張貼告示，聲言將勦辦殺害羅妹號船員之生番。鄰近閩、粵移民害怕一旦戰爭會受到波及，因此極力勸導原住民接受和平解決。

在原住民欲求和的情況下，10 月 10 日，李仙得一夥與琅璚十八社頭目卓杞篤會晤，達成兩點協議，其中以救護難民問題為主要討論事項，事後，李仙得又向劉明燈提出建築砲臺事。李仙得此舉其實居心叵測，他有意將臺灣地方當局與部落首領分開處理。其用意不僅打開美國與臺灣原住民直接交涉之管道，更陰險的是從此事件，明確表達美國一貫堅持的臺灣原住民部落地區，從來就不是中國領土的主張。

既然原住民部落土地並非中國領土，列強當然可以任意欺凌侵略，而這也是為何清季時期臺灣事故層出不窮的主因。

牡丹社事件

1868 年日本「明治維新」成功後，國力急速增強。富國強兵後的日本效法西方帝國主義的行徑，走向侵略鄰國的霸權之路。日本國力強大後，即針對其「大陸政策」的侵略藍圖，將侵略擴張之路兵分兩路，有所謂的北進路線和南進路線（1874 年日本藉保護琉球屬民出兵臺灣之舉，即為其南進路線侵略政策的展現）。

1871 年 12 月，兩艘琉球貢船遇風漂流至臺灣，其中一艘在臺灣南部的北瑤灣觸礁沉沒。船上人員六十九人，三人溺斃，另外六十六人鳧水上岸，當中有五十四人被高士佛、牡丹社兩族人殺害。

時日本正為「征韓論」引起的政治危機而欲轉移焦點，此事正給了日本一個醞釀對外發動戰爭的藉口。當年 9 月，琉球王子赴日慶賀明治天皇親政時，特意冊封琉球國王尚泰為「藩主」，以取得保護琉球出兵臺灣的合法性。不僅如此，日本更照會各國，謂琉球已歸日本，所有琉球與美、法、荷等國所訂條約，全改為日本政府的條約。

日本為窺探清廷態度，還特別派外務卿副島種臣以換約為名於 1873 年 3 月訪問中國，並與李鴻章會晤。於此同時，副島又派駐華公使柳原前光，向總理衙門吏部尚書毛昶熙交涉關於臺灣番地是否為中國版圖問題。

毛昶熙以生番係化外之地，如有殺人劫掠，與我國無關。而琉球為我屬邦，人民遇害不煩貴國過問云云。柳原並未作答，僅表示要向臺灣生番興師問罪，清廷亦不以為意，並沒有進一步詰問。

日本為出兵臺灣做縝密計畫，派樺山資紀、水野遵等人，秘往臺灣搜集情報、測繪地圖、收買漢奸，並深入原住民部落詳加調查。樺山等人在臺活動將近一年，足跡遍及全島各地，清吏居然毫無察覺，簡直顢頇到極點。

1874 年日本國內為緩和征韓派的情緒，把日益尖銳的矛盾引向國外，決定發動侵臺戰爭。是年 4 月，以西鄉從道主其事，遣兵力三千六百餘人，並出動軍艦若干艘，準備侵略臺灣。

日本的出兵之舉，引起其他帝國主義國家的反對。在列強壓力下，日本政府決定停止用兵，下令軍艦延期出發，但西鄉從道悍然抗命，連夜率艦出航，先行至廈門。5 月 10 日，日本侵臺軍在臺灣南部琅璚登陸，進至射寮紮營。

18 日，一部分日軍循四重溪前進，遇民眾伏擊；21 日，又再次遇伏敗走。22 日，日軍二百餘人大舉進攻石門（今屏東縣牡丹鄉石門村），石門踞四重溪上游，為出入牡丹社所必經，地勢險要，民眾據險頑抗，雙方發生慘烈戰況。

牡丹社首領阿祿古父子等十六人英勇犧牲，日軍亦死六人，傷二十人。6 月 2 日，日軍主力一千三百餘人分三路進攻牡丹社和高士佛社，隔日衝入牡丹社。接著，日軍以龜山為基地，建立都督府，欲作久據準備。

清廷顢頇對日本侵臺活動毫無所悉，後得中外各方紛紛來告，才知事態嚴重。5 月 11 日照會日方詰責，14 日下令在福建的船政大臣沈葆楨率領輪船兵弁馳往臺灣。

沈葆楨等到臺後隨即積極增兵設防；在府城與澎湖增建砲臺，安放西洋巨砲。未幾，又增調淮軍十三營六千五百人抵臺防禦，部署於鳳山。

除此之外，沈葆楨亦加強開通道路，招撫番社，士氣為之一振。此時，臺南等地惡性瘧疾橫行，日軍病死者眾，且侵臺行動得不到國際支持，列強紛紛譴責。特別在沈葆楨來臺後，積極備戰佈防，軍事形勢逐漸有利我方。在進退維谷、內外交困的情況下，日本派全權代表大久保利通於是年 9 月來北京，尋求和平解決之道。經過一番談判，雙方於 10 月 30 日，簽訂了〈中日臺灣事件專約〉。

此約除以撫恤名義，賠償五十萬兩外，最嚴重的是約中有「茲以臺灣生番曾將日本國屬民等妄為加害」，日本此次出兵「原為保民義舉」等語，實際上等於承認琉球為日本屬國。約成，是年 12 月日軍撤出臺灣。

清朝的屈從外交，雖使臺灣暫時無事，但卻大大助長了日本的氣焰，1875 年 6 月，日軍正式進駐琉球，強迫琉球改奉日本年號，停止對清朝的一切臣屬關係。1879 年乾脆併吞琉球，將其改為沖繩縣。

中法戰爭在臺灣

在十九世紀英、法兩國爭奪亞洲殖民地的過程中，英國始終略勝一籌，不僅佔有「維多利亞女王」皇冠上，最閃亮明珠的印度外，整個馬來半島也歸其統治。

而為與英國一爭雄長，法國決定另闢戰場，鎖定中南半島為其殖民地，與英國繼續角逐亞洲霸權。中南半島以越南最為重要，而越南也是僅次於朝鮮，清廷最重要的屬國。法國之所以看上越南，最主要是想打通前往中國西南地區的便捷之路。於是從 1880 年代始，西南邊疆從此多事矣!

法國為佔領越南，打開中國西南門戶；中國為制止法國侵略越南、保衛西南邊陲的安全，中法衝突遂不可免。

戰爭於 1883 年 12 月於越南北部爆發，清軍戰敗，1884 年 5 月雙方簽訂了〈中法會議簡明條約〉(又稱李福協定)。條約中，法允不索賠款，中國則撤回北圻駐軍，中國不過關法越條約；約內不得有損中國體面字樣。然法國得寸進尺不以此為滿足，6 月 23 日，中法又發生了「北黎衝突」，法國再燃戰火，並將戰區擴大到中國東南沿海，重點即為開闢臺灣戰場。

法國之所以看中臺灣，原因為：㈠臺灣孤懸海外，守禦薄弱，易於佔取；㈡臺灣豐富而優質之煤礦，可供法軍艦使用；㈢佔領臺灣較不會引起國際干涉，且據有臺灣可以成為控制西太平洋的基地。所以，當時法國內閣總理茹費理 (M. G. Ferry) 才會說：「在所有擔保品中，臺灣是最良好的、選擇得最適當、最容易守、守起來又是最不費錢的擔保品。」洋洋得意之狀溢於言表。換言之，法國選定臺灣為進攻目標，實導源於其奪取賠款抵押品的政策。將「北黎衝突」責任，歸咎於中國，藉此要求給予賠款。如遭清廷拒絕，即可堂而皇之的直接行動奪取抵押品。其手段一石二鳥，用心陰險至極。

果不其然，1884 年 7 月 12 日，法國以最後通牒照會清廷，欲要求二・五億法郎。隔天，法海軍及殖民地部長即電令海軍中將孤拔 (Anatole P. Courbet) 率艦去福州、基隆，準備在索求未遂下佔領此二港口以為抵押品。7 月 31 日，通牒期限至，孤拔立即派軍艦來基隆，準備進一步行動。

當時臺灣防務經臺灣道劉璈籌劃，已有全盤部署。6 月 26 日，清廷又命劉銘傳以巡撫銜督辦臺灣事務。劉於 7 月 16 日抵臺。有鑑於「全臺防務臺南以澎湖為鎖鑰，臺北以基隆為咽喉」，所以立即決定在基隆外海口增築砲臺、護營，並調章高元率武毅兩營北上，加強臺北防務。佈署未定，法軍已來挑釁。

8 月 4 日，法艦多艘直趨基隆，利士比 (Lespes) 向清軍發出最後通牒，要求交出港口及煤礦，守軍不理。5 日晨，利士比以三艘軍艦巨大優勢的火砲猛轟基隆，清軍防守困難，各營撤出陣地，法軍登陸佔領基隆港。

6 日，法軍在砲火的掩護下，向基隆市區推進，清軍埋伏迎戰，進行攔截、包抄反擊，法軍被迫退回艦上，侵佔基隆計畫暫告失利。23 日，法軍各艦全力向中國進擊，閩海艦隊或沉或傷，幾乎全軍覆沒，法獲大勝後，再度傾全力侵臺。

10 月 1 日，孤拔率艦督軍，大舉進犯基隆，十艘軍艦百餘門大砲同時向守軍砲臺猛轟。臺灣軍民雖奮力還擊，仍然不支撤退。法軍乘勢登陸基隆，市區告危。於此同時，滬尾戰事亦不斷告急，要求增援。劉銘傳認為為保臺北，滬尾重於基隆，於是當機立斷，將基隆守軍撤出，增援滬尾，於是隔日基隆淪陷。

8 日，滬尾保衛戰爆發，利士比以軍艦七艘，猛轟滬尾砲臺及防禦工事，然後登陸，分兵前進。由於登陸的法軍人生地不熟，甫登陸即失去統一指揮，各自為戰。清軍乘此良機奮力反擊，雙方短兵相接，守軍充分發揮優勢近戰，一舉重創法軍，使之狼狽逃回艦上。

淡水法軍慘敗，使法國不得不承認法艦只能封鎖淡水河口，再也沒有能力發動進攻了。10 月 11 日，法國重擬新議和條件，其中一條為法軍佔領基隆，直到〈李福協定〉完全實行為止，唯此條件為清廷所拒。法國因此更加惱火，下令封鎖圍困臺灣。

法國的封鎖，雖給臺灣帶來很大的困難，但並未完全奏效，臺灣人民積極抗法，募勇參戰或捐資助戰，使守軍士氣大振與法軍形成拉鋸戰。1884 年 11 月以來，雙方戰事時續時停。1885 年 1 月後，戰鬥加劇。3 月初，法國增兵侵佔月眉山、大水窟等地，清軍退守，隔著基隆河與法軍對峙。

臺灣本島戰事僵持，但是月 29 日，法艦突向澎湖發動攻擊。守軍薄弱不支，兩天後澎湖淪陷，澎湖陷法一度對臺灣構成威脅。幸於此同時，清軍在越北擊潰法軍，成就輝煌的「諒山大捷」。陸地戰場的勝利，讓法國感受到戰爭的壓力。因此，在巴黎的中法議和談判，終於取得順利的進展。在清廷決定「乘勝即收」的策略下，4 月 4 日終於與法國簽訂停戰協定。

清政府認為，「越地終非我有，而全臺隸我版圖，援斷餉絕，一失難復，彼時和戰兩難，更將何以為計?」可見清廷急於結束中法戰爭，是考慮到保全臺灣的需要。

據條約規定，4 月 16 日，法艦撤除對基隆及淡水的封鎖。6 月 9 日，中法簽訂最後和約，6 月 21 日，法軍自基隆撤走。7 月 22 日，法軍退出澎湖，臺灣危機，到此解除。

參考書目

邱勝安，《臺灣史話》（臺北：黎明，1992 年）。
林子候，《臺灣涉外關係史》（臺北：三民書局經銷，1978 年）。
林再復，《臺灣開發史》（臺北：三民書局經銷，1994 年）。
郭廷以，《臺灣史事概說》（臺北：正中，1958 年）。
陳孔立主編，《臺灣歷史綱要》（臺北：人間，1997 年）。
陳碧笙，《臺灣人民歷史》（臺北：人間，1996 年）。
許極墩，《臺灣近代發展史》（臺北：前衛，1997 年）。
葉振輝，《臺灣開發史》（臺北：臺原，1995 年）。
陳清敏，《認識臺灣》（臺北：黎明，1996 年）。
戴天昭著，李明峻譯，《臺灣國際政治史》（臺北：前衛，1996 年）。
藤井志津枝，《近代中日關係源起》（臺北：金禾，1992 年）。

4.2 迎向世界的起步

通商口岸的開放——臺灣開港

有清一代列強對中國的侵略，主要是著眼於經濟利益之角逐與資源之掠奪。鴉片戰爭時期是如此，以後一連串的侵略，亦無不與經濟有關。鴉片戰爭後，清廷被迫與列強簽訂一系列的不平等條約，割地賠款，開放口岸。然而，此舉不僅不能滿足列強之貪欲，反而助長其覬覦中國之野心。

而與中國一衣帶水的臺灣，憑其優異的經貿地理位置，及豐富之資源，自然成了列強垂涎的最佳對象。隨著臺灣經貿重要性日增，1858 年英法聯軍之役後，列強在逼迫清廷簽訂〈天津條約〉時，就特別要求臺灣為新增關的通商口岸之一。而中法〈天津條約〉除了開臺灣府城口（即臺南安平）外，又增加淡水一口，且根據「一體均霑」的原則，淡水口岸也對其他條約國家開放。至此，清廷在列強壓力下，被迫決定臺灣開港。

根據〈天津條約〉的規定，臺灣所開放的口岸原僅臺灣（安平）及淡水二口，但 1863 年，福建閩海關稅務司梅里登 (Baronde Meritens) 以多收洋藥稅款為由，請求總理衙門「以雞籠口作為淡水子口，打狗港作為臺灣府子口」，結果部議准行。

是年 10 月 1 日，雞籠口開港。南部原定以打狗為子口，但實際上打狗港已較安平為重要而為正口，並於 1864 年 5 月 6 日開辦，由馬克斯韋爾 (William Maxwell) 為首任稅務司，安平分關反而遲至 1865 年元旦開設，屬打狗關管轄。至此，臺灣南北四口全部開放。

開港後的對外貿易

臺灣開港後，對外貿易呈現快速的成長，在帝國主義殖民商業資本的入侵下，臺灣的商品流通或對外貿易均有著明顯的變化。

首先是，鴉片輸入的急劇增加。根據海關報告，開港初期的 1869 年，臺灣輸入鴉片是 99,700 斤，十年後增加五倍多，達 555,200 斤。數量成長，委實驚人。

而鴉片進口金額在進口總額中所佔之比重，也從 1882 年的 32% 成長到 1884 年的 69%。以後常年幾乎都在 60% 以上，增加數字亦十分可觀。

當然開港之後，就出口貿易言，臺糖仍是一枝獨秀，為出口最大宗。本來在未開港前，臺糖出口以行銷大陸為主，開港後，在外國資本的操縱下，逐漸轉為外銷。

1870 年輸出額從三十萬擔增至近六十萬擔，1880 年曾超過一百萬擔。以後因為甘蔗生產過剩、糖價暴跌、洋行囤積，兼以中法戰爭爆發，出口量曾一度下滑，但在 1895 年甲午戰爭前後，臺糖輸出量又已恢復到七、八十萬擔。輸出國以日本為主，內銷極微。

開港後，茶竄起為臺灣最有價值的經濟作物，茶葉生產空前發達，甚至有凌駕糖業之勢。自 1865 年，英商寶順洋行陶德試製烏龍茶成功後，當時臺灣的烏龍茶主要銷往美國、澳門等地，頗受歡迎。由於烏龍茶的有利可圖，也帶動了一批洋行競相來臺設立廠棧，製造加工，主要集散地為臺北大稻埕，如德記 (Tait & Co.)、怡和 (Jardine, Matheson & Co.)、和記 (Boyd & Co.)、美利士 (Milish & Co.) 等洋行。

而茶的輸出金額也從 1876 年的一萬五千元增至 1894 年的六百九十萬元，超越臺糖，成為臺灣出口商品之首位。

開港後，臺灣出口貿易以米、糖、茶及樟腦為主，進口貿易除鴉片外，紡織品所佔數量與金額也很大。由於洋布質優價廉，所納關稅又輕，故「民間之購買洋棉洋布者十室而九」。這使得原本在臺灣佔有一定市場的「土布」，如泉州白布、福州青布、寧波紫花布等，因不敵洋布競爭而沒落。同時，也造成沿海紡織手工業相繼破產。

總之，洋布奪走大陸土布在臺市場，洋米奪走臺米在大陸沿海的市場，臺糖又從內銷轉為外銷。臺灣原本與大陸緊密的商業貿易關係，因開港後而有了很大的變化。

開港後的經濟變化

臺灣開港後，經濟結構最大之改變，為傳統「郊商」的沒落。通商口岸開放後，外國商業資本紛紛湧入臺灣，到日治前，有怡和等十餘家洋行在臺壟斷經商，其中以英商的勢力最大。

這些外商挾著雄厚資金，先進之設備，嚴密而有效率的管理制度，兼亦從清政府手中拿到種種特權。憑藉這些優勢，傳統郊商根本不是對手，所以他們輕而易舉的便排除了郊商的勢力，而掌控進出口貿易。

洋行的來臺，也促成了「買辦」制度的出現。利用買辦，實行貸款預購，壟斷貨源，進而控制整個出口貿易，就成了開港後這些洋行外商慣用的手法。外商以貸款預購、控制貨源進而控制整個貿易的作法，在臺茶的出口中表現得最為明顯。

1865 年後，因臺茶的改良試製成功，造成大批洋行落腳臺北城。它們或由自己或通過茶販向茶農發放貸款，讓茶農無經濟上的壓力，接著鼓勵茶農種茶，再循同一管道，從茶販或茶農處收購原茶或粗製茶葉，進行加工精製，然後運至廈門，銷往歐美世界各地。整個流程，如同一條鞭式，從茶葉收購、加工、輸出，幾乎全為洋行獨攬。

1870 年後，因茶葉的利潤豐厚，也使得許多華商來臺經營茶葉生意。華商介入臺茶生意後，洋行貸款的方式也發生相應變化，改為通過「媽振館」(Merchant) 這一中間環節進行。即洋行從銀行借款後貸給「媽振館」，再由「媽振館」轉貸給茶行，然後茶行再頂借給茶農。茶農和茶行既向「媽振館」借款，其所出之茶葉，便無處理權，須交由「媽振館」出售給洋行。外商就是以此辦法，來壟斷臺茶貿易。

總之，開港後洋行在臺的經營模式，促成了臺灣買辦制度的形成。不僅糖或茶，只要是在外國洋行控制下的行業，幾乎全都有買辦制度。在十九世紀後半期，臺灣買辦商人相當活躍，淡水寶順洋行買辦李春生即為最著名的一人。

開港後另一項經濟變遷，為官辦和民營企業的興起。面對外商洋行的激烈競爭，臺灣地方當局也先後創立了若干官辦，或官商合辦的企業，如臺灣道陳方伯，創辦的「腦館」即為顯例，並因此，差一點引起「樟腦戰爭」。

其後，劉銘傳曾一度恢復樟腦官賣制度，由「腦磺總局」經辦，但在外商干涉下，清政府不得不下令廢止。基隆煤礦亦是如此，劉銘傳時曾設「煤務局」以司其事。此外，如煤油局、軍械局、火藥局、招商局等等，均是劉銘傳撫臺時期，所經營的官辦或官民合作企業。

這些企業也是開港後，欲與洋行一較長短的企業，惜因官僚作風嚴重，辦事效率低落，不僅敵不過外商洋行，成效也很有限。至於民營企業的處境，也好不到那裡去，尤其在資金不如洋行的情況下，想要辦得有成效的甚少。這些民族資本家或買辦階級的民營企業，比起帝國主義的殖民商業資本，仍相差甚遠，設備、技術管理也落後很多，只能在洋行壓迫的夾縫中，求生存發展。

雖係如此，但因為它們是開港後才興起的民營企業，基本上對臺灣近代化，仍有一定之貢獻。

總結而言，臺灣開港後，在經濟上有幾項顯著的變化：

㈠生產結構和市場結構的改變。生產結構從傳統的米、糖農產品或農產加工品為主，逐漸轉移至外銷市場看俏的茶、樟腦等快速成長的經濟作物。且開港前，完全依賴大陸的兩岸內銷市場結構，亦轉變為依賴國際外銷市場的結構。

㈡殖民掠奪和剝削的加強，尤其列強以鴉片進口的超高利潤，掠奪臺灣市場。外商甚至赤裸裸的，直接用鴉片來交換茶、糖、樟腦、煤炭等臺灣資源。在鴉片大量傾銷下，不僅毒害人民的健康，更掠奪大量的白銀。臺灣當時每年耗費在鴉片的金額上，達二、三百萬元之鉅，實在十分驚人。鴉片的傾銷臺灣，可說是列強殖民掠奪的最佳寫照。

㈢傳統郊商勢力的式微及經濟重心的北移。開港前，兩岸的經貿往來，幾乎全由一般實力雄厚的郊商所掌控。但開港後，郊商無論就資金、船隻、設備、管理、效率各方面的實力均無法與洋行相比。因此，這些舊式的郊商勢力很快地趨於沒落。

臺灣的開發，先從南部開始，故長期以來經濟的重心一直在南部，但以後隨著樟腦、茶葉和煤礦的發展，北部經濟有了長足的進步。從 1881 年起，北部口岸的貿易額已超過南部，此為臺灣南北經濟發展的轉捩點。

經貿發展也帶動了人口流向。開港前，移民在臺灣主要目的是找尋土地，開荒拓殖。因此，那裡有適合開發的土地，移民即往那裡移動，仍是處於非長期定居方式。開港後，因通商口岸及其附近市鎮商業的發展，提供了大量的就業機會，從而吸引了越來越多的人前往覓食謀生。

這些眾多人口匯聚於此，使得臺灣島內的人口流向，起了很大的變化。而人口聚集於通商口岸及附近城鎮，自然促進都市化現象的產生。所以在 1890 年前後，當時的臺北，已是一個擁有十萬人口的城市了。

總的說來，開港後，外商洋行紛紛進駐臺灣，對臺灣的經濟結構和貿易市場衝擊甚大。其目的雖然在壟斷臺灣資源，賺取暴利，但由其所帶來一些近代化的觀念和作法，卻讓臺灣和國際資本市場接軌。故準此來說，臺灣自開港後，即是迎向現代世界的起步，當不為過。

參考書目

林子候，〈臺灣開港後對外貿易的發展〉，《臺灣文獻》第 27 卷第 4 期（1976 年

12 月）。
林滿紅，〈清末臺灣的貿易與經濟社會變遷 (1860–1895)〉，《臺灣風物》第 32 卷第 1 期（1982 年 3 月）。
林再復，《臺灣開發史》（臺北：三民書局經銷，1994 年）。
陳正茂編著，《臺灣經濟發展史》（臺北：新文京，2003 年）。
陳孔立主編，《臺灣歷史綱要》（臺北：人間，1997 年）。
陳碧笙，《臺灣人民歷史》（臺北：人間，1996 年）。
葉振輝，《臺灣開發史》（臺北：臺原，1995 年）。
薛化元，〈開港貿易與清末臺灣經濟社會變遷的探討 (1860–1895)〉，《臺灣風物》第 33 卷第 4 期（1983 年 12 月）。

4.3 臺灣的建省與劉銘傳的富強新政

沈葆楨與臺灣近代化

清季臺灣之建省，可說是紛至沓來列強侵略下的必然結果，而最早有遠見呼籲朝廷重視臺灣者，則為臺灣建省催生的政治家沈葆楨。

沈葆楨是 1860 年代「同治中興」洋務派的領袖人物之一，其在 1874 年日本入侵臺灣後，奉命兩次巡臺。在臺年餘對臺灣考察有深入的了解，他積極加強臺灣防務，開山撫番，開禁拓墾，移駐巡撫，增設郡縣，整頓營伍，興辦新式企業等擘劃，可謂一手推動臺灣近代化的先驅者。其對臺灣高瞻遠矚的計畫，後為劉銘傳所繼承，他們都是臺灣近代化的功臣。

1874 年牡丹社事件平息後，沈葆楨於是年 12 月上〈全臺善後事宜並請旨移駐巡撫〉摺，針對日本侵臺事件所暴露有關臺防等問題，提出種種善後措施。沈葆楨除建議臺灣升格為一獨立行省外，也提到臺灣要添設郡縣。經沈葆楨一再陳情，清廷認為係因時制宜，同意其所請。自此臺灣由一府四縣三廳，增為二府八縣四廳。增設郡縣後，加強對臺灣南北內山的行政管理，為日後臺灣建省奠定了基礎。

沈葆楨對臺灣另一項了不起的政績是開山撫番、拓墾開禁，促進原住民社會、經濟的近代化。通過開山撫番和招墾開禁，對臺灣東部原住民的山區推廣政令確立了治權，不僅促進東部後山地區的開發，更加速了原住民的漢化，實際上，也增進了原住民經濟、社會的近代化。

另外，就列強對臺灣的虎視眈眈，沈葆楨奉命來臺督辦防務後，發現班兵腐化，根本不可用，乃建議裁撤疲弱之班兵，另仿淮楚軍營制，而歸併臺地營伍，以五百人為一營。他要求各營認真訓練，扼要駐紮，歸巡撫統轄。經過沈葆楨一番整頓後，臺灣的武備、營制，才益趨健全。

除此之外，沈葆楨還購買鐵甲船，仿西法，興建安平砲臺，即今臺南之「億載金城」。而在東港、澎湖等地，也購置大砲，加強防衛，同時，亦在臺郡設軍裝局及火藥局，將備防時，所買之洋砲軍火機械等慎為儲存。臺灣軍備之改進，因此逐步邁向近代化。

沈葆楨除了在軍事上有遠見，在經濟上，也不遑多讓。臺灣基隆煤礦，早為外人所注意。日軍侵臺事件後，沈葆楨極力奏請開採臺煤，也鼓勵民間煤窯先行採礦。其後，沈更籌購全副開礦機器，準備以西式方法開採。沈除了致力煤礦外，復擬煉鐵、開採石油，並委丹麥人架設閩臺電線。總之，沈所倡辦煤礦等新式企業，為促進臺灣經濟的近代化，功不可沒。

綜觀前述，可知沈葆楨任欽差大臣巡臺期間，通過建新式砲臺、購買洋砲等軍備，以加強臺防，並大刀闊斧，整頓營伍，使臺灣軍事逐漸邁向近代化。而移駐巡撫、增設郡縣，也為臺灣建省創造條件。至於開山撫番、拓墾開禁、倡辦新式企業、興建交通等等德政，無一不是對臺灣近代化起了重大影響和作用。

所以說，沈葆楨是臺灣近代化之倡導者和奠基者。其後，丁日昌繼承了沈氏近代化的措施，推進了臺灣近代化的步伐。而劉銘傳，更是臺灣近代化的實幹家和集大成者。經由他們三人的努力經營，在甲午戰爭前，已將臺灣打造成全國洋務運動中，相當近代化的省分。

臺灣建省始末

臺灣建省，其實是經過一段醞釀討論的最後結果。其導火線是，日軍侵臺後，東南海疆出現了危機，清政府內部進行了一場有關海防的大辯論。經過這次海防大辯論後，促使清廷對臺灣海防地位，有了進一步的了解。而清廷開始重視臺灣的防務，促進了臺灣建省。

從 1874 年起至 1884 年止，這十年間，可說是臺灣建省的準備期。此期間朝廷封疆大吏，對此問題紛紛提出己見。沈葆楨主張閩撫移駐臺灣，其目的是為因應加強海防、大力整頓臺灣吏治的需要。

因閩中督撫各持不同意見，而移駐臺灣，確實也存在實際的困難和矛盾，最後並未實施，而改依福建巡撫王凱泰提出，福建巡撫分駐閩、臺的新方案。然因王凱泰病逝，此案實施未久，即告落空。

1879 年，日本以武力併吞琉球，臺防又趨緊張。為加強臺灣防務，遂恢復巡撫分駐制。中法戰爭期間，臺灣成為一個重要戰場，卻暴露了清廷海軍的薄弱，及臺灣防務的不可恃，一旦援絕，將難以自守。戰後清廷內部，進行了一場加強海防的討論，創建海軍和加強臺防，成了這次討論的重點。

其中，以督辦福建軍務的左宗棠意見最為愷切，左建議「將福建巡撫，改為臺灣巡撫，所有臺澎一切應辦事宜，概歸該撫一手經理，庶事有專責，於臺防善後大有裨益」。

1884 年 10 月 12 日，慈禧太后下懿旨，准左宗棠所請，將福建巡撫改為臺灣巡撫，並要求劉銘傳速到福州與總督商議分省事宜。1885 年 7 月，劉銘傳會銜，上〈遵議臺灣建省事宜〉摺，商定分治有關事宜十六條。經諭准施行，臺灣建省，終告定案。10 月，清廷下詔建省，臺灣正式成為中國第二十個行省。

臺灣建省之提出到實現，是 1870、1880 年代，東南海疆一再出現危機所刺激而成的，一開始即帶有明顯的禦外性質之動機在內。自建省後，全面推動自強新政，整頓海防，發展經濟，改善交通，推動臺灣之近代化。

丁日昌在臺的建設

臺灣建省，植基於沈葆楨，完成於劉銘傳，承啟其間關係最大者為丁日昌。丁為通達外情，具有遠見的政治家，1876 年底來臺。抵臺後，巡視全臺，了解民情，並深入原住民部落撫番。除撫番外，他還整飭吏治，撤銷不合理的苛捐雜稅，減輕民眾負擔。尤其對社會治安，更是重視，丁在臺時，可說是臺灣地方史上最安定的時期。此外，積極籌劃國防，開闢地利，發展經濟，實施新政建設，丁都有一定之貢獻。臺灣近代化的計畫，在丁日昌任內可說已經很完備了。惜其時運不濟，當他巡臺時，最支持他的文祥，因病無法全意經營臺灣。由於阻力太大，志不得伸，丁於 1877 年即稱病辭職離開臺灣。

劉銘傳的富強新政

嚴格而言，臺灣的近代化肇始於沈葆楨。其後，丁日昌繼續沈氏志業，練槍砲、開鐵路、架電線、購機械、集公司、開礦招墾，加強海防全面開發臺灣。沈、丁二氏，實已為劉銘傳的富強新政，紮下堅實的基礎。

當然對臺灣近代化貢獻最大的仍屬劉銘傳，劉銘傳於 1884 年，抵達臺北督辦臺灣防務。1885 年臺灣建省後，他為臺灣首任巡撫，以其魄力全面在臺灣推動富強新政，將臺灣建設成全中國最近代化之省分。玆簡述其新政，主要內容如下：

㈠**防務：** 1885 年 7 月，他在臺北大稻埕興建機器廠，自製槍彈，同時設立軍械所和火藥局。1886 年，劉銘傳仿西法在澎湖、基隆、滬尾、安平、旗後等臺灣五大港口，興修十座新式砲臺，添購巨砲，並在基隆和滬尾設水雷局和水雷營，使水雷與砲臺相資為用。此外，劉氏還進行整軍練兵，防軍改用洋槍，聘洋教習教練，在臺北設總營務處，統轄全臺軍務。

㈡**交通：** 1886 年劉銘傳為快速增進連繫的便捷，在臺北設電報總局，架設水陸電線，先後架設臺北至臺南陸線，安平到澎湖、滬尾至福州線，全長一千四百餘華里。

1888 年，他又開風氣之先，創立新的郵局制度，在臺北設立郵政總局，發行郵票。郵路則定期來往於兩岸之間，達及廈門、福州、廣州、上海、香港等地。

在交通建設方面，對臺灣貢獻最大的，莫過於鐵路。1887 年 6 月，劉銘傳即著手修建臺灣鐵路。臺北至基隆段，於 1891 年竣工，共計二十八・六公里；臺北至新竹段，也於 1893 年完工，計七十八・一公里，基隆至新竹，全長為一〇六・七公里。這是全國最早一批自建的鐵路，且是自行集資、自行主辦、自行控制全部權益的第一條鐵路。

㈢**工礦：**中法戰爭期間，基隆煤礦嚴重受損，幾乎停產。劉銘傳撫臺期間，以官商合辦的方式，重興基隆煤礦。

1887 年他成立臺灣煤務局，購買新式採煤機器開掘，每天可出煤百噸。然因民股商人，以利潤有限退出。1888 年 1 月又收歸官辦，每天可產煤七十噸，年產約一萬七千噸。其後因經營不善，虧損累累，官辦後的煤務更是一蹶不振，陷於半停頓狀態。另外，劉銘傳於 1886 年也在滬尾設立官辦硫磺廠。

㈣**商務：**為促進臺灣商務，1886 年劉銘傳成立商務局，先後向英、德購買舊輪以作商船之用。並派李彤恩到新加坡設立招商局，後改為通商局，向華僑招募。其後，他又設立輪船公司，航行於臺灣與大陸各埠，遠至新加坡、西貢、呂宋等地，僅 1890 年臺灣貿易的出超額就達三百六十三萬餘海關兩。

另外，1886 年設立「腦磺總局」，對樟腦實行專賣制度，使得樟腦出口量不斷攀升。1890 年出口 6,480 餘擔，1891 年更攀至高峰。出口 15,980 擔，獲利頗豐。惜清廷後來在外商壓力下，撤銷了官腦專賣。

㈤**興市：**臺灣開港後，北臺灣的滬尾開港，帶動了淡水河流域大稻埕地區的繁榮，臺灣的政經中心也逐漸北移。中法戰後，臺北實際上已是臺灣的政經中心，巡撫長駐臺北，北部的貿易額也超過南部。劉銘傳推動的新政，也以臺北為重點。

1885 年全臺首富林維源和大稻埕富商李春生合資在臺北建千秋、建昌兩條大街。1887 年江浙商人集資設興市公司，建造大路，行馬車，裝置電燈，闢公共給水，建大稻埕鐵橋。臺北已成為商務繁盛，邁向近代化的大城市。

㈥**撫墾：**撫墾之倡導者為沈葆楨，劉銘傳撫臺後，承繼沈氏志業，非常重視撫墾工作。1886 年設全臺撫墾總局於大科崁（今桃園大溪），以林維源為總辦，北、東、南三路分設撫墾局及分局，積極展開撫墾工作。移風易俗，教化原住民，對臺灣統治的安定性是十分重要的。

㈦**清賦：**劉銘傳在臺推動富強新政，最棘手的問題莫過於經費不足，為了做到臺地自有之財，供臺地經費之用的目標，1886 年 5 月劉銘傳奏請實行清賦。且清賦後，又查清地籍、戶籍，使賦率及土地所有權得到較合理的解決，不但使臺灣自給自足，財政收入增加，也為臺灣農業近代化創造有利條件。

㈧**教育：**教育為百年樹人工作，劉銘傳撫臺期間，對教育事業亦甚為關心。1887 年春，他在臺北大稻埕創設西學堂，聘洋教習二人，授與外文、算術、測繪、製造之學。1890 年，其又在大稻埕設立電報學堂，擢拔西學堂的優秀學生轉入電報學堂，為臺灣新辦的電報局，培植專業的技術人才。

此外，為教化原住民，劉銘傳也於 1890 年 4 月在臺北創辦番學堂，以北部大科崁為中心，招原住民學童二十名，教以認字、讀書，並旁及官話、臺灣話和習慣禮法等，培養通事人才。1892 年有了第一批原住民畢業生（同年即停辦）。

劉銘傳一生最輝煌的歲月貢獻於臺灣，他為臺灣戮力以赴的擘劃經營，終將臺灣建設為全中國首屈一指的先進省分。沈葆楨，是臺灣近代化之倡導者和奠基者。丁日昌，則提出全面具體的發展計畫，並積極落實。劉銘傳，更是臺灣近代化之肯幹實幹家。平情而言，臺灣近代化之成就和成功，與他們的努力是不可分的。

參考書目

陳孔立主編，《臺灣歷史綱要》（臺北：人間，1997年）。

陳在正，《臺灣海疆史》（臺北：揚智，2003年）。

陳碧笙，《臺灣人民歷史》（臺北：人間，1996年）。

黃富三、曹永和主編，《臺灣史論叢》第一輯（臺北：眾文，1980年）。

許極墩，《臺灣近代發展史》（臺北：前衛，1997年）。

許雪姬，《洋務運動與建省》（臺北：自立，1993年）。

程大學編著，《臺灣開發史》（臺北：眾文，1994年）。

陳清敏，《認識臺灣》（臺北：黎明，1996年）。

葉振輝，《臺灣開發史》（臺北：臺原，1995年）。

第五章　日治時期的殖民統治與臺灣社會變革情況

5.1　甲午戰爭與馬關議和

日本侵臺灣之目的

1894 年的甲午戰爭，無論就中國或臺灣而言，均是一件石破天驚的劃時代大事。就中國言，從此淪為亞洲二流國家，不僅助長了日本侵略中國的野心，歐美強權亦從此在亞洲採取「重日輕華」政策，迄今未變。就臺灣言，不只淪為日本殖民地，且經由日本長達半世紀的統治，對臺灣人心理之重塑及戰後國府處理臺灣的政策失當，造成今日臺灣國家認同之危機。當今臺灣「親華」、「親日」之爭的根由，若干因素是肇始於百餘年前，那一場影響中國與臺灣命運的甲午戰爭。

臺灣因戰略地理位置優異，扼日本南進路線之要衝，早在十六、十七世紀的大航海時代，日本就想要染指臺灣。當時豐臣秀吉和德川家康，曾數度出兵窺伺臺灣。

「明治維新」後，日本走向帝國主義侵略的霸權之路。1874 年為「牡丹社事件」悍然出兵臺灣，除索賠外，還逼使清廷默認其併吞琉球，正式跨出侵臺第一步。其後，日本間諜潛伏臺灣內部，對臺灣各方面作了相當詳細縝密的調查，並強烈要求日本政府堅定佔領臺灣的決心。故甲午戰爭爆發後，日本首相伊藤博文提出，「直衝威海衛並攻略臺灣方略」，並指出若直逼京津，可能引發列強共同干涉，而奪取臺灣則符合日本最大利益。所以甲午戰敗後，日本海軍大臣西鄉從道和海軍軍令部長樺山資紀，以其當年出兵牡丹社，對臺灣之了解，皆極力主張要割取臺灣、澎湖的必要性。此乃馬關議和時，日本在諸多談判，包括賠償都可以讓，唯獨臺灣、澎湖萬萬不能讓的主因。

春帆樓下屈辱的馬關議和

在黃海之役北洋艦隊全軍覆沒，及平壤之戰和遼東戰爭失利之際，清廷知道不能再戰，故逐漸傾向議和。而歐美列強亦不願日本侵略勢力擴大，進而影響其在華權益，也鼓勵清朝速與日本議和。

1894 年 11 月，在美國調停下，清廷派了張蔭桓和邵友濂赴日議和。然日本以張、邵二人「全權不足」為藉口拒絕談判，並示意非奕訢或李鴻章，和議不能開。為此，在 1895 年 2 月日軍攻陷威海衛後，清廷已喪失再戰信心，慈禧太后遂決心不惜代價求和，乃派李鴻章為全權大臣，赴日議和。3 月 19 日，李鴻章率領大批隨員啟程赴日談判。

李鴻章在日本馬關春帆樓與伊藤博文和陸奧宗光共進行了五次正式談判。期間李鴻章雖然動之以情、說之以理據理力爭，甚至遭刺後，仍忍辱負重要求日本減少賠款和不要割地。但在形勢比人強的情況下，日本只願在賠款方面作若干讓步，至於在割地上，是不容李鴻章置喙的，雙方談判陷入僵局。4 月 1 日，日本以承認朝鮮、割地、賠款、通商為和約底稿，限四日內答覆。

其中以割地最關重要，割地主要是遼東半島和臺灣、澎湖，李鴻章請示朝廷，翁同龢堅持不可割臺，奕劻則認為，不可棄遼東半島，光緒皇帝更說：「割臺灣則天下人心皆去」，慈禧甚至言，兩地皆不可棄，再戰亦無不可。

其實，這只是朝廷的惺惺作態，4 月 8 日，總理衙門電李鴻章，明示「讓地應以一處為斷，賠款應以萬萬為斷」。遼東為清朝龍興之地，自不能棄，可棄者只有臺灣、澎湖了。4 月 10 日，日本以如果重新開戰，條件當不止於此作要脅，逼李鴻章就範，李鴻章發電請示朝廷，清朝怕重起戰端被迫接受。

1895 年 4 月 17 日，李鴻章在春帆樓與日本伊藤博文簽訂了割讓臺灣、澎湖的〈馬關條約〉。臺灣、澎湖割讓給日本，至此已成定局。

朝野盈廷的「反割臺論」

〈馬關條約〉割讓臺、澎一事披露後，不僅喪權辱國全國震驚，朝野更是群情激憤，一片撻伐李鴻章及反割臺論，可謂響徹雲霄。一些積極主戰的京官，紛紛上書力爭，更將所有矛頭指向李鴻章。

其實早在條約簽訂前，翰林院編修黃紹箕，即言：「倭人所垂涎者，臺灣也」，「臺灣何罪何辜，而淪為異域？」且如果割地，不但「永遠無自強之日，抑且旦夕苟安之時」。

〈馬關條約〉議和期間，朝廷有意保遼東、棄臺灣之舉，也讓一些有識之士深致不滿，指責朝廷「任倭以全力攻臺，臺民何辜，至遭歧視」。翰林院侍讀學士文廷式，更仗義執言說：「夫奉天固要地矣，臺灣關係江浙閩廣之得失，可謂之散地乎？」對當時朝中，以臺灣為散地，割之不足惜之謬論，提出嚴厲批判。

當然〈馬關條約〉割臺，最大的震撼衝擊仍是臺灣人民。當割臺消息披露，引起全臺震慄。人們奔走相告，聚哭於市中，悲憤萬分。臺灣仕紳丘逢甲更領銜致電朝廷表示：「臣等桑梓之地，義與存亡，願與撫臣誓死守禦。設戰而不勝，請俟臣等，死後再言割地」，其正義凜然令人動容。當時諸多臺灣紳民更傳達與臺共存亡的決心，陳訴「萬民誓不服倭，割亦死，拒亦死，寧先死於『亂民』手，不願死於倭人手」，臺灣同胞反對割臺予日之情緒，可說沸騰到頂點。

在朝中的臺籍舉人或京官同樣悲慟莫名，他們聯名上書，要求抗戰到底，也絕不可將臺灣「棄以予敵」。正在北京應試的各省舉人更是義憤填膺，慷慨陳詞，紛紛集會上書。以廣東舉人康有為、梁啟超為首，四處聯絡奔走呼號，梁啟超與林贊統更領銜八十一名廣東舉人，上書言：臺灣是中國的門戶，連地千里，山海峻險，物產饒絕海外，豈可「一矢未加，而遽以千餘里地之岩疆，千餘萬之蒼黎」拱手讓與侵略者。

而康有為更是日夕奔走，聯絡各省舉人士子多達一千三百餘人，慷慨痛陳國勢危迫，非變法無以圖存。其後，康有為更寫下萬餘言的〈上清帝第二書〉，反對簽約割臺，要求變法圖強。在〈上清帝第二書〉中，康有為明確的提出拒和、遷都、變法、練兵等四大主張，他把反和約、反割臺和變法聯繫在一塊，將「反割臺論」運動推到最高潮。

從 4 月 17 日到 5 月 8 日止，二十二天的時間，前後在京的舉人士子，共三千餘人次，提出了三十八次上書。

這在近代史上是空前未有之壯舉，「反割臺論」最後被提升蛻變為清季末期，一場波瀾壯闊的群眾性愛國救亡運動，為後來的「百日維新」奠定了合理的群眾基礎。

參考書目

王樹增，《1901：虎口下的中華帝國》（臺北：遠流，2004 年）。
宋路霞，《百年家族：李鴻章》（臺北：立緒，2004 年）。
來新夏，〈中日馬關條約之際的反割臺運動〉，《中日甲午戰爭論集》（北京：五十年代，1955 年）。
陳孔立主編，《臺灣歷史綱要》（臺北：人間，1997 年）。
陳碧笙，《臺灣人民歷史》（臺北：人間，1996 年）。
黃秀政，《臺灣割讓與乙未抗日運動》（臺北：商務，1992 年）。

5.2　武士刀支配下的番薯及其武裝反抗

曇花一現的臺灣民主國

在臺灣割讓已成定局之際，1895 年 4 月 23 日，俄、德、法三國干涉還遼成功之喜訊傳來，又給臺灣帶來一線希望。

軍機處曾電諭李鴻章想辦法暗示日本，臺灣問題窒礙難辦，能否知所進退。而兩江總督張之洞，則要求英國出面干預，逼日本歸還臺灣。

深諳外交局勢的李鴻章知道，日本可以對俄、德、法三國讓步，但是絕不會對清朝讓步。日本可以暫時不要遼東半島，但對臺灣、澎湖絕對寸土不讓。所以李鴻章認為，若改約另議，恰給予日本決裂興兵之藉口，故對朝野此一天真想法，頗不以為然。5 月 2 日，光緒皇帝批准條約後，清朝及臺灣人民，最後一線求助列強阻止割臺的幻想，也隨之破滅。5 月 8 日，清廷派伍廷芳與日本代表伊東，在煙臺如期換約。

換約後，日本恐夜長夢多，隨即遣樺山資紀海軍大將赴臺，並任命其為臺灣總督兼軍務司令官，負責與清朝派遣來臺的李經方，辦理交割事宜。事已至此，臺民知道只有自力救濟別無他法了。

5 月中，因情況緊急，曾任清政府駐法參贊的陳季同，甫從滬上抵臺北，急中生智提出了「民政獨立，遙奉正朔，拒敵人」的權宜三策。

陳季同的想法，得到多數人的附和，是月 15 日，以丘逢甲為首的臺灣仕紳，集議於臺北籌防局，推請臺灣巡撫唐景崧暫攝臺灣政事，並致電總署說明立場。25 日上午，丘逢甲率領候補道林朝棟、內閣中書教諭陳儒林等百餘人共組抗日政府，定名為「臺灣民主國」，推唐景崧為總統，並舉林維源為議長，丘逢甲為反抗軍統領，改元「永清」，鑄民主國寶印，製「藍地黃虎」國旗。

在致電清廷時，唐景崧表明民主國成立實為不得已之權宜之舉，因為「臺灣士民義不臣倭，願為島國，永戴聖清」，「今雖自立為國，感念舊恩，仍奉正朔，遙作屏藩」。換言之，臺灣民主國成立之目的，基本上是建立在反對日本的殖民統治上，並盡可能把臺灣留在中國版圖之內的企盼。由此可知，「臺灣民主國」成立之動機，是在臺灣已完全孤立無援的情況下，不得已的權宜之計。

「臺灣民主國」，是亞洲第一個採取共和制的國家，其壽命雖然只是曇花一現，但在十九世紀末，古老的亞洲各國中，能首先有遠見的採取共和制，僅此一點，已值得大書特書。「臺灣民主國」，雖然只是一時激情的民族主義下之產物，然而，無論如何，其成立本身在歷史上已具有特殊充分的意義。

反佔領的武裝抗日事件

「臺灣民主國」成立後，首要任務為組織力量，團結民眾，抗擊日本的侵略。然因朝廷以臺灣割讓已成事實，故反而下令所有文武官員，限期內渡。清兵內渡後，臺灣駐防軍隊只剩三萬三千餘人，防臺守軍兵力相當薄弱。

而反觀日本，為實現佔領臺灣，志在必得，已作了萬全準備，故在「臺灣民主國」成立之時，日本已命樺山資紀為臺灣總督兼軍務司令官。

在樺山率領下，由北白川宮能久親王統轄的陸軍精銳部隊，近衛師團約一萬五千人，及海軍少將東鄉平八郎等率領的戰艦十一艘，幾乎傾巢而出，直撲臺灣，並已集結在臺灣北部海面。「臺灣民主國」因缺乏船艦，沒有制海權，只能作陸上防禦。

1895 年 5 月 29 日，日艦佯攻基隆港，另一路日軍則悄然自東北角的澳底登陸。30 日，日軍進犯基隆，佔領三貂嶺。6 月 1 日，日軍攻瑞芳，遭守軍猛烈還擊。3 日，日軍海陸並進，猛攻基隆，守軍雖頑強抵抗，仍寡不敵眾而告失陷。於此同時，通往臺北的軍事要地獅球嶺亦告失守。4 日，基隆潰兵退守臺北。

毫無鬥志的總統唐景崧，背棄臺灣民主國，逃往滬尾，於6日乘德輪，返回廈門。而丘逢甲亦倉卒攜餉，逃回廣東，與其慷慨悲歌之詩詞，形成一大反諷。更離譜的是，負責兵務的林朝棟，在接到唐景崧的告急求救電時，居然置之不理，尚揚言:「我戰，而朝廷不我賞，我遁，而日本不我仇，我何為乎?」

「臺灣民主國」，從成立到潰亡，即在這些投機政客的逃跑聲中，不及半個月，就煙消雲散了。「臺灣民主國」的迅速崩解，除士無鬥志，缺乏與臺共存亡的決心外，主要的原因還是，民主國本來就不是為了抗日而存在的。它僅是為了商結外援，用此種形式來與西洋國家交涉，希望藉此引起西方列強出面干涉臺灣割日的一個外交設計。故在日軍來勢洶洶後，「臺灣民主國」即因群龍無首，並無作太大的反抗而土崩瓦解。可惡的是，號稱民主國軍隊的閩勇和粵勇，不僅沒有誓死抵抗，反而藉機發國難財，四處趁火打劫，騷擾百姓，使得情況更加危急紛亂。

7日，日軍在辜顯榮引導下，順利進入臺北城。9日，北臺要塞滬尾也告失守。17日，樺山資紀在臺北宣佈建立殖民統治政權，並訂此日為「始政日」。

日軍雖然佔領臺灣，但是惡夢才剛開始，當時臺灣人民反對日本的佔領，各地抗日軍紛紛奮起抗日。

著名的有徐驤、姜紹祖、吳湯興、胡嘉猷、江國輝、蘇力、黃娘盛等股勢力，主力成員為農民。另外，在中法戰爭獲得勝利的黑旗軍，在劉永福的率領下，亦和新楚軍等部清軍，在「臺灣民主國」瓦解後，仍駐守南部堅持抵抗，與臺灣民眾反抗軍聯合抗擊日軍。

6月11日，日近衛師團兵分兩路南進新竹，遭到徐驤、吳湯興、姜紹祖等反抗軍的節節抵抗，22日，因軍械糧餉不繼，反抗軍主動撤退，新竹保衛戰失敗。然反抗軍仍不甘心，接二連三發動反攻，欲奪回新竹，曾先後與日軍爆發大小二十餘次的戰鬥，牽制日軍南下進程，達月餘之久。反抗軍領袖之一的姜紹祖，即在此次新竹爭奪戰役中，力戰不屈，受傷被俘，知不免，服鴉片膏自殺，充分表現臺灣人大無畏的精神。

新竹失守後，反抗軍退往苗栗、臺中大甲溪一帶佈防。8 月 14 日，日軍在攻陷苗栗後，南犯大甲溪，遭到吳彭年黑旗軍，和徐驤部反抗軍的伏擊，激戰竟日，日軍受挫撤退。

其後，在日軍增援兵力的情況下，反抗軍經過多日血戰，才退往彰化，依大肚溪天然屏障，嚴陣以待。

27 日，日軍分三路夾擊彰化，反抗軍亦集結七營兵力，約三千多人，和北白川宮能久的近衛師團，激戰於八卦山，日軍受阻不能進。28 日，激戰再起，反抗軍奮起肉搏拼殺，情況一度危急。適黑旗軍吳彭年部趕來增援，擊斃日軍千餘人，山根信成少將亦被殺，日軍死傷慘重。但吳彭年、吳湯興也為國捐軀，所部幾乎傷亡殆盡。徐驤率部突圍，八卦山終陷敵手。

八卦山血戰，是臺灣反抗軍抗日最悲壯的一役，也讓日本人見識到臺灣人不屈不撓的精神。29 日，雲林淪陷，30 日，日軍兵鋒已至嘉義城北。

時坐鎮臺南的劉永福，兵餉兩缺，所部不足十營，形勢極為險峻。但劉仍獨撐大局，派王德標守嘉義，遣副將楊泗洪率部反攻彰化，由於臺灣民眾的響應聲援，時時藉機偷襲日軍，情況一度對反抗軍有利。

黑旗軍與反抗軍聯手在嘉義大莆林重創日軍，逼使日軍向北退走，楊泗洪在追擊中身亡。9 月 16 日，日軍為一鼓作氣，特別成立「南進司令部」，調集四萬大軍，海陸並進，傾巢南犯。

北白川宮能久親王率近衛師團直撲嘉義，王德標亦領軍與徐驤、林義成、簡精華等反抗軍聯合抗敵。10 月 11 日，日軍再攻嘉義，反抗軍暗埋地雷，誘敵深入，日軍中計被炸死了七百餘人。倉皇撤走中，沿途又遭反抗軍設伏截擊，北白川宮能久親王據傳亦在此戰役中，受重傷而致斃命。

10 月 12 日，日軍全力反撲嘉義，王德標浴血巷戰，傷亡慘重，不得已，退守曾文溪，該地距臺南府城僅二十公里，可謂臺南之門戶及最後防線。

為抵擋日軍兵臨臺南，徐驤、王德標、柏正材等反抗軍，和黑旗軍拼死殺敵，最後均戰死殉國。日軍得曾文溪後，臺南已處於腹背受敵、三面包圍之中，情況危在旦夕。時劉永福部柯王貴率部堅守臺南，永福義子劉成良，駐守安平砲臺居中策應。

由於糧餉已絕，士兵飢疲至極，故 18 日，臺南糧絕，守軍潰散。19 日，日軍大舉進攻臺南，劉永福及守軍雖仍欲頑強抵抗，但在形勢比人強的狀況下，眾勸劉永福離臺，劉永福最後乘英國輪船回廈門。21 日，日軍下臺南，守軍終因力量懸殊，無援戰敗。至此，象徵臺灣，誓死不屈的反抗日本佔領之武裝抗爭，終告轟轟烈烈的結束。

臺灣人民的反日抗爭，從 1895 年 6 月到 10 月，前後持續五個多月。期間臺灣反抗軍義民不畏強暴，前仆後繼，拋頭顱、灑熱血，將臺灣人之硬頸精神，發揮到極致。由此可知，臺灣人民是如何地以自己的決心、鮮血和意志，來捍衛自己的家園，這是臺灣精神的最佳寫照。

領臺初期的武裝抗日事件

就在總督府志得意滿的宣佈臺灣本島全歸底定，且日本近衛師團凱旋歸國未滿二月時，林李成、林大北即在 1895 年 11 月 20 日，於宜蘭起義。附近民眾，紛紛響應。在短短數日內，即席捲臺灣東北部，從金包里到蘇澳一帶。

另一股以許紹文為首的抗日軍，在金包里集眾二千餘人，亦向基隆挺進。後遭日軍伏擊，損失頗重，暫退深山。而以簡大獅為領袖的淡水抗日軍，又接踵而起，與日軍激戰數日，不支而退。

此外，北部抗日軍還有詹振、曾玉、陳秋菊領導的這支力量，他們原本欲利用 1896 年元旦圍攻臺北，惜消息走漏，日軍早有防備，兼以各路反抗軍行動不一，實力不足，旋即引退。但臺北周遭之地，如深坑、士林、三角湧等處，仍為抗日軍所佔。

面對風起雲湧此起彼落的抗日軍，日本採取全力軍事鎮壓的方式應付之。日軍在回報日本，得到第二師團及第七旅團增援後，決定以「報復性的討伐」，來徹底屈服臺灣人民的抗日意志。

1897 年 5 月 8 日，是日本規定臺民決定國籍的最後期限，詹振、陳秋菊率抗日軍四、五千人會合簡大獅的千餘人，決定大舉起事。戰鬥從 7 日夜半開始，會師進攻臺北，雙方激戰至黎明。

在日軍優勢兵力壓迫下，抗日軍不敵敗走，首領詹振不幸犧牲。在北部抗日軍迭次受挫之際，以柯鐵為首的中南部抗日軍，也如火如荼的熱烈迅猛展開。

鐵國山，原名太平頂，亦作大坪頂，位於雲林斗六東南處，林密山深，地勢險要，是抗日軍一絕佳之軍事地點。領袖為一年僅二十二歲的青年柯鐵，人稱「鐵虎」。

柯鐵原為一製紙工人，身手矯健，精於射擊，因不滿日本統治臺灣，攜新婚妻子避居鐵國山。在一次日軍搜山中，設計伏擊日軍，以一擋十，槍殺數名日軍，英勇無比，日軍大驚退走。自是威名遠播，被眾人推為鐵國山首領。

1896 年 6 月 13 日，柯鐵不願被動困守山中，決定主動出擊，率眾突襲斗六街日本商店。次日，日軍為報復而領一小隊人馬上鐵國山，遭伏擊而退。16 日，日軍再度進攻鐵國山，又無功而返。惱羞成怒之餘，竟屠殺附近村莊居民洩恨，一連持續五天，範圍遍及七十多個村落，焚毀民房 4,295 戶，死者不下三萬人，慘絕人寰，此即為所謂的「雲林大屠殺」。

為抗日以號召群眾，柯鐵特別以「奉天徵倭鎮守臺灣鐵國山總統各路義勇軍柯」的名義，發表檄文，聲討日軍，強調鐵國山之抗日乃順天應人，替天行道，特別用「天運」為年號，製「鐵國旗」，彷彿以政府組織名義，誓師抗日。

鐵國山的抗日，得到眾多臺灣民眾的聲援響應。6 月 29 日，攻陷集集街，7 月 2 日，包圍南投街。隔天又偷襲臺中，4 日克北斗，員林、永靖相繼收復，7 日攻鹿港，日軍退出彰化。

自是，從彰化以南，到嘉義大莆林，全歸鐵國山所有，鐵國山儼然已成為中部地區抗日的大本營。柯鐵盤踞鐵國山，對日本而言，終究是一大威脅。12 月 1 日，日軍再度夜襲鐵國山，遭抗日軍前後夾擊，死傷百餘人。

8 日，日本糾集中南部援軍五千人，分四路進犯，抗日軍退守山中，以待時機。日軍亦長駐山中，修建道路房屋和防禦工事，雙方形成僵局，相持近一年。

1897 年 11 月 9 日夜，柯鐵決定突圍，趁日軍戒備稍懈之際，以火藥火具猛攻日營，日軍倉皇應戰，或死於火、或遇伏中槍，死傷過半，抗日軍再度收復了大坪頂。

而鐵國山抗日捷報的頻傳，亦激勵了中南部民眾的抗日情緒，他們到處伏擊日軍，使日軍疲於奔命。

至於南部抗日軍首領，以林少貓、簡大獅為首，他們曾數度攻擊，重創屏東日軍，縱橫南臺灣，聲勢十分浩大。面對前仆後繼的抗日起義，日本三易總督屢次增兵，發動十餘次「圍剿」，配合「三段警備法」及保甲、清莊連坐等種種措施，付出慘重傷亡代價，還是無法有效撲滅全島的抗日義舉。

最後，日本只能採用軟硬兼施，雙管齊下的策略，屠殺與欺騙互相為用，即一邊增兵鎮壓；另一邊以恢復和平、各安生業為名，百般勸誘招降，各個擊破。1898 年，兒玉總督即透過御用仕紳，不惜以優厚條件，誘勸柯鐵出降。12 月 9 日接受柯鐵所提條件，舉行歸順式。柯鐵雖受安撫，但日人迫害柯鐵之陰謀卻日漸明顯，包圍其住處，監視其行動。柯鐵被迫，再與舊同志開始反日。1901 年 10 月脫出苦苓腳庄，移住打貓東頂堡竿蓁籠岩窟中時柯患病甚重，卒因腳氣衝心，於 1902 年 2 月 9 日病逝。

在 1902 年日軍的大掃蕩中，林少貓等則被欺騙，信以為真日方答應其條件，而突遭偷襲而亡。

簡大獅失敗逃往福建漳州，居然被清廷拘捕，交與日軍處死，臺灣抗日軍的英風偉烈，對照滿清祖國的無情顢頇，真是死有遺恨!

總計從 1898 年至 1902 年這四年間，臺灣人民因抗日而被屠戮的約有一萬一千九百人之多，其中甚多是無辜的平民百姓，日軍之殘暴由此可見一斑。

辛亥革命後的反日事件

辛亥革命前後，臺灣人民受到中國革命風潮的鼓舞，沉寂一時的反日意識又重新燃起。1907 年 11 月 14 日，又爆發了北埔事件，首要人物為蔡清琳。

此事件是日本當局在鎮壓原住民時，採取「以漢制番」的詭計，要求北埔支廳的漢族隘勇參與圍剿大科崁社。

漢族隘勇不願為日本殖民者賣命，決定醞釀反抗。適有經常往返番界的新竹北埔支廳月眉庄青年蔡清琳，與隘勇熟稔，乃乘機游說抗日，並仿興中會等組織，創設「復中興聯合會」，自為總裁。且故意放風聲言：抵抗後，會有祖國的軍隊登陸接應及支援。大家信以為真，決計起事。蔡繼而又游說賽夏族頭目趙明政加入抗日行列。

是年 11 月 14 日夜半，蔡清琳、何麥榮、何麥賢、巫新炳等集眾百餘人，迅速攻下大平警察駐在所，殺死日警多人。

15 日，蔡清琳豎起「安民」與「聯合復中興總裁」旗號，攻入北埔支廳，盡殺支廳長以下五十七人，接著又往新竹推進。在接近新竹處的水仙崙，與前來鎮壓的日軍相遇，抗日軍寡不敵眾潰敗，蔡清琳逃遁山中，藏匿於大打祿處。賽夏族人以受蔡牽連，憤而將其殺死，並獻其屍，向日軍投降。何麥賢等人則被判處死刑，從容就義。

北埔事件後，臺灣發生最具意義的抗日事件，當屬1913年12月發生在苗栗，由羅福星領導的起事。這是中國革命的國民黨人，首度介入的抗日舉事行動，其意義非比尋常。

羅福星，字東亞，號國權，原籍廣東。1903年隨祖父來臺，住苗栗，曾在苗栗公學校就讀。1905年回廣東，路過廈門時加入中國同盟會。辛亥革命時，曾於爪哇募民軍二千餘人回國參戰。1912年7月，在福州北伐軍劉士明指導下，集合若干同志回臺，以臺北大稻埕一帶為基地，分頭進行地下活動。

羅福星經常往還臺北、苗栗間，結識臺胞謝德春、傅清鳳、黃員敬等人，並以「華民會」、「三點會」、「同盟會」、「革命會」等名義，秘密發展組織。

至1913年2月，上述這些團體已在新竹、基隆、臺北、桃園等地發展黨員五百餘人，且有臺胞不斷陸續加入。惜因當時臺南關廟、新竹大湖、臺中、南投等地接連有起事風聲，日方加緊防範，大肆搜索，羅福星正密謀起事，即在當年12月28日被捕。

在法庭上，羅福星慷慨陳辭，宣稱其為臺灣同胞，爭取自由權利而死，雖死猶榮。視死如歸，令人動容。

漢民族最大規模的抗日民變「西來庵事件」

1915年5月由余清芳、江定、羅俊等人領導抗日的「西來庵事件」，可說是臺灣漢民族最後一次規模最大的武裝抗日民變事件。「西來庵事件」，亦名「余清芳事件」，因主要領導人物為余清芳。

余清芳，字滄浪，臺南廳長治後鄉莊人，自幼家貧，曾受過漢文教育。臺灣割讓時，他懷亡臺之恨，參加過武裝抗日，失敗後潛伏鄉里。1909年，其曾遭日警拘捕入獄，1911年釋放回鄉，從此更恨日本人。返鄉後，余清芳成為齋教兼鸞堂的「西來庵」主持人，利用廟宇傳教為掩護，廣募捐款，密謀起事。

余清芳先以宗教活動作掩護，常利用宗教宣傳時機，揭發日本暴政，故在反日情緒高昂下，余、羅等人宣傳鼓動的工作，進行得很順利。黨徒遍佈臺北、臺中、臺南、南投、嘉義、屏東全島南北各地，多達數千人之眾。

1915 年 5 月，余清芳以時機已漸成熟，乃以「大明慈悲國大元帥」名義發表檄文討日。檄文一出，日本當局大為驚恐，立即在全島各地瘋狂搜捕。6 月 29 日，年邁的羅俊在嘉義竹崎山區被捕，堅不洩余、江等人行蹤，日人搜山亦無所獲。

7 月 6 日，反抗軍與日警發生零星衝突，互有死傷，江定之子江憐於此役中犧牲。時余清芳探悉甲仙埔支廳日警全部出動，認為有機可乘，乃在 7 月 9 日率眾攻陷甲仙埔。

8 月 2 日余等又乘勝追擊，襲擊南庄派出所，激戰後加以燒毀，並殲滅日警二十餘人。接著一千多名的反抗軍，又佔領了噍吧哖東方的虎頭山負隅頑抗，並圍攻噍吧哖市街，與趕來增援之日軍對壘多日，雙方各有傷亡。

8 月 6 日，日本以情況嚴重，憑警力已鎮壓不了，乃派正規軍和砲兵加入作戰。反抗軍火力相差懸殊，只有暫退入山。8 月 12 日，余清芳率反抗軍二百餘人，突破日軍包圍，至四社寮溪與江定所率的三百餘眾會合，為逃避日軍追擊，決定化整為零，分散潛伏。但日軍天羅地網的綿密佈署，反抗軍仍遭到搜捕。22 日余清芳在臺南、阿緱兩廳交界山區被捕，解送臺南，旋被處死。此次抗日行動決戰因地點在臺南山區的噍吧哖，故另名為「噍吧哖之役」，或「噍吧哖事件」。

「西來庵事件」總計，余清芳等 1,957 人，被判死刑者 866 人；江定等一批被處死者 37 人；有期徒刑者 467 人；行政處分 217 人，牽連之廣，歷年之最。總之，「西來庵事件」是日治時期，臺灣史上規模最大、範圍最廣、抗爭最烈、死傷最慘的抗日民變事件，也是臺灣人民在武裝反抗時期，最後一次大規模的抗日民變行動。

原住民英風偉烈抗日的「霧社事件」

「霧社事件」發生於1930年10月27日，這已屬日治五十年中的後期階段，通常在臺灣史的教科書中，是個別處理的。但是，本書基於同屬日治時期，臺灣民眾的武裝抗日事件，所以在此一併處理。

1930年10月27日，發生於南投霧社的泰雅族原住民之抗日事件，是臺灣原住民規模及影響最大的一次抗日舉事。其所象徵的意義，在於戳破日本長期以來，一貫吹噓的「理番」政策之成功；再方面也印證日本雖然據臺三十餘年，但臺灣人心不死，其反抗意識，從未一日稍歇。

霧社位於臺灣中部，形勢險要，風景秀麗，是當時日本統治「番地」的中心之一。能高郡警察課分室，即設於此，下轄十八個警察駐在所。定居於霧社的是泰雅族原住民。泰雅族原住民生性剽悍，曾有過多次抗日的光榮傳統。早於1897年日本領臺初期，就有日軍因偵察附近山區，遭霧社原住民全部殺害之事。

1903年10月，日本埔里社廳為報復日軍被殺，特別煽動與霧社有隙的另一部落，誘殺霧社原住民二百餘人，從此霧社與日本當局結下更深的樑子。為徹底鎮壓霧社原住民，1910年12月，南投廳出動1,181名警力，組成「討伐隊」，砲轟霧社，使霧社原住民的生命財產，遭受到嚴重損失。

此血海深仇一直烙印在霧社原住民心中，他們表面上屈服，但骨子裡在等待時機，盼有朝一日能報仇雪恨。除了歷史的舊仇外，新恨為經濟上的剝削掠奪。原因是霧社位於高山上，周遭的山區是當時臺灣樟腦生產的大本營之一。

隨著日本資本勢力的侵入，失掉山林和土地的霧社原住民，成了日本製腦會社廉價的「腦丁」。他們一天工作十餘小時，卻只能掙得極微薄的收入，平均工資約一角四・五分，如此薪資，何以維持生計，故不滿之情，早已蓄壓心中。更嚴重的是永無休止的「義務勞役」，僅1929年到 1930 年 10 月還不滿一年，霧社原住民即服過九次勞役。誠如霧社事件領導者莫那・魯道言:「如果這樣頻繁的義務勞役，繼續下去的話，我們就活不下去了!」

此外，像日本當局隨意侮辱玩弄霧社原住民婦女，恃勢妄為，任意糟蹋婦女行徑，甚至傷害霧社原住民的婚姻習慣和族群尊嚴，也是導致霧社原住民對日本切齒痛恨的另一原因。

1930 年 10 月，泰雅族馬赫坡首領莫那・魯道 (Mona Rudao) 長子塔達・歐莫那 (Tadao Mona)，在一次婚禮慶祝飲宴中與日警發生衝突，打傷日警吉村，事後雖然道歉，但吉村不接受，且揚言報復。

正當莫那・魯道感到大禍臨頭之際，馬赫坡青年辟荷・瓦歷斯和辟荷・沙坡等數十人醞釀起事的行動，也日益成熟，他們眾推莫那・魯道為領袖，而莫那・魯道亦感原來的忍讓政策已行不通，乃決定舉事。

霧社事件的武裝舉事，選在 10 月 27 日。因這天是日本殖民當局，為紀念北白川宮能久親王喪生臺灣，而舉行「臺灣神社祭」的日子。霧社公學校每年照例要在這一天舉行聯合運動會。而能高郡及霧社附近的日本官吏也一定會出席參加，所以是聚而殲之的好機會。

27 日黎明前，莫那・魯道已準備就緒；上午四時許，舉事開始，先偷襲附近警察所，殺死日警若干人，奪取武器糧食。另一股群眾，則趕往眉溪、獅子頭一帶，破壞橋樑、拆毀鐵路、切斷電話線，接著各社群眾在莫那・魯道領導下，又伏擊馬赫坡、眉溪、能高、敦巴拉等警察駐在所。所有行動火速於八點以前完成，而霧社的日本人卻毫無察覺。

在掃蕩周圍警察駐在所後，起事群眾約三百人在莫那・魯道一聲令下殺奔霧社，襲擊霧社警察分社、郵局、製腦會社和日本官吏宿舍，將所遇著之日本人全部殺死，繳獲了大批武器槍彈。另一股隊伍在巴沙奧率領下，則衝入運動會場，見日本人就砍殺，不到一個小時，就把能高郡守、視學、臺中州番務囑託、霧社警察分社主任等大小殖民官員、警察及其家屬通通殺個精光。

日軍設隘寮包圍原住民部落

莫那・魯道（中）

日軍砲擊鎮壓原住民

總計這次的起事，攻克霧社警察分室及十二個警察駐在所，日人被殺一百三十七人，傷十八人，繳獲步槍一百八十支，子彈二萬三千多發，可謂成果豐碩。

霧社事件後，日本當局震怒萬分，領臺三十餘年，仍發生如此重大抗日事件，對其殖民統治簡直是當頭棒喝。於是，連忙出動臺中駐屯軍第三大隊、臺南駐屯軍一個大隊、駐花蓮港的後藤中隊和駐屏東的第八飛行聯隊，以及從各州調來的五千多名警察，由臺灣最高軍事長官臺灣守備隊司令官鐮田親自率領，開往鎮壓。

31 日，日軍全線發動攻擊，山砲火力猛轟，霧社周遭村社死傷慘重，11 月 3 日，莫那・魯道的部落馬赫坡社亦淪陷。在各社爭奪肉搏中，泰雅族原住民也讓日軍付出慘重的代價。經過一番激戰後，莫那・魯道率領原住民弟兄退入山區，憑藉熟悉的地形山勢，繼續負隅頑抗，日軍步兵因對山地不明，不敢迫近，只好用山砲亂轟。

由於霧社事件已引起全球注意，日本為趕快平息此事件，最後竟然甘冒天下大不韙，施放國際禁用的毒氣彈，且出動飛機狂轟濫炸。前後三十六天的血戰，泰雅族的勇士在日軍飛機、大砲、毒氣的輪番猛攻下，彈盡援絕，死傷殆盡，莫那・魯道自殺，寧死也不投降，充分表現出原住民誓死如歸、大無畏的勇氣。

霧社事件被鎮壓後，日本當局猶有遺恨，將逃散各處的泰雅族人集中於西拖和羅多大兩社，並唆使平日與泰雅族不睦的陶朱亞部落，於 1931 年 4 月 25 日進行突襲，殺害霧社泰雅族原住民二百五十三人，史稱「第二次霧社事件」。

日軍大規模屠殺霧社原住民的暴行，引起臺灣及世界人民的憤慨與譴責。臺灣農民組合到處散發抗議日本的傳單，蔣渭水領導的臺灣民眾黨，更致電國際聯盟和日本內閣，指責使用國際上禁止的毒氣攻擊，是非人道的行為。

總的來說，霧社以一個僅二千多人的小部落，不畏強暴，在莫那・

魯道的領導下，對日本加諸於原住民不公不義的統治，發出憤怒的怒吼。它不僅以實際行動，堅持月餘，有效的對抗日本帝國主義，也使日本吹噓臺灣為其「模範殖民地」的濫言，不攻自破。霧社原住民所表現出英勇不屈的抗日精神，為臺灣抗日運動史上，譜出可歌可泣不朽悲壯的篇章。

參考書目

中華民國臺灣同胞聯誼會編，《不能遺忘的名單：臺灣抗日英雄榜》（臺北：海峽學術出版社，2001 年）。

王曉波，《臺灣抗日五十年》（臺北：正中，1998 年）。

古野直也、謝森展，《臺灣代誌》（臺北：創意力文化事業，1995 年）。

吳密察，〈一八九五年「臺灣民主國」的成立經過〉，《臺灣近代史研究》（臺北：稻鄉，1994 年）。

林國章，《民族主義與臺灣抗日運動：1895–1945》（臺北：海峽學術出版社，2004 年）。

陳碧笙，《臺灣人民歷史》（臺北：人間，1996 年）。

陳鵬仁，〈日據下臺灣人民的反抗運動〉，收入《臺灣殖民地史學術研討會論文集》（臺北：海峽學術出版社，2004 年）。

黃昭堂著，廖為智譯，《臺灣民主國之研究》（臺北：財團法人現代學術研究基金會，1993 年）。

黃秀政，《臺灣割讓與乙未抗日運動》（臺北：商務，1992 年）。

藤井志津枝，〈一九三〇年霧社事件之探討〉，《臺灣風物》第 34 卷第 2 期。

戴國煇著，魏廷朝譯，《臺灣總體相》（臺北：遠流，1992 年）。

5.3 異族殖民統治下的政經文教措施

太陽旗下的總督政治

從 1895 年日本治臺始政，至 1945 年戰敗投降，日本殖民統治臺灣整整五十年，在這長達半個世紀的佔領下，日本總共派了十九任總督治臺。

從第一任總督樺山資紀到第七任總督明石元二郎通稱為前期武官總督時期 (1895–1918)。此時期最大特色為治臺伊始，臺灣人不願接受日本殖民統治，故迭有武裝抗日事件。為征伐鎮壓及確保治安起見，派遣有經驗的海陸軍大將或中將來出任總督，以便隨時可以採取武力軍事討伐。

從第八任總督田健治郎始至第十六任總督中川健藏止為文官總督時期 (1919–1936)，此時臺灣武裝抗日行動大體已遭掃平，島內治安已趨穩定。最主要是，日本統治根基已鞏固，兼以世界民主化浪潮的衝擊，使日本中央決定以文官總督治臺，企圖以懷柔的文治政策，將臺灣納入日本同化政策的內地延長主義中。

從十七任總督小林躋造始，到長谷川清和末代總督安藤利吉，這三位總督，因大戰期間又恢復了武將統治臺灣，是為後期武官總督時期 (1936–1945)。

歷任總督治績

日本治臺時期先後派遣的十九任總督，平情言之，都有若干政績留在臺灣，唯其中有幾位總督，因任期太短，沒有明顯建樹外，其餘均頗值得一提。

茲舉若干重要總督之治績，略敘於下：

第一任總督樺山資紀 (1895.5–1896.6) 主要治績：制定臺灣總督府臨

時條例、軍政條例、民政條例；制定地方官制；確立委任立法制度。1896年3月30日法律第六十三號公佈「有關臺灣應施行法令」，自4月1日實施。另外，創立臺灣總督府評議會、確立司法制度、警察制度、理番政策。並在芝山巖成立日語傳習所，開始教習國語（日語）、實施郵電制度、開始定期臺日航線、修正度量衡制度等。

樺山資紀治臺最大的特色，是以武力鎮壓臺灣各地的抗日行動，毫不手軟。又推動「六三法案」立法，賦予總督享有立法權、發佈命令的法律根據，並讓總督專制得以落實。其一手催生的「六三法案」前後施行二十餘年，足可看出這位首任總督對臺灣影響之深。

第三任總督乃木希典 (1896.10–1898.2) 主要治績：創立臺灣總督府會計制度、採取三級警備制：一級區山地——軍憲警備；二級區山地平原中間——憲警警備；三級區村莊都市——警察警備。實施鴉片專賣制、擴大實施教育制度、設立醫院等。

乃木希典與夫人於1912年，明治天皇出殯日自刃身殉，這充滿武士道的殉道精神，塑造了乃木「軍神」的象徵。在日本步步走向軍國主義，加緊對外戰爭之際，他的忠勇事蹟，便成了鼓吹大和精神的軍國美談。

1942年4月，「史蹟乃木館」在臺灣成立，有關乃木的事蹟被臺灣軍司令部當作國民精神修養的教材，更確立了乃木在臺灣人心目中的地位。所以說，乃木在臺灣嚴格講政績平平，但其武士道的「軍神」形象，對塑造臺灣人「日本精神」實有著深遠的影響。

第四任總督兒玉源太郎 (1898.2–1906.4) 主要治績：建設鐵、公路；實施保甲制度、推行土地調查；基隆、高雄築港開工、創立臺灣銀行；確立糖業政策、整頓學校教育、規劃衛生設施、實施專賣制度等等。兒玉素有「一代智將」之稱，其總督臺灣時最重要之舉，即起用後藤新平為民政長官。

後藤新平可說是治臺最有績效的民政長官，在其任內，有關臺灣近代化的基本建設，如縱貫鐵路、基隆港之興建，以及針對鴉片、食鹽、樟腦、菸草等之專賣，均一一規劃完成；亦即，他當時確曾展現了相當有效的行政執行魄力。整體來說，其當時任內的出色治績，日後讓不少臺灣人對其佩服或懷念不已。

至於其他總督，如佐久間左馬太總督 (1906.4–1915.4) 開設臺北自來水系統，縱貫鐵路全線通車、阿里山造林事業；明石元二郎總督 (1918.6–1919.10) 時代，臺灣電力株式會社創立與日月潭水力發電計畫、設立華南銀行；田健治郎總督 (1919.10–1923.9) 時期，嘉南大圳開工、設立高等學校；伊澤多喜男總督 (1924.9–1926.7) 時稻米品種改良成功；上山滿之進總督 (1926.7–1928.6) 時，臺北帝國大學創校；石塚英藏總督 (1929.7–1931.1) 時代，嘉南大圳竣工；以及中川健藏總督 (1932.5–1936.9) 任內，日月潭水力發電廠完工。凡此種種政績，對促進臺灣的近代化均功不可沒。

原料產地的建立

但儘管有以上的出色治績，可是若深一層來看，日本在臺政策之可嚴厲批判者，也不在少數。即以下述的殖民糖業政策來看，便不難理解。

臺灣作為日本的殖民地，必須對殖民母國的需求提供原料產品。而這就是自十九世紀以來，國際帝國主義瘋狂掠奪殖民地的基本需求之一，尤其是農產品與工業原料等初級產品的供輸，更是殖民國家所不可或缺。

日本治臺後，即據以擬定「工業日本，農業臺灣」的政策，因此當時作為日本殖民地的臺灣，其對日本的作用，很重要的就是向日本提供農產品和經濟作物，其中尤以米和糖更是日本的最愛。

故而，在當時整體的說，特別就稻米的生產來看，總督府當局先是透過推廣農業技術，來發展水利灌溉設施，以有效提高稻米的生產，其後繼之以「蓬萊米」的改良成功，使能打開臺灣米銷往日本的市場。尤其就蔗糖的增產方面，更是擬定一套系統的計畫，如制定種種優惠條件，引進日本大財閥來臺投資設廠，以現代化的機器設備大量生產製糖，兼併臺灣舊有傳統的糖廍，完全以外銷日本為主，形成所謂的「糖業帝國主義」的壟斷。

因此，總的來說，以米糖為主的農業經濟，是臺灣當時殖民統治經濟之主體，故而臺灣也成了日本過剩資本的重要輸出地和日本的重要原料產地。所以基本上，在 1930 年代中期以前，臺灣米糖工農業的發展，都是為著適應殖民母國日本對農產品的需求，而努力的配合生產。最後，就出現以下所述「糖業帝國主義的形成」。

糖業帝國主義的形成

所謂「糖業帝國主義的形成」，是指 1905 年日俄戰爭結束後，日本資本主義迅速發展，國內資金充裕，金融利率下降，各大財閥資金過剩，急於尋求出路。

在此背景下，臺灣製糖業成了日本資本輸出一個很理想的地域，在總督府的扶持獎勵下，短短的二十多年中，日本資本幾乎壟斷臺灣的製糖業，投下龐大資金興建許多大型的製糖廠。

檢視日治時期臺灣製糖業的大量輸日，以及日本各大財閥之所以願意花鉅資投資臺灣製糖廠，實與日本製糖業的現代化有關。1895 年 12 月，東京日本精製糖株式會社創立，翌年大阪日本精糖株式會社也跟著設立。

這兩家會社，即為日本國內最早從事「精糖」製造者，它們專門從印尼爪哇進口粗糖原料，來加以精製。然在日本領臺後，發現臺灣傳統製糖業早有基礎，且糖質較爪哇糖為佳，故迅速取代了爪哇糖，成為提供日本製造精糖最好的粗糖供應地。

為促成臺糖的大量輸日和改善臺灣財政、籌措財源，以及增加總督府收入，總督府乃力圖希望能在臺灣發展大規模之製糖廠。基此原因，兒玉總督特別首創糖務局，聘請農政學者新渡戶稻造博士擔任局長。

新渡戶稻造博士長期以來一直享有「臺灣近代糖業奠基者」的稱譽，

因其紮實的農業專業知識，深受臺灣總督府民政長官後藤新平的青睞，將其視為來臺主持糖業政策的最佳人選。

新渡戶稻造於 1901 年 2 月抵臺，經過對臺灣農業一番詳實考察後，提出了兩份對爾後臺灣糖業發展，影響非常深遠的建議，後由總督府以法令方式公佈之。即〈糖業改良意見書〉和〈臺灣糖業獎勵規則〉。依此兩份規劃，總督府當局極力勸誘日本國內資本投資臺灣製糖業，甚至提出資本金 6–10% 的補貼，希望能吸引日本大財閥來臺投資。

1906 年 11 月，明治製糖株式會社成立，開日本國內資本大規模投資臺灣製糖業之先聲。其後，帶動日本國內大財閥紛至沓來的來臺投資製糖廠，如三井系的臺灣製糖廠、三菱系的鹽水港製糖廠、日糖系的新高製糖廠及東洋製糖廠。臺灣本地成立的僅林本源製糖會社一家而已，其餘均為日資所設立的大製糖廠。

日資大規模製糖廠成立後，壟斷臺灣糖業的第一步即甘蔗原料產區的保障，由於在日資來臺前，本地人的小型糖廠和改良糖廍早已成立，其皆有相應的原料採取區域。

而後至的日資大糖廠為佔據這些原料採取區域，最直接的手段就是兼併或收購本地人的小型糖廠和改良糖廍。對於日資的兼併或收購行動，總督府給予大力支持，除以公權力抑制本地資本參與糖業經營外，為避免原料產區的衝突，當局決定給予適當的補償金而撤除改良糖廍。在總督當局「製糖能力限制政策」下，臺灣本地許多改良糖廍即因遭取締而迅速沒落，在本地資本受不合理的打壓及排擠之下，臺灣製糖業很快的淪為日資之天下。

從 1910 年代始，日資糖廠開始了第一波的合併運動，其中尤著重於原料產地的瓜分。合併的結果形成了明治製糖廠、臺灣製糖廠、鹽水港製糖廠、東洋製糖廠和帝國製糖廠等幾家，由日資經營的大製糖廠瓜分天下之局面，此五家日資會社就佔了臺灣 70% 的甘蔗產區。

第一次世界大戰期間，德、奧等甜菜糖產國，因捲入戰爭而產量驟減，而以臺灣粗糖所製的日本精糖，卻趁此時機輸出大增，兼以日本國內糖產品消費亦增加，使得糖價上揚，利潤暴增，那是臺灣糖業一段最輝煌的黃金歲月。

日資在臺灣的糖業投資，先是兼併臺灣本地的小型糖廠和改良糖廍，接著是日資各大糖廠自己的改組合併，以加強對市場的壟斷控制。這次改組合併，是以日本國內壟斷財閥為主體來進行的，經過一系列的收購合併，在 1920 年代下半期，臺灣糖業形成三菱系、三井系、大日本製糖系鼎足三分的情況。此三大財閥即佔有臺灣製糖業 87% 的資本和 84% 的製糖量。以蔗糖產量而言，1901 年僅五萬五千公噸，至 1939 年已增長到一百一十三萬三千公噸，創下臺糖在日治時期量產的最高峰。

1940 年代初，此三大系資本更徹底合併其他製糖廠，幾乎完全瓜分了臺灣製糖業，且控制得非常徹底，充分反映了資本集中化與密集化的特色，矢內原忠雄所謂的日本對臺灣之「糖業帝國主義」政策於焉完成。

蓬萊米改良成功與嘉南大圳

在農業方面，為適應日本帝國主義之需要，平情言之，農業生產是有長足進展。即以臺灣農業主體稻米而言，臺灣向以產米聞名，早在清朝時期，臺灣米已銷往華南一帶，且口碑不錯。

日本治臺後，將臺灣土生土長之米命名為「在來米」，意謂著本來就已存在的米。然臺灣米品種繁雜，有紅米、烏米、茶米等，不一而足。

為開拓臺米輸入日本市場，迎合日本人之口感，總督府治臺初即著手研究臺米品種之改良。統治當局先以剔除紅米為提高臺灣稻米品質的第一步，進而選定近似日本米的在來米，進行品種改良。

有關臺灣米之改良，始於兒玉總督任內，兒玉希望臺灣「米作改善」，期能輸出海外或日本。1899 年，總督府創立臺北農事試驗場，主要任務就是研發適當的品種；1903 年，又設立總督府農業試驗場；1921 年則改組為中央研究所農業部，負責新品種研發的，即有「臺灣蓬萊米之父」

之稱的磯永吉。剛開始時，試驗成果並不理想，後以臺北山區氣候較似日本，應該適合引進日本種，於是鎖定在臺北山區試種。

稻米的生產有賴於完善的水利灌溉系統，嘉南大圳與八田與一的事蹟即由此而來。嘉南大圳於明石元二郎總督任內規劃，田健治郎總督時興工。該案於 1920 年 7 月經日本國會通過，9 月迅即正式開工。嘉南大圳施工時，曾動員十萬名勞工，集水庫的烏山頭水庫也有四千名勞工共襄盛舉。重大工程外包給日本各大營造廠，八田與一則以烏山頭出張所所長身分，督導施工進度，主持興建事宜。

嘉南大圳可說是日月潭發電廠延伸的產物，因為發電後的用水流入濁水溪，並導引曾文溪河水，流經烏水嶺開鑿的隧道，進入烏山頭水壩，再以渠道分流灌溉嘉南平原，此乃嘉南大圳的原始構想。

而八田與一的角色，即奉命前來調查其可行性，他翻山越嶺不畏辛苦，調查了半年，最後在臺南找到了官佃溪，孕育了在此興建一大儲水池，再鋪設灌溉渠道的工程計畫，初估此項計畫完工後，受益耕地將達七萬五千甲之多。

嘉南大圳的計畫，一度曾因總督府經費預算不足而考慮延緩，但嘉南農民的期盼之情，紛紛發起請願運動。在八田與一的監工下，1930 年，費時十年，總工程款為五千四百萬日圓的嘉南大圳終於竣工。為何總督府對水利事業如此肯花鉅資呢? 說穿了就是為了使稻米增產，並有餘糧輸回日本，以穩定市場安定民心。

嘉南大圳的完工運作，對臺灣米作的生產是功不可沒的，尤其針對稻米的新品種，1922 年開始試種成果成功，1926 年一向對新稻作推廣不遺餘力的伊澤多喜男總督，將其命名為「蓬萊米」，從此產量遽增。

蓬萊米煮起來，比臺灣原有的「在來米」更有黏性，符合日本人之口感，頗獲好評。其改良成功，終於打開銷日市場，成為臺灣外銷日本的「商品化」農產品，於是產量年年飆高。

就總產量來看，1900 年稻米產量為三十萬七千噸，1938 年已達一百四十萬二千噸，增長 357%，大戰末期的 1944 年雖下降至一百零六萬八千噸，但比起 1900 年仍成長 248%。

總之，稻米與甘蔗是日治時期臺灣農作物的兩大支柱，它們構成了農業總產輸出的絕大部分，且其消長變化亦反映了農業生產的變化。

工業化與戰時經濟

1930 年代，日本軍國主義開始逐步侵略中國；甚至確定染指太平洋後，其南進路線的執行，使得臺灣成其南進之跳板，由此遂改變了臺灣經濟發展結構。

臺灣因應日本戰爭的需要，從向來為日本提供米、糖的經濟政策開始修正，轉向為以軍需產業為主的工業建設，此工業化給臺灣經濟帶來不小的變化。

雖說「工業日本，農業臺灣」，但早在戰前，臺灣新興工業就已開始萌芽，包括化肥、煉鐵、機械、石化等工業設施均已粗具規模。中日戰爭爆發後，1938 年 5 月日本頒佈了《國家總動員法》，臺灣亦一體適用。

在《國家總動員法》命令下，日本殖民當局在臺灣力行戰時經濟統制政策，不僅對米穀、蔗糖進行生產管制，舉凡資金、人力也一概實施嚴格統制，以適應「工業化」的需求。而所謂戰時臺灣工業化政策，基本上亦即為配合戰爭的軍需現代化訴求。

1941 年 10 月，總督府召開「臨時臺灣經濟審議會」，確立臺灣工業化的大政方針。工業化的基礎工作為：發展電力工業、開發煤炭資源、成立工業區、開辦科研機構、保護勞動力、物質及資金的充分供給。所需發展工業有製鐵、機械、化肥、水泥、紙漿、石化等等。1942 年，日本又將各殖民地工業發展重點分得更細，臺灣被安排發展以煉鋁為重點的電氣化學工業部門。

臺灣工業化之模式如同臺糖一樣，幾乎全為日資所壟斷，日本當局與總督府也鼓勵不少新興財閥來臺投資，如日產、日曹、東洋重工等，即在此背景下來臺投資化學、肥料、水泥等重工業。而1936年成立，作為國家資本的「臺灣拓殖株式會社」更是扮演領航者角色，投資遍及全臺，對推進臺灣工業化發揮了主導的作用。

就工業化產質與成果而言，因為日月潭水力發電廠為工業化提供了充足廉價的電力。在此基礎上，大戰期間許多與國防有關的軍需工業即由此開展興辦，如鋼鐵、煉鋁、製鹼、製鎂、水泥、造紙、玻璃、機械等。

大戰正式爆發後，臺灣工業化的進程更快，1938年開始實施的「臺灣生產力擴充五年計畫」規定，以煤、銅、非鐵金屬、石油、化工、電力等為重點，各增產二・三倍以上。

對此，總督府亦提供巨額的補助，從1937年的二百餘萬圓到1939年的1,136萬圓，投資工業化金額成長近五倍。所以到了1942年第一階段五年計畫完成時，臺灣工業產值已達七億七百萬圓，首次超過農業產值。

其中金屬工業增三・三倍，在工業產值中所佔比重從計畫前的3.9%增至6.9%；機械工業增二・五倍，比重從2.4%增至4.6%；化學工業的比重也從9.4%增至13.8%。

凡此種種均代表因戰爭的吃緊，臺灣軍需工業發展的高峰。1942年後，隨著日本敗象已露，美軍的封鎖轟炸，臺灣大部分的重要生產設備遭到嚴重破壞，煤、鐵、鋁、鋼等的生產總值才直線滑落。但無可諱言，日治末期在臺灣投下的工業建設，為臺灣的近代化奠定了相當堅實的基礎。

而在戰時經濟方面，大致可分備戰時期、戰爭前期和大戰末期等三個階段。備戰時期約為1931年至1937年。此期日本為了準備發動戰爭，在各殖民地採取「臨戰統制」政策，一方面調整經濟發展目標，以擴充國防軍需工業為主；另一方面加強經濟統制，力求充分利用整合所有資源，實現戰時經濟的自給自足。

其中，農業政策的改變最大，過去以米、糖為中心的農業本位不再，轉而發展「多面向」的農業生產。所以，在 1933 年，總督府當局開始限制米穀生產，多餘的勞力、土地、資金則用於推廣種植棉花、番薯、花生等其他作物。

戰爭期間，日本實行的戰時經濟方針為，積極擴充生產力與加強經濟統制同時並進，企圖將臺灣有限的資源發揮到極致，以支援日本的長期戰爭。

在經濟統制方面，最明顯特色是嚴格管制進出口貿易，連民間消費也逐漸限制，實行物資配給制度，且統制的範圍越來越大，影響所及，不但人民生活日感艱困，即農工業生產亦因原料供應不足而陷於停滯。

在此情形下，物價上揚黑市猖獗，即使總督府連番頒發〈暴利取締令〉、〈物價停止上漲令〉，但效果不彰。由於物資來源日益短絀，日本的戰時經濟統制已面臨捉襟見肘的失敗命運。

大戰末期，因受美軍的轟炸封鎖，臺灣對外聯絡幾乎中斷，物資來源斷絕，農工產品生產銳減。而日本為做困獸之鬥，把巨額軍費公債送到臺灣，強制承受。單是「日本臨時軍費轉入要求額」一項，每年即在一億日圓以上。在此沉重軍費負擔下，通貨急遽膨脹，兼以物資極端短缺，物價一日數漲，1945 年的生活指數為 1937 年的三十四倍，經濟瀕臨崩潰，人民苦不堪言，日本敗象已生，及殖民統治臺灣也已近尾聲。

差別待遇的殖民地教育

基本上，日本對殖民地之統治，有其事前縝密的計畫，這當中亦包含教育在內。

即以日本對臺殖民統治而言，早在中日甲午戰爭結束前夕，日本教育家伊澤修二，即著眼於戰後如何教育殖民地子民的問題，他認為「以威力征服其外表，同時也要征服其精神，去除舊國之夢，發揮日本國民之精神」。

換言之，教育是塑造殖民地人民認同日本，甚至改變成日本人的重要管道。也因此，他自信滿滿的向日本治臺第一任總督樺山資紀毛遂自薦，而樺山也認同其理念，邀其來臺主持教育大業，任其為學務部長。

1895 年 6 月 17 日，總督府舉行「始政式」後，隔天，伊澤隨即在大稻埕富商李春生宅邸，掛起「學務部」招牌，充分顯示伊澤辦教育之熱切。

然大稻埕畢竟是個人聲鼎沸的商業區，並非辦教育的理想地區，在李春生的建議之下，伊澤將「學務部」遷到環境較佳的八芝蘭（士林）芝山巖，此處人文薈萃環境清幽，適合於教育的推廣。伊澤對芝山巖環境甚感滿意，除將學務部遷此外，也在此地開辦以傳習日語為主的「國語傳習所」。

可惜，在 1897 年 4 月，伊澤為了教育預算的籌措與編列，和民政局長水野遵意見相左，乃木希典總督支持水野遵，伊澤為此辭職。

1897 年，國語學校於臺北南門成立，這間學校成為培育菁英的搖籃，細數臺灣早期頭角崢嶸的先賢之士，不少即從國語學校畢業，如魏清德、林呈祿、蔡式穀、蔡培火、許丙、陳逢源、徐朝鳳、黃旺成、陳炘等。

在日本治臺根基鞏固後，基本上，殖民政府的學校教育可分為初等教育、中等教育、師範教育及高等教育。初等教育又分專收臺灣人學童的公學校，和專收日人學童的小學校；原住民學童則特設「番童教育所」以教育之。課程安排以日語、修身、讀書等日式教育課佔絕大多數，普及日語仍為主要目的。

1922 年，總督府頒佈了〈新臺灣教育令〉，同意初等教育實施臺日學生共學制，但實際上只有少數臺灣學童能進入小學校。1941 年，殖民當局為推動皇民化，取消了公學校和小學校的區別，一律改為國民學校。

中等教育最初是為在臺日人升學需要而開辦的，隨著日本統治日久，不少日人因工作或其他原因落籍臺灣，在臺成家立業。但當時臺灣幾無中學，日籍子弟欲升學需回到日本求學殊感不便；兼以此時甚多臺灣仕紳呼籲給予臺灣人接受更高教育的權利，並醞釀集資在臺中自創中學。

基於此，總督府出於統治安定及方便控制考量，同意設立中學校，收臺灣人子弟入學。中等教育以培育中低級人才為主，故在教學內容上走實務路線，且側重臺灣地方的需要。

師範教育目的為培養師資，尤其是培訓富日本精神之教師。殖民當局之意圖非常明顯，即首先將為人師表的師範學生，訓練成忠於日本帝國和天皇的忠實臣民，然後再透過他們去教育影響下一代臺灣子弟，以達到溫馴同化之目的。伊澤離臺後，1899 年總督府於臺北、臺中、臺南成立了師範學校，但 1904 年又加以廢止，改以在國語傳習所（後改為國語學校）內設師範部與國語部，其中師範部又分甲、乙兩科，甲科專收日籍學生；乙科收臺籍學生。

此種安排與「有教無類」的教育宗旨大相逕庭，殖民地教育的差別待遇由此可見，至於國語部仍維持以培養日語人才為主。

當時臺灣的師範教育只限於初級教師的養成，中等以上學校師資仍以來自日本國內居多。臺灣人要擔任教師，只有取得留學日本國內大學畢業才行。

而高等教育包括了醫學校、農林學校、工商學校等專科學校及臺北帝國大學。其中尤以臺北帝國大學（今臺灣大學）的設立頗值一述。1928 年臺北帝國大學創校，初期只有文政學部與理學農部，1936 年併入了臺灣醫學專門學校，成為臺北帝國大學醫學部；1938 年，臺北醫院亦成了臺北帝國大學附屬醫院。

臺北帝國大學的設立，實際上，是經過正反兩方意見一番角力的結果，贊成者認為臺灣是日本南進的基地，該大學的成立有助於日本對華南、南洋地區之研究；反對者則唯恐臺灣人接受大學高等教育，會對日本統治帶來威脅。

最後，日本殖民者考慮到臺灣若沒大學，可能有諸多優秀臺人子弟轉赴日本或中國留學，他們可能接受反日或赤化思想影響，對日本更不利，且培養一批臺灣仕紳子弟，作為殖民統治之助力也無可厚非，故最後同意開辦。

評論日本在臺灣的教育政策，雖然採取差別待遇，但大體而言還是十分重視且積極的。總體而言，日治時期臺灣的教育得到了相當的發展，初等教育獲得普及，教育體系也逐漸完備。凡此均足以說明日本對臺灣教育的重視。只是日本殖民者發展教育的目的，還是別有用心，它並非著重提高臺灣人民的整體文化素質，而是為了培養可供利用的特定的人力資源。

參考書目

矢內原忠雄著，周憲文譯，《日本帝國主義下之臺灣》（臺北：帕米爾，1987 年）。
吳密察，〈從日本殖民地教育學制發展看臺北帝國大學的設立〉，《臺灣近代史研究》（臺北：稻鄉，1994 年）。
司馬嘯青，《臺灣日本總督》（臺北：玉山社，2005 年）。
陳孔立主編，《臺灣歷史綱要》（臺北：人間，1997 年）。
陳碧笙，《臺灣人民歷史》（臺北：人間，1996 年）。
黃昭堂著，黃英哲譯，《臺灣總督府》（臺北：前衛，1994 年）。
廖慶洲，《日本過臺灣》（臺北：上硯，1993 年）。
種村保三郎著，譚繼山譯，《臺灣小史》（臺北：武陵，1993 年）。
羅吉甫，《野心帝國：日本經略臺灣的策略剖析》（臺北：遠流，1995 年）。

第六章　政治抗爭運動與皇民化運動下的臺灣

6.1　近代臺灣本土社團的崛起

非武裝抗日民族運動之時代背景

日治前期，從 1895 年到 1915 年的二十年間，是臺灣人抗日運動的分水嶺，武裝抗日到「西來庵事件」達於最高峰。自此事件後，為避免臺灣人民無謂的傷亡，除 1930 年爆發的「霧社事件」外，基本上，臺灣的抗日行動轉入為非武裝的抗日時期，訴求以政治、社會、文化為目標的社會改革運動。

1920 年代臺灣抗日運動方式的轉向，有其內外在環境變遷之因素。

就內在環境而言，為擄獲殖民地人民的向心力，任何一個殖民政權，當它統治基礎已臻穩定後，必然努力爭取被治者的歸心。此一立場，就日本統治者來說，亦復如此。故鎮壓告一段落後，從第八任總督田健治郎開始，便改採文官總督治理，並大力鼓吹所謂的「內地延長主義」、「內臺一體」等同化主義政策。在統治風格上，亦儘量顯示文治色彩，使得帝國主義殖民統治的本質，披上溫和柔軟之外衣掩飾。

另一方面，在日本殖民體制教育下，初期並未建立完整的學制系統，不少有志向學的臺灣青年，只有到鄰近的日本與中國留學，當然也有遠赴歐美者，但人數較少。這些留學生在國外，親自感受到 1920 年代，民族自決民族主義思想高漲的氣氛，學成回國後，這批知識菁英成了臺灣新一代領導抗日的主力分子。

他們有鑑於日本已嚴密堅固統治臺灣，武裝革命已不可行，基於對西方民主政治的認識，了解到以和平手段，也可達到政治改革之目的，所以藉由社會運動的方式，來爭取臺灣人民的政治權益。

就外在環境而論，日本在大正時期，西方各種學說思潮紛至沓來，湧入日本，吉野作造的民本主義、歐戰後的民族自決主張，都成為當時日本思想界的主流，形成日本史上的「大正民主」時代。臺灣留學生躬逢其盛，耳濡目染，思想深受影響，兼亦受到許多日本開明之士的協助，臺灣民族運動的推展，終於覓到一有利空間。

除日本外，中國的環境也是如此，孫中山的國民革命給予臺灣同胞莫大的鼓舞，臺灣同胞甚至出錢出力，參與中國革命。興中會和同盟會均在臺成立分會，號召臺灣青年加入，即為最好的證據。

國民革命藉組織、宣傳而起事的作法，也得到臺灣人民的肯定和認同。臺灣知識菁英的抗日民族運動，遂以孫中山的國民革命為借鏡，放棄武裝鬥爭的方式，轉而效法國民革命所採取的組織及宣傳方式走向社會運動之途徑。

所以說，1920 年代，臺灣人民的非武裝抗日民族運動，是有其時代背景的因素，基於主客觀內外環境的變遷，暫時放棄武裝的政治鬥爭，改採近代社會運動的形式，是掌握時代脈動依循歷史發展，順時應勢的必然結果。

留日的知識社團

1920 年代開始的臺灣非武裝抗日運動，是以知識分子為主導力量的。知識社團如雨後春筍般，承先啟後紛紛於中國、日本兩地成立，開啟了知識族群藉社會運動形式抗日的先聲。

當時日本聚集了不少臺灣留學生，成立了幾個較為人知且具有影響力的知識社團，玆簡介如下：

㈠**啟發會：**1919 年底，林獻堂、蔡惠如等在東京邀集留日學生，組啟發會，討論推動廢除六三法請願運動及民族覺醒事宜，參加者有蔡式穀、蔡培火、林呈祿、吳三連等近百人。

㈡**新民會：**1920 年 1 月 11 日，蔡惠如為擴大啟發會的影響力，將其改為新民會。新民會所揭示的綱領是，專門研討臺灣所有應革新的事項，以圖提升其文化，但實踐則依據民族自決主義立場，進行島民啟蒙運動，同時以合法的謀求民權的伸張為主要工作。

新民會成立之初，即決議三個行動方針，第一、為增進臺灣同胞之幸福，開始政治改革運動。第二、為擴大宣傳主張，連絡臺灣同胞之聲氣，發刊機關雜誌。第三、建立與中國同志多多接觸之途徑。

第一目標之落實，即推動臺灣議會設置請願運動，第二目標為具體發行《臺灣青年》雜誌。

新民會公推林獻堂為會長，會員約三十餘人，均為臺灣留日的菁英和非武裝抗日的骨幹分子。新民會最積極之活動為推動廢除六三法運動，雖未奏效，但卻開啟東京留學生推展民族運動的先河。總之，它是臺灣非武裝抗日運動歷程中，一個極重要匯通人才與意見的知識性社團。

㈢**東京臺灣青年會：**為臺灣留日學生陳炘、蔡式穀等成立，其會員、組織、行動仍與新民會打成一片，以「涵養愛鄉心情、發揮自覺精神、促進臺灣文化之開展」為主旨。

其以新民會為指導單位，實際行動則以青年會名義行之。並於 1920 年 7 月創刊《臺灣青年》，1922 年 5 月，改為《臺灣》雜誌，開展文化宣傳工作，同時支持廢撤六三法運動和臺灣議會設置請願運動，為一行動力頗強之社團。

㈣**臺灣青年會社會科學研究部：**為臺灣留學生許乃昌、楊貴、楊雲萍、商滿生、高天成、黃宗垚、林朝宗、林聰等於 1926 年在日本所成立之左派團體。「社會科學研究部」初為秘密性質，以東京臺灣青年會為掩護。

1927年，臺灣青年會左右兩派對立浮現，其後左派之「社會科學研究部」取得主導權，造成右翼沈榮、楊肇嘉等退出。

東京臺灣青年會轉由「社會科學研究部」所佔，該社團可說是，臺灣左翼共產主義運動在海外知識社團中發展組織的前導，對日後臺灣共產黨的成立亦有影響。

留學中國之知識社團

日本對臺統治後，為消滅漢民族的民族思想，達成貫徹殖民統治，及加速同化之目標，以所謂「渡華旅券」（即需向殖民當局申請赴大陸的證明）的方式，儘量禁止臺灣人與大陸接觸。然歐戰後，隨著民族自覺理念的甦醒，辛亥革命和五四運動的鼓舞，激發了一批臺灣人留學祖國的熱潮，寄望於祖國強大，並進而可以幫助臺灣人抵抗日本的殖民統治。

1921年7月，蔡惠如與林呈祿、彭華英相繼前往上海，與國民黨有所接觸，也與共產主義團體搭上線，而在中國留學的臺灣青年也紛紛成立反日社團。茲舉其重要者介紹如下：

㈠**上海臺灣青年會**：1923年10月12日，蔡惠如、彭華英、許乃昌等在國民黨聯俄容共後，接觸共產主義思想，於上海南方大學成立「上海臺灣青年會」。該會表面上以學生親睦為名，實際上則提倡推翻日本帝國主義的殖民統治，訴求臺灣獨立。

該會約有五十餘人參加，1924年1月曾發動「上海臺灣人大會」，響應臺灣人民抗議「治警事件」；6月17日，反對臺灣總督府的「始政紀念」活動；7月又響應臺灣林獻堂等所召開的「無力者大會」，抨擊辜顯榮等的「有力者大會」。1924年5月後該會逐漸左傾，最後併入蔡孝乾的「上海臺灣學生聯合會」，繼續推動臺灣反日的民族解放運動。

㈡**上海臺灣學生聯合會與讀書會**：1925年由蔡孝乾、彭華英、許乃昌、何景寮等臺灣留學生在上海組成，宣傳共產主義，並與臺灣文協保持連絡，進行活動。

未幾，成員之一的翁澤生又糾集甫從莫斯科返抵上海的謝雪紅、林木順二氏和江水得、楊金泉、林松水等於 1927 年 11 月又組「讀書會」。他們發行《屋內刊》，揭示研究社會科學，學習中國語，實則推行臺灣共產黨組黨的準備工作，兼亦從事黨員的培訓工作。

㈢**北京臺灣青年會：**1922 年 1 月臺籍留學生林炳坤、鄭明祿、黃兆耀等受中國學生運動及民族革命潮流的影響，在北京成立了「臺灣青年會」。

他們懷抱中國民族意識，積極參加各種反日運動，該會並聘請中國名流蔡元培、梁啟超、胡適、李石曾等為會員或名譽會員。且與臺灣文協密切連繫，不斷協助推動臺灣的民族啟蒙運動及臺灣議會設置請願運動。

梁啟超與林獻堂

1920 年代，臺灣從事非武裝抗日運動，林獻堂無疑是最重要的領導人及精神領袖。導致林獻堂積極從事非武裝抗日運動，與其在日本和中國思想鉅子梁啟超的邂逅，似乎不無關係。

根據當時林氏日文翻譯甘得中的回憶錄，林獻堂與梁啟超的初次見面，頗富戲劇性。在會談席間，梁啟超以愛爾蘭抗英之例，來啟發林獻堂，並坦承中國在三十年內無力幫助臺灣，故臺灣人民要自求多福，且抗日宜講求方法不可蠻幹，不妨效法愛爾蘭行徑。梁任公對林獻堂一席話，對於臺灣後來的民族運動，有其深遠的影響。

所以說，林獻堂後來從事民族運動之所以採取溫和路線，除其個性使然外，相信梁氏之論，對其一定有發生暗夜明燈的提醒作用。當然基於過去慘痛的歷史經驗，和日本高壓的政治力量，也使林獻堂在從事非武裝抗日時，不得不小心謹慎，穩紮穩打，步步為營。

臺灣同化會

日治初期，臺灣前仆後繼的武裝抗日義舉，不僅讓日本付出不少代價，且留下深刻印象。有鑑於此，為懷柔臺灣人民的抗日意志，不應將臺灣人視為殖民地人民加以歧視，反而應同化臺民，以減低其對日本之敵視。

明治維新元勳板垣退助，即抱此觀念。板垣曾遊歷歐美，具自由主義思想，為日本當時之民權運動領袖，其主張日、中親善，團結提攜亞洲各民族，方為東洋和平永固之基。1913 年林獻堂遊日，於東京經人介紹結識板垣，雙方一見如故，晤談甚歡。

有感於板垣的知遇之恩，1914 年 3 月 17 日，由林獻堂出資，力邀板垣來臺，並在臺北鐵路飯店，舉行官民合辦的歡迎會，會眾達五百人以上。

板垣在演講會上強調在臺日人必須尊重人權，充分保障臺灣人的生命財產安全，雙方和睦相處。板垣之語，令臺灣知識界大受感動。

其後，板垣到臺灣南部演講，依舊鼓吹他的同化主義，普遍獲得臺灣人民的佳評，而在臺日人懾於板垣聲望，表面上不得不勉強應付。

板垣在臺十餘日返回日本，旋即起草〈臺灣的急務〉，對臺人受壓迫的實況深表不滿與同情，並重提「同化主義」，以補救臺政缺失。

1914 年 7 月板垣在廣為徵詢日本朝野意見後，於 11 月二度來臺，並於 12 月 20 日假臺北鐵路飯店，舉行「臺灣同化會」成立典禮。

當時有官民五百餘人參加，眾推板垣為總裁。隨後亦在臺中、臺南設置支部，臺灣知識菁英林獻堂以下三千多人響應參加。

基本上，板垣同化主義宗旨不外乎強調，日本國運繫於今後外交，要確保東亞安全，須中日兩國敦睦邦交。而臺灣為中日接觸之橋樑，臺灣統治成功與否，不僅對日本殖民政策是一項考驗，也是中日兩民族離合之端緒，所以宜特別重視臺灣。其次，對殖民地人民施以教育，啟發知識，施行善政採用同化主義統治臺灣，溝通臺、日人民情感，亦有助於日本對臺之統治。

板垣的「同化論」雖曾讓臺灣知識分子一度抗拒質疑，但在將其視為解懸拯溺的救民運動後，最後仍得到不少臺灣民眾的支持。

唯其對日本殖民者而言，日本統治當局一向藉「六三法」對臺灣施行特殊統治，一切以日本利益為依歸，對同化問題根本不感興趣。不但施壓及跟監，最後則以募款問題擾亂治安為由，於 1915 年 1 月 26 日，下令解散「臺灣同化會」。

「臺灣同化會」在臺灣雖然如曇花一現，只存在短暫的時間，但它所蘊涵的改良主義思想，卻給臺灣知識分子提供一種另類思考，從而釀造了以後用社會運動形式，來進行非武裝抗日的模式。

六三法撤廢運動

日本治臺後，其殖民統治策略仿傚英、法等國的行徑，在殖民地設總督府制度，並賦予其絕對的權限。

1896 年 4 月 1 日，日本帝國議會通過所謂〈有關施行於臺灣之法令之法律——1896 年法律第六十三號〉，即一般所說的「六三法」。

該法最受爭議的為第一條，臺灣總督在其管轄區域內，得制定具有法律效力之命令，亦即凡是與人民有關之權利義務，原應循立法機關以立法程序制定之規定，均委任殖民地行政首長臺灣總督來執行。

所以，臺灣總督可以自由發佈命令，剝奪人民之權利義務，而不受日本帝國會議制約，形同君臨臺灣的「土皇帝」。

繼「六三法」之後的「三一法」(〈有關施行於臺灣之法令之法律——1906 年法律第三十一號〉)，此法與「六三法」其實只是改個名稱，其內容根本是換湯不換藥，總督府至高無上的權力，並無任何改變。

「六三法」或「三一法」使臺灣總督集行政、立法、司法大權於一身，再加上〈匪徒刑罰令〉、保甲制度等惡法，臺灣人在這些律令下，遭到箝制備受其害，長達二十餘年。

直到1919年第一任文官總督田健治郎，才開始了「六三法」存廢問題之探討。新民會1920年初於東京成立時，首要標示推動之事即「六三法撤廢運動」。

基本上，就「六三法」本身而言，臺灣人固然希望去之而後快，但該法又涉及到「同化主義」及「自治主義」的兩條路線之爭，故問題頗為複雜。

此兩條路線即假如要取消「六三法」，換言之，臺灣的特別立法，直接受日本殖民母國憲法的治理，則無法凸顯臺灣之特殊性，最後自然走向同化途徑，即認同日本對臺灣之同化政策，與「內地延長主義」。

另一方面，若基於臺灣的特殊性，則「六三法」自然有撤廢的必要，要求日本母國給予臺灣高度的自治，及尊重臺灣的特殊地位，促使日本殖民當局遵循國際法，以謀求殖民地臺灣人民的福祉與安定。

因此，「六三法」之撤廢運動，最後變為是否願意承認，以同化為臺灣政治發展原則的爭議。此兩條不同路線之爭，主張撤廢者以蔡培火為代表，提倡中止撤廢運動者，以林呈祿為主。

1920年11月28日「新民會」在東京集會，討論「六三法撤廢運動」問題，蔡培火派慷慨激昂的急呼：「給我們自治權！」「撤廢六三法！」而林呈祿則斷言「六三法撤廢運動」顯然否定了臺灣的特殊性，也是肯定所謂的「內地延長主義」之舉。因此，宜提倡中止「六三法撤廢運動」，轉而強調追求爭取設置臺灣特別議會的訴求。

「六三法撤廢」的爭議，於是年底林獻堂抵達東京後，才獲得共識。雙方開會討論的結果，支持林呈祿派的較多，所以決定暫緩推動「六三法撤廢運動」，轉而全力支持「臺灣議會設置請願運動」，以進行非武裝的抗日民族運動。

參考書目

王詩琅譯註，《臺灣社會運動史：文化運動》（原《臺灣總督府警察沿革誌》第二編）（臺北：稻鄉，1995 年）。

矢內原忠雄著，周憲文譯，《日本帝國主義下之臺灣》（臺北：帕米爾，1987 年）。

葉榮鐘編，《林獻堂先生紀念集》卷 3——追思錄（臺北：文海，1974 年）。

林國章，《民族主義與臺灣抗日運動：1895–1945》（臺北：海峽學術出版社，2004 年 6 月）。

陳三井，《國民革命與臺灣》（臺北：近代中國出版社，1980 年）。

黃靜嘉，《春帆樓下晚濤急：日本對臺灣殖民統治及其影響》（臺北：商務，2002 年）。

楊碧川，《日據時代臺灣人民反抗史》（臺北：稻鄉，1996 年）。

葉榮鐘、吳三連、蔡培火等，《臺灣民族運動史》（臺北：自立，1990 年）。

6.2 臺灣議會設置請願運動

第一次世界大戰後，民族自決思潮舉世風靡，東歐波蘭等國相繼獨立，亞洲的中國爆發風起雲湧的「五四運動」；朝鮮亦發生要求獨立的「三一運動」，凡此種種均使得歐戰後的世界瀰漫在一片民族自決、民族主義意識高漲的浪潮中。

請願運動之背景

在臺灣民眾鬥爭力量尚不足以對抗總督府之際，臺灣同胞又不認同日本當局所謂的「內地延長主義」，亦即「同化主義」的同時，一些臺灣的有識之士如蔡培火等人，認為為避免與總督府正面衝突計，不立即標榜「臺灣完全自治」，而採取自治主義中，最重要的民選議會的設置運動——臺灣議會請願，不失為一種良方。

因此，新民會的重要成員，即針對此問題屢加討論，然意見紛歧未一。直到 1920 年，林獻堂親赴東京，與從上海來日本的蔡惠如商議，最後由林獻堂綜合彼此意見，決定以「臺灣議會設置為共同奮鬥目標」拍板定案，此乃臺灣議會設置請願運動之緣由。

請願運動之趣旨

第一次臺灣議會設置請願書於 1921 年 1 月 30 日，由林獻堂領銜，經一百七十八人簽署，向日本第四十四屆帝國議會提出。在提出的「請願趣旨」書中，明確表達何以臺灣需要議會的心聲。大約有四點重要意義，即：

㈠承認臺灣的特殊屬性，故有特別立法之必要。

㈡日本是立憲國家，臺灣在其統治之下，理應享有立憲政治的待遇。

㈢臺灣總督掌握行政、立法之全權顯係違反憲政常軌。

㈣設置民選臺灣議會以便協贊臺灣的特別立法及臺灣特別預算，也就是將日本國以法律第六十三號，賦與臺灣總督之特別立法權，改由臺灣議會去審議制訂。

請願運動之過程

臺灣議會設置請願運動於 1921 年始，綿延十四年，從未間斷的向日本帝國議會提出十五回的請願訴求。

日治時期臺灣史重要之參考資料《警察沿革誌》一書，即詳細列舉了歷次請願的經過，並以當時臺灣政治運動發展為背景，將請願運動劃分為三個時期：

㈠**第一期為統一戰線時期：** 為第一回至第七回請願 (1921–1926)，請願特色為，領導人以林獻堂等臺灣士紳為中心，但主力則為東京臺灣留學生。由於以自治主義宗旨的請願內容違背了日本帝國統治臺灣的方針，故不但總督府強力反對，日本貴族院更是根本不予理睬。但請願消息傳回臺灣，卻得到臺灣知識分子熱烈的回響。

1921 年 4 月 20 日，當第一回請願失敗返臺時，由林獻堂代表說明請願意旨與經過時，臺灣同胞給予「萬人空巷，爭睹丰采，聲勢壯大，情緒熱烈，不遜於凱旋將軍的氣派」之熱情歡迎。

是年 10 月 17 日「臺灣文化協會」成立後，與東京的留學生遙相呼應，成了臺灣議會設置請願運動的積極主導者，形成日本當局所謂的「結成極有統制的統一戰線」來發展運動。

也由於這股勢力的不容小覷，1922 年 8 月，日本當局展開正面的反制，其手段如利用街庄長會議、保甲會議等各種集會，徹底灌輸日本對本島統治策略，及絕不容許以臺灣議會設置請願運動，企圖實現殖民地自治之要求。

蔡培火、蔣渭水等人在第二回請願失敗後，1923 年 1 月 16 日，為強化請願實力集中力量，決議成立「臺灣議會期成同盟會」。結果 1 月 30

日向臺北警察署報備時，居然遭到總督府以「屢次有蠱惑民心，為施政上的一障礙」及「為保持本島秩序的安寧」為由禁止。蔣渭水等不服，結合東京「臺灣雜誌社」林呈祿等人，再次直接向日本提出申請，成立了東京「臺灣議會期成同盟會」。

然在是年的 12 月 16 日，臺灣總督府當局卻以違反〈治安警察法〉為名，對議會請願的臺灣仕紳和知識分子進行瘋狂逮捕行動。結果有四十一人被拘押，五十八人被搜索或傳訊，此即造成全臺轟動一時的「治警事件」。

「治警事件」造成的直接效果：如強化民心，激起廣大臺灣人民的思想與關心、強化政治社會運動者的同仇敵愾、使受害的政治社會運動者加強心智鍛鍊。嚴格言之，其對刺激臺灣知識分子的精神武裝，反而起了強化的作用。

㈡**戰線分裂時期：** 即第八回至第十一回請願 (1927–1930)。「治警事件」後，日本當局蠻橫的行動，反而刺激臺灣人民意識普遍覺醒，進而積極展開各種民族運動，如農民運動、工人運動等皆有長足進步。但 1927 年連溫卿、王敏川等激進派，懷抱無產階級的解放思想，與具有民族自決立場的蔣渭水、蔡培火等幹部派對立，終於造成文協分裂。

文協分裂後，蔣渭水等舊幹部派退出，另組「臺灣民眾黨」，繼續推動臺灣議會設置請願運動，及地方自治之改革。然因左翼團體的反對與總督府當局的嚴密監控，兼以請願運動連年受挫，屢遭帝國議會否決，使得民眾熱情銳減。

㈢**沒落期：**即第十二回到第十五回 (1931–1934)。原因在文協分裂後，民族運動力量已大為分散。其後，蔣渭水的臺灣民眾黨雖負起繼續推動的角色，但在 1930 年 12 月 28 日的臺灣民眾黨全島黨員大會之際，因遭日警查禁逮捕，民眾黨瀕臨解體，故請願運動亦失其依傍。

未幾，民眾黨內部極右翼的楊肇嘉等人又退黨而去，自組「臺灣地方自治聯盟」，渠等認為臺灣議會設置請願運動與爭取地方自治，在本質上並沒有分別；倘臺灣能獲得地方自治的實施，那何必再捨本逐末呢？

「九一八事變」後，日本法西斯軍國主義更加抬頭，肅殺的政治環境，已無自治主義生存的空間，林獻堂、蔡培火等人審時度勢，決定在 1934 年提出第十五回請願活動後，中止這項長達十四年的請願運動。

請願運動之歷史意義

臺灣議會設置請願運動自始至終，其成員組合以上層社會之仕紳及接受現代教育的知識分子為主體，而遭連溫卿批評為脫離群眾的仕紳階級之政治行動。

連氏批評其實未盡公平，若就臺灣當時所處情勢言，十五回請願簽署下來，尚有 18,528 總人次與 12,818 總人數參與簽署，實際上已非常難能可貴。尤以每回均有不少基層公職人員參加，代表了基層社會對此請願運動的支持。

再就請願運動性質而論，這是臺灣人民在激烈的武裝抗日失敗後，為減少臺灣人民無謂的傷亡，但又希望臺灣能高度自治，在體制內所進行的以政治訴求為鵠的的社會運動。

然日本當局卻認為，其不僅是政治運動，實含有民族運動的成分在裡頭，故斷定有包藏臺灣獨立之意圖。基本上，臺灣議會設置請願運動確實除了具有自治理想的反抗運動外，深層底蘊實隱含有民族運動的終極目標。

參考書目

葉榮鐘編，〈林獻堂先生年譜〉，《林獻堂先生紀念集》（臺北：文海，1974 年）。
周婉窈，《日據時代的臺灣議會設置請願運動》（臺北：自立，1989 年）。
高日文，〈臺灣議會設置請願運動的時代背景〉，《臺灣文獻》第 15 卷第 2 期（1964 年 6 月）。

高日文，〈臺灣議會設置請願運動始末〉，《臺灣文獻》第16卷第2期（1965年6月）。
張正昌，《林獻堂與臺灣民族運動》（臺北：國立臺灣師範大學歷史研究所碩士論文，1980年）。
葉榮鐘、吳三連、蔡培火等，《臺灣民族運動史》（臺北：自立，1990年）。

6.3　臺灣文化協會的活躍與沒落

臺灣文化協會形成之歷史背景

臺灣自從 1895 年割給日本後，武裝抗日即未嘗一日稍歇，前仆後繼的武裝流血鬥爭，時間長達二十年。

但在漢民族最後一次大規模的武裝抗日義舉「西來庵事件」後，整個臺灣的抗日政策急轉直下，呈現前所未有的平靜。因為在日本高壓嚴峻的控制下，欲再圖武力革命，只有造成無謂犧牲而已，二十年的流血，臺灣人民付出太昂貴的代價了。而且無論就武器裝備、訓練領導組織等各層面言，臺灣人民均不具備有武力推翻日本統治的條件，因此改弦易轍乃勢所必行。

1911 年，中國辛亥革命的成功，對臺灣同胞無疑起了莫大的鼓舞作用。在臺灣民族抗日運動中，漢民族意識相當強烈，因此臺灣同胞對於祖國的革命發展，也相當關注。不僅如此，有不少臺籍同胞，甚且加入孫中山的國民革命陣營，如翁俊明、許贊元、羅福星等為其中之佼佼者。1910 年同盟會臺灣分會成立，也都有臺灣籍會員加入。如有「臺灣孫中山」之稱的臺灣非武裝抗日領袖蔣渭水即為其主要代表。

而辛亥革命的成功，也影響了東京臺灣的留學生，他們甚至希冀臺灣日後之解放，應與中國革命密切結合。

此外，第一次世界大戰後「民族自決」的風潮也影響到臺灣，美國總統威爾遜提出民族自決之主張，振奮了亞非諸多被殖民國家的希望，在臺灣的知識分子，尤其是留日的青年學生，在敏銳的民族意識下，亦深受此一世界民族自決潮流之衝擊。

一次大戰後，民族自決的思潮亦衝擊到日本，形成日本史上所謂「大正民主」時代，其中吉野作造的「民本主義」影響最為深遠，民本主義蔚成日本思想界的巨流。臺灣留學生在耳濡目染之下，思想上也受到極大的刺激與啟發，無形中亦影響他們，在從事民族抗日運動中的思想和行動。

然不可諱言，也因為他們直接、間接受到如福田德三、吉野作造的影響，而造成日後臺灣民族運動陣容分裂的遠因——思想的歧異，與運動路線的紛爭。

至於臺灣文化協會形成的歷史背景，還有板垣退助在臺灣成立「同化會」的影響。「同化會」對日後臺灣文化協會最大的啟發是「臺日地位平等」，臺灣人希望得到如「同化會」〈旨趣書〉所言，「與日本人同樣的權利待遇」，且它可以不用激烈的手段達到提升臺灣人民地位的另一途徑。而日後由東京的「啟發會」到「新民會」迄於「臺灣議會設置請願運動」等一路走來，雖然跌跌撞撞，但有一輪廓是甚為清楚的，即是以和平漸進途徑來謀求臺灣人民的政治地位及自由，已是一股沛然莫之能禦的潮流。此潮流最後匯集成「臺灣文化協會」，這個 1920 年代，臺灣最大、最重要的抗日民族運動團體。

臺灣文化協會之成立及其陣容

1920 年代臺灣本島的文化啟蒙運動，是先由留日的臺灣學生所展開的，經由東京臺灣留學生的萌芽，及客觀環境的日趨成熟，遂使臺灣的知識分子亦紛起仿效。

這當中的靈魂人物為蔣渭水，蔣渭水是個組織能力很強的人，有鑑於臺灣青年雖有心於抗日民族運動，但缺乏組織沒人帶頭，因此他集結了一批有志青年如何禮棟、吳海水、李應章、甘文芳、林麗明、林瑞西等，為臺灣的民族運動跨出了第一步。

其後，蔣渭水經林瑞騰的介紹，認識了臺灣民族運動領袖林獻堂，雙方一見如故，觀念思想也相當契合，為有效集結臺灣青年的力量，兩人亦討論到團體組織和運動方式的可能性。

此為蔣渭水述及臺灣文化協會成立的濫觴，其實也是臺灣本島的民族運動發展已到實踐的階段，勢必要籌組一團體，以作為臺灣本島民族運動之總樞紐。臺灣文化協會組織芻議，最早在蔣渭水的醫學專門學校學生間醞釀形成，經蔣渭水出面領導，並於 1921 年 7 月專程訪謁林獻堂，協議有關事宜，議定創立之手續，起草臺灣文化協會〈旨趣書〉和會章。

臺灣文化協會，因蔣渭水的積極奔走，籌備的頗為順利。10 月 12 日，由發起人蔣渭水等十七人聚集於創立事務所（蔣渭水宅），協議創立大會的程序、日期、擬定綱要，並決定以 10 月 17 日為成立大會日期。

1921 年 10 月 17 日下午一時，臺灣文化協會如期假臺北市大稻埕靜修女子學校舉行創立大會，當日出席者約為三百餘人，會員總數計 1,032 人，主要以學生為主體。

席間蔣渭水為避免總督府干擾，在報告創立過程中，特別聲明本會的旨趣「僅是要謀求文化的發達」，意即指臺灣文化協會，純為文化運動團體，別無政治運動之企圖。

臺灣文化協會宗旨，為「助長臺灣文化之發達為目的」，其本身使命是「自助的啟蒙的文化運動，目的是在謀臺灣人的社會解放與文化提高，平時的工作則在各地召開講演會，成為唯一而全部臺灣人民族運動的團體」。

然則臺灣文化協會成立的真正目的，不單單只是推動臺灣的新文化運動，其更重要的目的是想藉文化啟蒙來喚醒臺灣人民的民族自覺，促進臺灣同胞在日本殖民統治下對政治壓迫、經濟剝削、文化消滅、民族沉淪的種種覺悟，最終希望能完成民族自決，有朝一日，能真正脫離日本的殖民統治。

臺灣文化協會之陣容，可謂網羅各方菁英，各個階層的臺灣人，包括農民、地主、學生、公務員、醫師、律師、資產家，甚至連「御用仕紳」也有。

在創立大會當時，即擁有會員 1,032 名，最多時曾達 1,314 人，當中以臺北州和臺中州的會員人數最多，臺南、新竹、高雄三州人數，亦呈現緩慢成長的趨勢。

臺灣文化協會之領導層，除總理和協理外，主要是理事與評議員，其職業結構以地主、醫師及文化工作者居多。這三種社會階層，在臺灣文化協會及臺灣近代民族抗日運動中，扮演著相當重要的主導地位。地主階層提供其地方勢力與影響力，並以其地位和聲望來號召群眾，且在資金上可提供有力之奧援。

而文化工作者，則可以其工作之便，從事文化宣傳，鼓動輿論，喚起民族意識，啟蒙大眾思想，揭露統治者高壓欺凌的猙獰本質。至於醫師階層，可謂本島知識分子的菁英，他們幾乎都出自臺灣當時唯一的最高學府——臺灣總督府醫學校。他們是策動文化運動的最有力人士，直接參與臺灣文化協會的各項事務，對臺灣文化協會的貢獻，其功甚偉。

臺灣文化協會的組織與發展

臺灣文化協會於 1921 年 10 月 17 日成立，每年的年度大事為一年一度的臺灣文化協會總會之召集。像 1922 年 10 月 17 日，在臺中召開創立一週年紀念大會，即第二回臺灣文化協會總會。會中，蔣渭水等人出示關於組織政治運動團體的宣言書和組織草案，得到十九名的會員贊同，18 日乃由陳逢源、石煥長、蔣渭水、連溫卿等人，組織成立「新臺灣聯盟」。

至於 1926 年的第六回總會，已是臺灣文化協會分裂前的最後一次總會，照例分別報告會務發展，同時決定更改組織，選舉起草委員。

除總會外，支部的設立也是臺灣文化協會發展的重點。由於會員的逐年增加，及活動的日漸推廣，臺灣文化協會臺北本部已負荷過重，而且僅有臺北本部一處，也勢難擴大臺灣文化協會的事業。

因此，在第三回總會召開時，才決定將本部移往臺南，臺北改為支部，以南北齊頭並進，各自推展文化運動。臺灣文化協會此舉顯然是欲藉由本部重心的南移，來加速南臺灣之文化啟蒙，以求該會在全島的普遍發展。當然就實際狀況言，中部地區的發展也不差，分別陸續成立了彰化、員林、新竹等三個支部。

臺灣文化協會之活動

㈠**會報的發行：**基本上，臺灣文化協會於草創之初，即有發行會報之計畫，1921 年 11 月 28 日，臺灣文化協會出版了第一號《會報》，由於第一號《會報》的文章，即有強烈的反日色彩及發揚民族意識的企圖心，自然令日本當局大為光火，乃遭總督府的禁售處分。第一號受處分，第二號乃改以「原稿內閱」，即原稿需預先受檢查，且依出版規則限制，《會報》不能揭載時事。不得已，第三號又改為單行本，以《文化叢書》的名義刊佈，然仍觸犯當局之忌。第四號乾脆改為《臺灣之文化》，但也因內容被認為牴觸〈新聞紙法〉，再度遭到取締處分，所以從第五號起又恢復《會報》原來名稱。

《會報》既不能登載時事，臧否時局，當局又常藉故予以挑剔處分，故未能發揮臺灣文化協會原先希望達到的功效。兼以《臺灣民報》已於 1923 年 4 月 15 日發行，為臺灣人喉舌，其功能正可以取代《會報》，因此《會報》共發行七號，到第八號就終止了。

㈡**讀報社的設立：**臺灣文化協會之宗旨既為「謀臺灣文化之向上」，所以圖文化之發達，乃為該會成立之重點。

而為圖文化的發達，首要之務即為啟發民智，即所謂的「開民智運動」。當然，為促進此運動有所成效，直接之手段莫過於書報的發行，臺灣人言論的機關《臺灣民報》，即在此背景下誕生。

《臺灣民報》為繼承日本的《臺灣青年》、《臺灣》雜誌而來。由於日本對臺灣的新聞言論掌控甚嚴，臺灣文化協會的啟蒙運動根本無法見諸於報端。為反擊御用報紙，且臺灣文化協會確實也需要一份機關刊物，林獻堂、林幼春、蔣渭水、林呈祿等文協幹部，乃決定成立一份報導會務與批評時事的週刊——《臺灣民報》。

《臺灣民報》創刊後，果然不出所料，總督府對該報相當歧視，取締之嚴幾近瘋狂，扣留查禁之頻繁，簡直到令人難以置信的地步。

為讓民眾都能閱讀到《臺灣民報》，臺灣文化協會乃想方設法的在各地支部附設讀報處，以供民眾之閱讀。1922年，臺灣文化協會共在苑裡、草屯、彰化、北斗、員林、社頭、嘉義、高雄等地，設置讀報社，其後又擴及至屏東、岡山、大湖、臺北、臺南等地，共計有十三處之多。

讀報社是文協啟發民智的絕佳地方，設置後臺灣民眾也相當捧場，參與十分熱絡，尤以讀報社又常兼為文化講演之所，二者合一，其功能更加可觀。

㈢**通俗講習會：** 自古以來任何殖民統治者為懼怕殖民地人民反抗，常以愚民政策來阻撓民眾汲取新知，以便可以永久驅使奴役之，日治時期的日本當局亦如是。

創辦學校、普及教育並非易事，但啟蒙民眾知識又是奠定民眾抗日運動之基石，於是文協最重要的工作，便是如何以最簡便的方法來教育民眾，以提高民眾之教育水準。而文協想到最好的辦法，莫過於舉辦如通俗講習會、文化講演、或夏季學校等。

他們認為講習會是一種社會的教育，這種講習會越多，社會就會越興起來了。臺灣文化協會，最早是想創設「文化義塾」，以教育貧苦兒童為目的，但因主張「混合中華民國的教科書，和日本的教科書來教授」，故申請時遭駁回。

不過，文化義塾雖未設立，但以它為基礎所創設的文化講座倒是發揮了功用。第一回講習會是「臺灣通史講習會」，聘史學家連雅堂講授，自1923年9月11日起至9月24日止，共十四日，在臺北讀報社舉辦，每日聽講者多達二、三百人，連雅堂在講述歷史時，常流露或暗示反日的民族主義意識。

第二回講習會為「通俗法律講習會」，由蔡式穀擔任講師，由於蔡式穀的講義中，充溢了對總督府施政的諷刺，及對欺壓臺灣人的不滿，最後被迫解散。第三回講習會是「通俗衛生講習會」，由蔣渭水、石煥長、林野三人出任教授，自 1923 年 11 月 21 日，至 12 月 5 日止，計十五天。

有鑑於講習會的社會口碑甚佳，民眾反應也很熱烈，所以文協決定於 1923 年 12 月 8 日起，另外舉辦一系列的通俗學術講座，於每個星期六晚上七至九點開講。

通俗學術講座開辦後，聽眾超過預期的多，聽講者座無虛席，場內幾無立錐之地，民眾素質佳，場內秩序井然安靜無聲。至於一般大眾及外縣市民眾，文協仍是以文化講演來啟迪民眾。

學術講座原本叫好叫座，惜不久發生「治警事件」，日警全島大檢舉，文協諸多重要幹部均被拘押入牢，故不得不被迫停止，但文化講座仍繼續不輟，共辦四十四回，直到 1924 年 9 月 27 日才結束。

惜臺灣文化協會此種苦行僧式的講習活動，最終仍不被總督府所容忍，最後以「學術講習會的取締規則」，箝制了講習會的活動。但臺灣文化協會先前講習會所播之種苗，已逐漸萌芽，此由各地青年會的紛紛成立，及其後以新文化運動為主體的民族運動，如雨後春筍的活躍狀況中，得到了印證。

㈣**夏季學校：**為反制總督府對臺灣的愚民教育，臺灣文化協會可謂用心良苦，採取雙管齊下的策略因應，此即不僅舉辦講習會，也創辦了夏季學校。

夏季學校的開辦起於 1923 年 10 月 17 日，臺灣文化協會在臺南召開的第三次大會，會中決議，利用暑假期間，在臺中霧峰林家萊園開辦，並以萊園充作校舍，供以膳宿。

1924 年夏，臺灣文化協會深感當時對社會教育之急切，迅即以林獻堂名義，正式開設夏季學校，招募第一回學員。

自是年 8 月 10 日起至 16 日止，師資陣容堅強，有連雅堂、林茂生、黃朝清，及日籍教師上與二郎、松本安藏、渡部彌億、奥村安太郎等，課程的安排，也相當多元，如「憲法之解釋」、「精神療法」、「道德思想之進化史」、「理論宗教」、「臺灣史」等。正課外，還設計了自由活動、懇親會、討論會和課外講演。參加此回夏季學校的學員，超過原本規劃的四十人，共有五十五人參加，皆具中等以上學歷者。

由於第一回夏季學校辦的成績令人滿意，臺灣文化協會乃再接再厲，又辦了第二回夏季學校，地點仍在萊園，時間自 1925 年 7 月 27 日至 8 月 9 日止，為期兩週。課程安排與第一回相似，但師資及科目則增加一倍，講師及科目有：陳炘講「經濟概論」、陳逢源講「經濟思想史」、林茂生講「西洋文明史」、林幼春講「中國文化史」、蔡式穀講「憲法」、蔡培火講「科學概論」，另外還有安排課外講演等。

其後，臺灣文化協會仍舉辦了第三回夏季學校，講師陣容與講授課程較前更精彩豐富，影響臺灣人思想文化甚鉅。

㈤**文化講演會：**文化講演會是文協活動中最重要之一項，因為無論就《會報》的發行、讀報社之成立或夏季學校的創辦，都有其侷限性，就運動層面和影響角度言，這些都無法與文化講演相比。開啟臺灣文化協會重視文化講演活動的，是 1923 年 7 月「東京留學生組織文化講演團」，巡迴於臺灣各地講演，結果獲致很好的成果。

此事引起了蔣渭水的注意，而重新評估講演會對民眾啟發的力量。因此，臺灣文化協會決定積極推動文化講演的活動，除每週六、日在臺北、臺南定期講演外，並逐步把觸角延伸至鄉村城鎮。

講演會之所以能收到具體成效，是三股力量的結合，此一運動除以臺灣文化協會為主體外，尚有東京臺灣青年會為主的留學生團體，和臺灣本島的各青年團體。當時文化講演是以臺灣文協各支部的讀報社為據點，彼此相互奧援相得益彰。

如 1924 年末，蔡培火、陳逢源二人的全省巡迴文化講演，由南部延伸到中部、北部，使臺灣文化協會本身活動之推展，產生了莫大之助益。新竹支部的成立可說是在文化講演的影響下而誕生。

在臺灣文化協會的用心經營下，當時除東部和離島澎湖外，幾乎都有臺灣文化協會文化講演的足跡，影響力之大不言而喻。

此外，以東京臺灣留學生為主體的「東京臺灣青年會」，亦發起暑假歸臺巡迴演說，一共舉辦四次。這些留日臺灣菁英之所以如此做，其目的主要還是基於喚起民族意識，推動文化發達之用意。他們在臺灣展開四回巡迴講演，不畏辛勞，到各地上山下鄉，盡了身為臺灣文化人最大之努力。

坦白說，雖然總督府三令五申，要求林獻堂、蔣渭水保證臺灣文化協會不是結社，不作政治運動，但臺灣文化協會仍很巧妙的利用文化講演的機會，大量取材於政治、經濟不平等的史事，來影射總督府對臺灣之壓迫；而聰明的臺灣人，也心知肚明的知曉其所指何事，大家心照不宣，效果反而甚佳。

㈥**文化劇運動與「美臺團」**：所謂文化劇（也稱文化戲），是與臺灣原有舊戲對立的新戲之一種，由於所演劇情大都含有諷刺社會制度或激發民族意識的作用，所以文協會員所排演的多屬此類戲劇。因為是臺灣文化協會的人主辦的，故稱之為「文化戲」。當時幾個較主要的文化劇團有彰化「鼎新社」、草屯「炎峰青年演劇團」、臺北「星光演劇研究會」、新竹「新光社」等。

戲劇是人生的縮寫，也是文化的傳達，其功用除娛樂欣賞外，更重要的是它有社會教育的作用。臺灣文化協會與當時的新劇團密切配合，積極鼓吹新劇運動，其目的即欲藉此來改善社會風俗，促進文化的進步，更深層之用心是喚醒民眾。

基本上，臺灣文化協會為教育民眾、啟迪思想，可謂煞費苦心，知識水準在中上層的民眾，可施以講習會，或文化講演啟蒙之，但對於不識字的基層廣大農民，或勞動者而言，以他們的知識，對如此運動的了解，畢竟有限。所以說，以啟蒙目的而言，這是不夠徹底的，對文協而言，也有未達到效果之遺憾。文協領導幹部之一的蔡培火很早就注意此一問題，他積極提倡以電影來宣傳以達啟發大眾的效果。

1925 年，蔡培火先獨資成立臺灣文化協會活動「寫真團」（即臺灣文化協會電影隊），其後又集資若干，於 1926 年 3 月，藉第七回臺灣議會設置請願團到東京之機會，購得美國製放映機及宣傳用影片，開始進行組織「美臺團」。

「美臺團」，是就臺灣文化協會會員中「訓練具有教育經驗之青年三人，一人專管機器，二人另任辯士（演講人），說明影片，俾觀眾易於理解」。文協之電影隊「美臺團」，自 1926 年 4 月於臺南「大舞臺」首映後開始展開島內巡迴宣傳，第一隊以臺中州、臺北州為主要範圍，第二隊以臺南州和臺中州為中心。

臺灣文化協會之電影宣傳，當時獲得相當熱烈之回響，每回開映，觀看電影者可謂滿坑滿谷，將放映場所擠得水洩不通。為滿足沒有看到的人，甚至一再加映。

由於「當時在本島村落地方電影是沒有或少見的，再加上說明者投合人心之諷刺，每回皆得到多數的觀覽者，收到預期之上的效果」。文協分裂後，「美臺團」仍繼續巡迴演出，但卻處處受制於左派的阻撓，最後，無疾而終。

臺灣文化協會的影響

1920 年代臺灣文化協會的啟蒙運動，影響最大的為臺灣青年。它鼓動了青年的求知慾，普遍造成了海外留學生的增加。當時主要留學的國家為中國與日本。

這些留學海外的臺灣青年，除了汲取新知外，主要是將世界最新思潮，透過文協這個管道傳回臺灣，使得島內外青年互相聯絡彼此提攜，兩股青年力量進而集結合流。

當時在文協影響下的青年團體，如雨後春筍般的成立，如翁澤生與蔣渭水商議後，成立的「臺北青年會」，但總督府當局以該會為一宣傳共產主義及無政府主義的團體，而予以解散。

臺北青年會被禁止結社後，蔣渭水、王敏川、連溫卿等臺灣文協幹部仍不死心，1923 年 8 月 20 日，於楊朝華宅又秘密成立「臺北青年體育會」。

該會主旨雖是獎勵體育，但從事政治、經濟、文化運動才是其真正目的，然因舉行的活動常遭取締，兼以經費日漸短絀，撐至 1926 年仍不得不解散。

臺北青年會雖被禁止，但翁澤生、鄭石蛋、楊朝華等人仍取青年會宗旨，以「會員間的親睦切磋為目的」，於 1923 年 9 月 25 日再接再厲的又成立了「臺北青年讀書會」。

1926 年，因參與讀書會的成員態度日趨激烈，如蘇麗亨、潘欽德、連溫卿、張我軍、王萬得、鄭明祿、高兩貴、潘欽信等，大都為信仰社會、共產主義青年，故讀書會最後淪為臺灣文協的左派團體。

為達成文化啟蒙臺灣民眾之目的，臺灣文協及蔣渭水可謂煞費苦心，用心良苦。1926 年 6 月，為傳播新知普及書籍，蔣渭水特地在臺北創辦「文化書局」，該書局主要以販賣中日文新書為主，尤以專賣中國五四運動以來的白話文書籍。不僅如此，當時文化書局為推動啟蒙運動，促進民族之覺醒，還特別注重平民教育，與農工書籍的引進與販賣。

說到臺灣文化協會之影響，基本上其影響是深入且全面性的，如臺灣近代新文學運動，可說是在臺灣文化協會已營造好的環境之下萌芽、成長，甚至成了新文化運動和抗日民族運動之生力軍。例如臺灣文化協會之機關報《臺灣民報》，即是臺灣人吐露心聲的最佳園地，孕育培養出相當多優秀的臺灣新文學作家。而就思想啟蒙的層次言，臺灣文協也帶給臺灣社會各階層意識之覺醒，如農民工人意識之抬頭，及自我權益的爭取。

惜因意識之分歧、執行手段激烈緩急之差異，也埋下臺灣文化協會分裂之伏筆。

反臺灣文化協會運動

臺灣文化協會在宗旨上，雖揭示是一個強調文化向上運動之團體，目的僅在促進臺灣民眾的文化啟蒙運動，但日本總督府實際上一眼即看穿，這是以文化運動為包裝，實際上乃從事文化、社會、思想等層面的民族抗日運動團體。不過，為顧及臺灣人民觀感與便於殖民統治，於法既不能阻止其成立，只有在行動上百般刁難，時時監視，並取締其活動，想盡各式各樣的方法來對付之。

日本總督府初期，尚採取懷柔彈壓，後期則直接用破壞分裂的手段，對於臺灣文化協會之幹部民族意念十分堅強者，予以嚴重打擊；對大多數其他會員，則以「善導的方法」，如此可避免因過度取締所發生之反效果，以及引來臺灣民眾對臺灣文化協會更大的同情與支持。

不僅如此，總督府尚寄望於臺灣文化協會內部的分裂，更慫恿臺灣仕紳辜顯榮、林熊徵、李延禧、林子瑾、許廷光等所謂「有力人士」於1923年11月8日發起成立「臺灣公益會」。該會標榜，「本會以圖文化之向上（發達）及增進島民共同之福利為目的」，以辜顯榮為會長，林熊徵為副會長。「臺灣公益會」可說是不折不扣之「御用團體」，該會曾於1924年6月舉行「有力者大會」，以作為臺灣議會設置請願運動之反對運動，然因背離民意，可謂毫無作為。

有趣的是，「臺灣公益會」之出現，反而激發了臺灣文化協會之團結，如針對「臺灣公益會」發起的「有力者大會」，臺灣文化協會為反制之，刻意於1924年7月3日於臺北、臺中、臺南三地舉行「無力者大會」，對御用仕紳辜顯榮，給予最嚴厲之批判。臺灣文化協會所發起之「無力者大會」極為成功，全島同胞給與熱烈支持，予「有力者大會」致命之打擊。

總督府處心積慮地，利用「臺灣公益會」和「有力者大會」之召開，其結果適得其反，它不僅使臺灣民眾更團結一致，也助長了臺灣文化協會之聲勢，而「臺灣公益會」經此一擊，終至一蹶不振，歸於自然消滅。

參考書目

林柏維，《文化協會的年代》（臺中：臺中市立文化中心，1996 年）。

林柏維，《臺灣文化協會滄桑》（臺北：臺原，1993 年）。

呂訴上，《臺灣電影戲劇史》（臺北：銀華出版部，1961 年）。

周婉窈，《日據時代的臺灣議會設置請願運動》（臺北：自立，1989 年）。

連溫卿，《臺灣政治運動史》（臺北：稻鄉，1988 年）。

黃煌雄，《蔣渭水傳：臺灣的先知先覺者》（臺北：前衛，1992 年）。

張正昌，《林獻堂與臺灣民族運動》（臺北：國立臺灣師範大學歷史研究所碩士論文，1980 年）。

張炎憲，〈臺灣文化協會的成立與分裂〉，張炎憲、李筱峰、戴寶村等編，《臺灣史論文精選》（下）（臺北：玉山社，1996 年）。

葉榮鐘、吳三連、蔡培火等著，《臺灣民族運動史》（臺北：自立，1982 年）。

葉榮鐘編，《林獻堂先生紀念集》卷 3 －追思錄（臺北：文海出版社影印版，1974 年）。

藍博洲編著，《日據時期臺灣學生運動》（臺北：時報，1993 年）。

6.4 戰雲密佈下之臺灣——皇民化運動

皇民化運動的肇端

1937 年「盧溝橋事變」後，日本對中國展開全面的侵略戰爭，有鑑於日本戰爭物資的缺乏，首相近衛內閣為籌應戰爭的長期化，於是年 9 月實施國民精神總動員運動，強力宣傳「八紘一宇」、「舉國一致」的日本皇民精神。

1938 年 3 月，日本通過《國家總動員法》，以期動員國內所有資源，包括物力人力，全部投入大東亞的聖戰中，作為支持戰時體制的支柱。

1940 年，為打破政治上的困境，重新建立新體制，近衛內閣於是聯合軍部、官僚、政黨和右翼團體於該年 10 月 12 日組成「大政翼贊會」，其宗旨即在呼籲「萬民翼贊，實踐臣道」，希望能有效的消滅反戰之言論、思想；同時決定在殖民地區，也需加強推行戰時新體制運動。

是年 10 月 21 日，臺灣迅即成立「臺灣大政翼贊協力會籌備委員會」，籌劃推展事宜。小林躋造總督亦配合政策，適時提出其所謂的「皇民化、工業化、基地化」之「治臺三策」，首要任務，即為「皇民化運動」。因此從 1941 年起，臺灣全島旋即陷入一片瘋狂的皇民化運動狂潮中。

皇民化運動的內容

所謂「皇民化運動」，它是一種「皇民鑄造的過程」，為打造殖民地的人民，成為真正的日本皇民，那是一件不易達成的「造人」工程，它需要很多外力條件的強迫灌輸，更需要主體殖民地人民的願意配合，且日本又希冀在極短的時間完成。於此，我們就可以看出，皇民化運動從一開始就是一件「不可能的任務」。

為塑造殖民地人民為皇民，總督府當局費了很大的勁，大費周章的規定諸多事項，此即皇民化運動之內容，包括：改姓名運動、取消漢文教育、禁用漢字漢語、易服飾、廢除寺廟神祇，禁止言論、出版、集會、結社之自由及與漢民族有關之宗教、民俗、演藝活動。

上述這些洋洋灑灑的內容，約而言之，大致可分為四大類：㈠宗教與社會風俗的改革；㈡國語運動之推行；㈢改姓名運動；㈣志願兵制度。

宗教與社會風俗的改革

皇民化運動，在宗教上的終極目的，就是要以日本的神道宗教思想，取代殖民地通行的宗教。其作法是，一方面提倡日本神道，一方面壓抑殖民地固有的宗教。

具體的方式是在殖民地廣建神社，以及強迫參拜神社為重點。在皇民化時期臺灣神社快速增加，最多時，全臺共有六十八座神社。不僅如此，在日常生活上更強制臺灣人民在家奉祀神宮大麻。

除主動強迫灌輸神道思想外，針對臺灣原有的宗教信仰，總督府除用公權力淡化臺灣民間的佛、道信仰外，更以釜底抽薪的辦法，進行所謂的「寺廟整理」策略，企圖透過整理、裁併地方寺廟的方式，達到消滅臺灣固有宗教的最終目的。這政策因實施後，全臺反彈甚烈，最後宣佈終止，但臺灣仍有三分之一的寺廟齋堂，因此而遭廢除。

至於社會風俗方面，其結果亦如是，例如殖民當局致力於臺灣民間結婚喪禮之改革，認為臺灣人婚喪喜慶等儀式多「陋俗」，鼓勵臺灣人採日本儀式「神前結婚」的神道婚禮，唯效果不彰。

另外，如改變年俗，宣揚日本禮儀、服飾，提倡茶道、劍道等等不一而足，總之，就是要將日本人那一套生活方式全部搬進臺灣，強迫殖民地人民接受，唯後來仍以失敗收場。

國語運動之推行

強制推動國語（日本語）運動，是殖民帝國主義統治重要之一環。

1942–1943年間新竹州尖石神社的慶典

日本於治臺的隔年 1896 年 3 月，即設立了國語傳習所和國語學校。1910 年代，總督府當局又在臺創設國語普及會，1914 年，更發佈〈臺灣教育令〉，創辦國語演習會。1933 年為讓國語深入基層，有所謂十年計畫，要在全臺各市、街、庄增設國語講習所，全面推行國語運動。

唯日本在殖民統治初期，並沒有將排除本地語言，當作推行國語的必要條件，因此在日治初、中期，臺灣人仍能說自己的母語（閩南語）。但在皇民化時期，日本統治當局認為，講日語是成為「真正日本人」的必備條件，故推行國語運動乃成當務之急。

其具體作法，首先是臺灣在 1937 年 4 月，小學一律取消漢文課程，其次是大量增加國語講習所，以增進一般大眾說日語的能力。1937 年 4 月，全臺灣共有 2,812 個「國語講習所」，有學生 185,590 人；另有 1,555 個「簡易國語講習所」，學生 77,781 人，數目可說驚人。人數之所以如此多，很大的原因是日本當局利用學校教育及公務行政，強制使用日語，並鼓勵表揚所謂的「國語家庭」。

所謂「國語家庭」，即由各州、廳制訂認定辦法，對於全家都講日語者，經調查委員會審查通過，進行表彰及獎勵，甚至給予子女入學優惠，或方便取得各種營業執照等恩惠，來吸引臺灣人習日語。

總督府當局對國語運動的雷厲風行，尤以透過公學校教育、廢止漢文、普設國語傳習所，及獎勵國語家庭等等措施，確實是收到不錯的成果。

據統計，到了 1944 年，全臺國民學校學齡兒童入學率，已超過七成，識解日語的普及率也差不多達到此數。若就表面成績而言是很可觀，但其實除了公務性或公共場合外，臺灣人私底下仍以說臺語為主，皇民化時期推行的「國語運動」成效，雖比其他項目為佳，然嚴格來講，仍是失敗的。

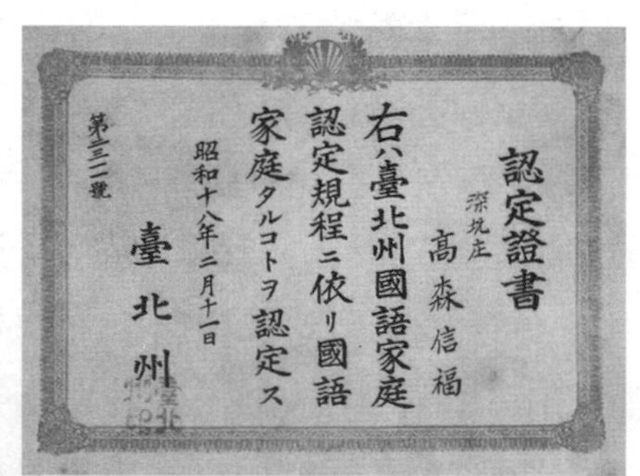

認定證書

深坑庄 高森信福

右ハ臺北州國語家庭認定規程ニ依リ國語家庭タルコトヲ認定ス

昭和十八年二月十一日

臺北州

第三二一號

國語家庭之門牌及認定證書

皇民化時期用餐前比照日本人合掌之習慣

改姓名運動

1905 年，日本治臺十年後，在制定臺灣戶口規則時，便同意殖民地人民可以易姓改成日本名。唯此規則並非硬性規定，沒有強制性，故當時臺灣人，改姓名的極少。但到了 1940 年，為因應皇民化運動，徹底打造臺灣人為真正的日本人，於是年 2 月，宣佈更改姓名辦法。

在臺灣，改姓名必須以戶為單位，由戶長提出申請，且並非每戶均可提出，還要資格審查，一般以受表揚過的「國語家庭」或「國語常用家庭」為優先。因為有條件限制，改姓名只是許可制，並非強迫制，此舉亦可看出日本的優越感心態在作祟，好像把同意臺灣人改成日本姓名，視為對臺灣人無上的恩寵。

針對改姓名運動，臺灣人的反應很冷淡，因為「姓」對中國人來講是尋根溯源、認祖歸宗的象徵，改姓名是件非同小可之事，甚至有可能背上數典忘祖之罪名。所以殖民當局初頒此規則時，臺灣人之觀感不佳也不熱烈。

到 1940 年底，據統計全臺只有 1,357 戶更改姓名，翌年，更改姓名人數雖略有增加，但也不過佔人口的 1% 左右。1944 年，因總督府對改姓名的條件放寬，臺灣人改姓名的人數才略有增加，但總的說來，其比例在總人口數上仍甚少。

有趣的是，臺灣人即便改了姓氏，但仍隱含原來之姓氏，如姓黃者傾向改成「共田」，實際上只是把舊姓拆成新姓罷了。另一種是，選擇一個含有舊姓（全部或局部）的日本姓為新姓，如林改為小林或長林、呂易為宮川、張變為長谷川，此類新姓和舊姓的關係，一望可知。

這種用巧妙應變的手法，將原姓保存下來，確實是用心良苦。有的臺灣仕紳在總督府強大壓力下，仍不為所屈，堅不改名，如林獻堂、陳炘等，更是秉持了民族氣節，讓日本想要利用他們的陰謀，無法得逞。

志願兵制度

在皇民化運動諸項目中，最重要的，首推志願兵制度，因為它與戰爭動員關係最密切。其實在 1937 年，日本發動侵華戰爭前，臺灣人並無為日本服兵役的義務，說穿了日本也不屑殖民地人民成為「皇軍」。但隨著戰事的擴大，戰爭的延長，日軍死傷人數的節節攀升，在兵源逐漸短缺的情況下，日本當局不得不開始慎重考慮動用殖民地人民當兵，以供其驅使。

一般而言，殖民地青年的軍種有三，即軍伕、志願兵和徵兵三類。1937 年 9 月，總督府已開始徵用臺灣軍伕，擔任軍中雜役工作，後來因戰事拖得越來越久，臺灣人被徵調做軍伕或翻譯的人數逐漸增加，由於是軍事機密，故詳細數目不詳。

1942 年「特別志願兵制度」才正式實施，最初只徵召一千人，其後隨著日本對外戰爭的深刻化，在人力兵源枯竭的情況下，1945 年初開始實施徵兵制。

據日本厚生省於 1973 年的公佈資料，總計自 1937 年，中日戰爭起到戰敗投降，臺灣總督府共徵召臺民包括軍人、軍屬有 207,183 人，而其中死亡人數達 30,304 人。但依據民間之調查統計，臺民被徵召及死亡人數恐怕不止此數。因為僅以戰後留在日本、南洋、中國大陸各地的臺灣人，就有三十萬之眾，無辜死傷人數，更是難以估計。更荒唐的是，為營造臺灣人是心甘情願的從軍，總督府還掀起一股志願兵熱潮，鼓勵年輕人寫「血書」以明志，表示為日本及天皇犧牲的決心。當時，確有不少臺灣年輕人認為充當日本皇軍，成為志願兵是件光榮之事。這是統治當局透過傳媒及群眾力量，對青年集體心靈的影響所致。

皇民奉公會

統治當局為積極推行上述皇民政策，還特別成立專責機構來執行之，此即「皇民奉公會」的設置。

該機構始設於 1941 年 4 月 19 日，結束於日本戰敗前的 1945 年 6 月 17 日，其設立之主要目的，為透過灌輸皇民精神，實踐職分奉公的赤誠，確立內臺一家的生活體制，以協助達成非常時期的軍事與經濟目標。

「皇民奉公會」組織相當嚴密，最高領導為中央本部，以臺灣總督為總裁，下設總務、訓練、文化、宣傳、生活、經濟等六部。

另外，亦將觸角深入基層，在各州、廳置支部，市、郡設支會，街、庄則有分會，而最底層的是以十戶為單位的奉公班。

此外，各種職業團體亦有奉公會，像奉公青年團、奉公少年團、奉公壯年團、演劇挺身隊、學徒奉公隊、商業奉公團、醫師奉公團等等，琳瑯滿目不一而足。

「皇民奉公會」的主要目的是加強國民精神總動員工作，經由皇民鍊成，使臺灣人變成日本人。其具體作法很多，舉凡指導各處宣傳聖戰的義務、制定國民生活禮儀、厲行戰時節約運動、制定戰時生活簡化要綱、宣導參加志願兵或光榮服役、建立勤勞體制、提高生產績效等等，相當縝密深入，無非是希望透過「皇民奉公會」之運作而完成皇民化之終極目標。總之，「皇民奉公會」是當時臺灣總督府指導的上意下達的組織，也是島內各民間團體的指導和統轄機構。

皇民化運動之本質

進一步探究皇民化之本質，周婉窈教授有很深入的剖析，對這問題她從兩方面來談。就理念構成而言，它是「同化主義」的極端形式；就實際需要而言，它是日本帝國戰爭動員的一環。皇民化運動是這兩項特質的結合。

皇民化運動之基本目的，簡言之，即為想將殖民地人民徹底的改造為真正的日本人運動，所以從廣義的角度視之，亦可說是一種「日本化運動」，故言之它是「同化主義」的極致。

但平情分析，皇民化運動，又不全然等同於明石總督治臺以來的「同化主義」。因為，早期的同化主義，只是為統治便利而考量設計，但後期的皇民化運動，明顯則與日本的戰爭有關。因太平洋戰爭後，無論戰爭的規模或速度，均遠非日本本土資源及國力所能負荷。而此嚴峻形勢，逼使日本非動員殖民地的資源不可。但如果想徹底動員殖民地資源，又必須使殖民地人民對其母國，有不可置疑的忠誠度才行。所以，皇民化運動的推行，困難度太高，因而其實際成效，也遠不如先前預期之顯著。

參考書目

王曉波，〈「皇民化」的歷史與真相〉，《臺灣意識的歷史考察》（臺北：海峽學術出版社，2001 年）。

林國章，《民族主義與臺灣抗日運動：1895–1945》（臺北：海峽學術出版社，2004 年）。

周婉窈，〈從比較的觀點看臺灣與韓國的皇民化運動 (1937–1945)〉，收入張炎憲、李筱峰、戴寶村等編，《臺灣史論文精選》（下）（臺北：玉山社，1996 年）。

周婉窈，《臺灣歷史圖說：史前至一九四五年》（臺北：聯經，2004 年）。

臺灣現代史的戰後發展

（自二戰後——2006年）

第七章　戰後臺灣政治的變革與發展

7.1　從「二二八事件」到「白色恐怖」

悲劇的開端——「二二八事件」的前夕

1945 年 8 月 14 日，日本宣佈投降，「忍辱包羞五十年」的臺灣終於光復了，臺灣歷史從此走入了另一個重要的轉折。基本上，光復時，臺灣同胞是抱持歡欣鼓舞的心情，慶賀脫離日本的殖民統治，重回祖國的懷抱。

當然在面臨歷史轉折點上的臺灣人民，心情上也是憂喜參半，因為大多數的臺灣人，儘管高興脫離殖民地的命運，但對未來自己會面臨如何的命運，亦是一片茫然。雖然臺灣回歸祖國已成定局，但祖國政府會如何對待臺灣，也是無人可知。因此一股忐忑不安的心情，始終籠罩在光復初期臺灣人的心頭上。

自日本投降，到 10 月 5 日「臺灣省前進指揮所」的設立，期間的五十天內，臺灣基本上是處於無政府的真空期。為維持戰後臺灣社會的治安，臺灣人民非常守法，自動組織青年團，來維持社會秩序與安定，以靜待祖國前來接收。

同時期內，臺灣各地都積極熱烈的組織「歡迎國民政府籌備會」，準備盛大歡迎祖國官員的蒞臨。全臺大街小巷張燈結綵，期待國軍的光臨，全省均浸潤在政治真空下對祖國殷切的期待。

翹首期盼許久，10 月 5 日，臺灣行政長官公署祕書長葛敬恩，率領「臺灣省前進指揮所」一行七十餘人抵臺。對祖國的接收官員，臺灣民眾給與最熱烈的歡迎。10 月 17 日，當陳孔達的七十軍抵達基隆碼頭時，大家更是齊聚碼頭，爭先恐後想一睹國軍風采。當軍隊開始登陸時，「重睹青天白日旗」，有的民眾甚至喜極淚下。唯看慣了日軍井然有序，威風凜凜的壯盛軍容之臺灣人，卻料想不到，祖國的軍隊，居然是邋遢，舉止不像軍人，反倒較似苦力的部隊。如此這般的模樣，對於與中國阻隔已久的臺灣人而言，無疑是極大的心理震撼！

10 月 24 日，臺灣省行政長官陳儀抵臺，受到臺灣民眾的熱烈歡迎。陳儀抵臺後發表演說，信誓旦旦保證，一切以收拾民心、建設臺灣為要。然言猶在耳，陳儀就來個下馬威，大舉展開逮捕漢奸工作；嗣後更因軍紀敗壞、貪汙腐化無能等問題，弄得臺灣社會烏煙瘴氣，民心背離。

當時最讓臺灣民眾不滿的，是接收人員的無恥貪汙，即所謂的「五子登科」（金子、女子、位子、車子、房子）之「劫收」，以及軍隊的混亂和目無法紀。就這樣，臺灣人與中國人之間的隔閡與嫌隙日增，迅速的擴大為臺灣人對祖國期待與幻想的破滅。「二二八」爆發前夕，街頭巷尾流傳的諺語：「臺灣光復，歡天喜地；貪官汙吏，花天酒地；警察蠻橫，無天無地；百姓痛苦，呼天喊地」，一場山雨欲來之勢已甚明顯。

國府接收臺灣最失策的地方，是忽視臺灣人民的感受，設立有別於內地省分的「特殊化」行政長官公署制度，使臺灣人民感到日治時代「總督府」的復活。當時臺灣省行政長官，集軍政大權於一身，其權力冠於中國大陸各省主席，除中央政府的監督外，權力之大無任何機關得以制衡。

總之，這種長官公署的特殊化設計，讓臺灣民眾產生非常不愉快的感覺。當時臺灣人民普遍稱長官公署為「新總督府」，可見其內心之不滿與厭惡。由於制度設計的不當，兼以陳儀政府弊端叢生，臺灣人民對祖國更是徹底的絕望。

至於經濟上的剝削掠奪，更是造成民怨沸騰，國府接收臺灣之後，經濟上採取特殊化的統制政策。不但將大規模的日產，轉變為國營、省營企業，並設「專賣局」與「貿易局」，對臺灣省各項物資的生產與進口，採取全面性的嚴密控制。另一方面，卻又任憑官員貪汙舞弊、物資大量走私外流。統制經濟不但阻礙了民間產業的復甦，並因其掠奪本質，導致臺灣更嚴重的經濟危機。

此危機直接影響工廠生產低落，失業人口增加，兼以外省人盤踞高位，牽親引戚。本省人則求職無門，怨忿叢生。此股民怨，已埋下社會爆發民變的不定時炸彈。

尤其甚者是從 1946 年 1 月 11 日起，長官公署停止米糧配給制度，准許自由買賣，但又將各地農會倉庫的稻米封存，以軍糧名義運至大陸支援內戰。一些不肖商人趁機囤積米糧，待價而沽，使得號稱「米倉」的臺灣，居然發生糧荒，造成糧價飛漲，米糧匱乏的景況。在米荒連連及諸多不安定因素的催迫下，造成物價上揚，民不聊生的地步！

總之，戰後初期，長官公署的統治，無論從接收人員與軍隊的素質風紀、制度設計，以及社會經濟各方面來看，都使臺灣民眾對政府，由希望而失望到絕望。尤其經濟的剝削，更是陳儀政府與臺灣人民，最直接的利害對抗。社會浮動，人心惶惶，期待的落差、實質利益的對抗，不能相容，在在使得衝突爆發難以避免。

「二二八事件」經緯始末

1947 年 2 月 27 日上午，有人密報在淡水區船上，有人私運火柴、捲菸等情事。專賣局立即派六名查緝員，會同警察前去查緝，結果只發現私菸五箱。不久，又接獲密報說，這些走私貨已經移到臺北市南京西路天馬茶房（太平町——今天的延平北路）附近出售，於是查緝人員及警察，又於下午七時三十分左右到天馬茶房緝私。

當其到達時，私販早已逃散，只查到一個年約四十歲的中年寡婦林江邁的私菸，查緝員隨即將其全部的私菸和錢加以沒收。林江邁苦苦哀求，但查緝人員置之不理。群眾圍觀甚多，也加入請求的行列。此時，林江邁抱住查緝員不放，其中一位查緝員一氣之下，用槍托擊其頭，一時血流如注，旁邊的女兒驚嚇大哭，引起眾怒，群眾遂將查緝員包圍起來。

查緝員落荒而逃，群眾緊追不捨。其中查緝員傅學通為求擺脫，開槍欲嚇阻群眾，豈料卻射中在自宅樓下觀看的陳文溪，於是更激怒群眾，大夥搗毀查緝員的卡車，推翻於路旁。專賣局人員李炳文、楊子才等聞報後，火速於當晚九時許趕到現場處理，當時約有百餘位民眾聚集，見李的卡車抵達，欲上前毆打，李、楊兩人拔腿跑到臺北市警察局，而群眾這時已聚集了六、七百人。

李、楊兩人向群眾保證將懲辦查緝員，但群眾不聽，要求將肇事人員交出，最後臺北市警察局長陳松堅，將查緝員六人送到憲兵隊看管，但仍未獲群眾諒解。群眾堅持不散，並湧到憲兵隊和警察局請願，要求嚴懲兇手，另一方面，則向其他民眾宣佈事情始末，於是震動臺灣現代史上的「二二八事件」爆發了。

28 日上午九點許，憤怒的民眾以事件未得解決，乃沿街打鑼通告罷市，民心憤慨，群情激昂，全市騷動。接著，民眾隨即紛紛向專賣局臺北分局進發，各處民眾也由四面八方湧來，衝進局裡，翻箱倒櫃，將物品拋到馬路焚毀，一時火光衝天，憲警聞訊趕到，情況已無法維持，遂各自避開歸隊。南門的專賣局總局也被包圍，幸而門戶早已緊閉，損失較輕。

下午一點多，又有一批四、五百人群眾，由火車站湧向行政長官公署，聲稱要向陳儀請願。但到了中山路口，還沒抵達公署前廣場，即遭士兵舉槍阻擋。不久，槍聲響起，有人傷亡，民眾四散奔逃，此為激化衝突的「公署衛兵開槍事件」。

此事件確實是局勢惡化的導火線，被激怒的民眾不僅未散去回家，反而激發學生也跟著罷課，各機關團體員工逃亡一空。部分群眾湧向城內，把外省人經營的店鋪搗毀，到處開始「打阿山」，不少外省人遭到毆打。而武裝軍警趕到現場，向民眾開槍，又造成更多的傷亡。光復將近一年半來，所積累的省籍矛盾與民怨全部爆發開來，臺民在對抗公署的同時，「打阿山」事件頻傳，而外省人的報復也不手軟，冤冤相報，臺北幾成恐怖世界。

為應付變局，臺灣省警備總司令部於28日下午三時宣佈戒嚴，武裝軍警巡邏市區，隨意開槍掃射。消息傳出，民情激變，先後發起抗暴，北起基隆，南至屏東，全省逐漸蔓延開來，事態擴大了。為謀求解決方案，地方仕紳與民意代表往見陳儀長官，提出多項建議，陳儀採納了，於3月1日午後，又宣佈解嚴，而「二二八事件處理委員會」(「處委會」)也於3月2日成立。

「處委會」任務是整合民意與進行政治交涉，其後逐漸提升訴求為臺政的全面改革。這些要求多少造成臺民與長官公署間的緊張關係。

從3月2日到7日，全臺各地都發生流血衝突事件，臺灣人基於對外省人的積怨，只要不會講日語或臺語者，一被碰上，不是被毆，便是傷亡。而手上握有武器的外省軍警，表面以維持治安為由，實則大肆瘋狂屠殺報復，景象亦慘不忍睹。

在動亂期間，以臺中、嘉義、高雄等地的衝突比較激烈。臺中地區，日治時代臺共領袖謝雪紅、楊克煌，先是召開「市民大會」，要求民眾接管臺中市官方機構，且成立「臺中地區治安委員會作戰本部」及「二七部隊」，試圖以武力對抗。

嘉義地區也是有民眾自發性組織武裝部隊，和軍方產生衝突，因群眾的支持，使嘉義成了衝突時間最長、傷亡最多的地區。在高雄，3月5日，高雄市參議會及地方仕紳也組織「二二八處理委員會」，以議長彭清靠為主任委員，和高雄市長黃仲圖商議，就時局紛擾提出對策。事情原本尚不嚴重，是時任高雄要塞司令彭孟緝的鎮壓觀點，才使事情急速惡化。

彭認為用政治的方法，已無法有效制止群眾的舉動，所以極力主張以軍事力量制止之。時彭的軍隊沿旗津、鼓山一帶佈防，3 月 5 日下午，彭分兵三路，攻擊高雄市政府、火車站及高雄中學。彭的軍隊先是扔手榴彈，然後見人就開槍，高雄市民死傷慘重。

彭派兵鎮壓高雄市區的動亂，雖使高雄地區的紛擾局面，迅速平靜下來，但他不分青紅皂白的掃射，造成甚多無辜百姓的犧牲，可說是事件創傷，久久未能癒合的重要原因之一，彭遂有「高雄屠夫」之稱。

3 月 7 日，臺灣省「二二八事件處理委員會」，向長官公署提出〈四十二條處理綱領〉，要求政府暫時解除武裝，武器交由各地「處委會」及憲兵部隊共同保管。政府切勿再移動兵力，企圖以武力解決事端；在政治問題未解決之前，政府的一切施政，不論軍事、政治，須預先與「處委會」接洽。

此外，在內戰終止前，反對在臺灣徵兵，以免臺灣捲入內戰漩渦。禁止帶有政治性的逮捕拘禁，一切公營事業的主管由本省人擔任，各法院院長及地方法院首席檢察官，全部由本省人充任。警備總司令部應撤銷，以免濫用軍權。限於 3 月底，臺灣省行政長官公署應改為省政府制度，但未得中央核准前，暫由「處委會」負責改組，用普選公正賢達人士充任。本省人的戰犯及有漢奸嫌疑被拘禁者，要求無條件即時釋放等等。「處委會」的〈四十二條處理綱領〉送到長官公署時，陳儀以要求過高，形同政變，當下拒絕。

3 月 8 日晚，因全臺各地衝突仍未平息，當局於 9 日凌晨，再度宣佈戒嚴。而來自大陸的二十一師，在師長劉雨卿率領下，奉蔣介石命，已由上海開拔，於 9 日在基隆登陸，隨即展開報復性的屠殺。全臺各地，除澎湖外，均籠罩在一片腥風血雨中。3 月 10 日，在局面控制住後，蔣發表意見，諭令雙方不得採取報復行動，靜候中央派員處理。

善後的補救

在國府以軍隊鎮壓奏效後，為善後收拾民心，於 3 月 10 日，派閩臺區監察使楊亮功抵臺，發表談話，希望臺省人士儘量提供意見，俾可轉達中央，相信中央對此事件會做合理的解決。楊並親赴醫院，慰問受傷同胞。3 月 11 日，國府特令國防部長白崇禧來臺宣慰，並對此一事件，做實際調查，權宜處理。白氏於 11 日上午，先在南京接見臺省旅滬代表，作成四點聲明：

㈠政治制度改革，政府即著手付諸實施；㈡經濟改革，取消專賣制度；㈢臺灣省內、省外人，一律平等相待；㈣派兵赴臺為國防上之需要，本非為對付人民者。3 月 17 日，國防部長白崇禧和蔣經國連袂搭機抵臺，抵臺後即宣告中央處理臺灣事件的四項基本原則：

㈠地方政治制度之調整，改臺灣省行政長官公署制度為省政府制度，其組織與各省同；㈡人事之調整，警備總司令以不由省主席兼任為原則。省政府委員及各廳、處、局長以優先選用本省人士為原則。政府或其他事業機關之人員，無論本省或外省，其待遇應一律平等；㈢經濟政策，民生工業之公營範圍，應儘量縮小，公營與民營之劃分辦法，由經濟部及資源委員會迅速審擬，呈報行政院核定實施；㈣恢復地方秩序，臺省各級「處委會」及臨時類似之組織，應立即自行宣佈結束。參與此次事變，或與此次事變有關之人員，除煽動暴動之共產黨外，一律從寬免究。

其後，白崇禧分赴各地宣慰臺民，接見臺灣仕紳黃朝琴、鄭品聰等人，聽取意見。27 日，白歸結此次宣慰心得，指出此次事件之遠因為，臺胞受了日本偏狹惡性教育與歪曲宣傳的影響，輕視祖國、人民及軍隊，所發生之惡感。

近因是共產黨及有心人士利用緝私案件掀起暴動，欲圖謀推翻政府，奪取政權。完全不提國府的貪汙無能，與歧視本省同胞所致，頗有避重就輕，以偏概全之嫌。白特別提及大陸來臺的公教人員及眷屬，被擊斃、擊傷者，在千人以上，這是一件甚為痛心的事。但問題是，當時死傷更多的臺灣人，為何不提呢？且將「二二八事件」牽扯歸咎到共產黨的煽動，是一種簡化及模糊焦點的不負責任作法。

白其後緊鑼密鼓地與地方人士講話，奔赴學校講演，希望學生能從速回校上課，政府不究既往，保障安全。有關暴動時逮捕的人犯，中央將寬大處理，除首要主犯予以嚴辦，其情節較輕者，即准具保開釋。至於共黨暴徒挾持武器逃竄山林地帶者，各地方首長應協助政府肅清之。總之，事變已經平定，希望大家同心協力，共同建設新臺灣，新中國。

4 月 1 日，白於下午五點，在臺北賓館舉行來臺後首次記者會，說明今後政府治臺的措施，內容與其抵臺發表的中央處理四項原則大同小異。2 日，白返京覆命，自認任務圓滿達成。但平情言之，白在臺短暫的停留，發表些官方制式演說，對「二二八事件」爆發的真正原因和癥結所在，是否調查清楚，恐怕是不甚了了。

「二二八事件」之檢討

1992 年 2 月，行政院公佈《二二八事件研究報告》指出，「二二八事件」源自於意外的緝菸事件，由於憲警單位處置失當，導致市民的請願示威，並進而擴大為罷工、罷市。而事件發生當日，「公署衛兵槍擊事件」，是動亂的導火線，情況才演變，由請願懲兇轉而為對抗公署，而積壓已久的不滿情緒，激化再變為省籍衝突。「處委會」的訴求，也使得單純的治安事件，變成政治運動，進而要求全面改革臺政，並強迫軍警繳械，以致爆發武裝衝突。

臺北市是這場政治風暴的起點，臺北市的「二二八事件處理委員會」，是這場政治紛爭的要角。該「處委會」肩負整合民意與進行政治改革的重任，但其若干決定與行動，實有失理智的考量。

當然，事件的關鍵人物仍是陳儀。陳儀來臺之初，清廉自守，頗思一番作為。事件發生後，也曾努力想要化解衝突。但其身為行政長官，因治臺及處理的失當，以至於引起此一重大不幸事件，自然難辭其咎。更可議的是，時任臺灣省警備總司令部參謀長的柯遠芬，事變伊始，即以「陰謀論」定位，實行分化之策，迨事件擴大後再予嚴懲，居心叵測。

柯氏的「寧可枉殺九十九個，只要殺死一個真的就可以」的心態，造成報復傷亡者不少，致使臺灣人心生恐懼。連白崇禧都認為其「處事操切，濫用職權，對此次事變舉措尤多失當，且賦性剛愎不知悔改」，建議將其撤職處分以平民忿。

另一人物為彭孟緝，事變發生時，彭任高雄要塞司令。其以斷然鎮壓手段，使高雄地區亂事迅速平息，就政府立場言，當然是功勞一件。但他不分青紅皂白，濫殺無辜，造成大量傷亡。且事件過後，政府還榮升其為臺灣警備司令，更造成民間之惡感與疑慮。

而憲兵第四團團長張慕陶上校的行動，也頗不應該。他先勸請蔣渭川出面斡旋官民糾紛，後則慫恿蔣渭川分化「處委會」。當國軍於 3 月 8 日即將登陸時，張又謊騙「處委會」人員說，只要民眾不試圖解除士兵武裝，國軍不會對臺灣人採取任何軍事行動。但事實呢？國軍部隊登陸後，不僅大肆逮捕「處委會」人員，張氏更縱容憲兵隊，在戒嚴之後四處抓人。白崇禧來臺宣慰時，曾命令今後逮捕人犯應由警總執行，但憲兵隊仍繼續其捕人行動，其藐視上級命令，可見一斑。

最後，國府在臺情治人員及軍人刻意誇大事件的嚴重性，並以共黨煽動為由，指此事件並非單純要求政治改革，而是要奪權叛國。致使談共色變的蔣中正，以為事態嚴重，而派陸軍二十一師來臺平亂。雖然蔣中正嚴令不得對臺灣人施加報復，但實際上，根本是一場血腥大屠殺。

總之，「二二八事件」誠為臺灣史上的重大悲劇，而此悲劇的形成，是諸多因素交互激盪的結果。分離五十年的臺灣，對中國的陌生與隔閡，且經日治時代的統治，臺灣人的現代化程度，遠高於中國，認知和價值觀，也與大陸同胞有明顯的落差。反觀大陸民眾及政府官員，對臺灣之情形，亦不甚了解；兼以國共內戰方酣，政府自無餘力對臺灣付出更多的關懷，在此情境下，雙方接觸難免會有緊張與衝突。

此外，光復後，政府在臺灣大力推行國語運動，急於「去日本化」，陳儀更堅持臺人必須經過語言訓練方得任用。此舉，對淪陷五十年的臺灣人而言，根本是過分的苛求，並非給予應有的矜恤。自光復至「二二八事件」的發生，為時不過年餘，臺灣在大戰期間，所遭受的嚴重破壞，也非政府短期所能復原，此客觀事實，恐怕臺民當時也不了解。總之，期待的落空、省籍的衝突、政府的無能、施政的失當等等，均使得民怨日益積累，最終發生此一不幸事件。

有關「二二八事件」的傷亡人數，事隔六十年，恐怕是很難找到確切的數字了。遺憾的是，在死傷的臺灣人中，如林茂生、陳澄波、張七郎等知識菁英分子，也死於非命，形成更大的損失。「二二八事件」已過去六十載，此事件始終是埋藏在臺灣人民深處的創傷和陰影，久久未能袪除。過去在國民黨執政時代，始終不願正視此一問題，不是避重就輕，就是略而不談。

直到蔣經國辭世，威權體制瓦解，政府對此「禁忌」才逐漸解凍。1992 年 2 月，行政院首先公佈「二二八事件研究報告」，其後，也採取了相關補救措施，如政府道歉、全省各地籌建紀念碑和「二二八和平紀念公園」；立法院亦通過條例，給予受難者家屬及後人補償金等。這些遲來的正義與公道，雖仍做的不夠，但對撫平這一歷史傷痕，仍有相當作用。

只是臺灣民主化之後，隨著朝野藍綠惡鬥的加劇，「二二八事件」似已成為某些政黨政客操弄的政治圖騰。每年的「二二八」，總不忘撕裂歷史的傷口，製造仇恨與對立，從中牟取政治利益，此舉，殊不足取也是不道德的。只有國人正視「二二八」的歷史意義，從中汲取教訓，不分族群省籍，團結和諧，認同臺灣，方可走出「二二八」的悲情，告慰「二二八」受難者之英靈。

白色恐怖之時代背景與組織

1945 年 8 月抗日戰爭勝利後，國共兩黨為爭奪政權，又將中國牽引至劍拔弩張的內戰中，經過一番你死我活的纏鬥，國民黨先盛後衰，共產黨則如風捲殘雲，佔有大陸已成不可擋之勢。

蔣中正在此風雨飄搖之際，為未雨綢繆，自 1948 年底起，開始慎重考慮以臺灣作為最後之反共基地。為了確保臺灣基地的安全無虞，蔣中正在臺灣展開一連串的權力及人事佈署，其中最重要的是於 1949 年元月，任命其心腹陳誠為臺灣省主席兼警備總司令。陳誠接掌臺政後，旋即訂頒〈出入境旅客登記暫行辦法〉，並於是年 5 月 20 日頒佈了〈臺灣地區戒嚴令〉。

當時國民黨政權，尚在大陸處於兵荒馬亂之際，臺灣並無戰事或動亂，這〈戒嚴令〉的頒佈顯然是一預謀之舉。果不其然，該年底國民黨政府敗退來臺，隨即宣佈戒嚴繼續實施，國民黨此舉，無異向臺灣人民表示軍事統治。

依據〈戒嚴令〉，臺灣省警備總司令部，擁有絕大限制人民自由的權力，它可以掌管戒嚴地區行政事務及司法事務。與〈戒嚴令〉相配對的是，早於 1948 年 5 月 9 日，國民黨政權透過國大代表所通過的《動員戡亂時期臨時條款》，當初此條款原本欲擴大總統之權力，蔣氏來臺後，也把此條款硬搬到臺灣來。

《動員戡亂時期臨時條款》，不僅保障了蔣中正總統權力，不受《憲法》制約外，在此架構下，又陸續頒佈施行〈戡亂時期檢肅匪諜條例〉和〈懲治叛亂條例〉等法令。

構成白色恐怖❶時代的嚴密組織，可說是「三位一體」的縝密系統，

❶ 1950 年代臺灣的「白色恐怖」指的是，戰後國民黨以「動員戡亂時期」的戒嚴體制為核心和藉口，因懼共、恐共而強調，基於反共之需求與維護國家的安全考量下，凡有任何風吹草動，均無限上綱地，懷疑有顛覆政府之行為和動機，

首先是以《動員戡亂時期臨時條款》為最基本法源依據，來實施戒嚴軍事統治，並透過嚴密的情治特務系統，來完成與推行。

1949 年國府當局成立「政治行動委員會」，即專門為肅清在臺共黨及政治異議分子的機構。1950 年起，此機構由蔣經國掌控，分別由情報、治安系統起，全面橫跨黨、政、軍各層面之部署。

1950 年代中期，與之配套的機關，如國家安全局，統攝各情報機關，另外尚有警備總部、調查局、情報局等等，也相繼成立。

總之，天羅地網般的特務監控機制，雖為國家安全、社會安定提供了保障，但無孔不入的觸角，深入民間各階層，確實也發揮了「白色恐怖」的作用。

根據統計，自 1949 年的「四六事件」始，迄於 1960 年 9 月 4 日雷震「自由中國」事件及組「中國民主黨」止，十年間，整個 1950 年代的「白色恐怖」，共發生上百件的政治案件，其中約二千人遭處決，近八千名的政治犯被判重刑。當中特別者，更以關在綠島（火燒島）監禁的最有名。

據事後調查，這將近萬人的犧牲者，除了 10% 真為共產黨員（地下黨員）外，其餘的 90% 盡是冤獄、錯獄下的無辜受害者。

白色恐怖之性質與案件舉隅

綜觀所謂 1950 年代白色恐怖的政治案件，學者李筱峰先生將其歸納幾種類型：

㈠**對親中共左翼分子及團體之清掃：**如 1949 年 6 月發生的「鹿窟事件」及同年發生的鍾浩東等人之「基隆中學案」、蔡孝乾的「臺灣省工作委員會案」等。

㈡**對主張臺獨運動者之整肅：**如 1950 年 5 月的黃紀男、廖史豪等之「臺獨案」、1962 年之「臺灣共和國傳單事件」等。

而以國家機器逮捕入獄之。

㈢**對山地原住民自治運動的逮捕**：如樂信瓦旦（林瑞昌）、吾雍雅達烏猶卡納（高一生）、湯守仁等山地原住民菁英分子的逮捕殺害事件。

㈣**對倡導民主運動者的壓制**：1950 年代最著名的當屬「雷震案」與籌組新黨的流產。

㈤**政治權力之鬥爭**：其中尤以「郭廷亮事件」牽扯到所謂的「孫立人兵變」，其實重點是蔣氏父子對孫立人不放心而奪其兵權。

㈥**情治單位之內訌**：情治單位之間的爭寵邀功派系傾軋，設計誣陷對手而造成之冤案，如「李世傑案」即屬此類。

㈦**文字賈禍之「文字獄」**：1950 年代最有名的莫過於李敖的《文星雜誌》案和柏楊案，當然還有許多批評政府時局之作家下獄，且人數不少。

茲舉 1950 年代三件頗具代表性的「白色恐怖」案例說明：

㈠鹿窟事件

「鹿窟事件」為 1950 年代白色恐怖初期，最大的政治事件。1949 年 9 月「臺灣省工作委員會」之臺共黨員，為配合中共解放臺灣的行動，蔡孝乾、陳本江、陳義農、許希寬等臺共分子，選擇了臺北縣石碇鄉的鹿窟山區，為武裝基地設立地點。因該區地點隱密，介於汐止、南港、石碇、坪林間，平時人煙罕至，適合於基地設置。

但 1950 年 6 月韓戰爆發後，國際形勢劇變，美軍第七艦隊協防臺灣，使中共以武力解放臺灣之計畫受阻。國民黨趁此時機，加緊搜捕在臺之共黨組織，為此臺共不少組織紛紛被破獲。在此情勢下，鹿窟基地不再是領導中心，部分幹部亦先後進入鹿窟山區，躲藏避難。

這些臺共幹部入山後，為怕引起當地居民懷疑，謊稱是因「二二八事件」而逃亡至此，以取得住民的同情與協助，並借機吸收村民加入組織。

由於當地居民教育程度不高，訓練參加者的方式，均以口授為主，講講話、訓練柔道而已，真正能夠了解組織，或意識形態者幾乎沒有，更遑論膽敢實際進行推翻國民黨政權之革命工作。然當時臺灣談共色變，國府當局根本不容許有共產主義、社會主義，甚至自由主義等思想存在。因此有關當局在接獲密報後，隨即出動兵力包圍山區。

自 1952 年 12 月 28 日開始行動，到 1953 年 3 月 26 日止，共計有一百八十三人被抓，其中三十六人被槍決，九十七人遭起訴判刑。

這些受難者大多為農民，或木工、礦工，很多均為不識字的文盲。他們在最基本的生活條件下苟活，三餐尚且不濟，何來閒暇推翻政府？並且，當初株連者，甚多是父母、兄弟或親戚關係。他們可說是，政治風暴中的蒙冤受害者。

㈡李友邦事件

李友邦，本名李肇基，臺北縣蘆洲人，1906 年生，進入臺北師範學校後，隨即參加秘密反日組織，從事抗日活動，1921 年加入臺灣文化協會。

1924 年因反日行動遭日警通緝，潛逃中國，入黃埔軍校第二期，並成立「臺灣獨立革命黨」，後來參加「廣東臺灣學生聯合會」及「廣東臺灣革命青年團」。1927 年「清黨」後，「廣東臺灣革命青年團」因具左傾色彩而遭瓦解。李友邦潛赴杭州，繼續從事革命活動，並結交許多左翼朋友。1932 年李友邦被捕入獄，至西安事變後才獲釋。

1937 年抗戰爆發後，李友邦籌辦恢復臺灣獨立革命黨，1939 年於浙江金華地區正式成立「臺灣義勇隊」，召募時在閩、浙一帶之臺灣人參加抗戰，自任隊長，以「保衛祖國、收復臺灣」為號召。1940 年創刊《臺灣先鋒》雜誌。

大戰結束後，1946 年政府下令臺灣義勇隊解散。李友邦回臺，擔任三民主義青年團臺灣區團幹事長，但 1947 年二二八事件後，因「通匪」與「二二八事件幕後鼓動暴動」等罪名，被陳儀逮捕，移送南京監獄被闢三個月。

後經陳誠援救，返臺任臺灣省黨部副主委兼改造委員會委員。但最後仍因「匪諜案」，於 1952 年 4 月 22 日遭處決，其妻嚴秀峰亦因「參加匪幫組織」被判刑十五年。

李友邦之「匪諜案」據臺灣軍法處的說法是：

「李友邦於 1929 年，在浙江金華，由劉匪克文介紹，參加朱毛匪幫青年團，並任匪交通，為匪黨傳遞信件。於 1932 年，被浙江當局逮捕，以其係臺灣青年，從輕處理，判刑兩年，加以感化教育後釋放。李在獄時，毫無悔改，並認識同押之匪幹，即現充匪華東軍政委員會財政經濟委員會委員兼秘書長及計畫局局長之駱耕模。」

「1938 年，我國對日抗戰期間，李（友邦）受匪指使，以臺灣獨立革命黨為掩護，向我前軍事委員會呈准，在金華成立臺灣義勇隊，受匪皖、浙、閩、贛聯絡機構金華辦事處匪幹邵荃麟、駱耕模，及駱妻張英，以及其他匪幹袁琴、杜青等之指揮，從事秘密工作。」

唯國民黨黨史專家李雲漢言：「臺灣義勇隊，係純粹臺灣青年組成的抗日團體。臺灣義勇隊，從未有過延安之番號和隸屬關係。反而曾向三民主義青年團，請求設立分團部，最後得到中央團部的允准，頒給番號為『三民主義青年團中央團部臺灣義勇隊分團』的名稱。」

在 1950 年代「白色恐怖」時期，政治的冤案、假案、錯案如山，與其說李友邦是匪諜，不如說他是國民黨權力鬥爭下之犧牲品。

㈢孫立人事件

孫立人事件可說是 1950 年代最震驚中外的事件。孫立人這位抗日時期，緬北「仁安羌大捷」的英雄，1949 年被任命為臺灣防衛總司令，並於 1950 年 3 月，晉升為陸軍總司令，保護於風雨飄搖的臺灣一隅復興基地。

1954 年，孫立人調任總統府參軍長，被剝奪實權。因孫立人平時擅於帶兵，能與官兵同甘共苦，故甚得軍中袍澤擁戴。如今未上一層樓，反而被奪權柄，基層軍心不穩，且甚多為其不平者。

是以 1955 年 8 月，即發生部屬郭廷亮，於屏東的「兵諫」事件。蔣氏父子利用此機會，認定孫立人與此事有牽連，故藉機解其參軍長職務。

國民黨政府為此事，且成立以陳誠為首的包括何應欽、王寵惠、俞大維等「九人調查小組」，進行軍中大規模的調查。事後，遭牽連者多達三百餘人。其中與孫立人關係最密切的「第四軍官訓練班」和最早的「稅警團」舊部，牽連最廣。其中十五人以〈懲治叛亂條例〉罪，被處以死刑，三十五人被軍法起訴，一百餘人被判徒刑。

至於孫立人部分，則以「側面鼓勵」部屬，企圖進行叛亂活動之名定罪，並從此被軟禁臺中，長達三十餘年，直到 1988 年 3 月 20 日，才獲得人身自由。

根據國民黨政府的調查報告談到，兵諫主角郭廷亮，確屬孫立人麾下，其罪狀是欲聯合孫將軍舊屬，陰謀俟機擁護孫立人重掌兵符，且郭廷亮尚有匪諜嫌疑，故事情不單純。

「孫案」爆發後，震驚中外，時國府駐美大使顧維鈞回憶云：其告訴彼時赴美的外交部次長沈昌煥言：「孫將軍在美國官方，及民間評價甚高，政府為示公平，應組調查委員會，委員人選必孚眾望」。另駐聯合國代表蔣廷黻也私下認為，「孫案」可能是政工所為，此事將使美對國府觀感甚差。

而政府表面上之「九人調查小組」更是做做門面而已，根本沒啥功能，小組成員之一的俞大維即說到「小組成員多數是掛名，和我一樣，絲毫不知道案情的來龍去脈」。更荒謬的是，監察院國防委員會也於 1955 年 9 月 21 日，成立曹啟文等五人的調查小組，並於 11 月完成一份調查報告。可是，此一報告，因與總統府的調查報告有出入，長期未能公佈。

此報告以為，「孫立人謀叛無證據」，其部屬郭廷亮亦非匪諜，也未有叛亂的舉動，於是「孫立人事件」，終獲平反。

基本上，孫案為一典型白色恐怖時期的冤案，其源由為蔣中正在臺復職後，有鑑於大陸的慘敗，故將軍權抓得更緊。來臺後，為著手進行軍隊的整編，模仿美國軍制推行「將官定期輪調」，原則上每二年一換，並強迫退役。在此制度下，過去諸多實力派將領如閻錫山、白崇禧、胡宗南、何應欽等，都逐漸從重要軍職退下來。不僅如此，蔣中正在「以黨領軍」的軍事思維下，於 1950 年 3 月 22 日成立「國防部總政治部」，由蔣經國擔任主任。1951 年 7 月，又創辦了專門培養國軍政工幹部的「政工幹部學校」（今政治作戰學校）。這種蘇聯列寧式，以黨介入軍政的作法，令接受美式教育的孫立人十分反感。因此孫立人與蔣經國之間的磨擦，遂不可免。他統領的陸軍，迭次與蔣經國的政工系統發生衝突。在此情況下，沒有奧援的孫立人將軍，成為 1950 年代白色恐怖權力鬥爭犧牲下之祭旗，也就不足為奇了。

1950 年代「白色恐怖」事件之後遺症

在國民黨所採取這一連串鎮壓異己的事件中，有些固然是真「匪諜案」，但更多的是「寧可錯殺一百，不願放過一人」的冤案錯案。

這些所謂嫌疑犯，其實並非全為左派人士。但由於主要起訴法源，是〈懲治叛亂條例〉及〈戡亂時期檢肅匪諜條例〉，且受害者的罪名，多以涉及匪諜或相關叛亂事件，因此一般均以「白色恐怖」稱之。

此一捕風捉影、栽贓扣帽之情況，一直要到解除戒嚴的 1990 年代才鬆綁。1991 年臺灣人的夢魘〈懲治叛亂條例〉廢除。1992 年《刑法》一百條的修正，終結了言論叛亂罪的法律依據。罩在臺灣上空，達半個世紀之久的「白色恐怖」陰影，才算撥雲見日，真正結束。

總之，為維持國民黨政權於不墜，蔣氏父子以「反共」這根金箍棒，拴緊臺灣人民正常的言論自由與議論空間，動輒以剷除共黨分子或匪諜嫌疑之異議分子為名，毫無人權的恣意妄為，隨意逮捕民眾入獄，甚且殺害之。

多少人之青春歲月、家庭幸福、生命財產，都葬身在「白色恐怖」的悲歌中。不過，國民黨也為此付出失去部分民心及下臺的政治代價。

舉例言之，政黨輪替後，雖然民進黨執政成績不理想，但仍有眾多臺灣人不認同、不接受國民黨。即使國民黨已是在野黨，也非昔時之國民黨。其中的緣由和情緒，恐怕只有從過去國民黨結下之惡果來追溯，才能得到較確實的答案。

參考書目

李筱峰、林呈蓉編著，《臺灣史》（臺北：華立，2003 年）。

行政院研究二二八事件小組總主筆賴澤涵，《228 事件研究報告》（臺北：時報文化，1994 年）。

陳翠蓮，《派系鬥爭與權謀政治：228 悲劇的另一面向》（臺北：時報文化，1995 年）。

李敖、陳境圳，《你不知道的二二八》（臺北：新新聞，1997 年）。

王曉波，〈李友邦與臺灣義勇隊初探〉，《臺灣史與臺灣人》（臺北：東大，1988 年）。

谷正文，《白色恐怖秘密檔案》（臺北：獨家，1995 年）。

李元平，〈從人事秘辛看俞大維〉，《歷史月刊》第 67 期（1993 年 8 月）。

李筱峰，《臺灣史 100 件大事》（下）（臺北：玉山社，1999 年）。

許雪姬總策畫，《臺灣歷史辭典》（臺北：遠流，2004 年）。

溫振華等編，《臺灣文化事典》（臺北：國立臺灣師範大學人文教育研究中心，2004 年）。

諸葛文武，《孫立人事件始末記》（臺北：耿榮水，1985 年）。

藍博洲，《白色恐怖》（臺北：揚智，1993 年）。

7.2　戒嚴下的政治改造與威權體制的建立

神州陸沉撤退來臺

1949 年大陸的國共內戰已近尾聲，國共兩黨恩怨情仇近三十載，終於在戰後廝殺鏖戰三年中分出勝負。是年 10 月 1 日，毛澤東以風捲殘雲的全勝之姿，志得意滿的在天安門廣場上宣佈：「中華人民共和國」成立；而在開國大典上，毛高喊：「中國人民站起來了！」更讓廣場上千萬中國人歡呼雷動，熱淚盈眶，群情激動，目睹這顆東方紅星的誕生。而反觀 1949 年，對於蔣中正與國府來說，真是山河破碎、風雨飄搖，人心浮動惶惶不安的艱困年代。

在國共勝敗已成定局之際，蔣中正未雨綢繆地選定臺灣，為其最後一搏的基地。基本上，蔣中正選擇臺灣，是甚有遠見的。早在他被逼下野之前，他便「為國家預留悉步，首先將空軍、國庫資財及軍火轉移臺灣，以鞏固後方基地」。而為了經營臺灣，蔣中正煞費苦心地作了一番人事及防務佈署。關於臺灣最重要的人事安排，是任命在臺養病的陳誠，繼魏道明為臺灣省主席。陳為蔣中正之心腹愛將，其接掌臺灣，不難看出蔣中正對其之信任與對臺的重視。

其次，為穩定臺灣金融，蔣中正特命其子蔣經國至上海，與中央銀行總裁俞鴻鈞將央行現金和黃金移轉臺灣。這批巨額黃金為 1950 年代初期臺灣之經濟，起了相當安定的作用。

1949 年 1 月 5 日，陳誠正式接任省主席，2 月 1 日又兼任臺灣警備總司令，5 月，陳誠更兼任臺灣省黨部主任委員，可說掌握了臺灣黨、政、軍大權於一身。所以說，蔣中正雖已下野，但以國民黨總裁身分，仍擁有相當大的影響力。

而隨著戡亂局勢的逆轉，蔣中正在軍事上，也將可戰的海、空軍逐漸南移臺灣。凡此種種安排，都為後來中華民國政府在臺灣的立足安頓起了正面的作用。當然，亦為蔣中正後來得以在臺灣建立強人之威權體制，提供了開展的基礎。

威權體制建立的基盤——「土地改革」

蔣中正以代理總統李宗仁滯美不歸，中樞國事不可一日無主，在萬民擁戴敦促下，於 1950 年 3 月 1 日，在臺宣佈恢復總統職務，正式開啟此後，他在臺灣政治軍事強人的鐵腕統治。

蔣中正在臺建立威權體制的基本架構，首先是需要有一安定的社會環境，才可免後顧之憂。所以早在魏道明仍主省政時，國民黨當局即不斷的進行全省居民身分證檢查，加強市場管理和港口緝私工作。1948 年 3 月 1 日起，省府下令執行〈出入境旅客登記暫行辦法〉，規定進出臺灣之旅客都要在限期內，到警察局辦理登記手續。採取此措施之目的，一為搜捕潛伏的共產黨人，並防止外地共產黨人之滲入臺灣；二為打擊投機分子，對來臺人士嚴格把關，以確保臺灣島內社會之安定。

其次，在財政經濟措施上，當務之急，是財政方面新臺幣的改革。由於大陸通貨膨脹的速度太猛太快，委實驚人，僅靠提高匯率，已擋不住。1949 年 2 月 4 日，陳誠宣佈臺灣省銀行停辦大陸向臺匯款業務，2 月 19 日，又宣佈停辦臺灣對大陸匯款業務，強行切斷臺幣與金圓券的兌換關係，以保持臺幣幣信。3 月 24 日，蔣中正又進一步支持陳誠所提，臺灣直接經營外貿，臺幣直接與外匯掛鉤的實行辦法。

之後，經過一段時間準備，1949 年 6 月 15 日，陳誠宣佈：臺灣正式改革幣制，新臺幣與金圓券斷流，但和美元接通，每五元新臺幣，兌換一美元。原有的舊臺幣，以每四萬元折合一元新臺幣。從此，臺灣金融秩序漸趨穩定，財政逐漸步入正軌，通貨膨脹減緩，為 1950 年代經濟發展，紮下根基。

另一項重大新政為土地改革。1949 年陳誠上臺伊始，即著手準備實施土改，首先實施的是「三七五減租」。所謂「三七五減租」即地主收取地租，最多不能超過租地全年正產物的 37.5%。換句話說，即地主「耕地租額，不得超過土地主要作物正產品，全年收穫量的千分之三百七十五」。

此項措施，當然以顧及廣大佃農為考量，而建築在犧牲地主的權益之上，因此地主自然不願接受。為徹底執行此項政策，國府當局於 1951 年 6 月，頒佈了〈耕地三七五減租條例〉，對「三七五減租」，予以法律保障。

顯然，這一法案的主旨，是在承認地主土地私有權的前提下，利用公權力，強行分離土地的所有權和使用權，以保障佃農利益。土改的第一步，初見成效。然而，減租只是減輕佃戶負擔，與地主之租佃關係仍在，地主依舊可不勞而獲，有違孫中山「耕者有其田」的理想。因此，要徹底廢除租佃關係，使耕地均歸耕種農民所有，使佃農變成自耕農，充分獲得自己耕種的收穫，才是最終目的。

為此，臺省當局繼推行「三七五減租」後，又迅即展開「公地放領」政策，即把當局所有的「公地」賣給農民，使其成為自己土地上耕作的自耕農。這實際上，是政府先給地主作表率，為後來的「耕者有其田」預做基礎。

1951 年 6 月 4 日，臺灣省公佈〈臺灣省放領公有耕地扶植自耕農實施辦法〉，全面展開「公地放領」工作。放領公地，主要以日本投降後，屬於日資的官方和私人產業，為政府接收之公地，面積約十八萬公頃之多。實施辦法，是以放領土地的正產物，全年收穫量的兩倍半為地價，以承租耕地之現耕農、雇農、耕地不足之佃農、耕地不足之半自耕農、需土地耕作的原土地關係人、轉業為農者的順序承領土地。承領者分十年，向當局償還地價，還清後即為土地所有者。

其後政府又不定時放領過幾次公地，共出售十三萬九千公頃土地，受益農戶超過二十八萬五千餘戶，放領面積超過臺灣耕地總面積的15%。

由公地放領所扶植的自耕農，佔當時臺灣自耕農總數的 40%，至此「公地放領」告一段落。

但僅實施「公地放領」，仍未能全面解決農民土地問題。因為還有 56% 的可耕地握在地主手中，為此，國府當局又推出第三階段的土地改革——「耕者有其田」。

1953 年 1 月 20 日，立法院通過〈實施耕者有其田條例〉，並於是年 5 月 1 日開始執行。戰後臺灣一系列的土地改革措施中，可說以「耕者有其田」的影響最大。

基本上，「耕者有其田」是以強大政府公權力介入，迫使地主交出土地所有權，然後再分配至佃農手中，達到農地所有者與耕作者合一的最終理想。

這當中，地主沒有選擇賣不賣的自由，而且讓出的土地，與所獲得的補償並不相稱。尤其是，佔地價三成的臺灣水泥、臺灣紙業、臺灣農林、臺灣工礦四大公司的股票票面價值顯然被高估，使得發放後，許多人同時拋售，股價慘跌，地主蒙受巨大損失。

減租運動以及「耕者有其田」政策，確實削弱傳統主要立基於土地的臺灣仕紳的力量，在此之時，林獻堂流亡日本，不願回臺，似也可以解讀地主出身的菁英，對國府土地改革的無言抗議。

基本上，國府在臺灣推動土地改革之所以成功，乃在於國府對臺灣土地並無利害關係，其次國府為建立威權統治，亟需底層廣大農民之支持，以鞏固其政權。另外，在「二二八事件」武力鎮壓後，國府當局確有強大力量，來推動土地改革。

臺灣當時的知識分子，大部分出身地主階層，經濟力的削弱，也使其沒有政治上的抵抗力和勇氣。而獲得土地的佃農，搖身一變為自耕農，對國府的向心力大增，生產意願也提高不少。經由土改，使得臺灣人民支持國府統治臺灣的正當性，威權統治的底層結構，於焉建立完成。

臺泥轉民營的股東大會　獲得臺泥股票的股東，對於失去土地乃相當徬徨。　（鄧秀璧攝，中央社提供）

威權體制建立第二步——國民黨黨機器的改造

1950年代初，有鑑於國民黨在大陸的慘敗，蔣中正痛定思痛，早已有改造國民黨之意。1949年7月18日，尚在大陸廣州的國民黨，已由其中央常務委員會通過蔣中正總裁提出的「本黨改造案」，只是當時為避免在中共威脅下造成黨的分裂，故暫未實行，直到遷臺後，再重提此議。

1950年1月，蔣中正成立了「黨的改造案研究小組」，並收集聽取各方意見。蔣中正認為國民黨黨機器龐雜，派系林立意見分歧，為了一己私利互相傾軋，甚至明爭暗鬥，此亦為國府在大陸戡亂失敗的主因之一。而四百餘人的中央委員見解分歧，無法統一意志，集中力量，在此情況下黨的改造，如不毅然斷行，無異自葬火坑，因此黨改造工作勢在必行。

韓戰後，美國協防臺灣，臺海情勢驟變，使得原本面對中共武力威脅的危機暫告緩和。在此逐漸有利於國府的國際局勢背景下，蔣中正快速加緊進程，推動國民黨的改造工作。

7月22日中央常務委員會通過「中國國民黨改造方案」，26日蔣中正總裁宣佈，遴選陳誠、張其昀、張道藩、谷正綱、鄭彥棻、陳雪屏、胡健中、袁守謙、崔書琴、谷鳳翔、曾虛白、蕭自誠、沈昌煥、郭澄、連震東、蔣經國等十六人為中央改造委員會委員。此十六人，幾乎全為蔣中正之親信，當然亦兼顧各派系之人馬。

在安排改造委員會期間，蔣中正大刀闊斧地，將昔日在大陸呼風喚雨的「蔣家天下陳家黨」，把持國民黨機器的陳果夫、陳立夫兄弟等之「CC（雙陳）派」勢力，完全排除。陳氏兄弟原先主控中央黨部之CC派閥，遭蔣中正在改造國民黨時，排擠出局，亦可視為蔣中正為樹立個人威權統治，急欲掌握國民黨黨機器之迫切心理，與直接建立領導權的意向。

此次黨的改造，最值得重視的是蔣經國的竄起。蔣中正在「內舉不避親」的情況下，拔擢蔣經國為中央改造委員會委員，並兼「幹部訓練委員會」主任委員。蔣中正此舉，為日後蔣經國能順利掌握黨機器，先行奠定基礎。

基本上，國民黨的改造，是以黨的組織為核心，來取代過去派系運作的方式。改造之目的，表面上是為凝固黨的向心力，及強化黨組織的運作，其實，是強化了蔣中正對黨的控制。另外則削弱了黨內原有各派系（特別是陳氏兄弟的 CC 派）的政治力量。換言之，在大陸時期蔣中正刻意維持國民黨內部，各派系之間的平衡與互相掣肘，以鞏固其總裁地位的作法。來臺後，他則越過向其效忠的諸派系，而更直接地牢牢掌控黨機器。

國民黨的改造，終於結束其在大陸時期的派系林立、相互傾軋的亂象，而轉化成以組織為核心的「革命民主政黨」，並實施「以黨領政」、「以黨領軍」的精神，進而提供蔣中正有效建立強人威權體制的基礎。

威權體制建立之三部曲——「三大監控系統」的整建

1950 年代，蔣中正為徹底建立威權體制，在提出黨改造的同時，亦把觸角伸入情治系統，開始加以整頓。

1938 年國民黨召開臨時大會期間，蔣中正將軍事委員會的調查統計局，改組擴大為三個特務組織：一為隸屬國民黨中央的調查統計局，簡稱「中統」；一為隸屬軍事委員會的調查統計局，即為「軍統」；另一為軍事委員會辦公廳的特檢處。其中「中統」和「軍統」屬國民黨和政府的兩大情治系統。「中統」負責人為朱家驊、徐恩曾；「軍統」的實際首腦為戴笠。來臺後，1949 年 7 月，蔣中正在高雄召集：唐縱、毛人鳳、葉秀峰、魏大銘、陶一珊、鄭介民、毛森、彭孟緝、張鎮等，討論以新組織來整編原有的情治系統。

由於中統與軍統一向不和；憲兵系統與警察系統，亦矛盾百出，另外保安司令部也難駕馭，如何將這些系統統一起來，且壓得住的，只有蔣中正一人。所以是年 8 月 20 日，在蔣中正授意下，「國民黨政治行動委員會」正式成立。該會基本任務為:「負責協調及監視黨政軍，和社會各個階層的安全工作」，並統一所有情報和治安工作，使之充實強化。

該會表面上，以唐縱為負責人，實際上一切聽命於蔣中正；而蔣中正日理萬機，不可能事必躬親。因此，蔣經國便順理成章地，代其父來領導「國民黨政治行動委員會」。蔣中正要扶植蔣經國之用心，唐縱當然心領神會。於是 1950 年代，整個情治機關完全落入蔣經國手中。

1950 年 3 月 1 日，蔣中正復職後，此機關於是年底也成為政府的正式機構，改名為「總統府機要室資料組」，黨、政、軍、特，都要向其匯報工作，權力非常之大。其後，該委員會正式改編為「國家安全會議」，直屬「國家安全局」，蔣經國也成為實際的負責人。

蔣中正於大陸慘敗後，來臺對軍權抓得特別緊，有鑑於大陸時期國府軍隊的派系林立，貪汙腐敗，因此整軍建軍工作，已刻不容緩。蔣中正於復職後，先是肯定陳誠之前在軍中的整編成果，並在此基礎上，擴大整軍建軍運動。

整軍建軍的成敗關鍵，蔣中正認為，只有重建革命軍人的優良傳統，樹立以「領袖、主義、國家、責任、榮譽」五大信念為目標。因此有必要急速恢復軍中「思想教育」的灌輸，而負責此重大改造工程的為軍中黨務，即以「國防部總政治部」為名的政工系統。

蔣中正復職後不久，1950 年 3 月 22 日，即任命蔣經國為該部主任，從此國軍各部隊均設立了政工機關。4 月 1 日，國民黨頒佈〈國軍政治工作綱領〉，各部隊政治工作開始啟動。蔣中正以政工系統的監控，透過蔣經國來執行，完成其在軍中的威望，並排除陳誠系於軍中之影響力，整個「槍桿子」牢牢掌握在蔣氏父子手中。

尤其為培養蔣經國，以其在軍中尚乏淵源，蔣中正特意恩准蔣經國於 1951 年 7 月在北投成立「政工幹部學校」，作為培育國軍政工幹部的搖籃。

此校長期由蔣經國的愛將王昇所把持，該校學生畢業後，進入軍隊，結合原來軍中的政工人員，形成軍中一股特殊派系——政工系。

政工系其主要作用，為當蔣經國控制軍隊之耳目，對以黃埔系統為代表的軍事將領，進行監控制衡。也因此在 1950 年代初，蔣經國被封以「情報頭子」。其幕後所主導的政工體系常與高層將領發生磨擦，與陸軍總司令孫立人的衝突，更是直接檯面化。

蔣氏父子全盤掌控黨、政、軍、特還不夠，蔣中正更將層級下探到學生層面，在蔣中正同意支持下，蔣經國於 1952 年成立「中國青年反共救國團」。

是年 1 月 31 日，國民黨中央改造委員會通過胡軌等人擬就的〈籌組中國青年反共抗俄救國團原則〉，其中規定高中以上學生，一律參加「救國團」，年齡在十六歲以上至二十五歲以下的社會青年，凡合於規定者，也必須參加。如此一來，幾乎將臺灣高中以上學生，全部納入其組織。簡單說，就是高中學生皆為「救國團員」，透過這種幾乎是強迫入團的辦法，國府當局大大地加強對學校和廣大青年學子的控制和利用。

基本上，「救國團」之設計，可說是國民黨動員青年學生，與完成執政者政治社會化目標的重要組織。它不但負責高中以上學校的軍訓，在高中更成為學校行政的一環，在學校中努力推動以主義、領袖作為效忠的對象。

此外，蔣氏父子之所以決心要建立「救國團」組織，除了要廣泛網羅青年組織，以補黨組織之不足外，同時也讓蔣經國掌握青年組織，以利於其擴充實力。蔣氏培育蔣經國之用心，可謂昭然若揭。

參考書目

李功勤，《中華民國發展史》（臺北：幼獅，2002 年）。

許福明，《中國國民黨的改造 (1950–1952)》（臺北：正中，1986 年）。

宋春、于文藻,《中國國民黨臺灣四十年史》(長春:吉林文史出版社,1990年)。
林鐘雄,《臺灣經濟發展四十年》(臺北:自立,1987年)。
李筱峰,《臺灣民主運動四十年》(臺北:自立,1987年)。
徐濟德,《陳誠的軍政生涯》(吉林:吉林文史出版社,1989年)。
張玉法,《中華民國史稿》(臺北:聯經,1998年)。
張炎憲等編,《臺灣近百年史論文集》(臺北:吳三連臺灣史料基金會,1996年)。
黃嘉樹,《國民黨在臺灣》(臺北:大秦,1994年)。
漆高儒,《蔣經國的一生》(臺北:傳記文學,1991年)。
薛化元,〈戰後十年臺灣的政治初探(1945–1955):以國府在臺統治基盤的建立為中心〉,收入張炎憲等編,《二二八事件研究論文集》(臺北:財團法人吳三連臺灣史料基金會,1998年)。

7.3　從風雨飄搖到政局穩定

「冷戰」架構下的美、中、臺關係

1950年6月25日「韓戰」爆發，美國總統杜魯門 (Harry S. Truman) 基於圍堵共產黨在亞洲擴張的戰略架構，下令第七艦隊協防臺灣海峽，使風雨飄搖的臺灣國府當局及蔣中正，死裡逃生、轉危為安的躲過共產黨跨海攻臺的危機。

美國的軍事介入，象徵美國從1949年8月5日發表〈美國與中國的關係〉白皮書以來，華府當局由「棄臺」到「保臺」的轉變。

臺海情勢雖然丕變，但臺灣國府當局也為美國這把「保護傘」付出巨大代價，即美國強烈要求國府當局承認「臺海中立化」之政策，即美國一則用優勢海空力量遏阻中共對臺動武，再則也阻止臺灣當局對大陸的軍事襲取。

所以，「韓戰」對臺灣的影響是雙重的：一是阻止了毛澤東「一定要解放臺灣」，使臺灣免於中共的「赤化」；二為鞏固了國民黨蔣氏政權，但臺灣卻進入黨國戒嚴的威權統治。

基本上，「韓戰」的爆發是救了臺灣一命，因為它使得原本漸行漸遠的美臺關係，重新日益密切。而美國經由「韓戰」教訓，對共產主義在亞洲之擴張，有更深刻之體會，為在西太平洋築成一道圍堵共產主義防線，更不可輕忽臺灣之戰略位置。

基於此，美蔣關係不僅重拾舊好，且大幅改善提升至戰略夥伴關係。1953年艾森豪 (Dwight D. Eisenhower) 就任美國總統，他一改杜魯門政府對國民黨有限度的支持政策，全面提升與臺灣國府的關係。他任命杜勒斯 (John F. Dulles) 為國務卿，是年2月，並將美國駐臺灣公使藍欽 (Karl L. Rankin) 升級為大使。

艾森豪政府與臺灣國府最重要之外交成就，除了解除杜魯門總統所奉行的「臺灣中立化」，與戲劇性的放任蔣中正自由為之外，莫過於1954年12月2日〈中美共同防禦條約〉(*Mutual Defense Treaty between the USA and ROC*)的簽訂。

此條約標誌國府與美國軍事同盟的正式形成。條約主要的精神，仍然延續杜魯門時期對臺海的「兩重性」：即一方面臺美雙方共同防衛臺灣和澎湖群島，另一方面也限制臺灣國府當局的「反攻大陸」。

〈中美共同防禦條約〉維繫了美國軍事協防臺灣三十餘年，透過此一條約，臺灣正式被納入美國的防衛體系之一環。而蔣中正所領導的中華民國政府，在取得條約保障後，其政權統治的外部正當性大增，也解除了來自大陸共產黨的軍事威脅，臺灣的安全更加確保。

但在此一條約的架構下，蔣中正欲以武力反攻大陸之夢，亦為之破滅。因為在沒有美國許可之下，國府是不能單獨片面軍事反攻的；並且，在沒有美國支持下，也不可能實現。

檢視當年的〈中美共同防禦條約〉，其實美、臺、中共均各有盤算，基本上，此條約並非美國所期待，美國之所以締結此條約，主要是唯恐國府政權日益弱化，再不提升士氣可能撐不下去。

另一方面，臺灣與國府政權，雖因此條約而獲得安全保障，但國府其實也有所不滿。因為該條約僅限定臺灣、澎湖群島為適用地域，將使未來其在聯合國的中國代表權受到質疑，也切斷其反攻大陸的希望。

至於中共，表面上雖然強烈抨擊此條約，但內心對國府僅能單獨與美國簽訂防衛條約，而沒有納入美國主導的〈東南亞集體防禦條約〉體系內而欣慰。

聯合國席位保衛戰到臺美斷交

〈中美共同防禦條約〉的簽訂，是國府在臺最大的外交勝利，因為它最起碼保障了臺灣的安全，所以從1958年「八二三砲戰」後，臺海維持了二十年的和平。而彼時因中蘇關係交惡，毛澤東將戰略重心由對美臺的東向，轉移至北禦蘇聯的入侵。而為了「聯美制蘇」，臺灣問題暫擱一邊，直到毛澤東去世，美國總統卡特 (James E. Carter) 上臺與臺灣「斷交、撤軍、廢約」，才打破這二十年的臺海穩定局面。

冷戰時期臺灣的外交關係，真可謂「成也美國，敗也美國」。臺灣在聯合國保衛戰失利，其實是中、美、蘇三個大國角力下的犧牲品。

「越戰」的升高，使得美國尼克森 (Richard M. Nixon) 政府亟欲擺脫困境，改變了美國對華政策之動向。中、蘇交惡，尤其是蘇聯的百萬大軍部署在中蘇邊界，更令中共寢食難安。因此毛澤東決心與美國和解，把戰略重心轉移到對抗「北極熊」。此外，蘇聯國力的增強，亦使美國有「聯中抗蘇」的構想。

基本上，美國與國府對於聯合國中國代表權看法的歧異，始於甘迺迪 (John F. Kennedy) 總統時代，因為在甘迺迪競選總統時，即經常表現出「兩個中國」、或「一中一臺」之論調，而令中共與國府甚為緊張。其後，美臺關係又因外蒙古進入聯合國而陷入緊張的僵局。為此，副總統陳誠還特別跑一趟華府，直接與甘迺迪總統協商。最後，在美國強調保證支持國府代表權，以及美國再次確認反對中共政權進入聯合國的決心後，蔣中正的態度才軟化，對外蒙古入會案，以投棄權票，而讓外蒙與茅利塔尼亞等國加入聯合國。

其後，中共試爆核彈成功，及法國外交承認中共，均使其國際地位大大提升，而美國輿論也開始出現要求政府調整中國政策的呼聲，國際局勢逐漸對國府不利。1965 年，由於「越戰」的急遽升高，詹森 (Lyndon B. Johnson) 政府轟炸北越，從而加深美國與中共對決態勢，使得國府有關聯合國中國代表權的問題，稍獲紓解。

然美、中、臺關係已在微妙變化中，1967 年 10 月，尼克森準備競選總統時，曾提到：「從長遠的觀點看，我們負擔不起永遠把中國排除在國際大家庭之外。在這個小小的星球上，容不得十億最有才能的人民生活在憤怒的孤立狀態之中。」

1969 年 3 月，中蘇「珍寶島事件」❷武裝衝突後，更讓中共領導人了解到蘇聯的威脅遠比美國大。基於聯合次要敵人，打擊主要敵人之統一戰線邏輯，毛決定「東聯孫吳，北拒曹操」，所以他打的美國牌，「聯美制蘇」策略，於焉形成。而美國為早日從越戰抽腿，及面對蘇聯的軍力擴張，亦想改善與中國的關係，而進一步「聯中制蘇」。雙方在主要假想敵一致的情況下，攜手合作的時機，也就逐漸成熟了。

1971 年 4 月，中共邀美國乒乓球隊訪問中國，即所謂的「乒乓外交」，揭開美中關係的破冰之旅。其後，是年 7 月 9 日，季辛吉 (Henry A. Kissinger) 從巴基斯坦密訪北京，更是兩國關係解凍戲劇性之一幕。季辛吉分別與中共高層毛澤東、周恩來等舉行冗長會談。7 月 15 日，並與周恩來簽署了〈聯合公告〉，且宣佈尼克森接受中共邀請，將訪問中國。

美中〈聯合公告〉衝擊最大的是臺灣國府當局。時正值第二十六屆聯合國大會，進入討論中國代表權問題之際，美國總統特使季辛吉訪問北京，且安排尼克森訪問中國，無論如何，對國際局勢彷彿投下一顆震撼彈。尤其，自相矛盾的是，美國一方要改善與中國的關係，一方又指令美國駐聯合國代表繼續阻撓中國進入聯合國。

然而，尼克森宣佈訪中，使得原本欲支持美國提案的國家不免質疑，美國總統都要訪問中國，有何理由去投票支持美國的提案——阻撓中共之加入聯合國呢? 所以，聯合國大會最後表決結果，美國所提的「重要問題」案，以五十九票反對，五十五票贊成，十五票棄權遭到否決。

接著表決阿爾巴尼亞提案——接納中國，驅逐國民黨代表。結果以七十六票贊成，三十五票反對，七票棄權通過。

10 月 25 日，國府外交部長周書楷悲憤的宣佈，中華民國退出聯合國。其後遺症是，此後國際間一連串的國家紛紛與臺灣斷交，轉而承認北京政權，其中包括衝擊甚大的「中日斷交」在內。

---

❷ 指中國與蘇俄為爭奪烏蘇里江上的珍寶島而發生的武裝衝突。

1972 年 2 月 21 日，尼克森訪中，與毛澤東、周恩來等中共領導人會談，28 日簽署了〈上海公報〉，雙方除重申反對蘇聯霸權擴張外，對臺灣問題，美國特別聲明：「美國認識到，在臺灣海峽兩邊的所有中國人都認為只有一個中國，臺灣是中國的一部分。美國政府對這一立場不提出異議」。

〈上海公報〉發佈後，兩國之間雖尚無外交關係，但雙方關係進展頗速，1973 年 2 月，季辛吉第五次訪問北京，終於決定設立大使層級的常設機構「聯絡辦事處」。

此一聯絡辦事處，形同外交上的「雙重承認」特例，即在華府，同時存在著國府的正式大使館，與中共形同大使館的「駐美聯絡處」。中共之所以願意做如此重大讓步，是因其處於抗蘇大架構下，美中戰略合作的蜜月期。同時，也因此保持著美中臺三角平衡的穩定期，此平衡關係歷經尼克森、福特 (Gerald R. Ford) 到卡特政府才又生變。

1978 年 12 月，中共十一屆三中全會，鄧小平鬥垮華國鋒，成為毛澤東去世後，中共第二代領導人，也正式揭開「鄧小平時代」。為逼臺灣走向談判桌，他把「統一」的賭注，押在美國身上，他以為只要迫使美國對臺「斷交、撤軍、廢約」，臺灣就會乖乖地同他談判「和平統一」。而美國卡特政府，因把美中關係視為美國全球戰略的核心，美國有必要與中國建立戰略合作關係，所以美中關係正常化，是非常重要的。

基此認知，美國卡特政府屈服於中共，派布里辛斯基 (Zbigniew Brzezinski) 前往北京洽談建交事宜。最後，同意接受中共方面，關於正常化的三個基本條件（即斷交、撤軍、廢約），而於 1978 年 12 月 15 日，簽訂〈美中建交公報〉。

〈建交公報〉提及：「美利堅合眾國，承認中華人民共和國政府，是中國的唯一合法政府。……臺灣是中國的一部分」。

卡特政府出賣臺灣，且在斷交前七小時，三更半夜，才由駐華大使安克志 (Leonard Unger) 報告蔣經國總統知悉。美國對一長期堅定友邦，以如此倉促無禮的方式斷交，這不光彩的一頁，將永留在美國歷史上，難以洗刷。

卡特政府嚴重羞辱國府，以極粗魯方式與臺灣的中華民國政府斷交，此舉引起美國國會及人民相當的反彈。為修補美臺關係，將斷交傷害降到最低，1979 年 3 月美國國會通過了一國內法《臺灣關係法》，4 月 10 日，該法案由卡特簽署成立，從此《臺灣關係法》成為美臺關係發展的基本架構。

政治上的雙軌體制

抗戰勝利後，國府為還政於民，早日實施憲政，特別召開「政治協商會議」，決定制定憲法，以使中國走向民主憲政的國家。

1946 年 11 月 15 日制憲國民大會於南京召開，經過月餘制憲，於 1947 年元旦公佈《中華民國憲法》，並決定於是年 12 月 25 日，正式實施。此即國府所謂還政於民，中華民國步入了憲政時代。

根據《憲法》，於 1948 年 3 月第一屆國民大會中，選出蔣中正為行憲後第一任中華民國總統。

由於當時國共內戰已如火如荼展開，政府正處於戡亂時期，憲法中的諸多條文，對總統的權限約束甚大。於是，由莫德惠、王世杰等七百多位國大代表，聯合提出的「制定《動員戡亂時期臨時條款》」提案，於是年 4 月 18 日，由國民大會順利通過。

《動員戡亂時期臨時條款》最關鍵內容，為「總統在動員戡亂時期……為緊急處分，不受憲法第三十九條或第四十三條所規定程序之限制」。根據《動員戡亂時期臨時條款》法源，蔣中正於 1948 年 5 月 19 日，公佈了《戒嚴法》，12 月 10 日頒佈了〈全國戒嚴令〉。

1950 年 3 月 1 日，蔣在臺復職後，依據《動員戡亂時期臨時條款》之授權，在臺灣繼續實施《戒嚴法》，並以「戒嚴時期」為藉口，頒佈〈戡亂時期檢肅匪諜條例〉等一系列保安措施，在臺灣厲行威權統治。

1954 年 3 月，第一屆第二次國民大會，在臺北召開。因此次會議僅勉強湊足開議人數，而未達到修憲人數，故大會做出決議：「《動員戡亂時期臨時條款》，在未經廢止前繼續有效」。《動員戡亂時期臨時條款》從此成了永久條款，總統永遠擁有隨時發佈「緊急命令」，即「出言即法」的權威。臺灣的戒嚴狀態，也在《動員戡亂時期臨時條款》的保障下，實施長達三十八年之久。

總之，國府在臺名義上雖實施憲政，但實際上又有一「太上憲法」，架空憲法上民主的內容，而代之以軍、警、特的戒嚴體制。

如此政治上的雙軌體制，即當人民或團體有侵犯威脅黨國體制時，則祭出以《動員戡亂時期臨時條款》法源鎮壓之；當人民的行為不至於威脅國民黨威權統治時，則給予若干憲法上賦予的權利，而美其名推行民主憲政。

但此種「憲政」與《動員戡亂時期臨時條款》交錯運作的雙軌體制，使反國民黨的各派政治勢力，或國民黨的開明之士，常拿特務、戒嚴、民主等問題大作文章，要求國民黨回歸民主憲政常軌。從此成為臺灣政治暗潮洶湧，長期不穩之亂源。

背離民意的「萬年國會」

戡亂逆轉大陸淪陷，國府來臺後，政治架構最令人詬病的是，堅持代表中國的唯一合法正統政府。然因神州陸沉，使得號稱代表人民的中央民意代表無法改選，無法新陳代謝。

為解決中央民意代表無法改選的窘境，集思廣益，終於想出對策，決議「國民大會代表每六年改選一次。每屆國民大會代表之任期，至次屆國民大會開會之日為止」。以「次屆」開會為前提，換言之，倘「次屆」開議不了，這屆代表就永遠做下去。此斷章取義，自欺欺人的作法，經蔣中正同意後，於 1953 年 9 月 23 日，將此意轉告國大秘書長洪蘭友。

10 月 5 日，司法院長王寵惠出來背書，稱第一屆國大代表任期，必須至下屆代表會開會始告終了。因第二屆國大代表無法產生，故第一屆國大代表自無所謂任期之延長。於是，第一屆國大代表成為「終身代表」。

國大代表任期如此解決，立、監委員任期問題也比照辦理。經此一番曲解，立法、監察委員亦成終身職。從此，國府之國會在未能反攻大陸前，成為永不能改選的「萬年國會」，成為全世界民主之笑柄。此皆國府為堅持唯一合法代表全中國之假象所付出的代價，且此代價，是建立在犧牲臺灣真正民意之基礎上。

中央民意代表任期問題暫獲解決後，「法定多數」亦為一燙手山芋，因為按照憲法實施程序，國民大會、立法院、監察院等國會機構開會，出席者必須超過半數，才能開議。

為此，1960 年 2 月 12 日，仍由大法官會議作出「釋字第八十五號憲法解釋案」，宣佈「憲法所稱，國民代表大會總額，在當前情形，應以依法選出，而能應召集會之國大代表人數，為計算標準」。從此順當地解決了困擾國府多年的「法定多數」問題。

依同樣辦法，立法院和監察院的總額，也以「能應召集會者」為準計算。以此總額為基數，制定各類法案所要求之票數限制，即可迎刃而解。國民黨就以這些法寶，維持其在臺灣的法統統治。

這些無法改選的國會，成了「萬年國會」；無法改選的中央民意代表，成為「萬年國代」、「萬年立委」、「萬年監委」。雖然國府後來有舉辦若干次增補之舉，但其名額仍是少得可憐。

平情而論，這些中央民代，其實也是時代悲劇的無奈者，在臺灣的「國會」，既不能代表大陸民意，也不能代表臺灣民意，其怪誕情境，可想而知。幸而國府在臺灣，尚能實施孫中山之基本主張，即「地方自治」。此為國府在臺灣所實行最有積極意義的政治措施，因為地方自治，畢竟使人民有選擇基層領導人的機會。

縣市長要想在競選中獲勝，就必須才德兼備，才能獲選民青睞，並在政策上滿足選民的需求。故為民辦事效率，及較少官僚作風，比起在大陸時期改善很多。且有了地方自治，使反國民黨的政治人物，有一直接向人民表達訴求的機會，甚至，有可能在競選中獲勝，而當上縣市長、縣市議員，乃至省議員或中央民意代表。從這層意義上講，地方自治可說為反對人物開闢一條參政管道，儘管此路設限重重，但畢竟有總比沒有好。

事實上，國民黨治臺這半世紀，每一次的選舉，都將一批批反對派人士推向政壇。而且每隔幾年的選舉，對人民也是一種民主政治的訓練，它不斷地提高民眾的政治意識，鼓動百姓的政治熱情，不斷地吸引人們實踐民主政治。對於民主觀念的普及、民主力量的形成，乃至政治民主化取向的確立，都起了推波助瀾的功用。

1980 年代臺灣民主政治的開花結果，坦白說，長期以來地方自治的徹底推行是功不可沒的。當然，這強大的作用，可能是當初國民黨所始料未及的。

戰後經濟發展之背景

國府在臺灣執政五十餘年，最引以為傲的是將臺灣經濟發展得很成功，博得了臺灣「經濟奇蹟」之美名，成為舉世欽羨的所謂「臺灣經驗」。

其實「奇蹟」一詞並不妥，從 1950 年代起臺灣經濟發展軌跡看，臺灣經濟之所以發展成功，實際上是由諸多歷史條件配合而成的。

1950 年代國府敗退來臺之際，所面臨的嚴峻考驗是如何以臺灣一隅之地，對抗強大之中國大陸，且還要給養國府遷臺後，瞬間湧入的好幾百萬移民潮。這對臺灣這個戰後滿目瘡痍的島嶼而言，實在是個不可能的任務，其艱鉅可想而知。但也因為如此，風雨飄搖的國府，更只能別無選擇地積極發展經濟以存活。其目的有二：一為復興經濟，厚植國力，方能與大陸長期對抗；二則透過經濟發展，改善生活，以爭取臺灣人民對其政權合法性的支持，便於長期統治臺灣。

職是之故，國府來臺之初，當然以發展經濟為施政的第一優先課題。

臺灣戰後經濟發展的良好條件，是由多方面配合所致。首先是日本人所打造的基礎，日治初期的對臺殖民政策，是「工業日本、農業臺灣」。因此，臺灣在日本殖民統治下，是以生產殖民母國所需農產品為主，並將之輸往殖民母國以換回工業產品。

因日本對臺需求以米、糖農產品為主，故殖民政府在臺乃大力鼓吹培植稻米與甘蔗。因此1930年代以前，糖與米成了臺灣輸日出口之大宗。且為了增加農業生產，提高農業生產力，日治時期，舉凡灌溉水利設施的興建、農業研究及農業推廣組織、開發新產品、鼓勵農民使用化學肥料等，均有長足進步。這些現代化農業設施和觀念，在戰後國府土地改革中，扮演重要角色。

1930年代後，因應太平洋戰局的緊張升高，日本亦改變對臺灣的經營策略，使臺灣經濟發展扮演新的角色。其中尤以基本工業的發展，如肥料、紡織、金屬製品、化學品、水泥、造紙以及石油煉製等，有長足的進步。而為了促進這些基本工業的發展，日本大量地投資電力，和交通運輸之基礎設施。這些基礎建設為國府治臺初期之經濟復甦，奠下堅實的根基。

其次，國府撤退來臺之際，所帶來的資金與技術，對臺灣經濟穩定與發展亦貢獻甚大，如紡織業，幾乎全為陸資，此外，木材、化工業，也大部分由陸資經營。兼以戰後初期來臺接收的技術人員，及國府遷臺後為恢復生產對國營事業所作的投資，實構成1950年代初期經濟發展的主要推動力量。

最後，為美國的援助。戰後臺灣經濟生產萎縮、物價高漲、外匯枯竭，整個經濟已至崩潰邊緣。幸賴美援及時到來，使臺灣經濟起死回生。尤其是對彌補當時臺灣外匯之短缺，實有極大的貢獻。

另外，像為確立威權統治基磐的土地改革、臺灣人民的勤奮打拼、國府尊重專業，重用如嚴家淦、尹仲容、劉大中、孫運璿、李國鼎等財經技術官僚，為臺灣經濟發展規劃藍圖，穩健掌舵，他們可謂是臺灣經濟發展的領航員。而二戰後，國際經濟大環境的榮景，亦為一項有利因素，凡此皆為臺灣在 1950 年代的經濟發展，提供甚佳的條件。

1950、1960 年代經濟發展策略

1950 年代臺灣經濟發展的策略，首先為，政府儘量排除阻擾企業發展之障礙，積極釋放臺灣經濟潛力，開啟更高層次的社會經濟動員，為個別家庭提供公平向上的契機。因政府擴大加強公共設施與教育機會，為國家經濟發展儲備充沛的專業技術與經濟人才。

其次，是積極扶植民營企業。從 1950 年代始，政府即採取一連串「企業私有化」的政策，刺激私人企業的發展，特定的公營企業也轉型為私人公司。當時從大陸流入臺灣的資本，構成臺灣私營資本的一個重要部分。

以 1950 年代，在民營企業佔重要地位的紡織業為例，1952 年，臺灣共有八家民營紡織廠，其產值佔全部紡織品產值的 67.6%，佔全部民營工業產值的 33.6%；而這八家工廠中，有七家是從大陸遷臺的。這七家工廠的紗錠合計，佔當時臺灣全部紗錠的 54%。

政府的具體作法是協助這些公司取得資金與原料，以鼓勵私人企業成長。政府並為企業勞工提供保險，讓勞工有進一步生命安全之保障。

另外，實施「耕者有其田」時，政府頒佈〈公營事業轉移民營條例〉，以臺泥、臺紙、工礦、農林等四大公司的股票，作為償付地價的債券，此舉直接促使地主把賣地收入轉投資為工業，為私人資本的發展奠定基礎。與此同時，政府亦將戰後接收日資或日臺合資企業的四百六十一家中小企業，出售給私人。如此，擴大了私人資本的規模。

到 1954 年，臺灣的民營企業已超過十二萬七千多家，佔臺灣工商企業總數的 96%，資本額達工商企業總資本額的 49.7%。

總之，國府的「儘量縮小民生工業之公營範圍」，鼓勵企業私有化，積極扶植民營工商業的經濟政策，明確地劃分了國營與民營企業不同的

經營方向。

國營企業主要經營能源、鐵路、交通、軍工、製造、金融等大型具壟斷性及關係經濟命脈，又耗資巨大、民間不便經營之行業；而與人民生計有直接相關的紡織、造紙、水泥、營造業，以及各類日常消費品的生產，則委由私人資本來經營。

這樣區別不同的經濟方向後，國營企業與民營企業各安其位，分工合作，雙軌並行，為臺灣在 1950 年代之經濟發展，鋪設下堅實之基石。

最後，是營造良好穩定的經濟環境。首先是抑制物價之飆漲，防止惡性通貨膨脹。自魏道明主臺時起，即實施糧食配給制度。1950 年代初，政府當局又對多項民生必需品如油、布、糖等，採取定量配給。此即在定量範圍內的商品，不得隨意漲價，並以公權力強制監督執行，以維護市場秩序，遏止物價漲風。

另外，為壓抑通貨膨脹，當局亦積極鼓勵儲蓄。1949 年 5 月 21 日，臺銀開始實行〈臺灣銀行黃金儲蓄辦法〉，用黃金支付短期定期存款，金價低於市價，以吸引人民儲蓄。

1950 年 6 月起，又以黃金儲蓄，搭配「節約救國儲蓄券」，及「愛國公債」等措施，以爭取民眾購買。總計至 1951 年 8 月止，政府共賣出黃金一百五十四萬兩，回籠貨幣四十四億多元。除此之外，政府也採用政治攤派，和經濟獎勵等各種手段，如發行「愛國獎券」或公債。銀行方面，也舉辦各種類型的有獎儲蓄，來刺激人民買氣，以吸引存款。

而政府推出的「優利儲蓄存款」，因為複利年息頗高，遂使人們樂於從追求商品，轉為追求金融資產，從而使得銀行定期存款猛增。如此，既減輕市場壓力，也積累了擴大再生產資金。

通過這一系列措施，兼以善用「美援」，土地改革亦刺激了農業生產及與農業相關如輕工、紡織、化肥、農機等工業部門的發展，終於帶動了戰後臺灣經濟之重建與復甦。民營資本取得有利發展後，政府又採取市場保護和加強關稅壁壘政策，以資鼓勵。

基本上，從 1950 年代始，政府當局即開始嚴格執行進口管制政策，進口廠商需先辦理許可證，並預存一筆相當金額做保證金。這些措施，使很多進口廠商望而卻步，轉而覓尋島內可供自產之替代品。此舉大大鼓勵了島內民營工業的自產，帶動如紙張、水泥、橡膠製品、鋁錠、毛製品、人造纖維、化肥、麵粉、皮革、自行車等，輕工業之突飛猛進。

為限制進口，國府當局徵收高額關稅。而為限制進口的政策配套，國府亦實行多種匯率制度，凡進口原料或設備者，可比直接進口成品者適用較低匯價，如此即把寶貴外匯，用在發展生產上，而非幫助外國人傾銷產品上。當局鼓勵發展的進口替代工業，也可按較低匯率得到外匯，如當時民營業龍頭紡織業，即以比其他部門低 30% 的匯率進口原料和設備。

到了 1950 年代末，由於民營工業的蓬勃發展，島內市場已趨飽和，臺灣經濟面臨轉型之瓶頸，國府當局立即當機立斷，採取轉變措施，由「進口替代」向「出口擴張」轉化。

為推動經濟發展，國府當局陸續制定〈獎勵投資條例〉、〈華僑投資條例〉、〈外國人投資條例〉、〈技術合作條例〉等法案，以各種有利條件，鼓勵民營工業和外商競爭，打入國際市場。

另外，政府又進行一系列經濟改革，如多層匯率改為單一匯率，逐漸放寬進口限制，為鼓勵民營資本與外商合營，擴大出口，政府當局也頒行種種免稅優惠規定。1965 年，臺灣又在亞洲率先開辦「出口加工區」，對外商提供種種優惠待遇，以招徠外商來臺投資。

隨著臺灣經濟實力之提升，及競爭力的加強，原先政府對經濟採取的貿易保護政策，也在經濟大環境改變的情況下，由自由貿易的政策所取代。

基本上，檢視國府 1950、1960 年代的經濟策略可知，其模式為雙軌並行制，即一條為「有效調整國營、民營之企業關係」，政府直接把國營企業售予私人，嚴格劃分國營、民營不同之經營範疇，並在能源、貸款、原料等方面，建立起互相依存、共存共榮之關係。另一條為「營造有利經濟發展之環境」，包括遏止通貨膨脹、保護島內市場、減輕企業稅負等等，刺激產業發展的有效措施。

總而言之，即以積極扶植民營企業為導向，因此政府在資源勘察、原料供應、市場開發、技術引進等各方面，均針對民營企業與經濟發展之需要，做機動靈活之調整。這種由政府直接或間接的介入經濟，對民營事業的指導扶植，可謂功不可沒。

1950、1960 年代，在政府有計畫的「四年經濟建設計畫」下，以前瞻性的遠見，提出經濟發展的策略與方向，配合美援的積極有效運用，和國際環境的有利因素，締造了臺灣第一波經濟發展的高峰。以民營企業為例，從 1953 至 1977 年的二十五年間，生產增長率為每年 18.1%，這在世界各國和地區的經濟發展史，幾乎是奇蹟。

民營資本的繁榮，為臺灣的經濟發展，注入了強大的生命力，隨之而來的是就業市場擴大、供給面增加、民生改善、中產階級崛起。

經濟的榮景帶動教育品質的提升，有錢接受高等教育人口暴增，而消費能力的提高，也促使經濟自由化和社會多元化的發展。民主發展的社會雛型隱然成形。

國府在臺灣經濟發展的成功，早期固然有利於其統治；但由經濟蓬勃發展，所帶動的社會多元自由、民主意識的汲取與養成，最終是「大江東流擋不住」，逼使國府不得不鄭重面對，以強大中產階級為主體的呼籲及心聲。1970、1980 年代一連串風起雲湧的民主浪潮，使國府不得不改弦易轍，以呼應民眾的訴求。吾人若以經濟發展論的必然結果來看，似乎亦不為過。

參考書目

丹尼・羅伊 (Denny Roy) 著，何振盛、杜嘉芬譯，《臺灣政治史》(臺北：商務，

2004 年)。
田弘茂著，李晴暉、丁連財譯，《大轉型：中華民國的政治和社會變遷》(臺北：時報，1989 年)。
阮銘，《歷史的錯誤：臺美中關係探源》(臺北：玉山社，2006 年)。
李功勤，《中華民國發展史》(臺北：幼獅，2002 年)。
宋春、于文藻，《中國國民黨臺灣四十年史》(長春：吉林文史出版社，1990 年)。
林鐘雄，《臺灣經濟發展四十年》(臺北：自立，1987 年)。
陳正茂編著，《臺灣經濟發展史》(臺北：新文京，2003 年)。
陳孔立主編，《臺灣歷史綱要》(臺北：人間，1997 年)。
陳碧笙，《臺灣人民歷史》(臺北：人間，1996 年)。
黃嘉樹，《第三隻眼看臺灣》(臺北：大秦，1996 年)。
張玉法，《中華民國史稿》(臺北：聯經，1998 年)。
陶涵 (Jay Taylor) 著，林添貴譯，《臺灣現代化的推手：蔣經國傳》(臺北：時報，2000 年)。
錢復，《錢復回憶錄》(臺北：天下文化，2005 年)。

7.4 蔣經國接班後的銳意革新

「蔣經國時代」的接班與來臨

蔣經國總統，曾在公開場合提及：「在臺灣住那麼久，我也是個臺灣人。」誠然，蔣經國七十九年的一生，其中大半輩子確實在臺灣渡過。1949年蔣氏父子因國共內戰失敗倉皇來臺，當時的蔣經國才方屆不惑之年。

來臺後，從1950至1970年的二十年間，蔣經國在其父刻意栽培下，雖然行事神秘低調，但已逐漸掌握臺灣的情報、特務、軍事、社會諸大權。

蔣經國在1950、1960年代，曾與陳誠激烈角逐蔣中正後之臺灣接班人。但在1965年3月5日，陳誠因病逝世後，蔣經國接班態勢，逐漸明朗化。

而蔣中正也「內舉不避親」，從來臺後，即給予不斷的歷練。1949年先出任國民黨臺灣省黨部主委，1950年3月蔣中正復職視事後，他又受命兼掌國民黨幹部訓練委員會主委、國防部總政戰部主任、總統府資料室主任等要職，掌握黨、軍、特系統，為蔣中正最倚重之左右手。

1952年，蔣經國又一手籌組「中國青年反共救國團」，且兼主任，全面掌控青年資源，負責青年之思想工作。1957年5月24日，臺北發生群眾攻擊美國大使館事件（稱為「五二四事件」，亦稱「劉自然事件」），由於美方懷疑救國團介入，蔣經國被調為「退除役官兵就業輔導委員會（退輔會）」主委，領導榮民上山下鄉修建東西橫貫公路，累積能量，暫時沉潛。

1964年3月，蔣經國出任嚴家淦內閣之國防部副部長，象徵他逐漸從幕後走向臺前，1965年1月，原國防部部長俞大維辭職，蔣中正任命蔣經國真除國防部長，主持軍事會議，徹底掌握軍權。

1965 年 9 月，蔣經國第三次訪美，儼然以接班人態勢試圖與美方高層建立關係，並培養其國際聲望與外交歷練。1966 年國民大會第四次會議後，蔣中正提名嚴家淦為副總統兼行政院長，嚴家淦彷彿是臺灣第二號人物，其實他只是扮演「過渡者」角色，蔣真正屬意的是兒子蔣經國。

1969 年，蔣經國高升為行政院副院長，嚴家淦則以其在財經方面的長才，幫助蔣經國熟悉財經業務。

是年 8 月，蔣經國又兼職「國際經濟合作發展委員會（經合會）」主任一職，經合會由 1950 年代的「美援會」蛻變而來，其時為臺灣經濟決策的中樞。蔣經國接掌後，將其功能變成超部會的「財經小內閣」。

蔣經國在經合會期間，慧眼識英雄，提拔一批熟悉財經之技術官員，如李國鼎、陶聲洋、張繼正、費驊、孫運璿等，他們爾後不僅是蔣經國財經內閣的主力幹部，更是臺灣經濟發展的領航者。

蔣經國出任行政院副院長後，接下來又兼任經合會主委，意味著其已填補上最後一塊權力空白，勢力已從黨、軍、特進一步擴張到政府及財經領域，至此，「蔣經國時代」已悄然來臨。

1972 年 3 月，蔣中正蟬連第五屆總統，嚴家淦為副總統。唯此時蔣中正年事已高，接班問題更是迫在眉睫。為豐富蔣經國的政治歷練，有必要挑起國家政務之重責大任，因此由嚴家淦領銜，極力推薦蔣經國「堅忍剛毅，有守有為」，是最理想的行政院長繼任人選。

在一片擁戴聲中，蔣中正提名蔣經國為行政院長。6 月 1 日，立法院高票通過，成為世界憲政史上一奇特現象，父子檔一為總統、一為閣揆掌握國家大權。當時，蔣氏身體違和，其實國家大事已全部交由蔣經國操持，「蔣經國時代」已正式上路。

1975 年 4 月 5 日夜，高齡八十九歲的蔣中正，於大雨滂沱聲中逝世。象徵主宰中國政壇，叱吒風雲近半世紀的「蔣中正時代」，終於落幕。一個強人時代的結束，又開啟另一個強人時代的來臨。

蔣中正辭世後，嚴家淦依《憲法》宣誓繼任總統。嚴家淦當選總統後，能謙沖自制，故與蔣經國之間並無爆發類似民國初年的「府院之爭」（黎元洪之總統府與段祺瑞國務院的權力之爭），反而像國府主席林森那樣，謹守本分，所以權力仍完全由蔣經國握在手中。

並且，在蔣中正逝世後，是年 4 月 28 日，國民黨第十屆中央委員會臨時全體會議通過決議，推舉蔣經國為國民黨主席。在那個「以黨領政」的時代，蔣經國主席的職位，實已獨攬所有權力了。

1978 年 3 月，總統嚴家淦任期屆滿，執意隱退，堅決要讓蔣經國接位，於是在國民黨營造一片萬民擁戴的氛圍中，蔣經國順利由國民大會選舉產生，為中華民國第六屆總統。以後又連任第七屆總統，至 1988 年 1 月 13 日因病卒於任上，享年七十九歲，「蔣經國時代」才譜下休止符；而兩蔣父子統治臺灣近四十年的強人歲月，也劃下句點。

綜觀蔣經國在臺四十年，前二十年是逐步汲取權力為主，行事低調神秘，常被國內外人士視為「謎樣人物」，或被批評為「特務情治頭子」，口碑並不佳。後二十年情況則完全改觀，從接任行政院長後，大開大闔，勵精圖治，積極開拓新局，推動新政。

如在政治上，重用臺籍政治菁英，尊重專業技術官員，提高行政效率；在經濟上，嚴懲貪汙舞弊，推動「十大建設」，降低失業率，抑制通貨膨脹，帶領國人度過世界「石油危機」的衝擊。當然其任內亦發生中美斷交及「美麗島事件」、「林宅血案」、「陳文成命案」、「江南命案」與「十信弊案」等不幸事件或風暴。

但可喜的是，在時代潮流的趨勢和黨外異議分子長期的呼籲，以及臺灣人民的期盼下，其在第二任期內，大刀闊斧的從事政治改革。1986 年 9 月 28 日，臺灣第一個本土政黨「民主進步黨」成立，蔣經國默許之。

在生命的晚年，其知道來日無多，推動政治改革進程日益加快，1987 年 7 月，宣佈解除長達三十八年的〈戒嚴令〉，並撤銷黨禁、1988 年解除報禁，開放大陸探親及兩岸交流，其高瞻遠矚的睿智與遠見，為臺灣後續的政治民主化鋪下堅實的初基。

大刀闊斧的政治革新

蔣經國掌權於臺灣內外交困之際。對內，蔣中正二十年的強人鐵腕統治，臺灣人雖敢怒不敢言，然則實際上已積累了許多不滿情緒，如火山般隨時有可能噴發。

年輕新一代知識分子，經過《自由中國》、《文星》、《大學雜誌》的洗禮，尤其是「保釣運動」❸的衝擊，及國府在退出聯合國、尼克森訪問大陸、中日斷交等一連串外交嚴重挫敗後，鑑於國家的存續安危，終於勇敢的向政府提出建言、批評時政。

當時知識分子議政聚焦於幾項沉痾：如萬年國會的不合理、中央民代終身制之荒謬、官僚體制的效率功能不彰、軍警特務橫行、基本人權與言論自由未獲保障等等。蔣經國上臺後，即呼應知識分子的訴求，提出全面革新的主張。其所喊的「全面革新」，用意有二：一為爭取臺灣人支持，回應臺灣人的期待，使國民黨在臺灣能繼續執政；二為蔣經國希望透過政治的全面革新，來證明其有能力將國家治理好。

基本上，蔣經國的政治革新，展現在幾個方面，在對待異議分子或反對派上，相對其父的高壓政策，蔣經國表現出比較開明容忍的態度。他鼓勵青年問政，亦同意開放校園運動，對反對派刊物之言論尺度，檢查也較寬鬆。

勤政愛民是蔣經國執政最大之特色，他把為民服務列為施政的最高準則。他常說：「民眾之小事，即政府之大事」，為探訪民隱，他常常上山下鄉，與民眾打成一片。其勤走基層，親民愛民之作風，博得臺灣人民極高之好評，也導正人們已往對其負面之評價。不僅如此，因蔣經國勤到民間走訪巡視，使國民黨的地方官員不敢敷衍塞責，政府的行政績效大為提高。

在人事制度方面，實行提拔青年才俊政策，尤其重用臺籍菁英，本

❸ 1971年臺灣大專學生為中日爭奪釣魚臺列嶼主權，而發起的運動。

省人士擔任黨政高級官員比例，亦大為提升。當時，刮起一股所謂「崔臺青（借當時著名女歌星崔苔菁之名的諧音）」旋風。爾後，在臺灣政壇的重量級政治人物，如謝東閔、李登輝、林洋港、邱創煥、吳伯雄、許水德等，均為當年蔣經國為落實「政治本土化」所拔擢之優秀分子。

針對「萬年國會」所帶給外界的質疑和壓力，蔣經國主政期間也多次舉辦「中央民意代表」的增補選，以緩和法統危機和滿足反對派人士的參政要求。

至於，經濟方面，在蔣經國堅定意志的主導下，以「今天不做，明天就後悔」的決心，繼續臺灣前一波的經濟發展，推動以交通、能源、石化、機械為主的「十大建設」，為臺灣第二波經濟起飛奠定基礎。經濟飛快成長，提供大量就業機會，也大幅度改善了人民的生活水準。

在革新保臺的旗幟下，蔣經國領導的國民黨政權，確實朝向與基層民眾結合、提高行政辦事效率，和打擊貪汙整頓官僚體系等方面，做了一些實事。

總之，國民黨沉痾已久的官場文化，在蔣經國的雷厲風行整頓下，確實脫胎換骨，煥然一新。而其勤政愛民的作風，樹立了政治人物的典範，至今仍讓臺灣百姓津津樂道。

本土化政策的初試

蔣經國深知國民黨要在臺灣長期執政，只有在臺灣生根，而欲生根，落實政治本土化是必然之趨勢。蔣經國的本土化政策，是雙管齊下，一即，開放黨、政、軍各系統之中上職位給予本省籍人士擔任；再則，透過「中央民意代表」的補選工作，讓臺籍人士，包括反對派人士參與政治，以暫緩「萬年國會」所帶來的法統危機。

此外，本土化政策，也有助於消弭長久以來的省籍矛盾。多重用臺灣人，不僅多少紓解政治資源嚴重分配不均的抨擊，且亦唯有如此，國民黨才能獲得臺灣民眾之支持，從而有效對付反對派及臺獨分子的挑戰。

1972 年蔣經國任行政院長後，本土化政策為其「新政」重點。其內閣名單一下子網羅了徐慶鍾、林金生、高玉樹、李登輝、連震東、李連春等臺籍菁英，其中徐慶鍾還為行政院副院長，林金生則掌第一大部內政部部長。同年，立法院及司法院副院長，也分別由臺籍的劉闊才和戴炎輝出任，謝東閔則被任命為臺灣省主席。以後這些職位，均由臺籍人士擔任。

在黨務系統上，1972 年 3 月，國民黨十屆三中全會只有謝東閔、林挺生、徐慶鍾三位臺籍中常委。蔣經國擔任國民黨主席後，即加強臺籍人士進入黨的最高決策核心，1976 年，第十一次全國代表大會國民黨中常委增加林金生、蔡鴻文為五名。1979 年，第十一屆四中全會又增選李登輝、林洋港、邱創煥、洪壽南為九名。直到 1986 年，國民黨十二屆三中全會臺籍人士擔任中常委已達十四位，佔三十一名中常委的 45%。

總之，在蔣經國逝世前，由臺灣人出任的政府首長，已有副總統、司法、監察兩院院長，行政、立法、監察、司法四院之副院長、臺灣省主席、北、高兩院轄市市長與多名中央部會首長。

本土化的實行，使國府得到臺籍政治菁英的合作與支持，有效緩和了省籍衝突的緊張關係，而國民黨的統治也因此益加鞏固。

當然某些職位成為臺籍政治人物的專利，把籍貫作為選拔任用幹部的標準，此舉在人事制度上，有違平等公正的原則，且因此造成外省籍第二代子弟的疏離感及不平，另一省籍矛盾問題又產生。

另一棘手問題，更困擾著蔣經國與妨礙本土化的落實，此即中央民意代表的問題。

國府為強調其代表中國的唯一法統，遂使代表大陸地區的民意代表無法改選而為終身制。但國府實際統治只有臺灣，這使得臺灣地區選出之民意代表，在中央民意機構內永遠居於少數，且這些代表也早已任滿。因此自國府來臺後，臺籍政治人物欲進入中央民意機構十分困難，而以大陸老代表來代表臺灣民意行使立法、監察等民主權利，無疑是非常荒謬不合理。

臺獨人士與反對派異議分子，即以此來攻擊國府當局；親國民黨的臺籍人士也規勸國府，正視解決此一問題。蔣中正時代，因心繫反攻大陸及老民代凋零得慢，為維持法統地位，此問題能拖一天算一天。但到蔣經國主政時代，情況不一樣了，一則大陸來臺的中央民代凋謝快速，二則此事亦違背其所標榜的本土化政策，因此如何解決中央民意代表問題成了當務之急。

為避免衝擊過大，蔣經國採取溫和的改革，即在《憲法》的架構下進行增選或補選，唯即便是增選或補選，在無法全面改選的情況下，由臺灣地區選出的中央民代，仍是少得可憐。

為解決此問題，國民黨在 1972 年的第一屆國民大會第五次會議中，通過決議以充實中央民意代表機構為名，借用《動員戡亂時期臨時條款》的方式，不受《憲法》束縛，一下子增加了國大五十三名、立法委員五十一名、監察委員十五名，合計一百一十九名。

同時，考慮到補選可享終身制優待，增選不能，殊不合理，故決定停辦補選，只辦增選。所以，從 1972 年後，臺灣選出之中央民意代表，一律到任期改選。

1980 年 6 月，國府又大規模擴大中央民意代表增選名額，共計二百零五名，其中臺灣地區選出一百五十名，黨外取得十三席。

雖說，這兩次的增選國民黨仍居絕對優勢地位，但中央民意機構的局部開放，畢竟增加臺灣人民選擇的機會，也為反對派人士開闢一條參政之管道。隨著黨外席次逐漸增多，也迫使國民黨由一黨獨大型政權，漸向民主競爭型政黨演進。

對蔣經國而言，中央民意代表的增選，已是其無法全面改選中最好的方法了。在國會中「資深代表」，象徵中華民國法統之所繫，增額代表則是國民黨本土化的明證，即國府是得到多數臺灣民意支持的。

然則，實際上這是彼此互相矛盾的，因為若要維持法統，則國會勢必仍由老民代佔大多數，此不符合本土化之需求；但若臺籍民意佔上風，則與省議會無異，又缺乏法統之正當性。所以，此兩類代表共存於國會殿堂的現象，反映了臺灣政權體制的荒謬與不合理，終蔣經國辭世前，此一困局始終沒有解決。

「十大建設」的經濟奇蹟

蔣經國時代，留給後人最津津樂道之事，莫過於當年他以大無畏的精神，毅然決然排除萬難推動「十大建設」之壯舉，為臺灣經濟發展的第二波高峰，紮下堅實之基礎。

蔣經國主政之前，臺灣第一波以勞力密集產業，加工出口的經濟政策，成功的帶動了經濟高度成長。當時，世界能源及其他原物料價格低廉，為臺灣的出口加工型產業，提供了極有利的條件。

且美援停止後，大量的外資和技術的輸入，對臺灣經濟起飛，起了關鍵的輸血作用。而越戰的爆發，更為臺灣工業發展接獲大量訂單，使臺灣之輕工業因市場需求而快速成長；兼以美國市場的對臺開放，使美國成為臺灣的主要出口國。

這種出口導向，確實使臺灣經濟飛快成長，但也對臺灣經濟發展產生若干弊端。因為臺灣經濟二元化的市場結構：一、為以中小企業為主，將產品銷往國際，與國際競爭；二、為採取保護政策，以保障大企業產品之內銷市場。但大企業因為有政府的保護，在追求生產效率與技術提升上，意願就相對消極許多；而另一方面，中小企業在滿足於進口原料—加工—出口的代工模式中循環，且技術與原料均極端仰賴進口，從而形成所謂的「淺碟式」經濟。

這種經濟結構的特點，是非常容易受到國際經濟波動的影響，國際經濟環境有任何風吹草動，立即就會影響此型經濟的成長與穩定。偏偏在蔣經國執政期間，1970 年代世界爆發了兩次重大的「石油危機」，對臺灣經濟帶來嚴重的衝擊。

臺灣因為自產原油甚少，故油料長期以來，一直仰賴國外進口。因此，在油價上漲時，臺灣所承擔的物價上漲及國際收支壓力，相對上較大部分石油進口國家為重。更重要的是，臺灣經濟既然是以出口為導向，極依賴出口而成長，因油價的上漲，而造成國際經濟的低成長，當然對臺灣經濟出口相當不利，而導致經濟發展的困難。

為突破此瓶頸與困難，蔣經國提出「一切為經濟，一切為出口」的口號，積極以擴張推動工業產品的出口，來實行第二次進口替代。所謂第二次進口替代，是指在島內製造資本密集和技術密集產品，以代替同類的進口產品。具體作法，是發展重化工業產品，以替代對進口的依賴，為臺灣的經濟發展朝向重工業發展體系邁進。

於此同時，亦有必要大力建設交通、電力等基礎建設，以改善投資環境，增加就業機會，減少石油危機所帶來的衝擊。基於此考量，蔣經國在財政負擔沉重，且資金並非十分充裕的 1970 年代，果敢的提出「十大建設」，及其後的「十二大建設」。

基本上，「十大建設」是以石化業和鋼鐵業為發展主軸，同時配合交通運輸的基本建設。它包括高速公路、鐵路電氣化、北迴鐵路、臺中港、蘇澳港、桃園國際機場、煉鋼廠、中船、石油化學工業及核能發電廠等。

「十大建設」於 1979 年完成，它大大緩解了基礎設施嚴重不足的窘境，為重化工業發展奠定了基礎；而石油危機後，世界經濟普遍不景氣，在島內投資意願低迷的情況下，蔣經國適時的提出推動「十大建設」。這些建設的投資，不僅刺激了內部的需求，吸收了部分失業人口，也對減緩經濟的衰退，起了重要作用。

「十大建設」竣工後，為臺灣經濟的永續發展，蔣經國又提出「十二項建設」，主要內容包括：環島鐵路網、臺中港二、三期工程、改善高屏地區交通、新建東西橫貫公路三條、拓建屏鵝公路、興建核能二、三廠、中鋼第一期第二階段擴建、興建西岸海堤工程、改善農田排水、促進農業全面機械化、每一縣市建立文化中心以及開發新市鎮，廣建居民住宅等。這些工程除少數項目外，大部分在 1980 年代中期以前陸續完成。

第一次石油危機，雖然為臺灣經濟帶來重大衝擊，但在蔣經國的高瞻遠矚下，當局迅即進行了經濟調整，使得 1970 年代的臺灣經濟，仍呈現快速發展。

1974 年經濟成長率為 1.2%，1975 年成長為 4.9%，1976 年更大幅回升到 13.9%，此後一直保持較高的成長速度。從 1972 年至 1980 年，其每年平均經濟成長率，達到 8.9%。

因「十大建設」帶來之成果，重化工業佔製造業生產淨值的比重，由 1973 年的 49.9%，上升到 1980 年的 54.5%。臺灣由原本的輕工業，逐漸轉型成功至重工業，產業結構水平亦跟著提高。

然而，1979 年的第二次石油危機，再度重創臺灣的經濟發展，也考驗著蔣經國應變掌舵的能力。

因能源價格和工資水平的提高，再次造成臺灣出口的大幅衰退，其中尤以石化工業衰退得最嚴重，為此，臺灣經濟又面臨了經濟轉型與產業升級的壓力。

有鑑於此，蔣經國當機立斷，改變原先繼續發展重化工業的策略，轉而強調發展技術密集產業。1979 年宣佈積極發展電腦資訊、電子、電機等附加價值高之高科技產業。

1980 年因應成立的新竹科學工業園區，即在此政策下設立。並以種種優惠有利條件，吸引國內外廠商前往投資高科技工業。而產業升級的成功，也為臺灣締造第二波經濟發展的高峰，此榮景一直持續至蔣經國辭世的 1980 年代晚期。

基本上，蔣經國在臺執政的二十年，其對臺灣最大的貢獻，發展臺灣經濟，改善人民的生活水準。在其主政期間，締造了舉世所欽羨的臺灣經驗和臺灣經濟奇蹟，打造了「臺灣錢淹腳目」這樣的驕傲。

參考書目

田弘茂著，李晴暉、丁連財譯，《大轉型：中華民國的政治和社會變遷》（臺北：時報，1989 年）。
李筱峰，《臺灣民主運動四十年》（臺北：自立，1987 年）。
李功勤，《中華民國發展史》（臺北：幼獅，2002 年）。
宋春、于文藻，《中國國民黨臺灣四十年史》（長春：吉林文史出版社，1990 年）。
林鐘雄，《臺灣經濟發展四十年》（臺北：自立，1987 年）。
陳孔立主編，《臺灣歷史綱要》（臺北：人間，1997 年）。
陳碧笙，《臺灣人民歷史》（臺北：人間，1996 年）。
許極燉，《臺灣近代發展史》（臺北：前衛，1997 年）。
黃嘉樹，《第三隻眼看臺灣：透視國民黨的臺灣經驗 1945-1988》（臺北：大秦，1996 年）。
張玉法，《中華民國史稿》（臺北：聯經，1998 年）。
漆高儒，《蔣經國的一生》（臺北：傳記文學，1991 年）。
戴國煇，《臺灣史探微》（臺北：南天，1999 年）。

第八章　戰後臺灣之藝文活動和自由主義發展的趨勢

8.1　從反共文學、現代文學到鄉土文學的批判

戰後初期的臺灣文學概況

戰後臺灣文學五十年 (1950–2000) 的多變歷程，是本節的重點，也是觀察臺灣民眾的文學趣味變化和社會流行文化型態的最佳線索之一。

不過，在談到 1950 年代反共文學之前，有必要對從 1945 年光復後，到 1949 年國府遷臺前，這短暫四年的臺灣文學，先作一簡單介紹。

戰後，以接收大員陳儀為首的臺灣行政長官公署，為了使臺灣早日全面「去日本化」，積極地推動國語運動，強力灌輸中國的文、史、地教育，以期快速使臺灣「中國化」之目的，在臺灣形成所謂的「文化重建」(cultural reconstruction) 運動。

時任臺灣省編譯館館長的許壽裳，因其與魯迅淵源甚深，在臺灣大力傳播介紹魯迅思想，試圖在臺灣掀起新的五四運動，以重建臺灣文化。而臺灣的知識分子，基於對回歸祖國的認同，也自發的以「中國化」為臺灣文化重建之方向。

如彼時由臺省菁英所組成之「臺灣文化協進會」，在其機關刊物《臺灣文化》月刊的創刊宗旨上，即明明白白的說：該刊發行之目的，在於協助政府宣揚三民主義，以推行國語、國文為目的。其後出現的《政經報》、《新生報》、《新新》、《人民導報》、《民報》、《臺灣月刊》等，大抵

宗旨均不離此。

而隨著文化重建的展開，臺灣作家也逐漸拋棄日文寫作，學習用中文創作。時固定專門提供給作家發表的文學園地並不多，只有《中華日報》的文藝副刊及《臺灣文化》、《政經報》等處。其中以龍瑛宗主編的《中華日報》及楊逵主編的《和平日報》副刊「新世紀」為較重要的文學園地，實際上也是扮演了延續昔日新文學運動的重大使命。

戰後期間臺灣作家最早的一些作品，在內容與題材上，大多以反省日本統治或殖民經驗居多，如呂赫若的〈月光光──光復以前〉和龍瑛宗的〈青天白日旗〉均屬此類。但隨後因著陳儀統治的失當，諸多缺失開始浮上檯面，臺灣作家秉著知識分子的批判意識，逐漸出現了一批在「祖國熱」退燒後，對新統治者質疑與批評的作品。其中可以蘇新的〈農村自衛隊〉與呂赫若的〈冬夜〉為代表。

1947 年的二二八事件，對臺灣人民的傷害與影響可謂空前絕後。就以對臺灣文學發展的影響而言有二：

㈠日治以來的臺灣本土作家逐漸退出文學舞臺，如張文環因時代變局和語言問題而擱筆，吳新榮、王詩琅、楊雲萍等則轉往文獻整理，或學術研究發展。另有一些較激進的臺灣作家，如呂赫若、朱點人，則搖身一變，走入「革命行列」，變成鼓吹打倒專制統治政權的「紅色作家」。

㈡主要的發表園地大多由外省籍作家主控。「二二八事件」後，在官方的扶持下，當時絕大多數的臺灣媒體都掌握在外省作家手中。

在此期間，有兩個主編不得不提。由歌雷主編的《臺灣新生報》「橋」副刊，積極發起「臺灣文學重建」活動，希望能打破沉悶空氣，振興戰後低迷的文藝。難能可貴的是，歌雷雖是外省籍，但他對臺灣本土作家，卻一視同仁鼓勵有加，青年葉石濤的一些創作，即發表於此園地。

另一個編者，為始終堅信社會主義的作家楊逵，楊逵時主編《臺灣文學》，其一貫強烈的現實主義立場，強調「認識臺灣現實，反映臺灣現實，表現臺灣人民的生活感情與思想動向」，是臺灣作家責無旁貸的神聖使命。

而客籍作家吳濁流，此期間發表的小說〈波茨坦科長〉，更是具有代表性的扛鼎之作。作者以犀利的筆鋒，暴露「劫收」政權的貪汙腐化，呈現臺灣人對祖國理想的幻滅，是戰後重塑臺灣真實面貌的難得佳作。

1949 年，楊逵與歌雷因「四六事件」被捕，隨著當時這兩位文壇最重要人物的鋃鐺入獄，正式宣告戰後初期臺灣文學的終結。之後的整個 1950 年代，臺灣文學進入了「白色恐怖」的反共文學階段。

反共文學的戰鬥文藝時代

1950 年代初期，隨著大陸國共內戰的結束，國民黨政府播遷來臺。緊接著韓戰爆發，美國協防臺灣，並將臺灣納入其圍堵共產主義的冷戰最前沿。

1950 年代的臺灣文壇，在「反共抗俄」的前提下，充斥著一股所謂的「戰鬥文藝」運動。這股「戰鬥文藝」的狂飆，可說是國府遷臺後反共政治體系的一環，國府將其視為一把利器，用之於反共的鬥爭戰場上。

它是特殊時空的特定產物，更是官方語言霸權和文化壟斷加之文壇的結果。從中亦可窺伺到，1950 年代以降，臺灣文學遭到政治干預的歷史悲哀。

1950 年 5 月 4 日，「中國文藝協會」成立，張道藩為主任委員。「文協」的成立宣言直接訴求是，以反共抗俄為己任，要做文藝戰士。由於國府鋪天蓋地的將觸角深入基層，很快便掌握了整個臺灣文藝的脈動。

更可議的地方是，明目張膽對各級學校強迫推行「三民主義的救國教育方針」，對臺灣 1950 年代以後的青年學子，影響頗大。

其次，因為〈戒嚴令〉的執行，國民黨在恐共心理作祟下，將戡亂失利的一部分原因歸咎於所謂的「1930 年代文學」之影響，因此自魯迅以下的左傾文人作品全部查禁，臺灣一下子變成了「禁書」王國。

此舉不但清除了左翼作家作品，開啟了 1950 年代思想上的「白色恐怖」，也硬生生切斷了臺灣新文學命脈。

反共文學的人和事

最早提出「反共文學」一詞的人，是1949年11月負責主編《民族報》副刊的作家孫陵，他強調值此國家面臨中共的威脅之際，身為作家，對時代、國家要有一份責任感，以筆當劍，來「展開戰鬥，反擊敵人」，從事文藝的戰鬥。不僅文藝工作者要以戰鬥的姿態反共，孫陵更強調，也要對另一個敵人即「偽裝的、破壞的、腐蝕的、打著『自由主義』幌子的『偽自由主義』分子進行鬥爭。」

換言之，反共文學的戰鬥對象有二：即共產黨與所謂的「偽自由主義」者，這也標誌著胡適、雷震這批自由主義者，早晚會不見容於臺灣當局。

在反共文學的號角下，1950年代的反共報刊雜誌，如雨後春筍般成立，當時較著者有潘壘的《寶島文藝》月刊、何欣主編《公論報》的文藝副刊、程大城的《半月文藝》、鐵路局出資辦的《暢流》、冷楓主編之《自由談》半月刊和金文的《野風》等。

另外，由官方和國民黨經營的，尚有《民族晚報》、《中央日報》、《中華日報》、《經濟時報》、《全民日報》等，這些報紙均有副刊，由外省籍作家、報人如孫陵、馮放民、耿修業、孫如陵、徐潛、奚志全、王聿均、黃公偉等所掌控，配合官方政策，全面刊載或宣揚所謂的「反共抗俄戰鬥文藝」。

1950年代的反共文學作家，較著者有劉心皇、葛賢寧、陳紀瀅、孫旗、于還素，以及諸多軍中文藝作家。其中，小說是反共文學中，成果最可觀的一部分，主要作家有姜貴、潘人木、潘壘、陳紀瀅，及人並未在臺灣的張愛玲。陳紀瀅的《荻村傳》、潘壘的《紅河三部曲》、潘人木的《馬蘭自傳》等小說，內容均以揭發共匪的深惡罪孽為主要題材。

較好的作品是姜貴的《旋風》和《重陽》，這兩部小說被胡適譽為臺灣 1950 年代反共文學的佳作。雖然小說主題仍不脫控訴共匪的殘暴及禍國殃民，但因結構嚴謹，匠心獨運、形式多變，文學技巧極佳，近些年《旋風》再版，讀者仍多。

1950 年代反共文學，尚有值得一提的是，培養了一批素質不差的軍中文藝作家。1950 年 6 月，國防部總政治作戰部創辦了《軍中文藝》，作為發展軍中文藝的獨立據點。1952 年又有《青年戰士報》的創刊，其中副刊專載軍中官兵之文藝作品。

這批循軍中文藝出名的作家，人數甚夥，隊伍龐大。計有：盧克彰、鄭愁予、履彊（蘇進強）、張默、朱西甯、司馬中原、李冰、田原、文曉村、姜穆、桑品載、王映湘、段彩華、周伯乃、洛夫、張騰蛟、辛鬱、管管、覃子豪、張拓蕪、尼洛、蔡丹冶、菩提、張放、李藍、紀弦等。這些軍中作家，透過小說、散文、小品、詩歌、雜文、報導等文體，發抒大量反共文學作品。對以後臺灣文壇的影響仍不容忽視。

1950 年代的反共文學還有一項貢獻，即是對新詩的發揚與創新。余光中、覃子豪的「藍星詩社」、紀弦的「現代詩社」，創辦《現代詩》季刊及張默、洛夫和瘂弦所成立的「創世紀詩社」，更是活躍於 1950 年代的三大詩社，影響一直到 1970、1980 年代仍未衰。

1950 年代反共文學之省思

總結 1950 年代的臺灣文學，葉石濤在《臺灣文學史綱》說到：「五〇年代所開的花朵是白色而荒涼的；缺乏批判性和雄厚的人道主義關懷，使得他們的文學墮為政策的附庸，最後導致這些反共文學變成令人生厭的、劃一思想的、口號八股文學。」

基本上，此評論大體不差，然略有以偏概全之嫌。我們知道一個時代的文學，必有其普遍文體與流行主題思想，而作家之作品也常常都會表達此種主題思想，這是受時代氛圍與外界影響所致，1950 年代之反共文學亦復如此。

雖然，甚多文評家往往貶抑1950年代庸俗的反共文學，但不可說該年代文學均無佳作，乏善可陳。王藍的《藍與黑》、鹿橋的《未央歌》、潘人木的《蓮漪表妹》等皆膾炙人口，三十年後，仍一版再版。至於張愛玲的《秧歌》、《赤地之戀》，更是迄今盛譽不衰，均是明證。

此外，1950年代也造就了一批女性作家群，這些素質頗高的女性作家相繼在文壇崛起，如林海音、聶華苓、琦君、徐鍾珮、艾雯、郭良蕙、鍾梅音、蓉子、劉枋、孟瑤、張秀亞、謝冰瑩等，都是當時活躍的女作家。

她們撰寫大都以清新的散文、小品見長，有的也從事小說的創作。由於文字優美、語言流暢，很快就擁有大批讀者群，成為書市寵兒。她們在反共文學當道的時代，作品並不全然寫反共八股，反而開啟了女性文學的先聲。就此而言，我們能說反共文學時代，臺灣文壇的成績是零、是一片空白嗎？

現代主義文學的興起

1956年1月16日，由紀弦發起的「現代派」在臺北成立，加盟成員除紀弦外，尚有鄭愁予、葉泥、羅門、蓉子、白荻、方思、楊允達、林泠、季紅、林亨泰等百餘人，聲勢浩大。現代派成立時，宣稱要「領導新詩的再革命，推動新詩的現代化」。

同年，夏濟安也創辦了《文學雜誌》，網羅了一批文學理論的菁英，如吳魯芹、林以亮、梁實秋等大將。他們在刊物上，大量介紹中西文學理論，加強文學批評比重；除了譯介如卡繆、艾略特、喬艾思等現代派的作品與理論外，夏濟安等人也以現代主義的方法論，作為實際批評的範例。

一般而言，都把「現代派」的成立和夏濟安《文學雜誌》創刊的1956年，視為臺灣現代主義開始的第一年。進入1960年代，現代主義更成了臺灣文壇的主流，影響非常之大，直到1970年代中，鄉土文學興起，方才逐漸式微。

現代主義在臺灣文壇的風起雲湧，其原因有二：

㈠對早已厭倦的反共文學之反動，兼以受《現代文學》連篇累牘介紹西方文學流派之影響，及思想的沒有出路，和政治的疏離感，使得以外省移民為主體的這批新知識分子，在有鄉歸不得的心靈失落感下，紛紛轉向抉取彼時西方正大行其道的現代主義的寫作手法，來創作發抒其情感寄託。

㈡從菁英分子的文藝美學角度言，他們對臺灣當時中產階級和社會庸俗化、功利化的文風深表不滿，企圖將文學政治化、商品化的傾向矯正過來，因而引進英美現代主義之企圖心，十分明顯。

「現代詩」的論戰

1956 年 1 月紀弦成立「現代派」後，在「現代派」詩社宗旨上，提出了浪漫的六大信條，沒想到因此引來一場筆戰。引起爭論的是第二條，「我們認為新詩，乃是橫的移植，而非縱的繼承。這是一個總的看法，一個基本的出發點，無論是理論的建立或創作的實踐。」換言之，紀弦要求新詩要現代化，實已隱含新詩的全盤西化在裡頭。

首先對紀弦發難的，是當時臺灣詩壇另一領袖覃子豪。覃子豪創辦「藍星詩社」，當時在詩壇的影響力不在紀弦的「現代派」之下。覃子豪不滿紀弦「橫的移植」說，乃寫出〈新詩向何處去?〉一文批駁，而拉開兩派論戰的序幕。

其後，雙方陣營針對新詩的內容與形式，到底是要橫的移植，或縱的繼承等問題，針鋒相對，論戰不休，一直持續至 1960 年代中後期，甚至被納入「中西文化論戰」之一環。

基本上，這兩大詩社的爭論也有好處，此即帶動臺灣新詩的蓬勃發展。在這期間，除了這兩大詩社外，以張默、瘂弦、洛夫為首的軍中詩人，也創辦了「創世紀詩社」。「創世紀詩社」基本上，仍是較擁護反共文學的，這從他們標榜「詩的本質，原就是戰鬥的」宣言可看出，因此，其一開始就展現比較強的政治色彩。

綜觀「創世紀詩社」諸般詩作，大抵以提倡「戰鬥詩」居多，另外，它也強調宣揚民族精神的重要性，由此亦可見其創刊初期的保守形象。但有趣的是，1959 年 4 月後，「創世紀詩社」有了一百八十度的大轉變，他們的主張作了大幅度的改變，提出了所謂「四性說」，即世界性、超現實性、獨創性與純粹性。其中最關鍵為世界性，世界性意指西化，「創世紀詩社」從此由狹隘的保守民族主義，走向了「西化」之途。最後，且成了臺灣新詩「西化」的重鎮。「創世紀詩社」的轉向，也充分說明臺灣的新詩，基本上都走上了現代主義之路。

從《文學雜誌》到《現代文學》

《文學雜誌》創刊於 1956 年 9 月，由任職臺大外文系之夏濟安主編，並網羅一批志同道合之士撰文。《文學雜誌》採古今交融、中西互映、創作與理論並重的開放胸襟，既不忘譯介西方文學理論、引進西方文學作品，也不排斥對舊詩文的探討和新文學的創作。

在反共高壓的年代，《文學雜誌》最起碼為臺灣開啟一扇呼吸西方文學的窗口，接通了臺灣文壇和西方現代主義文學的關係，對當時的臺灣文壇有較大的影響。

《文學雜誌》當時吸收了一批有別於反共文學的作家群：如梁實秋、余光中、聶華苓、林海音、張愛玲、林文月、宋海屏、琦君、夏濟安、於梨華、林以亮、毛子水、勞榦、梁文星、許世瑛、葉慶炳、吳魯芹、陳之藩、張秀亞、黎烈文、王鎮國、侯健等，皆一時海內外能文之高手。

尤其《文學雜誌》所訴求之理想，始終主張嚴肅的文學理念，標榜文學的純粹性，反對國家機器將文學視為宣傳工具。而獎掖後進，提供開放空間讓有志文學青年盡情馳騁，更是主編夏濟安的一貫立場。他的學生如陳若曦、歐陽子、白先勇，都受其影響匪淺。由白先勇、王文興、陳若曦、歐陽子創辦的《現代文學》，可謂是在《文學雜誌》的基礎上成立的。

《現代文學》創刊於 1960 年 3 月，其創刊之動機，據劉紹銘言，為對中國文學前途之關心，及對文學熱愛所致。其強烈企圖心為「打算分期有系統的翻譯介紹西方近代藝術學派和潮流、批評和思想，並盡可能選擇其代表作品」。

的確，《現代文學》從創刊始，即有計畫逐一的以專號形式，介紹許多西方現代主義代表性作家，如卡夫卡、湯馬斯・曼、喬依斯、勞倫斯、吳爾芙、沙特、福克納、亨利・詹姆士等大家。另外，白先勇、王文興、歐陽子等人的作品，也刊載其上。

值得一提的是，《現代文學》的作者群幾乎是當時臺灣文壇的後起之秀。主要有叢甦、劉紹銘、葉維廉、王禎和、杜國清、鄭恆雄、王文興、歐陽子、陳若曦、李歐梵、白先勇；後期更加入了王拓、陳映真、李昂、黃春明、周夢蝶、余光中、鄭愁予、七等生、何欣等生力軍。

不管省籍，光看這紙名單就知道，它幾乎網羅了 1960 年代所有臺灣優秀作家，並藉由他們的作品，打下了 1960 年代臺灣現代主義文學的黃金歲月。當然不管是《文學雜誌》或《現代文學》，它們有一個共同缺點，即其擎起現代主義大旗時，相當程度的被人視為與「反傳統」、「西化」、「自我解放」、「存在主義」等思潮綁在一起。而它們確也未能釐清哲學與文學之間的不同客題，而予以模糊、雜亂、不確定、無條理的譯介，給人一種脫離本土，刻意賣弄理論，而實際上並不踏實的感覺。

蒼白大地的本土文學

1960 年代，固然是現代主義喊得漫天震響的年代，但長期以來，植根於人民與土地的臺灣本土文學，像一朵壓不扁的玫瑰花般，默默地重新發芽滋長。

即便在 1950 年代，反共文學當道時，1957 年 4 月由鍾肇政發起了一份小型刊物《文友通訊》，發行目的是結合本省作家，在這個通訊上交換作品，聯絡感情，更大的希望是維繫臺灣本土文學於不墜。

而 1950 年代臺灣的本土作家，秉持堅毅精神，不少人很快就「跨越語言」的障礙，而能寫出很好的作品。如李榮春、鍾理和、鍾肇政、林鍾隆、施翠峰、文心、廖清秀、陳火泉、鄭煥等。其中廖清秀的《恩仇血淚記》和鍾理和的長篇小說《笠山農場》，還曾擊敗過眾多外省籍作家，獲得國民黨「文獎會」的高額獎金。

時序進入 1960 年代中期，具有臺灣人本土意識的文學，正逐漸以伏流湧現的方式冒出來。這種臺灣人意識，最明顯的特徵，即是一種長期以來的「反抗」精神。

這個階段臺灣文壇的本土作家，雖說發表園地少了，但是創作熱情不減，且也逐漸克服了語言上之障礙，發表了諸多具有反抗批判精神的作品。

這些人大多是青壯派，如早一點的鍾肇政、廖清秀、施翠峰等；晚近一些有陳映真、黃春明、東方白、李喬、鄭清文、王禎和、七等生、鍾鐵民、林懷民、施叔青、李昂、洪醒夫等，都有非常圓熟成功的作品問世。

另外，臺灣本土詩人亦不落人後，1960 年代中，臺灣出現的優秀本土詩人有吳瀛濤、詹冰、陳千武、白萩、林亨泰、錦連、黃荷生；後起之輩有趙天儀、李魁賢、杜國清、洪素麗、林佛兒、葉笛、鄭炯明、林南、林宗源、李敏勇、莊金國等，亦均有優異詩作面世。

臺灣本土文學的驚蟄，也驚醒了一批日治時代的作家，如張文環、龍瑛宗、黃得時、王詩琅、王昶雄等，紛紛重拾文筆，加入新臺灣文學的行列。

其中尤以吳濁流，更是扮演繼楊逵之後，影響臺灣文學發展的靈魂人物。除《臺灣連翹》、《無花果》等擲地有聲之力作外，重要的是他於 1964 年獨立創辦了《臺灣文藝》雜誌，為培育臺灣文學留下火苗，《臺灣文藝》不僅體現了吳濁流的文學使命感，也為臺灣本土文學保留了一塊可供耕耘的園地。

除吳濁流外，1970 年代以鍾肇政為首的，具有本土自覺的作家，也逐漸從歷史陰霾走出，不再只寫以日治時代為背景的作品，而開始從鄉土現實汲取創作題材。如鍾肇政於 1960 年寫的長篇小說《魯冰花》，探討教育異化問題。他接著又寫了《濁流》、《江山萬里》、《流雲》的自傳性小說《濁流三部曲》，首開臺灣文學史上「大河小說」之先例。不久，鍾肇政更以臺灣歷史為軸心，寫了《沉淪》、《滄溟行》、《插天山之歌》的《臺灣人三部曲》，奠定其在臺灣文學史之不朽地位。

強調文學植根本土的作家，在 1960、1970 年代有兩個頗具開創性的小說家——黃春明與王禎和。黃春明小說的最大特色是，以親身感受過的鄉居小鎮、親自接觸的真實人物為背景，具有強烈逼人的現實感，和人道、批判精神。著名作品有《兒子的大玩偶》、《莎喲娜啦・再見》、《看海的日子》等。

另一具有指標性的小說家為王禎和，王禎和的作品充滿了對小人物的悲憫情懷，但他不直接去傳達他們的悲苦辛酸，反而喜歡用喜劇的嘲弄筆法，達到其反諷效果。主要作品有《寂寞紅》、《鬼・北風・人》、《來春姨悲秋》及《嫁妝一牛車》等。

在沒有鄉土文學口號的年代，黃春明和王禎和的小說其實已有相當濃厚的鄉土味道。尤其是黃春明的作品，在 1970 年代，鄉土文學運動興起後，更常為最生動的解說範例。不可諱言，黃春明的這些作品，對鄉土文學運動，是起了相當大的作用與刺激的。

鄉土文學論戰

1970 年代起，隨著國內外局勢的快速轉變，國府退出聯合國，中日斷交，美國逐漸改善與中共的關係，使得臺灣政局發生空前巨變。兼以經濟起飛，也引發臺灣社會內部結構性的變化，刺激了社會意識之覺醒。

知識分子擁抱人民、回歸鄉土、參與社會，形成一股風潮。延續 1960 年代寫實主義的傳統，大多數的作家，開始強調文學作品，是以反映苦難人民生活為使命，強調用文學參與社會的積極態度，提出文學反映社會、反映現實、反映人生的主張，並藉以建立人道主義為基礎的反省文學。

紮根於本土的臺灣作家，與從現實反省出發的社會寫實作家，對獨霸臺灣文壇已久的現代主義派作家，早已不滿甚久。因此從 1970 年代始，他們結盟在一起，將矛頭指向現代主義文學，終於引發了一場文學論戰。

爭論是從現代詩開始，1970 年代一開始，臺灣本土的《笠》詩刊與《龍族詩刊》、新創的《文學季刊》，不約而同的對主張西化的現代主義文學展開批判，認為現代主義文學是虛幻、僵斃的文學，缺乏現實精神與群眾結合，是一種孤芳自賞，被困在象牙塔仍不自知的無根文學。

論戰開始於 1977 年，朱炎、顏元叔、余光中、彭歌、朱西甯、尹雪曼、趙滋蕃、董保中等人，透過《中央日報》、《中華日報》、《中國時報》、《聯合報》、《青年戰士報》等媒體，輪番出擊，矛頭指向王拓、楊青矗、陳映真、王禎和、黃春明等標榜反映臺灣民眾，紮根現實的鄉土文學作家。

鄉土文學的起因，緣於 1977 年 4 月的《仙人掌》雜誌，刊登了王拓的〈是「現實主義」文學，不是「鄉土文學」〉及尉天驄的〈什麼人唱什麼歌〉與相反立場的銀正雄之〈墳地裡哪來的鐘聲〉、朱西寧〈回歸何處?如何回歸?〉等文而起。接著彭歌亦發難回擊，於是年 8 月的《聯合報》發表〈不談人性，何有文學〉，點名批判了王拓、陳映真、尉天驄等人。接著余光中更以〈狼來了〉一文，為寫實作家扣上「工農兵文學」的紅帽子，認為這些作家根本就在製造對立，搞階級鬥爭。

朱西甯則認為，所謂的鄉土文學可以風行一時，然最後恐怕會流於地方主義，規模不大，難成氣候。現代主義文學派大將王文興，在〈鄉土文學的功與過〉文中，更是旗幟鮮明的喊出:「鄉土文學的創作，我不反對，而鄉土文學的論調，我反對到底。」「我認為文學的目的，就是在於使人快樂，僅此而已。」

基本上，這些作家對何謂鄉土文學的概念仍甚模糊，甚至不是很認同。以代表性作家王拓為例，他認為這種植根於臺灣社會，所反映的現實、現況，對這塊土地上人民生活，及心靈想望的描述，是不分畛域、不分都市或鄉村的，所以這樣的文學應該叫做「現實主義文學」，而不是「鄉土文學」。

鍾肇政則以大視野看鄉土文學，他認為「文學是生命的表現，包含一切的可能性」，暗示「鄉土」的詮釋，也可涵蓋在內。黃春明則對鄉土文學表現，不知從何說起的茫然，只強調其主張，「通過文學，重新認識自己的民族和社會」而已。

尉天驄僅是認為，文學是要去體察社會低下階層的苦痛，進而為時代的苦難及民族的奮鬥作見證，要「為人生而藝術」，如此的文學作品，才能真誠感動人，才有價值。

弔詭的是，貫串整個鄉土文學論戰，很多論述是失焦的，即雙方並無交集，如王文興、陳鼓應之輩即如是。也因此論戰變成一場混戰，主要原因為雙方都離開了文學場域，多少陷入了意識形態的意氣之爭。尤其有很多爭議的主題，是放在「愛國」、「忠貞」等毫不相干的地方打轉。

鄉土文學之餘波和影響

1977 年 5 月，葉石濤在鄉土文學論戰雙方殺得難分難解之際，衝鋒陷陣，單刀直入，在《夏潮》發表了〈臺灣鄉土文學史導論〉，為臺灣鄉土文學一音定槌，作了正名。

他認為臺灣的鄉土文學，就是以臺灣意識為前提的文學，是臺灣人民長期受到殖民統治的共同經驗，也就是被壓迫與反壓迫的經驗。葉石濤強調臺灣鄉土文學，應該要繼承日治時代臺灣人民的反抗意識，如此才是 1970 年代鄉土文學的真諦。

是年 6 月，陳映真在《臺灣文藝》發表了〈「鄉土文學」的盲點〉，將臺灣與中國置放在同一個「反帝、反封建」的系譜上，認為 1970 年代的鄉土文學，主要是幫助臺灣在社會、經濟、文化上抵抗西化的影響與支配，具有反對西方和東方經濟帝國主義及文化帝國主義的意義。而所延續的，正是中國追求國家獨立的反帝民族精神。照陳映真的講法，他把鄉土文學又賦予民族主義的意涵，為此後文壇內中國的、或臺灣的文學理論之爭埋下伏筆。

鄉土文學論戰進入尾聲之際，又加入胡秋原、徐復觀、侯立朝等人，以民族文化立場，來批判彭歌等人的反鄉土洋化派。針對文壇的紛擾，1978 年，楚崧秋、王昇等代表官方，希望大家偃旗息鼓，這場論戰才劃下句點。

平情而言，1970 年代鄉土文學運動，不論是站在臺灣本土或民族主義的立場，其最終目的，都不外乎是要達到改革臺灣經濟、文化的依附性格，而將文學納入整個社會改造運動的一環。

臺灣作家因著這場論戰，更清楚了解到掌握文學主導權的重要，而欲掌握文學主導權，就必須有更紮實的作品，作為論述闡明的有力後盾。因此不管是創作或整理，如鍾肇政的《濁流三部曲》、《臺灣人三部曲》，李喬的《寒夜三部曲》等長篇巨著，紛紛問世。

整理成績，如張良澤主編的《鍾理和全集》、《吳濁流作品集》、《王詩琅全集》，李南衡主編的《日治下臺灣新文學》，葉石濤、鍾肇政等主編的《光復前臺灣文學全集》等，均有相當可觀之成果。這些都是鄉土文學帶給臺灣文壇重大之收穫與影響。

總之，1970 年代鄉土文學運動，不但導正了臺灣文學長期以來脫離社會現實面的畸形情況；更進而明確闡述文學創作必須植根社會生活的理論，而最後形成作家們的共識。鄉土文學小說所呈現出的多樣風貌，也為 1980 年代小說的多元題材，奠定了基礎。

本土文學的覺醒

1980 年代的臺灣是個多事之秋，也是個眾聲喧譁的年代。先有「美麗島事件」的悲劇，又有「解嚴」的喜悅；有蔣經國辭世，威權體制的解體，也有臺灣意識的甦醒。總之，這是個黑暗與光明、歡樂及淚水交織的時代。

蔣經國去世前的解嚴，與開放組黨，為臺灣帶來政治民主化之曙光，而政治民主化之動力，又來自臺灣的本土化之自主意識。基本上，臺灣的文學發展動力，亦來自於這股本土化的自主意識。

1980 年代的臺灣文學，即從「美麗島事件」後的悲情開始，此時已有作家認為以鄉土文學為名，寫實主義為實的文學發展，已面臨瓶頸。尤其是身為臺灣人，理應有堂堂正正的臺灣文學之名，何須用其他主義之名，而躲藏其中？因此正視臺灣文學之實際存在，是天經地義的。

葉石濤所發表〈沒有土地，那有文學?〉，即此類作家之代表。葉石濤之文甫披載，隨即引來陳映真之批判，陳映真不屑的說:「徒以描繪臺灣的人和社會是不足以稱為『臺灣人意識的文學』的。」

陳映真以為「臺灣文學」「是中國近代文學的一個支流，一個部分」的講法，隨即引來堅持臺灣本土作家如陳芳明、彭瑞金等人的一陣撻伐，一場延續鄉土文學論戰晚期的臺灣文學的「中國結」與「臺灣結」之爭，拉開了 1980 年代臺灣文學之序幕。

葉石濤在論〈臺灣小說的遠景〉文中認為:「臺灣文學是居住在臺灣島上的中國人建立的文學。」某種程度上說，是有調和「中國結」和「臺灣結」之爭的意味。

新銳評論家彭瑞金講得較具體，他主張:「臺灣文學，應以本土化為首要課題」，直言「本土化」，是凝聚這塊地域上的文學之關鍵所在。甚至以「本土化」，作為檢驗臺灣文學的標準。彭瑞金的說法，顯然與陳映真是針鋒相對的。

這場爭論最後的結果，因著政治環境的改變，「臺灣結」似乎佔了上風，由是不僅鞏固了臺灣的本土文學，更大大促進了本土文學的覺醒。

眾聲喧譁——文學的多元化

1980、1990 年代，臺灣文學尚有一大特色，即眾聲喧譁，百花齊開。因著對社會各個面向的觀照，及對社會各階層的關心，文學發展的空間擴大了、文學的觸角深入了。

舉凡農民、工人、婦女、漁民、老兵、雛妓、老人、原住民等社會最底層、最易被忽略的議題，都成了作家文學關懷的對象，也成了作家創作靈感的泉源。因此，以這些題材所創作的作品，不僅量大且多元化。

如鍾鐵民以自己長期關懷臺灣農村的變遷，所寫的《田園之夏》、《洪流》、《約克夏的黃昏》，寫出在工業化潮流下，農村不可免的走向衰敗與沒落的悲哀。楊青矗與後起的陌上塵，則持續對弱勢工人給予關注，寫了《造船廠手記》、《思想起》等小說、散文。

另外，張大春寫《雞翎圖》、鍾延豪的《金排附》、宋澤萊的《海與大地》、吳錦發的《兄弟》，都是探討老兵問題的代表之作。分析弱勢族群的雛妓問題，李喬的《藍彩霞的春天》堪稱此領域之先聲。而原住民作家，在二十世紀末的臺灣文壇亦不缺席，田雅各、莫那能、施努來、柳翺、郭健平等原住民作家，用他們的小說、詩歌、散文寫出種種佳作，豐富了原住民文學的內涵。

女性文學的抬頭

1980、1990 年代，臺灣文學最豐碩的收穫，當推女性作家的大批崛起、女性主義的興起與女性文學的抬頭。

1980 年代，對臺灣而言是個急遽變動的年代。由於社會結構與價值觀的改變，原本長期以來加諸在臺灣女性身上的桎梏和枷鎖，也隨之而鬆綁。新時代的女性，走出家庭，自我解放。

她們推出兩性平等、關懷教育、色情氾濫、公害汙染、家暴等議題，強調女性自覺運動，有其社會的積極意義在裡頭。

因著「美麗島事件」坐牢的呂秀蓮，不僅是臺灣女權運動的開拓者，也是早期的女性作家，著有《這三個女人》、《情》等小說，為臺灣的新女性塑像。呂秀蓮後，臺灣出了一批質素頗高的女性作家，如袁瓊瓊、廖輝英、蕭颯、曹又方、朱秀娟、張曼娟、蕭麗紅等，所寫的《不歸路》、《油麻菜籽》、《今夜微雨》、《盲點》、《女強人》，幾乎均圍繞在兩性問題與女性議題的探討上。

當然整個 1980 年代女性小說，最震撼人心的，莫過於李昂的《殺夫》。《殺夫》一作，可謂把泛無邊際的人間是非之說，歸結到女性解放，這個具體而微的主題上來。這是一部描寫女性長期受到男性父權、暴力、性與飢餓壓迫的女子，不堪長期受辱，憤而殺死丈夫的女性反抗小說，堪稱經典之作，之後又改拍成電影，影響更大。李昂另有小說《暗夜》，以批判意識，抨擊都市叢林中，人性的空虛與腐敗。

臺灣文學的內涵與遠景

總之，解嚴後，也為臺灣文學解了嚴，長期以來，積累在臺灣各個角落、社會各種階層的問題均一一浮現，連帶也製造各個議題，供作家創作思考。

也因此，作家各取所好、各人所關懷的層面，而透過各種文學形式，創造了百家爭鳴，文學多元化的奇景。舉凡環保文學、都市文學、方言文學、母語文學、女性文學、原住民文學、眷村文學、同志文學等等，均有作家做深入的分析探討，也都有亮麗的成品問世。

他們不僅豐富了臺灣文學的內涵，也為知識分子關懷社會、關心弱勢的淑世精神，立下一個很好的典範。展望二十一世紀的臺灣文學，我們除了要堅持臺灣文學的主體性外，最主要的，我們更要讓臺灣文學走向國際化。

在這個地球村時代，我們不應該只是沾沾自喜，為在島內樹立臺灣文學而滿足，我們作家的視野，宜有全球化的世界觀，有人飢己飢、人溺己溺的人道關懷。

在後殖民主義時代、在解構年代，人類的悲憫情懷，人性光輝的表現，依舊是人類的普世價值。我們的作家，宜有自信，關懷非洲、關懷第三世界、關心弱勢族群，從臺灣做起，進而到全世界，就像當年臺灣傳輸「經濟奇蹟」到世界各地一樣。

在這個島上，我們曾創造很多輝煌的紀錄，臺灣文學，能否向上攀到另一高峰，進而得到世界的肯定？我們有所期盼，且拭目以待。

參考書目

尹雪曼編，《中華民國文藝史》（臺北：正中，1975 年）。
古繼堂主編，《簡明臺灣文學史》（臺北：人間，2003 年）。
朱雙一，《臺灣文學思潮與淵源》（臺北：海峽學術出版社，2005 年）。
李敏勇，《戰後臺灣文學反思》（臺北：自立，1994 年）。
林瑞明，《臺灣文學的歷史考察》（臺北：允晨，1996 年）。
游勝冠，《臺灣文學本土論的興起與發展》（臺北：前衛，1996 年）。
陳芳明，《後殖民臺灣：文學史論及其周邊》（臺北：麥田，2002 年）。
莊永明總策劃，《文學臺灣人》（臺北：遠流，2001 年）。
莊萬壽等著，《臺灣的文學》（臺北：財團法人群策會李登輝學校，2004 年）。
彭瑞金，《臺灣新文學運動四十年》（臺北：自立，1992 年）。
彭瑞金、施懿琳等合著，《臺灣文學百年顯影》（臺北：玉山社，2003 年）。
葉石濤，《臺灣文學史綱》（高雄：文學界，1987 年）。
趙遐秋、呂正惠主編，《臺灣新文學思潮史綱》（臺北：人間，2002 年）。
龔鵬程，《臺灣文學在臺灣》（臺北：駱駝，1997 年）。

8.2　近代臺灣美術的百年回顧

臺灣近代美術的開端

有人類活動的地方就有藝術，這是人類與生俱來的天賦，也是人類對生活環境或周遭景物的反應，而將其描摹或創作出來。所以，早在史前人類的遺跡，考古學家即已發現碩果纍纍的藝術創作，最著名的當屬歐洲白人的祖先克魯馬農人，在法國洞穴所留下來的大量岩畫；至於古埃及的輝煌藝術成就，那更是偉大，成為人類文明最寶貴的資產。

談到臺灣美術，自是要從臺灣島上最早的主人原住民藝術談起，臺灣的原住民，是個藝術天分很高的族群。但是，因為臺灣的原住民沒有文字記載，所以我們只能以各族為分類，來敘述原住民之藝術，且長期以來所採取的方式是，將其放在整個原住民文化的架構上來探討。

因此，倘以現代意義的視角來看臺灣美術運動，仍不得不從漢人大移民潮來臺灣的清領時期說起。

臺灣早期的文人畫

臺灣早期純美術的繪畫，僅存在上層社會仕紳階級之活動，一般百姓是無錢也無暇去從事此藝術工作的。早期臺灣的繪畫，受大陸來臺畫家影響甚大。

清領時代，臺灣較有名之畫家有林朝英、吳鴻業、許禹門和許子蘭等人，均以文人畫聞名。他們的畫風，受當年來臺講學的大陸畫家謝琯樵影響很大。謝氏以後又遷居臺灣，其為花鳥畫之能手，作品流傳甚廣，臺灣畫壇一時成了花鳥畫的天下。其次則為人物畫，山水畫反而較少。

基本上，清領臺灣二百餘年，臺灣畫壇流行的都是中國繪畫主流的文人畫，且因繪畫僅為少數有閒階級用以風雅自賞的藝術品，並沒有貼近臺灣這塊土地與人民，故無法反映出當時社會整體的面貌。

日治時期的臺灣美術

1895 年日本統治臺灣，在首任學務部長伊澤修二的倡導下，提出「有用學科」的規劃，而美術學科亦列入所謂的有用學科，規定在國語學校師範乙等科中，增加「圖畫教育」課程，奠定了臺灣美術運動的基礎。

此外，一批傑出熱心的日本畫家如石川欽一郎、鹽月桃甫、山本鼎等人，不惜千里迢迢來臺傳授美術教育，造就了不少優秀的本土畫家，貢獻與影響均不小。

在這些來臺日籍畫家中，以石川欽一郎影響臺灣畫家最大，其在 1907 年及 1924 年分別兩度來臺，先後任教於國語學校與臺北師範長達十八年，啟導了許多臺灣學子，紛紛走上獻身美術之途。如倪蔣懷、陳澄波、廖繼春、李石樵、李梅樹、藍蔭鼎、楊啟東、葉火城、李澤藩、洪瑞麟、陳德旺、張萬傳等，都是出自石川門牆。

當時，臺灣大多數有志美術的青年，東渡日本深造，首選學校主要是東京美術學校，取得學歷再參與權威性的展覽，以爭得入選或特選的榮譽。

當時，最希望參加的展覽，當然就是在朝的「帝國美術展覽會（帝展)」，其次是在野的「二科展」或「春陽展」等。「帝展」之所以最具號召力，是因為它集合官方體制所認定的美術頂尖人物所組成的，象徵大日本帝國的美術威望，擁有至高無上的權威，臺灣人的美術作品能在「帝展」展出，當然是莫大的光榮。

為了讓臺灣的美術家有一發表的空間與展示的機會，1927 年，總督府委託臺灣教育會主辦「臺灣美術展覽會（臺展)」，此「臺展」模式，乃仿「帝展」形式而來。「臺展」的創辦，使臺灣的美術人才得以在官方的支持下大展身手，並得到社會的肯定，也因此帶動了日治時期島內的美術運動風氣。

到了 1930 年代，臺灣本土的美術發展已是人才輩出，為了與官方主導的「臺展」分庭抗禮，這些崛起於「臺展」的本土畫家乃自行成立了由臺灣畫家主導的最大民間美術團體——「臺陽美術協會（臺陽美協）」。

該協會成立於 1934 年 11 月 10 日，由陳澄波、廖繼春、陳清汾、李石樵、楊三郎、顏水龍、李梅樹及日籍畫家立石鐵臣等八人共同發起。

該協會亦舉辦「臺陽美展」，並號召全島美術創作者與愛好者一起共襄盛舉。呼籲一出，全島響應，前來參加的臺灣畫家異常踴躍，如陳永森、陳夏雨、劉啟祥、林玉山、陳敬輝、陳進、林之助、郭雪湖、呂鐵州等人，幾乎網羅了臺灣第一流的畫家與雕塑家，理所當然的，匯成了臺灣民間美術運動的主流，且影響迄於戰後。

二戰後的臺灣畫壇

1945 年臺灣光復後，為延續臺灣美術香火，臺陽美展的核心人物楊三郎晉見行政長官公署陳儀，提出恢復官辦美展建議，獲陳儀採納。

楊三郎乃火速集結昔時「臺陽」伙伴組成「臺灣省全省美術展覽會（省展）」，並開始籌備工作。1946 年 10 月 22 日，光復後臺灣全省第一屆美術展覽會終於隆重開幕，象徵臺灣美術經過大戰末期的停擺，又逐漸有回春的跡象。

然未幾，「二二八事件」的爆發，對臺灣各階層都帶來災難性的打擊，畫壇也不例外，例如日治時期最具聲望的美術家陳澄波即因此事件死於非命。

此寒蟬效應兼爾後的禁止日語運動，使得受日文教育起家的臺灣美術先進，陷入了有口難言的困境，嚴重影響了本土戰前美術運動主流的社會化拓展。自此以後，臺灣美術教育的推廣與發言權漸漸落入外省籍美術家之手。這種情況，到 1949 年國府全面遷臺後，更是如此。

國府來臺後，首先對臺灣畫壇最大的衝擊是「東洋畫（日本畫）」的全面禁止，取而代之的是「國畫」與「西洋畫」的獨霸市場。但是，長期接受「東洋畫」的臺灣美術家一時之間難以適應，所作之畫被逼到妾身不明的境地。

在官方刻意打壓，及 1960 年代，遭到新生代美術家的痛擊批判之下，以「省展」為舞臺的「東洋畫」，最後不得不走向衰微的下場。

但不管怎樣，「省展」仍是光復後，臺灣美術運動最高權威的象徵，也是臺灣戰後最大、最具號召力的美術盛會，對創作人才的獎勵，及欣賞風氣的提倡，仍有不可磨滅的重要貢獻。

1960 年代美術的革新運動

從日治時代一路延伸下來的臺灣美術發展路徑，不管是戰前的「臺展」、「臺陽展」或戰後的「省展」，依舊維持其排他性獨斷的威權體制，如此僵硬的體制到了 1960 年代的西潮運動中，就顯得落伍與不合時宜了。

因此早在 1950 年創刊的《新藝術》雜誌，已開先聲表達不滿，《新藝術》由何鐵華主編，聯合畫壇新銳畫家，如施翠峰、劉其偉、莊世和、李仲生、趙春翔、朱德群、劉獅、林聖揚等人，標榜新繪畫觀念的「現代」美展。

強調「作為二十世紀的現代人物的我們，欲達創造新的藝術，必須發動一個中國的新藝術運動」。秉此理念，1950、1960 年代，臺灣畫壇很多新藝術的觀念，如立體主義、未來主義、抽象主義、野獸主義、表現主義、超現實主義等，都是由《新藝術》雜誌譯介進來的。就這一點，其貢獻即值得肯定，不僅如此，它亦開啟了不久之後的新生代革新運動。

在急進的六〇年代，新一代的美術家早已缺乏像上一輩畫家那種默默耕耘的情操與修養，他們已無耐心亦步亦趨。在這保守的土地上，面對西方的新美術浪潮，他們感到落後的焦慮，也激起了振衰起蔽的使命感。

求新求變不但是創作的基本課題，更是衡量「現代」的準繩，「五月」

與「東方」兩個新銳的畫會團體，即在此環境下殺出血路，當仁不讓的扮演了時代的兩支尖兵。

「五月畫會」，成立於 1957 年 5 月，為師大藝術系畢業的高材生，如劉國松、郭豫倫、李芳枝、郭東榮、陳景容等發起，他們都很年輕，具有強烈的革命意識。在劉國松的帶領下，不久即成為一前衛的畫會團體。

至於「東方畫會」成立於 1957 年的 11 月，發起成立者為歐陽文苑、霍剛、蕭明賢、吳昊、陳道明、夏陽、李元佳、蕭勤等人，平均年齡亦不到三十歲。

這兩個年輕的畫會團體，無獨有偶的，都著手於「現代」的開拓，他們熱衷於介紹當時風行世界的抽象主義繪畫，及抽象主義的創作觀念，進而為國內畫壇提供一條徹底擺脫傳統的蛻變捷徑。

但在沒有畫廊可供展出他們的作品，「省展」又容不下他們，官方展覽也排斥的情況下，「五月」與「東方」畫會，除一方面嚴詞痛擊官方壟斷「省展」外；另一方面，也決心以團體的力量，自辦展覽以謀對抗。然為徹底打擊「省展」，只有己身追求更高的藝術成就，才有可能得到社會的肯定與官方的注意。

當然，負起美術革新使命的新生代更了解，他們最大的挑戰不僅是僵硬的體制和「省展」，而是引領整個社會風氣與群眾的認知。因此他們除了創作外，還得兼負理論建設與觀念的宣揚。

彼時媒體已是最佳之宣傳利器，「五月畫會」這些年輕新進充分利用媒體，對僵化保守的畫壇展開毫不留情的攻擊，最後終於脫穎而出，一躍而為整個繪畫現代化運動的主導力量。

「五月畫會」所採取的手段是把繪畫革新運動，當做 1960 年代臺灣整個文化現代化一個不可或缺的環節，他們與詩人、小說家、音樂家及其他專門學者等具使命感的知識分子溝通聯繫，結合成一股現代化的新興力量。他們透過演講、座談或投稿報章雜誌等密集的鼓吹與宣導，造成旋風，給保守派帶來莫大的壓力。

總之，狂熱的抽象主義畫家通過大眾傳媒管道，終於取得壓倒性的優勢，造成「抽象」即是「現代」的觀念，迅速成為臺灣畫壇的主流。新生代的革新運動，至此取得初步的勝利。

抽象主義的勝利

「五月畫會」所掀起的抽象主義狂飆，在理論的宣揚上壓倒了保守派，打開了美術現代化的風氣，保守派除了盧雲生起而反擊外，幾乎節節敗退。所有反傳統、反權威的個人與團體，乃因緣際會掌握時機加以統合組織。

基本上，「五月畫會」之所以成功，原因有二：

一為其掌握了時代脈動。他們以大量抽象主義的創作，及新穎觀念技法，試圖改造中國的舊傳統，以建立所謂東方畫系的新傳統，迎合了時代的需求。兼以當時李敖、余光中、張隆延、顧獻樑、虞君質、黃朝湖、楊蔚等人透過《文星》、《筆匯》、《聯合報》等刊物，攻擊舊傳統，強烈衝擊了過去封建社會美術體制所賴以建立與運作的倫理基礎，也為「五月畫會」的成功鋪了基石。平情而言，這些非畫家人物，對美術現代化的影響，遠比一般人想像的大。

二為彼時西方很多抽象畫大師創作的靈感，不少來自古老中國的繪畫傳統，因此，表現出對中國畫高度的興趣。既然，中國古老傳統中的藝術，充滿了抽象創作的啟示，那麼由中國人來吸收蛻變，豈不更道地深入嗎?「五月畫會」這般的宣揚，大大的減少了那些「國畫派」畫家的阻力，最後其所追求的當代中國美術現代化終告成功，這也象徵畫壇「現代」抽象主義的勝利。

回歸鄉土的臺灣美術

1950、1960 年代的臺灣美術運動，有一奇特現象是參與的人物，不管是本省外省、無論是國畫洋畫、甚至是畫家或非畫家們，他們踏在臺灣這塊土地上，傾聽西方藝術的潮音，大談中國傳統與抽象主義，但卻獨忘身處其境的臺灣美術。

幾乎沒有任何畫家想到，創作必須跟這塊我們的土地生息建立關係，並把此地草根性歷史，及創作成就加以包納融合，以期建立屬於我們臺灣真正的美術。這種不正常情況，到了 1970 年代，終於掀起一股批判現代主義的浪潮，也波及到美術畫壇。

1970 年代，隨著臺灣在國際外交的受挫，國內政治、經濟等問題的內外交迫，驚醒一批憂國之士，意識到一味仰賴美國，及盲目追隨西方文化之失策，從而覺悟到自己需自立自強，關懷本土社會。回歸現實鄉土的意識迅速抬頭，並很快的興起了一股回歸鄉土的新文化運動。

這些回歸鄉土關懷社會的呼聲與訴求，透過高信疆的《中國時報》與尉天驄《筆匯》及《龍族》、《文季》等報章雜誌的力量，很快的，改變了 1970 年代的文化氣象。其中，美術自然也不例外。美術的回歸本土過程頗富戲劇性，原因是那時出現了一陣「洪通狂潮」。

洪通，這位不識字的孤單老人、也不曾學過畫的門外漢，他的隨手之畫，帶領我們回到生命最原始的本質，帶給人們靈魂最深處的悸動。洪通的畫，透過高信疆的吹捧，又經由《雄獅美術》的專輯介紹，如劉其偉、張志銘、于還素、潘元石、曾培堯、王秋湘、何政廣、賴傳鑑、李賢文、謝里法等畫壇專業人士的為文探討，形成一種很奇特弔詭的「洪通現象」。

1976 年 3 月，洪通畫展在臺北揭幕，每天觀賞人數之眾，可謂萬人空巷，在臺灣美術史上幾乎絕無僅有。洪通狂潮未過，另外一位來自民間的雕塑家朱銘登場，同樣透過傳媒的介紹，另一個鄉土藝術的偶像人物又登上藝術殿堂。

基本上，就美術而言，1970 年代的鄉土運動，經過洪通、朱銘的創作衝擊與蔣勳、何懷碩等人的理論批評，終於打破長久以來，現代抽象主義一枝獨秀的藩籬。但擁抱生活、回歸本土，本已是當時凝聚的一股銳不可當的鄉土趨勢，這股趨勢與其說是洪通、朱銘的功勞，不如說是時代的潮流所致來得恰當。

然無庸質疑的，洪通等素人畫家仍有其貢獻，他們鼓舞了一批逐漸被人遺忘的老畫家，如李石樵、楊三郎、洪瑞麟等老驥伏櫪，重拾彩筆，畫臺灣的土地、畫臺灣的風土民情，他們出乎原始自然的畫風，兼以貼近臺灣這塊土地，在臺灣美術史的意義仍值得肯定。

1980 年代以後的美術省思

時序跨入 1980 年代，對臺灣美術運動而言，最喜悅的大事為經過長久的努力，美術對於人民生活與文化水準的提升和重要性，終於得到政府的支持，也形成了全民共識，因此乃有美術館的建立。

1983 年，臺北市立美術館落成，其後又有臺中、高雄等地美術館的興建，這三大美術館的出現，象徵臺灣美術運動的普及化，終於有了成果。

但平實說，臺灣過去的美術運動，從日治時期始，即受西潮藝術觀所支配，太過強調藝術的獨立性，與講究純粹自我的表現，卻始終缺乏對自己生活土地的互動和關懷。當我們的美術家一直引頸期盼巴黎、紐約風潮時，卻常無視於腳下的土地，這種對時代的冷感症，緣於我們的美術家缺少對自己文化的主體思想。

因此，展望臺灣美術的未來，問題已不是沒有自我的一味追求巴黎、紐約的藝術時尚，而是必須冷靜思索，如何將西方的美學藝術理論與臺灣本土命運相結合，進而在二十一世紀的今天，去塑造屬於自己主體意識的臺灣美術傳統，這才是當代臺灣美術家責無旁貸的使命。

參考書目

王白淵，〈臺灣美術運動史〉，《臺北文物》第3卷第4期（1955年3月）。

林惺嶽，《臺灣美術風雲四十年》（臺北：自立，1993年）。

林惺嶽，〈臺灣美術的過去與未來〉，張炎憲主編，《歷史文化與臺灣》(3)（臺北：臺灣風物，1991年）。

徐復觀，《論戰與譯述》（臺北：志文，1982年）。

楊孟哲，《日治時代臺灣美術教育：1895–1927》（臺北：前衛，1999年）。

謝里法，《日據時代臺灣美術運動史》（臺北：藝術家，1998年）。

謝里法，《臺灣出土人物誌》（臺北：前衛，1992年）。

謝里法，《我所看到的上一代》（臺北：望春風，1999年）。

顏娟英，〈臺灣早期西洋美術的發展〉，《藝術家》第168–170期（1989年5–7月）。

蕭瓊瑞，〈「臺灣人形象」的自我形塑：百年來臺灣美術家眼中的臺灣人〉，收入張炎憲等編，《臺灣近百年史論文集》（臺北：財團法人吳三連臺灣史料基金會，1996年）。

蕭瓊瑞，《臺灣美術史研究論集》（臺北：伯亞，1991年）。

8.3 戲夢人生的百年風華——近代臺灣戲劇的發展

早期臺灣原住民的原始「番戲」

人類的原始戲劇均起源於神話與傳說，初民時代因對宇宙天地的無知及好奇，亦對人類起源和祖先之敬畏，常把這些不知不解之事神格化，甚至圖騰化的加以膜拜。

不僅如此，人類為了取悅神祇或表現對祖先的虔誠信仰，常會藉由各種祭祀或特殊節慶，將神祇或祖先事蹟編排成故事，舞之蹈之以呈獻天神祖先，祈求神靈祖先庇佑賜福。此儀式乃舞蹈之創始與戲劇之初胚，所以說，原始戲劇是從原始舞蹈演變出來的。

臺灣原住民是個擅長於舞蹈的民族，在他們的舞蹈活動中，也夾雜著某些戲劇的因素在裡頭，如化妝、表演某種事件過程等等。時人稱之為「番戲」，此為臺灣民間原始戲劇之萌芽。

原住民的「番戲」常有「賽戲」的習俗，「賽戲」基本上保持著原住民自娛群歡的原始歌舞風貌。賽戲一般以村社為單位，每逢賽戲，全村男女都各自打扮豔裝華麗出席，如頭目頭上都會插著高長鮮豔的羽毛作裝飾，大家飲酒作樂，載歌載舞，盡歡而散。

賽戲歌詠之內容，不外乎祈禱豐年、追憶生產、戰鬥等艱辛歷程、緬懷祖先業績等。賽戲雖不是戲劇，但可以肯定的是它已經是臺灣民間原始戲劇的雛形。

至於「番戲」的演出，大體上皆色彩絢麗，歌聲整齊，舞姿優美，氣氛熱鬧。當是由部落祭祀逐漸發展出來的獨立表演形式，其中已具有戲劇表演的成分在內，只是尚未完全發展成熟。

明清以後大陸戲曲的傳入

明清之際，「唐山過臺灣」，掀起一波波漢人移民潮湧入臺灣，這些所謂的「唐山客」以福建、廣東、浙江一帶為多，其中主要族群為泉州人、漳州人及客家人。

這些蓽路藍縷的開臺先民，在臺灣墾殖的過程中，生活之艱辛、心情之苦悶是可想而知的。為了排遣精神上之寂寞，來自家鄉的戲曲是空虛心靈莫大的慰藉。因此，他們隨身帶來自己家鄉的戲曲，移植在這塊陌生的土地上，久而久之，開出了自呈異彩的民間戲曲之花。

基本上，當時傳入臺灣的大陸戲曲，有的保留了戲劇的完整形態；有的為了適應臺灣的特殊環境作了局部的調整，如傀儡戲、南管戲、布袋戲等。另外，有的則是先吸收大陸某地方民間戲曲的演出形式、再擷取大陸戲劇的某些精華，在臺灣融合，而獨立創造發展形成的，如歌仔戲、車鼓戲、挽茶歌、車鼓陣及跳鼓陣等。其中以布袋戲和歌仔戲最具代表性，可說是臺灣戲劇的經典。

布袋戲俗稱掌中戲，按不同音樂風格可分南管布袋戲、北管布袋戲與潮調布袋戲。南管布袋戲的音樂為泉州調，道白為泉州音；北管布袋戲又稱亂調布袋戲，道白為漳州音，且多為武戲；潮調布袋戲也叫白字布袋戲，音樂為較高亢的潮州調，道白為潮州音，潮調布袋戲和南管布袋戲多偏文戲。

布袋戲在當今臺灣仍擁有廣大收看群眾，尤其雲林黃海岱、黃俊雄祖孫三代，薪火相傳，對布袋戲的創新與貢獻，可說全臺獨一無二，功不可沒。黃家第三代黃文澤結合現代科技的聲光效果，為布袋戲注入新的生命，透過電視與光碟，將所製作的「霹靂系列」布袋戲深入到每個家庭，影響頗鉅。

在臺灣，另一個與布袋戲並駕齊驅的戲劇為歌仔戲，歌仔戲是將福建泉、漳地區流行的採茶、錦歌等歌謠，佐以臺灣的民間小調唱腔，再

1970年代末期布袋戲劇團的酬神演出 （梁正居攝）

加入傳統的演出形式，以閩南語演出的一種古裝歌劇。

這種古裝歌劇最早是以歌仔戲音樂說唱故事，稱作「本地歌仔」。清中葉，「本地歌仔」又吸收「車鼓陣」的藝術形式，以滑稽調弄的舞蹈身段輔助演唱，變成了「歌仔陣」。迄於清末，歌仔陣大為推廣流行，且從平地逐漸搬到舞臺上表演，觀看的群眾甚夥。

日治初期，歌仔戲又蛻變，更上一層，它吸收了宜蘭地區的「四平戲」及「亂彈戲」的服裝與身段，豐富了表演的內容與形式，逐漸風行成為地方大戲。

1923 年後，歌仔戲又兼容並蓄向京劇學習臺步身段與鑼鼓點；向福州戲班學習佈景和連臺本戲，萃取各家精華，不斷成熟進步，未幾即成為臺灣民間最受歡迎的鄉土戲劇。

有了電視傳媒後，歌仔戲更是利用此傳播利器，新編劇本，推陳出新，曾經走紅一時的有楊麗花、葉青等歌仔戲團。至今仍有「明華園」等戲團為臺灣本土國粹的發揚光大而努力。

除歌仔戲外，臺灣還有一些吸收大陸藝術形式而形成的民間獨特的地方小戲，像車鼓陣、挽茶歌、跳鼓陣等，均屬此類。

日治時期的臺灣戲劇活動

1895 年日本治臺後，臺灣的戲劇除了傳統的歌仔戲外，主要就是源於日本及受中國影響的臺灣新劇。日治時代的戲劇活動，最大之特徵，即幾乎大半是充滿著臺灣人對抗日本人，漢文化對抗日本殖民統治的一段艱困奮鬥過程，其政治意識是相當強烈的。

以臺灣文化劇之鼻祖「彰化新劇社」為例，該社係受廈門通俗教育社之影響而成立，其中成員亦多為臺灣留學中國大陸的留學生，成立目的，是想利用此種新劇作為啟發民智，反抗日本帝國主義的宣傳利器，政治動機十分明顯。

基本上，臺灣的文化劇是伴隨著 1920 年代的「民族自決」運動潮流而起，並親自參與了臺灣的民族運動，且成為其中重要的一環。一般而言，臺灣的戲劇運動始於 1924 年，而前此臺灣的民族運動，亦肇始於 1921 年的文化協會，緊接著，1925 年前後的農民運動、工人運動相繼而起，臺灣的戲劇運動，即伴此而一起成長。

如 1927、1928 年，是臺灣農民運動最風起雲湧的年頭，恰也是臺灣戲劇最蓬勃發展之際，可見，臺灣的戲劇運動，自始至終都與臺灣的政治活動息息相關。

臺灣最初的新劇「改良戲」，始於 1911 年日本新演戲之祖川上音二郎劇團的來臺表演。1912 年，日人莊田與高松豐次郎在臺組織臺語改良戲劇團，唯當時應募來的臺灣人演員都是臺北的流氓，故當時一般人不稱「改良戲」，反稱之為「流氓戲」。

此種改良戲劇情，多採自臺灣當時的民間故事，但無劇本與對白。改良戲曾在臺灣巡迴演出，後以日本當局不願漢文化之延伸而解散。

改良戲之後數年，又有大陸的「文明戲」於 1921 年夏，首度來臺公演。最早來臺之文明戲團為上海的「民興社」，於 1921 年 6 月來臺公演兩個月。大陸的文明戲演出方式係以喜劇為開場戲，然後才接正戲，唯一不便的是他們以北京話演出，與臺灣觀眾有語言上的隔閡，但當年仍有不少臺灣民眾前往觀賞捧場。

不管是改良戲或文明戲，它們均是由外界移植進來的，且演出目的偏重於休閒娛樂。這與往後在民族運動、政治運動中，扮演重要角色的文化劇相較下，其意義與價值，是截然不同的。

臺灣新劇的轉捩點，是從臺灣文化協會 1923 年 10 月 17 日在其第三屆定期總會議決增列「為改弊習涵養高尚趣味起見，特開活動寫真會、音樂會，及文化演戲會」始。此條款是文協首度公開將藝術納入臺灣文協活動中，代表臺灣第一個仕紳階級組織的政治團體，終於了解戲劇作為改革社會利器的重要性。

在文協的鼓舞下，1923 年 12 月，由彰化的中國留學生陳崁、潘爐、謝樹元等人，受當時廈門通俗教育社之影響，回臺後，結合同鄉留日學生周天啟、楊茂松、郭炳榮、吳滄洲等，協力組成了「鼎新社」，開啟了臺灣戲劇的新紀元。

「鼎新社」成立後，曾公演了〈社會階級〉獨幕笑劇及〈良心的戀愛〉五幕社會劇為發端。1924 年，「鼎新社」又與留日的「學生聯盟」合作，利用暑假公演〈回家以後〉，並自編〈金色夜叉〉、〈父歸〉、〈黑白面〉等戲，頗獲佳評。

基本上，「鼎新社」因受中國學生運動之影響，故從成立伊始，其本身即具備了抗日意識與改革新劇的旨趣。為達到改革社會、改良新劇的理想，「鼎新社」與文協有進一步的接觸與合作。

1925 年，「鼎新社」應文協之邀至員林、臺中、彰化、大甲、新竹、鹿港、嘉義等地公演。因此可說「鼎新社」是當時臺灣文化運動與戲劇運動的開拓先鋒。隨著「鼎新社」之開拓，文協各地分部也陸續展開如火如荼的戲劇與政治活動。

在思想上，「鼎新社」是屬於無政府主義的思想，它反對總督府之統治，以改善臺灣人民生活與戲劇為標榜，惜成立不久，會員間便因對演劇之思想與演技訓練之看法歧異，而告分裂。

總結「鼎新社」對臺灣戲劇之影響，可說它及其後的學生聯盟對臺灣新劇運動，堪稱開路先鋒，是第一個具有政治運動性質的劇團。

而它的演出形式與劇本多由大陸來，這對大陸戲劇傳播臺灣，功不可沒。該團所演出之劇目，屢為後來文協劇團演出所採用，該團之經驗與奮鬥歷程，與抗日民族運動關係密切，對文化劇的發展深具影響力。而它作為一個具有思想基礎的劇團，也影響後來的戲劇發展之具有思想性格。最後，它亦可說是標誌著無政府主義，在臺灣抗日活動中的一重要支流。

張維賢與「星光」

1924 年是臺灣戲劇發展史上重要的一年，也是一個劇團孕育的年代。是年初，有楊承基、顏龍光、謝火爐在臺北成立「臺灣藝術研究會」；其後，又有「草屯炎峰青年會」的創立，會員有洪元煌、林金釵、張深切等人和張維賢組團的「星光演劇研究會」。

「星光」成立之因，據張維賢回憶是他當時對舊戲的厭惡，他認為舊戲「內容與形式都差不多，做來做去還是那一套，死板板地毫無變化，與吾人的實際生活距離遙遠，似乎沒有關係。」因此深感為何沒有與現代生活有關的演劇呢?

基於此，張維賢在旅遊中國、南洋回臺後，受到大陸徐公美、侯曜、歐陽予倩、田漢等所作之新劇本的影響，而其好友陳奇珍與陳凸，亦帶來廈門文明戲的啟發，使一生醉心戲劇的張維賢振奮不已，而於 1924 年與朋友創立了「星光」劇團。

「星光」劇團成立不久，即著手排練了田漢的三幕劇〈終身大事〉，這一齣戲因為男女老幼、社會各階層都能理解，演出後頗獲好評。

受到各界鼓勵的「星光」劇團，於是再接再厲，繼續排練。1925 年又再度演出，劇目更為多樣豐富，演員更是一時之選，如余王火、賴麗水、楊木元、翁寶樹、詹天馬、葉蓮登、蔡建興、王井泉、陳奇珍、張維賢等。演出地點在臺北新舞臺戲院，此次公演是臺北首度有新劇之公演，因此意義非凡。

總之，因「星光」的演出內容及演員的素質，使得演員之社會地位大為提高，而受到一般人的肯定，這才是戲劇進步的正常現象，因為演員不但是人，更是將角色賦予生命的藝術家。

「星光」因掌握了這個道理，故其成功是可以想見的。但政治力的干擾無孔不入，1928 年 7 月，日警採取行動，調查搜索「星光」，認為其不是一個單純的戲劇研究會，有反日政治立場之嫌疑，故張維賢被抓。

被釋放後，隨即赴日本東京深造戲劇，「星光」劇團因少了張維賢這臺柱，影響力遂急速萎縮。

1930 年夏，張維賢學成返臺，延續「星光」劇團的精神，成立了「民烽演劇研究會」，其後改為「民烽劇團」。1933 年秋，「民烽劇團」在臺北永樂座公演四天，此次演出之觀眾多為知識分子，盛況空前。

1934 年，張維賢的民烽劇團，應日人組織的「臺北劇團協會」邀請演出新劇，表現聲勢浩大，超越日人，奠定其在日治時期臺灣演劇界的地位，博得「臺灣新劇第一人」的美譽。

日治時期，臺灣除了新劇外，尚有政治色彩濃厚的文化劇。文化劇約同早期文協的文化演講時興起，後因臺灣的農、工政治運動勃興，而趨於鼎盛，但也在文協分裂，日本當局高壓罩頂下，逐漸走向沒落之途。總而言之，文化劇的盛衰，是與臺灣政治運動的起落相始終的。

1937 年，中日戰爭全面爆發，臺灣亦納入日本戰時體制，為推動所謂的「皇民化運動」，全面禁止中文漢語的使用。臺灣戲劇，於此時亦受到日警的壓制與取締，只能允許「皇民化演劇」的存在。在一片皇民化浪潮中，臺灣戲劇自無從發展，只有 1943 年，「厚生演劇研究會」演出張文環的〈閹雞〉，萬人空巷，佳評如潮，為臺灣新劇畫下迴光返照的漂亮句點。

二戰後初期的戲劇

1945 年，日本戰敗投降，臺灣重回祖國懷抱，離散半個世紀的臺灣人，正懷著歡欣鼓舞的心情，來迎接祖國的接收，那時候全省各地霎時出現了許多嘉年華會般的街頭劇，充分表現出臺灣對祖國的歸心似箭。

但是 1947 年的「二二八事件」，不僅是臺灣史上最大的悲劇，省籍的矛盾，嚴肅的政治肅殺氣氛，均不利於文學藝術的發展，其中自然也包含戲劇在內。

臺灣在 1945 年至 1947 年，曾出現劇運的第一波小高潮，那時劇團如雨後春筍般成立，演出新劇也多。王育德曾主持「戲曲研究會」，演出過〈幻影〉和〈鄉愁〉，惜「二二八事件」後，王育德含恨赴日，從此不再回來。

另一劇團為「臺灣藝術劇社」，由張武曲、楊文彬、陳學遠、劉哲雄、辛金傳等人經營，亦曾在臺北中山堂公演〈榮歸〉多日。此外，還有「聖烽演劇研究會」也曾公演〈壁〉、〈羅漢赴會〉等劇目，但因這兩齣戲都有描述顢頇官僚體系，及諷刺時政的含意在裡頭，故最後遭到禁演的命運。

除上述這些劇團外，尚有「人劇座」等劇團，由此可見戰後臺灣劇運之蓬勃發展於一斑。

惜「二二八事件」後，隨著官方統治的逐漸嚴厲，〈臺灣省劇團管理規則〉的公佈，與劇本審查制度的實施，甚至查禁劇本。在一個封鎖思想，言論不自由的時空，戲劇是不可能活潑發展的。也因此，戰後蓬勃的劇運，如同曇花一現就此消匿衰落了。

當本土劇運式微之際，長官公署迎來了中國劇團來臺表演。先有1946年底，「新中國劇社」抵臺公演〈鄭成功〉、〈桃花扇〉、〈日出〉、〈牛郎織女〉等四齣戲，其中尤以〈鄭成功〉最受歡迎；後有1947年11月上海「觀眾戲劇演出公司」來臺公演〈清宮外史〉、〈岳飛〉、〈雷雨〉、〈愛〉等話劇，但水準不及「新中國劇社」。

「二二八事件」後，臺灣戲劇最值得一提的是由「實驗小劇團」所公演陳大禹編的〈香蕉船〉一劇，該劇是臺灣最早以「二二八」為題材之戲劇，其意義非同小可。

1950年代的反共抗俄劇

1949年，政府來臺後，面對共產黨的威脅，全面加強備戰，其中尤重視文化思想上的精神武裝，也因此在臺灣各階層、各領域，時時強調反共意識的忠貞。在文藝上，也吹起了反共文藝的號角，為配合反共的形式，在戲劇上亦掀起了一股反共抗俄的高潮。

王方曙最早編了〈鬼世界〉的反共話劇，還得了國民黨「文獎會」的巨額稿費，也帶動一批作家紛紛投入編寫反共劇的行列。

較著者有丁衣的〈新地主〉、〈光與黑的邊緣〉，白馬（袁叢美）的〈青天白日滿地紅〉，朱白水的〈熱血忠魂一江山〉，王方曙的〈收拾舊山河〉，高前的〈再會吧，大陳〉，齊如山的〈征衣緣〉，鍾雷的〈如此優撫〉，鄧禹平的〈惡夢初醒〉等等，琳琅滿目，洋洋大觀。內容涵蓋獨幕劇、廣播劇、平劇、電影劇本、多幕劇諸種。

至於，配合演出成立的劇團，更是多如過江之鯽，分別有「國防部康樂總隊」、「臺灣省文化工作總隊」、「中華話劇團」、「中央青年劇社」、「光華劇藝社」、「聯勤文化工作隊」、「幼獅劇社」，洋洋灑灑一堆。這些劇團，並且互相連線支援，到處巡迴演出，將反共抗俄劇塑造成一種如火如荼的全民運動。

基本上，反共抗俄劇只是為配合由上而下的文藝政策，在政策的強控下，戲劇只是宣傳、教育的工具，編劇者在編劇時，思想上已受到在上者及所服從主義的制約，在此情境欲求戲劇能夠正常發展，根本不可能。

且因政府倉皇來臺，諸多優秀藝人都留在大陸，人才的稀少加上官方嚴苛的審檢制度，更是束縛了戲劇的發展。當時空改變後，這種流於口號教條，僵化且同一模式，內容千篇一律的反共抗俄劇，終因得不到民眾真正的認同而經營困難，虧損累累，而趨於沒落，到 1970 年代初即走入歷史。

1960、1970 年代以降的劇運

反共抗俄劇稍歇後，雖然平劇及宣傳話劇仍有一定的表演舞臺，但對民間的影響力已大不如前。

民間則有李曼瑰等人推動的「小劇場運動」，先後成立了民間劇場，

如「實踐劇團」、「自由劇藝社」、「新潮劇藝社」等，演出劇本多為西方名劇，劇團演出侷限在劇藝的磨練和為演劇而演戲，因此格局有限。小劇場劇運，充其量只是保存劇運演出的趣味而已。

影響 1960 年代劇運較大的是大學戲劇系的開辦，培養了一批以後劇運的中堅人才，其次是電影、電視的開播影響最鉅。電視不但是民眾的新寵，連帶引走了不少舞臺劇的觀眾。

相對的，電視劇本的寫作也吸引了大批劇作家。原本電視劇有機會為臺灣新劇創造出高潮，但因受到太多外界人為的干擾，如規定播放時間限制等等，最終仍無法使臺灣劇運有進一步的發展。

電視、電影的開播造成舞臺劇的沒落，這是不爭的事實。故 1970 年代的劇作家在夾縫中求生存，一定要另闢蹊徑，「實驗劇場」算是一條可嘗試的出路。但是這種試圖顛覆傳統的實驗劇，有其不新不舊的弱點，所以一直打不開市場。直到 1980 年「蘭陵劇坊」的出現，演出劇作令人耳目一新，才為實驗劇及舞臺劇的變革起了先聲。

1980、1990 年代的戲劇，具有美學意識的如「蘭陵劇坊」、「環墟劇場」、「優劇場」、「零場劇場」、「反 UO 劇團」、「臨界點劇象錄」、「河左岸劇團」、「425 環境劇坊」等前衛劇團，仍努力對正統劇場藝術和意識形態進行解構，但從事戲劇工作者不僅要不斷地審視反省所處的時代，更要在自身的藝術上不斷追求卓越，如此才能擁有廣大的支持愛好者。

換言之，如何在自身生存的土地上，建構屬於自己的戲劇藝術，這才是所有藝術工作者嚴肅的課題，及應當努力的方向。

參考書目

片岡巖，《臺灣風俗誌》（臺北：南天書局重刊，1994 年）。
王詩琅譯註，《臺灣社會運動史：文化運動》（臺北：稻鄉，1995 年）。
呂訴上，《臺灣電影戲劇史》（臺北：銀華，1961 年）。

邱坤良，《日治時期臺灣戲劇之研究(1895–1945)》(臺北：自立，1992年)。
林仁川，《臍帶的證言：臺灣與大陸的歷史淵源》(臺北：人間，1993年)。
胡友鳴、馬欣來著，《臺灣文化》(臺北：洪葉文化，2001年)。
焦桐，《臺灣戰後初期的戲劇》(臺北：臺原，1994年)。
溫振華等編，《臺灣文化事典》(臺北：國立臺灣師範大學人文教育研究中心，2004年)。
楊渡，《日據時期臺灣新劇運動：1923–1936》(臺北：時報，1994年)。
楊馥菱，《臺灣歌仔戲史》(臺中：晨星，2002年)。
葉榮鐘、吳三連、蔡培火等著，《臺灣民族運動史》(臺北：自立，1990年)。

8.4　唱我們的歌——臺灣近代音樂發展滄桑錄

序　曲

音樂是一個民族的心聲，也代表一個民族文化傳統的綿延，臺灣近百年音樂滄桑史，恰似臺灣島悲情的命運。

這裡頭有原住民原始的天籟之聲，有中原南北管的輸入，蔚為以後臺灣音樂的主流，有日本東洋曲調風，影響臺語音樂，至今未衰。

戰後，更有西洋音樂宰制市場，目前仍為臺灣音樂創作主要的參考源頭。

這些外來音樂的輸入與揉合，形成一部臺灣音樂發展史，而其豐富的內涵，更塑造成臺灣今日之音樂圖象。

原住民的音樂

臺灣原住民擅長於載歌載舞，他們在各種慶典或節日上，最喜歡用其嘹亮的歌聲，唱出讚美或歡樂的心聲。他們有的用單旋律獨唱、有的用和聲，甚至運用較複雜的多重旋律來唱歌。音樂充滿變化，且蘊涵無限情感。

原住民音樂尚有一特色，即他們的音樂雖然具有旋律和節奏，但有些歌謠不一定有歌詞。且其音樂的旋律或節奏，有時相當簡單自由，但樂聲卻渾厚有力，展現原住民樂觀自然的生命力。

日治時期，日本挾其強勢文化移植臺灣，原住民音樂也受到影響，在旋律及節奏上都起了變化，只有在歌詞上仍能保有原住民的傳統風貌。

1949 年後，國府遷臺，為凝聚全民反共意志，將反共的意識形態之觸角，深入到每個基層及角落。

反共抗俄歌曲不僅在中小學強迫教唱，原住民歌曲照樣不放過，像阿美族很多好聽的歌曲民謠，就被填上〈離鄉背井〉、〈勇往金門前線〉、〈保衛大臺灣〉等歌詞傳唱以激勵士氣，其作法與日治時期無異，真是「臺灣人的悲哀」。

臺灣經濟起飛後，原住民未蒙其利，反而更多的原住民為了生計，離開家鄉到都市謀生。而所從事的大多為出賣勞力的零工或飄泊海上的捕魚工作，且常要遭受資本家的壓榨與剝削。

在如此艱辛生活和苦悶心情下，原住民唱出如〈鷹架風情〉、〈討海人〉、〈盼漁郎歸〉、〈海上情懷〉、〈創業艱苦〉、〈工人甘苦經〉、〈船員的悲哀〉、〈畸零人的悲哀〉、〈寄人籬下〉、〈祝福行船人〉、〈惜別的港口〉等貼切描述無可如何，淪為都市邊緣人之原住民的心聲。憑良心說，只要弱勢族群繼續存在，原住民的生活生計沒有解決，這種不平則鳴的哀怨歌謠，還是會在原住民社會繼續吟哦，代代傳唱下去。

南北管樂與客家音樂

南管與北管是臺灣傳統音樂的兩大系統，所謂南管，是流行於華南一帶的音樂，歌詞都是使用當地的方言；北管則是流行於華北的音樂，歌詞為官話。

南北管傳入臺灣後，影響臺灣音樂甚遠，像農村的車鼓、太平歌（俗稱乞食調）、交加戲等之曲調均取自南管；此外，南北管樂也被大量的用於道教、佛教等宗教儀式音樂。

至於臺灣迄今歷久不衰的歌仔戲、傀儡戲、布袋戲及其他宗教的道場音樂，無論是曲目或唱腔，都以南北管音樂為之。可以說，南管北管幾乎涵蓋了臺灣民間大部分的樂種與劇種。

除了漢人社會暢行的南北管外，人口佔臺灣第二多的客家人，也有屬於他們自己的音樂系統。客家人的音樂，即一般所說的「客家八音」。客家八音是隨著客家人的遷移，由大陸帶到臺灣來的，分佈地方以傳統客家庄桃、竹、苗為中心。客家八音常用於民間的迎送樂、祭祀樂；後因吸收戲劇的唱腔和山歌小調，成為豐富活潑的民間藝術。

客家人的傳統音樂分為聲樂、器樂、戲曲等項，其中以聲樂的山歌最有名。客家人的山歌，素有「九腔十八調」之稱，腔為不同地方的唱腔，調指不同之曲調。

往昔，客家人在山間工作，為提振士氣，增加樂趣，或消除疲勞，增進效率，常於勞作時哼唱歌謠，邊工作邊哼唱，形成客家文化一有趣畫面。以後甚至將山歌題材擴及到情歌、生活等各個面向，最終塑造成客家文化一項特殊的音樂傳統。

除山歌外，客家聲樂還有童謠，但客家童謠隨客家族群在臺灣南北分佈的不同，而有很大的分別。大體上，北部地區的客家童謠，是可以唱的；而南部地區的童謠，多為唸白。

童謠多半每句三、五字，以便於記誦，上下句常有語音或意義上的關聯，且用韻活潑，每句字數也不盡相同，其音韻和內容常透露出自我調侃或詼諧語氣，除了凸顯客家人樂天知命的特性外，也是兒童情感教育的良好教材。

西樂在臺灣

西式音樂在臺灣的發展，與西方教會在臺灣之傳教關係密不可分。自十七世紀荷蘭人據臺始，首度傳入了基督教；十九世紀臺灣開港後，基督教長老會再度進入臺灣，因傳教宗教音樂的普遍使用，西樂也隨傳教之需要在臺灣發展開來。

1865 年，英國長老教會傳教士馬雅各 (Dr. James Maxwell) 醫師抵達臺南，邊行醫邊傳教。傳教時，他喜歡歌頌旋律優美輕快易唱的聖詠，以爭取聆聽者的好感，結果成效頗佳。

其後，他又引進風琴、鋼琴等西式樂器伴奏，由獨唱、齊唱而發展成複音合唱。未幾，為傳教目的，在臺南地區成立了臺南神學院、長榮中學等教會學校，培養出許多早期的音樂家，如林秋錦、高錦花、周慶淵、李志傳、林澄沐、高慈美等人。

1872 年，加拿大長老教會馬偕 (George L. Mackay) 醫生至淡水地區傳教，也循相同模式設立淡水中學、牛津學院等教會學校，這些學校均有音樂課程，亦為淡水等北部地區帶來一股濃厚的音樂風氣，培育出像駱先春、駱維道、吳淑蓮、陳信貞、鄭錦榮、陳泗治等傑出音樂家。

臺灣早期西樂充滿了基督教教會色彩，有的以西方的曲調填上閩南語歌詞來吟唱，有的則以本地民歌改編之。總之，因為傳教緣故，在聖樂、教會音樂帶領下，帶動了西樂的風潮，而臺灣新音樂也是在教會人士宣揚福音的理念下誕生。

日治時期，臺灣西樂的發展，除了教會系統外，師範學校也是一個發展重點。1899 年，臺灣總督府頒佈了〈師範學校規則〉，其中規定在師範學校課程中，都必須列有音樂科目，因此，日治時期的師範學校成為教會學校以外，另一個培養西樂的搖籃。

當時許多日籍教師來臺授課，對臺灣西樂之發展有其不可抹滅的貢獻，如鈴木保羅、池田季文、山口健作、岡田守治、橫田三郎、赤尾寅吉等人，分別任教臺北國語學校 (今臺北師範學院)、臺北第二高等女學校 (今臺北中山女高)、臺中、臺南、屏東等師範學校，對作育臺灣音樂人才付出良多。

日本治臺五十年，其間臺灣西樂有幾次重要活動，對以後西樂在臺之發展影響深遠。1931 年秋，李金土與臺北市萬華青年團體「共勵會」策劃舉辦「臺灣全島洋樂競演大會」，創臺灣西樂比賽之先聲。1934 年初，在東京習樂的臺灣留學生組織「鄉土訪問音樂團」，利用暑假在臺灣各地舉辦巡迴音樂會。

這支音樂團體在《臺灣新民報》的大力支持下，由清水望族楊肇嘉領隊，成員包括林秋錦、柯明珠、高慈美、林澄沐、陳泗治、江文也、翁榮茂、林進生、李金土等人，在臺北、新竹、臺中、彰化、嘉義、臺南、高雄等地演出。演出時萬人空巷，臺灣民眾給予最熱情的支持與鼓勵，此舉事後引起廣大之迴響，經過這次的全省演出，使得西樂逐漸在臺灣普及生根。

1945 年戰後，國府接收臺灣，不少大陸優秀音樂家來臺，如蔡繼琨、戴粹倫、蕭而化等，他們將大陸的西樂曲風與臺灣的西樂交流，促使臺灣西樂進入另一個發展時期。

不僅如此，戰後隨著公私立中學及大專院校的陸續成立，不少中、高級學校都設有音樂科系，為培育臺灣第二、三代音樂家出力不小。

1960、1970 年代，臺灣藝術進入現代主義的浪潮，兼以彼時諸多留學歐美的音樂家返國，他們帶回最新的歐美音樂新觀念，為臺灣西樂注入新生命。

此時，眾多音樂團體如雨後春筍般成立，如「製樂小集」、「新樂初奏」、「江浪樂集」、「五人樂會」、「向日葵樂會」、「亞洲作曲家聯盟」、「中國現代樂府」等，都以傳播發揚西樂為己任。其中，尤以 1973 年許常惠所發起的「亞洲作曲家聯盟」，更是臺灣西樂作曲的中心。許氏等作曲家的創作風格，在呈現音樂內容回歸本土與結合西樂理論創新的發展趨勢，尤其是多元化的創作，更是明顯特徵。

1980、1990 年代以後，臺灣西樂更是展現前所未有的旺盛活力。此時期臺灣西樂樂壇最大的特色是，作曲風格的多元化、多樣性與第三代作曲家的竄起。

在回歸鄉土運動帶領下，音樂家開始了民間音樂的採集，並以鄉土傳統音樂為創作之泉源。而第三代作曲家受歐美樂壇的影響，曲風也朝向多元變化，有浪漫派、國民樂派、印象派、民族樂派，以及方興未艾的電子音樂等。

重要創作家有賴德和、溫隆信、林道生、張邦彥、陳茂萱、侯俊慶、游昌發、徐頌仁、許博允、潘皇龍、李泰祥、馬水龍等，皆為西樂創作的生力軍。

平情而言，隨著教育程度的提升，國人已能普遍接受西樂。而各大專院校及民間音樂團體，常舉辦「音樂節」、「音樂季」等活動，對臺灣人的音樂欣賞與普及裨益良多。近百年來，西樂的傳入臺灣，對臺灣的音樂生態，及社會文化生活均產生深遠的影響。

人民生活的心聲——臺灣民謠

所謂民謠，是指臺灣傳統的、自然的、古老的民間歌謠而言，但也包括一般所說的「流行歌曲」在內。

臺灣民謠源遠流長，各族群都有自己的歌謠。如原住民之狩獵、祭祖、談情示愛、節慶豐收都有自己的歌謠，平埔族〈新港社別婦歌〉歌詞「我愛汝美貌，不能忘，時時想念。我今去捕鹿，心中輾轉愈不能忘，待捕得鹿，回來便相贈」，即為一首示愛之民謠，寫得直率又坦誠。

又如閩南人的〈丟丟銅仔〉、〈思想起〉、〈六月田水〉、〈一隻鳥仔哮救救〉，也都屬於福佬系特有的民謠；至於客家人亦不例外，其平板、山歌仔、老山歌、採茶歌等「九腔十八調」皆屬其專有民謠。總之，臺灣民謠有一共同特色即純樸、真情、直率而寫實。

作為「人民生活的心聲」之民謠，在臺灣特殊的歷史時空下，有其特別意義存在。它可以說是臺灣人民悲苦心聲的反映，更是臺灣在殖民政權下的歷史見證，作為歷史的一部分，可說能具體的透過傳唱，將臺灣人真正的情感心聲表現出來。

臺灣民謠一般區分為民間小調、傳統戲曲和說唱唸謠，很多民謠口口傳唱，代代相傳，唯年代久遠，作者已不可考。另外因唱法流失，使得不少臺灣民謠變成有詞無曲，十分可惜。

早期臺灣民謠充分展現了移墾社會的特質，蓽路藍縷、開疆闢土的艱辛，透過民謠的傳唱一覽無遺的具體表現出來。如〈飲酒歌〉、〈牛犁歌〉、〈牛母伴〉、〈丟丟銅仔〉等以生活為素材，闡述人生的意義和道理，內容充滿生活的艱辛和樂觀的期望。

另一種早期民謠則為情歌，如〈草螟弄雞公〉、〈桃花過渡〉、〈五更鼓〉等，在含蓄中略帶浪漫氣質，打情罵俏中夾雜著關懷，內心充滿對愛的渴望及嚮往。

總之，早期臺灣之民謠處處充斥著先民墾拓臺灣艱苦現實的心聲。透過純樸、簡單、篤實的曲調，將移墾社會的憨厚純真與腳踏實地的情懷傳唱出來。

日治以後，臺灣仕紳以組織詩社，吟詩作對以遣悲情；市井小民則以山歌傳唱消遣憂悶。1920 年代的「非武裝抗日時期」，若干臺灣民謠如〈美臺團團歌〉、〈臺灣自治歌〉、〈咱臺灣〉、〈五一勞動節歌〉、〈農民謠〉等歌曲，配合當時的政治社會活動，將臺灣人民反帝、反殖民，渴望自由、平等、人權的心聲表露無遺。

1920 年代前後，先有日商古倫美亞公司來臺設立分公司，從日本引進各式日語曲盤（唱片），為臺灣流行音樂帶來快速的成長。到了 1930 年代，流行歌曲在臺灣逐漸進入高峰期，博友樂、泰平、日東、勝利等曲盤公司紛紛成立，把握商機的商人不僅從日本引進當時流行音樂，也嘗試聘請臺灣音樂家譜寫臺灣流行歌曲，以打開聽眾市場。因此，有了 1932 年由王雲峰作曲、詹天馬作詞的第一首流行本土作品〈桃花泣血記〉（為上海聯華影業製片公司所出品的電影〈桃花泣血記〉而譜的宣傳歌）。

〈桃花泣血記〉問世後，市場反應熱烈，口碑不錯，由此帶動創作風潮。從此以後，十年之間，創作不少膾炙人口的佳謠。如〈河邊春夢〉、〈月夜愁〉、〈望春風〉、〈雨夜花〉、〈春宵吟〉、〈四季紅〉、〈青春嶺〉、〈白牡丹〉、〈心酸酸〉、〈三線路〉、〈農村曲〉等。

而作詞作曲者，幾乎為臺灣當年樂壇的一時之選，如鄧雨賢、姚讚福、王雲峰、蘇桐、陳君玉、林清月、李臨秋、吳得貴、周若夢、周添旺、蔡德音、廖文瀾等人，其中鄧雨賢、蘇桐、王雲峰、邱再福更被並稱為作曲界的四大金剛。這些歌曲反映了臺灣社會的變遷，也刻劃出一個時代的風貌。

1941 年，太平洋戰爭爆發後，隨著戰局進入非常時期，日本在臺灣的殖民統治也加緊了「皇民化運動」的腳步。嚴令禁止臺民說臺語，寫漢文，禁唱臺語歌曲，禁演臺灣戲劇，刪除報紙雜誌漢文版面等等。臺灣全面進入黑暗時期，臺灣歌曲流行不再，更可惡的是為配合皇民化政策，宣揚政令，運用了最高宣傳技法，將人人耳熟能詳的臺語流行歌曲也「皇民化」。

徐緩哀怨的臺灣流行歌曲，變調成激昂悲壯高亢肅殺的進行曲，如將〈望春風〉改成〈大地在召喚〉，〈雨夜花〉成了〈榮譽的軍伕〉，〈月夜愁〉易為〈軍人之妻〉，臺灣音樂才子鄧雨賢更被迫譜寫〈月昇鼓浪嶼〉的軍國主義歌曲，真是時代的無奈。

臺灣新音樂的轉折

戰後的臺灣音樂可說一波三折，歷經三個大轉折期，先是以中國情懷為主的中國歌曲獨領風騷時期。1945 年，日本戰敗，國府接收臺灣，為去日本遺毒，全力推行國語運動。但因語言的轉換問題，導致臺語作曲家創作銳減，臺語歌謠被視為低一級之音樂。

至於國語歌曲則成為一枝獨秀之勢，1950、1960 年代反共氛圍高漲，很多談情說愛的臺語歌曲被視為「靡靡之音」而禁唱。1960、1970 年代，美臺關係密切，在留洋崇美的心理作祟下，西洋歌曲在臺灣市場獨佔鰲頭，「貓王」及「披頭四」的歌曲，傳唱於美軍俱樂部和大學校園，尤其更受到大學生知識分子的青睞。

1970 年代末期，在一片「回歸鄉土」的熱潮中，樂壇上亦刮起一股檢視崇洋心態的反省。鄉土意識覺醒的年輕一代大學生，喊出「跳自己的舞、唱自己的歌」的「現代民歌運動」的訴求，民歌運動即在此背景下蓬勃發展，這可說是臺灣戰後歌曲的第二個轉折點。

這股清純簡單的民歌從大學校園開始蔓延，很快的獲得社會大眾的喜愛而紅極一時，直到 1980 年代初其勢力才稍歇。

標誌年輕人心聲的民歌，對以後臺灣流行歌壇造成不小影響，它不但啟發眾多對音樂愛好的年輕人投入創作歌曲的行列，也對臺灣流行歌曲的創作結構、風格產生重大變革。如時下很多音樂愛好者自彈自唱、自編曲自填詞的風氣即源於民歌時代。

經歷了民歌洗禮之後，創作者更紛紛追求自我風格的表達，而流行歌曲的創作，也朝著多元化、多樣化的方向邁進。其中簡上仁、邱晨、陳明章與林強，都有不錯的表現。

1980 年代初期，適值世界石油能源危機，臺灣的經濟也受到重大衝擊，不少小市民生活陷入困境，〈心事誰人知〉、〈舞女〉等臺語歌曲的適時發表，傳唱全臺大街小巷，正反映了無數小市民的心聲，及下層社會為生活打拼，淪落舞廳的辛酸無奈。

解嚴後，打破了長期禁錮的政治藩籬。臺灣政治的冰封期已過，各種社會力量集體湧現。

隨著競選活動的頻繁，一首〈愛拼才會贏〉，不僅成了競選的招牌歌，也道盡當時各行各業的臺灣人，充滿努力打拼就能出頭天的自信。

因著政治的開放，「禁歌」的陰影不再，創作者可盡情騁其才華，因此臺語流行歌壇也呈現出百家爭鳴的熱鬧景象。

而美國在 1950 年代流行的搖滾音樂，在 1980 年代也影響到臺灣的國語流行歌曲。「丘丘合唱團」主唱娃娃，在〈就在今夜〉(1982) 中以沙啞的嗓音加上狂野的節奏，成功開啟國語流行歌曲的新風格，帶動搖滾歌曲的流行。臺灣搖滾風潮的興起，曲風大膽，創作歌曲多傳遞社會批判與抗議的聲音，羅大佑為此階段典型的代表人物。

1990 年代始，另類的「小眾文化」興起，「地下音樂」為其代表，它們的訴求以反「主流」為目的，企圖在對抗音樂的主流霸權外，傳達認同本土與顛覆傳統意識形態的最終理想，當前臺灣的流行音樂，似乎有朝此方向的趨勢，這是戰後臺灣音樂的第三個轉折期。

參考書目

呂炳川,《臺灣土著族的音樂》(臺北：百科文化，1982 年)。

呂錘寬,《臺灣傳統音樂概論》(臺北：五南，2005 年)。

林二、簡上仁,《臺灣民俗歌謠》(臺北：眾文，1979 年)。

陳郁秀編著,《百年臺灣音樂圖像巡禮》(臺北：時報，1998 年)。

莊永明,〈百年來臺灣歌謠傳略〉，收入張炎憲等編,《臺灣近百年史論文集》(臺北：財團法人吳三連臺灣史料基金會，1996 年)。

游素凰,《臺灣現代音樂發展探索 1945–1975》(臺北：樂韻，2000 年)。

顏綠芬、徐玫玲編撰,《臺灣的音樂》(臺北：財團法人群策會李登輝學校出版，2006 年)。

8.5 臺灣近代電影的百年浮沉

2006 年臺灣導演李安拿下第七十八屆奧斯卡最佳導演金像獎

2006 年，來自臺南的華人電影導演李安，將男性同志小說〈斷背山〉(*Brokeback Mountain*) 改拍成電影。該片背景是 1960 年代美國的懷俄明州，描寫兩個美國西部牛仔同志間的心態和情緒，刻劃細膩，感人至深。

果然，甫一問世，隨即引起世界影壇的關注，全球颳起一陣〈斷背山〉旋風，大獎接連而至。2005 年，已獲威尼斯影展最佳影片金獅獎。2006 年初，又拿下金球獎最佳導演、影片獎。同年 3 月 5 日，更是一舉拿下好萊塢第七十八屆奧斯卡最佳導演金像獎，創下奧斯卡史上，首位亞洲人獲最佳導演獎的新紀錄，同時，也創下李安電影事業的新高峰。

李安得獎，全球華人同感光榮。李安來自臺灣，臺灣更是喜不自勝。他可說是受徐立功慧眼識英雄拔擢的。所以，在得獎感言中，他非常感謝臺灣對他的栽培。

臺灣出了李安這位國際級名導演，我們與有榮焉。但問題是，何以臺灣電影業卻每況愈下，觀眾幾乎全跑光？而每年臺灣自己出產的國片，就那麼幾部。辦影展時，經常還要靠港片和演員來充場面。至於其他有關資金、演員、劇本、導演、政府的電影政策等，也是出現一大堆問題。

所以，當代臺灣電影前景並不樂觀，急待我們嚴肅反思和設法加以解決問題。本節以下，即回顧了「臺灣近代電影的百年浮沉」，以便了解其一路走來的曲折發展史。

臺灣近代電影溯源——日治時期的肇端及其發展

1895 年底，法國人盧米耶兄弟 (Louis Lumiere) 於巴黎的大咖啡館放映「活動影像」，一般公認，這是電影時代的開始，而是年，亦為日本治臺之始。

臺灣的電影業在日治時代，完全是以配合殖民當局的教化宣傳為最高目標。以殖民地教育宣傳媒體的姿態，在殖民政府支配下的皇民化運動，以及日本文化和日語的全面推廣中，擔任著重要的角色。不過，此時電影之拍攝，雖明顯有其政治企圖，但從無到有的臺灣電影業中，終究加速了電影製作的提升。這也是如今仍須肯定的。

首次在臺灣放映電影的人是日人大島豬市。1900 年 6 月，大島豬市在臺北「淡水館」放映盧米耶兄弟的〈火車進站〉、〈海水浴〉、〈軍隊出發〉、〈工人打架〉等十餘部紀錄影片，開臺灣影片播映之先聲。當時，觀眾多為日本人，且以女性居多。這些紀錄片，每片放映時間約一分鐘左右。當時尚為無聲默片時代，由放映師松浦章三擔任影片解說者。

對於破天荒的首次放映電影，觀眾感到十分神奇驚訝，喝彩不已。接著，大島豬市並在臺灣各地巡迴放映上述電影，成了臺灣最早的巡迴放映業先驅。

在大島豬市後，1903 年高松豐次郎亦到臺灣各地巡迴放映電影。1907 年，高松受總督府委託，在臺灣拍下首支紀錄影片〈臺灣實況介紹〉，內容重點是為總督府治臺十一年的政績成果作宣傳。

高松的這支〈臺灣實況介紹〉拍得很成功，完全符合總督府當局的需求，故甚獲總督及後藤新平等人的賞識。在殖民當局的贊助支持下，高松在臺灣建立了最早的電影院，同時設立「臺灣同仁社」製片公司，奠定了臺灣電影業的基礎。

日本治臺初期，因財源短缺，在討伐原住民過程中所需經費龐大，為籌措補助費，在各地放映電影的慈善事業是最佳募款方法。此方法一則可以啟發鄉間民智，再則可以募得款項，所以在高松極力贊同下，1920 年代，臺灣巡迴電影風潮頗盛。

遺憾的是，日本雖在殖民地發展電影，但日本在臺灣拍的電影，卻寥寥可數，也缺乏一套電影輔導政策，最多就是一些政治宣傳片。而在臺灣製作的劇情影片也不多，根據《臺灣電影略年表》統計，總共不到二十部。

1925 年，「臺灣映畫研究會」製作了〈誰之過〉，由劉喜陽導演，劇本及演員清一色都是臺灣人，頗具代表意義。1927 年，日活電影公司出品〈阿里山俠兒〉，原名〈滅亡路上的民族〉，則是第一部描寫高砂族（原住民）的作品。

1936 年由日人靜香八郎導演製作的〈嗚呼芝山巖〉，則是第一部有聲電影。該影片敘述發生在 1896 年，芝山巖「國語（日語）傳習所」六名日本教師被殺害之故事。

至於 1937 年的〈望春風〉，則是由臺灣人所組成的「第一電影製作所」出資拍攝，聘日人安藤太郎為導演，劇本由作詞者李臨秋撰寫，鄭得福改編為電影腳本，演員多為臺灣人，由於當時臺語被禁，所以仍用日語發音。

日治時代最著名之電影，為 1943 年由清水宏導的〈莎鴦之鐘〉，該片是改拍自 1940 年代非常轟動流行的〈莎鴦之歌〉這首曲子之情節，由當時最紅的李香蘭（山口淑子）飾演原住民部落的美少女莎鴦，內容是讚美莎鴦愛國墜河滅頂的故事，含有歌頌軍國主義的意味。該影片因為以二次大戰期間的皇民化運動為背景，故事中刻意製造所謂的「軍國美談」，褒揚「愛國青年」為道德規範的標準，成為宣傳皇民化運動的最佳電影。

嚴格而言，由於日本並不熱衷臺灣的製片事業，故截至日本戰敗的 1945 年止，除日本官方拍攝的一大堆宣傳紀錄片外，臺灣本地製作的劇情片，僅〈老天無情〉(1923)、〈誰之過〉(1925)、〈血痕〉(1929)、〈義人吳鳳〉(1932)、〈怪紳士〉(1932)、〈嗚呼芝山巖〉(1936)、〈望春風〉(1937)等幾部而已。

戰後臺灣電影的發展概況

1945 年日本戰敗投降，國府正式接收臺灣，當時臺灣的電影業全部壟斷在國民黨手中。屬於國民黨的電影單位有「農業教育電影」(今中央電影公司前身)，以及屬於軍隊的「中國電影公司」和省府的「臺灣電影公司」。

在國共內戰期間和「二二八事件」前後，臺灣島內一片混亂，基本上沒拍攝出什麼像樣的影片，充其量，只有些新聞影片而已。

除此之外，大陸的攝影隊曾來臺灣拍攝外景，如〈假面女郎〉、〈花蓮港〉、〈阿里山風雲〉等。〈阿里山風雲〉別名〈吳鳳傳〉，乃描寫原住民出草的習俗，由張英執導，張徹撰寫劇本，片中插曲〈高山青〉膾炙人口，一直傳唱至今。

國府遷臺後，為配合反共國策，整個 1950 年代的電影，基本上以拍攝反共及宣傳政策的片子為主。1951 年，宗由導演的反共影片〈惡夢初醒〉,可說是臺灣第一部國語電影,同時也是以同步錄音的製作方式上映。其後，唐紹華、張正之導的〈春滿人間〉(宣傳三七五減租)；袁叢美執導的〈罌粟花〉；徐欣夫、王珏的〈軍中芳草〉等一系列電影，幾乎全部都是宣傳國民黨政策，暴露共黨暴政的反共電影，且均為公營電影公司產品。

除反共電影外，1950 年代中期，開始有人製作臺語影片，而臺灣歌仔戲影片也十分受歡迎。

此外也有廈語片輸入臺灣，這些片子被稱為「正宗的閩南語電影」，擁有很多臺灣中年以上的女性影迷。故早期廈語片甚至較臺語片為多，直到後來臺語片才趕上。

從何基明的黑白臺語片到李翰祥的彩色國語片

1956 年，何基明導演首開臺語片之風，他可說是真正臺語片製作的

早期電影宣傳　（1962年翁庭華攝於九份）

始祖。該年，何基明執導拍攝首部臺語片〈薛平貴與王寶釧〉，推出後風靡全臺，口碑甚好，奠定何基明首席臺語片大導演之地位。

同年，何基明在故鄉臺中設立「華興製片廠」，是為臺灣最早的民間製片廠，其後亦有林摶秋在鶯歌成立「湖山製片廠」。

這些民間的製片廠，致力於導演、編劇、演員等的養成教育，對培育臺灣電影人才的貢獻功不可沒。

時序進入1960年代，臺灣電影也由黑白跨入彩色的時代。1963年，李翰祥執導的國語片香港電影〈梁山伯與祝英臺〉，在臺灣上映颳起一陣旋風，創下盛況空前的紀錄。〈梁祝〉僅僅在兩個月內，就締造了七十二萬人觀看之紀錄，及連續放映一百八十六天的奇蹟，而〈梁祝〉也實至名歸的，獲得當年的金馬獎最佳影片。受到〈梁祝〉空前轟動的刺激，帶動了拍攝國語片的高潮時期，各種武俠片、文藝片、歷史劇等，大量的被製作出品。

是年，李翰祥與香港邵氏公司失和，在臺灣創立「國聯公司」，從香港帶來很多優秀的編劇、演員和攝影師。臺灣如林福地、郭南宏、宋存壽等導演均為其帶出來的。同時他也造就江青、鈕方雨、甄珍等家喻戶曉的大明星。

李翰祥擅長導歷史大戲，在其執導下，臺灣歷史戲有了長足進步，其中最著名者為 1965 年的〈西施〉，該戲氣勢雄偉，無論在佈景道具和服裝造型上，都極其考究，浩大場面和細部感情的拿捏都恰到好處。

總之，其對臺灣電影界水準之提升貢獻良多，與白景瑞、胡金銓、李行並列為「臺灣四大導演」，作品尚有〈貂蟬〉、〈江山美人〉、〈七仙女〉、〈冬暖〉、〈傾國傾城〉、〈武松〉等。

從臺灣李行的健康寫實電影到香港胡金銓的新風格武俠片

與李翰祥同時代的名導演，還有李行。其為中央電影公司執導的電影，是走健康寫真路線，1964 年拍的〈蚵女〉、同年導〈養鴨人家〉，在亞太影展都獲得相當高的評價。

這以後，李行又拍起了鄉土電影，這些電影因為親切寫實，帶給觀眾溫馨共鳴，美中不足之處是，這些描述臺灣鄉下風土民情的片子用國語發音，予人一種不倫不類的感覺。

除鄉土片外，李行也拍了不少由瓊瑤小說改編的愛情文藝片，雖然小說情節離現實甚遠，但在那苦悶的年代，也算是給年輕人一個逃避現實的幻想夢土。

一般而言，整個 1960 年代，一直到了 1967 年之後，胡金銓拍了〈龍門客棧〉及〈俠女〉等武俠片後，臺灣電影再現風華。前此歲月，臺灣電影的水準仍不高，年輕人還是喜歡看西方美國和港、日等地電影。

當時由中、日、港合作的電影，賣座都不錯，較著名的有〈香港之夜〉(1963)、〈秦始皇〉(1963)、〈海灣風雲〉原名〈金門灣風雲〉(1964)、〈香港之星〉(1964)、〈曼谷之夜〉(1966)、〈香江花月夜〉(1967)、〈青春悲喜曲〉(1967)、〈青春鼓王〉(1968)、〈青春萬歲〉(1969)、〈女校風光〉(1969)、〈青春戀〉(1970)、〈我愛金龜婿〉(1971) 等。

解嚴後臺灣新電影的創作及其時代的特殊意義

1970年代，臺灣在國際間形同孤兒，在島內也是風起雲湧，先有「美麗島事件」的震撼，接著是臺灣第一個本土政黨「民主進步黨」成立，其後一連串解嚴，黨禁報禁的開放，蔣經國總統的辭世，國民黨威權時代的結束，整個1980年代，可說是臺灣最激烈變革的關鍵年代。

政治狀況的劇變，也突破了電影已往的禁忌，一些過去不敢碰觸的題材，尤其是政治的敏感話題，終於可以百無禁忌的自由揮灑了，而描寫臺灣現實風貌的影片亦開始大行其道。

當時中央電影公司，大膽起用一批年輕的新銳導演，1982年楊德昌、陶德辰、張毅、柯一正等人拍攝〈光陰的故事〉，1983 年侯孝賢、曾壯祥、萬仁將黃春明小說搬上螢幕，拍了〈兒子的大玩偶〉，開啟鄉土文學電影先聲。於此同期，吳念真、小野等都以臺灣新潮流派的嶄新電影手法，而獲得拔擢的機會。

在時潮、輿論與觀眾的支持，和電影相關人士的努力下，1980年代臺灣新潮流派電影，不僅在臺灣口碑甚佳，受到肯定，也在國際電影展上大放異彩，獲得很高的評價。

解嚴後，導演開始可以自由選擇喜歡的題材拍電影，昔日不敢嘗試拍攝的電影紛紛出籠，在內容上也朝多元方向發展，電影的深度、廣度、張力十足，頗獲國際影評的嘉許肯定。

侯孝賢1989執導的〈悲情城市〉以「二二八事件」為背景，打破國民黨近四十年來對「二二八」的禁忌，就電影的突破尺度言，確實是一里程碑。其後他又拍了〈童年往事〉、〈戀戀風塵〉、〈尼羅河女兒〉、〈好男好女〉、〈南國再見，南國〉等風評不錯的電影。

楊德昌1991年執導的〈牯嶺街少年殺人事件〉，以戒嚴時期一群血氣方剛的少年打架殺人事件為故事主軸，在東京影展獲得很高評價的特別獎。而1993年，後起之秀吳念真則以〈多桑〉獲義大利都靈影展最佳影片，1994 年蔡明亮也以〈愛情萬歲〉在威尼斯影展獲獎。

其後，年輕新銳導演陳玉勳拍的〈熱帶魚〉、林正盛的〈春花夢露〉、〈美麗在唱歌〉等，都別出心裁頗有創意。而導演王童，則擅導平民悲喜劇，他擅長描寫臺灣小老百姓的心聲，以臺灣社會市井小民的生活點滴為作品內容，也都有很好的成績。如〈假如我是真的〉、〈稻草人〉、〈看海的日子〉、〈香蕉天堂〉、〈無言的山丘〉等，電影主角都是平民百姓，以幽默諷刺的筆調拍攝，獲得多次金馬獎的肯定。

而李祐寧為另一年輕導演，擅長拍眷村背景的故事和老兵的問題，主要作品有〈老莫的第二個春天〉、〈竹籬笆外的春天〉等，是主題明確，容易引起共鳴的電影。總之，那個年代，是臺灣電影的黃金歲月。

可惜，進入 1990 年代，臺灣史的研究成為顯學，但臺灣的電影業，卻是一落千丈一片蕭條，不僅觀眾流失，好片也寥若晨星，吳念真即十分感慨的說，「當今電影界最大的課題，是——能拍出一部臺灣人樂於觀賞的電影」，道理淺顯，問題是，有這麼容易嗎?

當代華人之光——國際名導演李安

在臺灣電影業一片不景氣當中，有一人獨自突破重圍，殺出一條生路，將華人執導的電影，推向世界舞臺而享譽國際，他就是華人之光——李安。

李安生長於臺灣，1979 年移民美國，畢業於紐約大學電影製作系研究所。1991 年其執導的首部片子〈推手〉，初試鶯啼，次年即受邀在柏林影展播映，並獲亞太、金馬等大獎。

1993 年，李安再接再厲，又推出〈喜宴〉，該片榮獲柏林影展金熊獎，從此奠定李安國際名導的地位。此片亦曾獲得奧斯卡獎及金球獎「最佳外語片」提名，這是臺灣電影有史以來首次入圍奧斯卡，在西方主流電影稱霸的今朝，能獲提名已委實不易。〈喜宴〉在美國票房極佳，各國版權被搶購一空。

其後李安幾乎年年都推出新作。1994 年的〈飲食男女〉，也入圍奧斯卡最佳外語片及獲得金馬獎最佳影片。〈喜宴〉和〈飲食男女〉這兩部笑裡帶淚、俏皮詼諧的片子，如果李安沒有中華文化的深厚底子，是絕對拍不出那種壓抑又制約的父系社會特色。

1995 年，李安正式進軍好萊塢，首拍改編英國珍・奧斯汀的小說《理性與感性》。該片在次年為他拿下第二座金熊獎，並入圍奧斯卡七項大獎。

1997 年李安的〈冰風暴〉，也獲得坎城影展最佳編劇獎，那幾年李安幾乎是拿獎拿不完。唯一不理想的是 1998 年拍的英語片〈與魔鬼共騎〉，票房慘敗。

2001 年對李安來講，是導演生涯重要的一年，是年其執導充滿東方藝術精華的〈臥虎藏龍〉橫掃各項影展，也獲得電影最高桂冠奧斯卡最佳外語片獎，及其他眾多大獎，亦締造美國有史以來，外語片之最高賣座紀錄。

〈臥虎藏龍〉開東方武俠片之新紀元，也為傳統武俠片創新境界，可見李安創作典型的功力。2002 年李安嘗試新題材，將 Marvel 的漫畫搬上大螢幕，拍〈綠巨人浩克〉，2003 年上映，雖極力宣傳，但賣座不及之前的〈臥虎藏龍〉。

不服輸的李安，又將同志小說〈斷背山〉改拍成電影。果然，甫一問世，隨即引起世界影壇的關注，全球颳起一陣〈斷背山〉旋風，大獎接連而至。2005 年，已獲威尼斯影展最佳影片金獅獎。2006 年初，又拿下金球獎，3 月 5 日更是一舉拿下好萊塢第七十八屆奧斯卡最佳導演金像獎，創下奧斯卡史上，首位亞洲人獲導演獎的新紀錄，同時，也創下李安電影事業的新高峰。所以，李安既是臺灣之光，也是全體華人之光！

參考書目

川瀨健一著，李常傳譯，《臺灣電影饗宴百年導覽》（臺北：南天書局出版，

2002 年）。

呂訴上，《臺灣電影戲劇史》（臺北：銀華，1961 年）。

李泳泉，《臺灣電影閱覽》（臺北：玉山社，1998 年）。

李安口述，張靚蓓編著，《十年一覺電影夢》（臺北：時報，2002 年）。

林文淇等編，《戲戀人生：侯孝賢電影研究》（臺北：麥田，2000 年）。

陳劍秋，〈李安導演奧斯卡獎奪標〉，《中外雜誌》第 79 卷第 4 期（2006 年 4 月）。

黃聰洲，〈終戰前的臺灣電影活動與戰後臺灣電影發展〉，收入《臺灣史研究會論文集》（第一集）（臺北：臺灣史研究會，1988 年）。

焦雄屏編著，《臺灣新電影》（臺北：時報，1988 年）。

溫振華等編，《臺灣文化事典》（臺北：國立臺灣師範大學人文教育研究中心出版，2004 年）。

葉龍彥，《光復初期臺灣電影史》（臺北：國家電影資料館，1994 年）。

8.6　飆舞——林懷民與羅曼菲的舞蹈世界

序言——臺灣現代舞在林懷民創辦雲門舞集之前的困境

在臺灣戰後的現代化或後現代化的文化經驗中，吸取西方藝術的表現技巧或概念，常是臺灣都市菁英文化圈的表演團體和藝人，長期藉以自我成長和焠鍊藝業精進的不二法門。

早期臺灣本土表演環境，因長期受限於輸入的相關資訊非常稀罕，以及能出國深造的機會不多，所以當時整個臺灣現代化的藝術表演，與國際間的高水平藝術相比，可說是尚處於觀摩和學習的不成熟階段。因此，其實際擁有的專業程度，離那種已成熟、和能自我精緻創造的時期，仍很遙遠。

此外，擴大這種原屬於臺灣都市菁英藝術圈的文化消費能力、或大幅度提升鑑賞成熟度的能力，尚須有相對的社會富裕環境，和足夠的新世代的藝術消費者來支撐，才足以形成一個讓專業，或職業表演團體，能藉以存活和能賴以永續經營的相對穩定表演環境。

像這樣的社會條件和表演環境，在臺灣本土的 1960 年代後期之前尚不具備，因此，當時也不可能有類似日後林懷民的雲門舞集和羅曼菲之類的舞蹈精靈出現。

事實上，在當時離西方主流文化很僻遠的臺灣本土，若想要擁有類似西方現代藝術團體表演的完整經驗，和全套的管理技術，其實是不太容易的；而這只有等舞團的經營者和相關的表演者，實際出國去觀摩和學習，然後才能逐漸培養出自己所需的舞團經營方式，及創造出自己藝術表演的風格。

這種經驗往往是靠長期的自我摸索，才能慢慢的相對成熟和應用自如。於是，一個可以有自己代表性和現代風格的藝術表演團體，像如今已享譽國際的著名臺灣本土舞團——林懷民所創辦的雲門舞集，才可以藉以持續存活下來，年年可以公演，到處受歡迎，甚至於享譽國際，備受高度推崇。

的確，如今林懷民所創辦的雲門舞集，已是公認可以代表戰後臺灣本土現代藝術表演的最高峰，是非凡的偉大藝術成就；但在他支持之下，開創雲門舞集新風格的舞蹈家羅曼菲，也是不可忽視的代表性藝術家。

林懷民創辦雲門舞集之肇端

林懷民並非戰後臺灣現代舞的開山祖師，但他的確是臺灣有史以來，第一位創辦現代職業舞團的傳奇人物，並且以他對職業舞團的特有經營模式，帶動了其他舞團的革新與模仿。甚至於早他多年即已成立的前輩舞團，也受到他的衝擊和影響。

因而，以他和他的雲門舞集，作為戰後臺灣現代舞的最關鍵性轉折點，的確是實至名歸，符合歷史事實。其作用，正如楊麗花在臺語歌仔戲所造成的重大影響那樣，儘管此兩者的藝能領域並不相同，且表演內涵有極大差異。

林懷民在出國之前，原是寫著名小說《蟬》的年輕作家，1969 年出國後，卻改換跑道，以帶著美國現代舞先驅，瑪莎・葛蘭姆 (Martha Graham)，那自人體內在延展出來的舞蹈力道，及自心靈激盪溢漫而出的肢體藝術於 1973 年回臺。自此，他舉手投足、起步蹦跳間，都展現出迥然不同以往的生命力。

帶著這套新潮現代舞概念，來到文化大學任教的他，所得到的快樂，也應是屬於更加刺激、和更具革命性的、那種令人顫慄似的另類快樂。因為當時林懷民所擁有的舞技及觀念，在相對保守的臺灣舞蹈界，可說是一種石破天驚之舉。

1973 年，林懷民和文化大學舞蹈專修科的學生鄭淑姬、何惠楨、吳秀蓮、王雲幼，在臺北美國新聞處講示現代舞，會後又有吳素君、葉臺竹、劉紹爐等參加現代舞課程。之後，租屋固定練舞，並於是年 9 月，在臺中中興堂首演，正式以「雲門舞集」為名，成立臺灣第一個現代舞團，也是華人世界的第一個現代舞團。

自雲門舞集創始起，林懷民即堅持舞團宗旨，是「中國人作曲，中國人編舞、中國人跳給中國人看」，以標榜中國民族文化氣節的大方向為旨趣。1960、1970 年代臺灣「現代主義」當道之際，林懷民的逆反作風，無疑是需要相當大的勇氣。

不僅如此，林懷民非常強調對藝術尊重的重要性，創團之初的公演，以「觀眾以鎂光燈攝影，落幕重來」、「遲到觀眾中場休息方得入場」等堅決態度，來教育民眾的欣賞禮儀，與對藝術工作者應有的尊重。

雲門舞集的成功，奠基於創始者兼掌門人林懷民，林懷民的謙沖自持、深厚的中國文化底蘊、源源不絕的創意，和永不放棄的精神，締造了今日雲門的輝煌。

即便如此，林懷民還是謙虛的說：「每件作品的誕生，雲門的長期經營，都不是我個人可以完成的。舞者、教師、音樂家、設計家、舞臺工作人員、行政人員、義工、觀眾、雲門之友、企業家、甚至外國友人……，許多人的關心和支持，鑄造了今天的雲門，我只是雲門的一顆螺絲。」就是林懷民這種功成不居的人格魅力，感召了無數的雲門人與觀眾，此乃雲門經營成功之鑰。

雲門舞集演出的盛況及其代表的文化意義

雲門舞集在林懷民的努力經營下，譽聲躍起，成為戰後臺灣最負盛名的現代舞團，也是臺灣最具活動力的舞團。它帶動了臺灣劇場的發展，與歐美一流舞團比較亦毫不遜色。

雲門的表演可說是自鄉村到都會，由國內至國外，從簡陋舞臺迄於歐美堂皇富麗的歌劇院，其舞跡可謂遍及全球。

雲門舞集編舞最大的長處，是林懷民擅長將中國的古典素材現代化，如 1974 年 5 月，雲門第二次公演，即推出〈寒食〉、〈閒情〉、〈李白夜詩三首〉，三支深具中國文人情懷的作品。

演出後，作家楚戈評價頗高，認為已脫首次公演斧鑿痕跡的形式，「林懷民的雲門，已完全融入了中國的天空，變成了中國山水上的雲了」。同年底，雲門又推出〈哪吒〉和〈奇冤報〉，都是取材於中國古典小說改編成的，現代舞與中國傳統戲曲的合流，成為雲門編舞的一大特色。

1975 年雲門首度出國，赴新加坡、香港等地表演，獲得佳評如潮，香港《明報月刊》總編輯胡菊人評論道：「二十多年來的臺灣文化輸出，有建設、有成就的是文學。除了文學之外，二十多年來要算是『雲門舞集』，給臺灣的文化輸出，展現了新面貌。」換言之，雲門舞集儼然是臺灣文化輸出最佳之代言者。

1978 年為耕耘臺灣各地現代舞的風氣，雲門舞集開始於中南部鄉鎮巡迴演出，落實其將藝術下鄉與播種，舞進校園與社區的理想，原本還怕反應冷清，結果觀眾給予熱烈的擁抱及支持。尤其是年底中美斷交，林懷民編的〈薪傳〉首演於嘉義體育館，如史詩般壯闊的〈薪傳〉，不用激憤，不必怨恨，只是結結實實地展現先人們蓽路藍縷開創前程的努力，立足於這塊土地所經歷的艱辛和歡愉。

有鑑於國家正處風雨飄搖中，臺上臺下心意相通，敵愾同仇團結一氣，將演出氣氛帶至最高潮，落幕後還有很多觀眾感動激昂，久久不忍離去。〈薪傳〉帶給臺灣民眾最大的震撼是積極向上的鼓舞精神，是這個民族頂天立地的信心與氣魄。

誠如林懷民自己所言：〈薪傳〉最終結的意義是「瞻望前程」，回顧先民的歷史並非為了懷舊，而是瞻望！為新一代更美好的前景瞻望。

〈薪傳〉的成功，可以說是為那個時代的臺灣民眾傾洩胸中積壓的沸騰熱血，為受創的臺灣人注入信心的強心劑，協助醫療了那個遍體鱗傷的島嶼和人民。

雲門演出的舞蹈作品，題材內容與表演形式廣泛多變，有對傳統民間故事的新詮、國劇藝術的衍化、臺灣鄉土題材的發揮，有典型的現代舞，也有前衛性觀念之嘗試。歷年來演出較著名之舞劇有〈白蛇傳〉、以及刻劃「唐山過臺灣」緬懷先民開拓臺灣史詩般的〈薪傳〉。其他尚有〈流雲〉、〈射日〉、〈夢土〉、〈紅樓夢〉、〈九歌〉、〈家族合唱〉、〈街景〉、〈春之祭禮〉、〈我的鄉愁，我的歌〉、〈流浪者之歌〉等等，是目前臺灣藝術文化活動最具影響力之表演藝術團體。

雲門對臺灣藝文界最大之貢獻是，雲門以一舞團的表演為中心，提供了臺灣現代音樂創作、服裝、造型、攝影等藝術的新舞臺。

林懷民為現代舞的薪火相傳，特別以「中華民國雲門舞集研究會」名義，參與或舉辦各種藝文活動，希望藉此讓藝術紮根基層，深入到每一個角落。

1980 年他又策劃成立「雲門實驗劇場」，帶動劇場技術的專業化，不但提供一些小劇團作實驗演出之場地與技術支援，更由此訓練年輕的舞臺工作者，及鼓勵有興趣者的積極投入，林懷民的「雲門實驗劇場」成了臺灣 1980 年代小劇場運動的重要據點。

1988 年起，林懷民為沉澱休息充電，宣佈舞集暫停兩年半；其後他成立了「雲門舞集文教基金會」和「雲門舞集舞蹈教室」，以專門培養年輕一代之現代舞者。

不過，林懷民本人開創性的編舞高峰期，在此後的數年間，又再度湧現，其代表作就是 1998 年首演的〈水月〉和 2001 年首演的〈行草〉三部曲。

這兩部作品，應是林懷民最純熟地應用東方傳統道家美學哲思和藝術精粹，來賦予他的現代舞表現。這宛若當年胡金銓在其新武俠片中的空靈與流變之具象表現一樣，因為在其最基本的藝術成素上，和後來李安在其〈臥虎藏龍〉一片中，讓劇中男女主角吊鋼絲在隨風搖曳的翠竹林間，如蝴蝶般輕盈地揮劍和淩波似地相互追逐，所呈現的那種美學效果是相近的。所不同的，只是林懷民在〈水月〉的舞碼創作成素中，應用了「太極導引」的流暢軀體表現形式，在〈行草〉三部曲中則大量溶入東方漢字水墨書法的寫意和飛白的特質，所以在西方演出時，獲得高度的讚美和肯定，當然在意料之中。

純藝術的高度成熟，對林懷民而言，係其蘊蓄多年的創作靈光之燦爛綻放的自然結果，並以其最擅長的現代舞，作為具象的傳達媒介。然後透過舞群在精心設計的舞臺上，以靈巧、幽麗、柔美和自信，淋漓盡致地揮灑出來，其預期的高度藝術效果，和與臺灣社會的互動和深度的感染力來說，是和當年〈薪傳〉時期的狀況，大為不同了。

因此，林懷民今後所要創作的現代舞碼，究竟要如何在純藝術成就與社會性傳播功能之中取得平衡，也將是他在未來必須面對的另一種新考驗。

儘管如此，林懷民所開創的雲門舞集，能持續營運至今，這二十餘年來，對現代舞教育之推廣與舞者之培育，可說不遺餘力貢獻良多。近年更培養開發出雲門舞集二團，提供年輕舞者發揮編舞與跳舞的創意空間，頗受年輕舞者歡迎。

楊孟瑜在《飆舞：林懷民與雲門傳奇》一書的評論中說得好：「林懷民和雲門舞集，這個始自一群年輕人的聚合，不只造就了舞蹈在臺灣的新境界，並且自此源遠流長地，影響了臺灣的劇場藝術、社區意識，乃至音樂、攝影、戲曲等諸多文化範疇的發展。甚至臺灣的國際聲譽，也因雲門舞集的光與熱，而鍍上泛著文化光輝的金質評價。」基本上，雲門舞集的成長歷程，可以說記錄了臺灣現代的舞蹈史、劇場史甚至是文化史。

林懷民所領導的「雲門人」，可以說是用創意、意志、舞蹈來撰寫臺灣的歷史，他們可說是臺灣的國寶，臺灣人永遠的驕傲。而藝術水準甚高的歐陸《柏林晨報》，則稱許林懷民為「亞洲最重要的編舞家」，香港媒體更讚揚為「二十世紀偉大編舞家之一」。雲門舞集至今演出已超過千場，以林懷民的成就確實是當之無愧。

當代臺灣現代舞的舞蹈精靈——羅曼菲

2000 年文化界最高榮譽的國家文化藝術獎，舞蹈類頒獎給羅曼菲。其中對羅曼菲的評價是：認為其長期致力於舞蹈環境的提升及視野的開拓，並致力於舞蹈教育、推廣及國際交流，對於舞蹈生態的演進有深遠的影響。此評價，確實是持平中肯且實至名歸的。

1955 年出生於宜蘭的羅曼菲，為其打開舞蹈之門的是陳玉菁老師，陳玉菁係臺灣第一代舞蹈教育推手李淑芬老師的學生，留學韓國，在蘭陽地區開設舞蹈教室，受教學生甚多，頗有名氣。陳玉菁教學嚴謹專注，為羅曼菲奠定了紮實的舞蹈基礎。大學時，羅曼菲結識了「民歌之父」的校園歌手楊弦、熱愛舞蹈的臺大藝研所研究生黃瀚荻，更引領她進入藝術殿堂。

在愛舞同學的鼓勵下，羅曼菲被引介到劉鳳學的新古典舞團舞蹈教室，「舞蹈」再度成為羅曼菲生活的重心。

早年臺灣的舞蹈社，幾乎都以教授民族舞蹈和芭蕾舞為主，直到 1970 年代初，劉鳳學和林懷民等人才開始在國內推動現代舞。劉鳳學的新古典舞團，更為羅曼菲開啟現代舞的門扉。在劉鳳學的嚴格教導與刻意拔擢下，羅曼菲已能獨挑大樑擔綱演出，1974 年陸續表演了〈秋江〉、〈洛神〉等舞作，已展現其舞蹈天份的架勢。

加入新古典舞團的羅曼菲，首度在臺北中山堂演出劉鳳學編創的舞蹈〈小小天問〉，初試啼聲口碑不惡，曾引起媒體關注和報導。

1975 年是羅曼菲舞蹈生命的關鍵年，先是，在張曉風為基督教團契編劇的〈嚴子與妻〉中擔任編舞，其後，在詩人教授楊牧的推薦下，羅曼菲進入了林懷民的雲門舞集，開啟了羅曼菲與雲門之間牽繫二十餘年的緣份。

1978 年羅曼菲自美返國，於 1979 年正式加入雲門。1980 年她擔綱演出林懷民舞作〈白蛇傳〉中「白蛇」一角，是其在雲門得到的第一個重要角色。

在林懷民的磨練及賞識下，還為她安排現代舞課程，學習舞者葛蘭姆等的現代舞技巧。

這期間，教導舞者的原文秀還特別為羅曼菲編了一支獨舞〈女媧〉，讓其有獨自演出的機會。

1982 年羅曼菲因跳舞受傷，以及在雲門第一次編舞〈兩人之間〉的表現不如預期，暫離雲門赴美習舞，次年參與百老匯歌舞劇〈國王與我〉的演出，與世界巨星尤伯・連納 (Yul Brynner) 同臺表演，受益匪淺。

其後，羅曼菲進入紐約大學研修舞蹈，獲得碩士學位。1986 年發表舞作〈羽化〉，該年並應香港城市當代舞團邀約，演出黎海寧的〈謫仙記〉。1987 年自行策劃、編舞和演出「羅曼菲舞展」，並為賴聲川舞臺劇〈西遊記〉編舞。

1989 年，林懷民特別為羅曼菲量身打造獨舞作品〈輓歌〉，此舞已成了羅曼菲舞蹈生涯的代表作。該舞曾多次演出，帶給觀眾巨大震撼難以忘懷，甚至將其與〈輓歌〉等同視之。

〈輓歌〉原名是〈今天是公元 1989 年 6 月 8 日下午 4 時……〉，是林懷民為大陸爆發的「六四」事件而作，羅曼菲藉著天旋地轉的肢體，成功的詮釋身心靈所遭受的巨大震動。而李斯特〈葬禮進行曲〉的背景音樂，彷彿哀悼「六四」天安門的輓歌，將該舞無盡哀戚、沉重無比的氛圍營造得非常震撼人心。

〈輓歌〉中羅曼菲以精準的情緒和肢體動作，將身心靈承受莫大的痛苦和掙扎，詮釋得恰如其分，引來海內外不斷的邀演。曾在香港、紐約、舊金山等地演出，關心六四事件的中外觀眾，透過觀賞表演，釋放了鬱結心中積累的情緒，對林懷民和羅曼菲只有嘆服。

1991 年，她為復出的雲門舞集編〈綠色大地〉。雲門復出後，以培養新秀，朝年輕化的目標發展，這使得已邁入中年的資深舞者如葉臺竹、吳素君、鄭淑姬和羅曼菲，不得不開始認真思索，如何延續自己的舞臺生命，未來的角色及定位等嚴肅問題。

最後，她們選擇了離開娘家，另闢蹊徑。1994 年羅曼菲與吳素君、鄭淑姬、葉臺竹等共同成立了「臺北越界舞團」，並發表創團作品〈失樂園〉，首場演出即讓舞蹈界驚豔，贏得不錯的評價。

「越界」之名，是她們為自己舞團取的名字，代表其要跨越年齡的界限，打破舞蹈的界限，結合不同領域的藝術家，一起實驗劇場表演的更多可能性。

從確立廣邀其他領域人才，共同創作和表演目標，這些年來「臺北越界舞團」成績卓著，有小劇場編導田啟元、致力推廣接觸即興的舞蹈家古名伸、音樂創作者林慧玲、流行音樂詞曲創作人兼歌手羅大佑、香港編舞家黎海寧、年輕編舞家伍國柱、演員金士傑、馬汀尼、資深舞者張曉雄和陳偉誠等，都曾於「臺北越界舞團」演出。

有了自己的舞團，羅曼菲從此每年定期推出作品，編舞的能力更備受肯定，她的舞蹈生涯開始在表演和創作上雙軌並進。

這幾年「臺北越界」推出了〈心之安放〉、〈傳說〉、〈女人心事〉、〈天國出走〉、〈蝕〉、〈洞〉、〈白〉、〈騷動的靈魂〉、〈不完整的寓言〉、〈蛇的練習三種〉、〈愛玲說〉、〈捉畫〉、〈蘆葦地帶〉等，成績亮眼，有諸多舞作是與香港名編舞家黎海寧合作。

其中以〈愛玲說〉最具震撼效果，羅曼菲演出張愛玲的「華麗與蒼涼」之一生。空盪盪的屋裡，年華老去白髮飄霜的羅曼菲，頹坐沙發，舞弄手中報紙，喃喃自語，將張愛玲孤寂的人生場景，詮釋的維妙維肖，入木三分。

世紀末，當眾多藝術家，鎖定以世紀交替不安徬徨的心情來當做創作主題時，臺北越界舞團反而以文學經典去詮釋古今。〈蝕〉的原始構想脫胎於日本的〈羅生門〉；〈騷動的靈魂〉靈感來自畢卡索的〈亞威農少女〉畫作，羅曼菲舞作強調「人的自我觀照」，也是自我價值的認同。她喜歡探索人的心靈，人心靈深處真正的自我，以及人性複雜的多元面向。

羅曼菲曾說:「我的創作,一定與生命經驗有關。」2002 年的〈蘆葦地帶〉舞作正好印證這句話,三對舞者盡現生、老、病、死生命恆常,而無法逃避的歷程,冥冥之中,似乎預告些什麼。其後的一場病,牽引出她對人生無常的感慨。羅曼菲對這一切,初感意外,首次逼自己認真面對人生生離死別的課題,幾經掙扎,還需坦然以對。

但是,在 2006 年,這位不服輸的舞蹈精靈,還是告別了她所熱愛的紅塵,羽化而去。然而,她的生命雖有時而盡,但她留下的舞姿、舞作,將永遠迴蕩於她所摯愛的鄉土和人間。

參考書目

楊杜煜,〈臺灣舞蹈表演藝術之發展與當代社會之關係(1930 年代至 2000 年)〉(國立中央大學歷史研究所碩士論文,2003 年)。

楊孟瑜,《飆舞:林懷民與雲門傳奇》(臺北:天下文化,1998 年)。

徐開塵,《羅曼菲:紅塵舞者》(臺北:聯合文學,2002 年)。

溫振華等編,《臺灣文化事典》(臺北:國立臺灣師範大學人文教育研究中心,2004 年)。

8.7 自由主義在臺灣的緣起緣滅

苦悶年代的自由主義

自由主義的討論，在二戰後的臺灣現代史上，特別有其意義。因為它所涉及的，不只是重要的民主思想啟蒙、戰後西方各家重要思想家或其學說的介紹，更有親自在對抗專制獨裁政權的火線上，強烈提出批判的尖兵鬥士，或義無反顧地準備成為實踐其理想的殉道者。

他們都是學有專精的知識分子，有理想、眼界廣、實踐力也往往超越常人，並因而成為戰後臺灣社會上，享有極高地位和評價的文化人、知識領袖，或偉大啟蒙者。

因此，本節特對幾個經典性的重要人物，提出扼要的解說，以讓今人理解其所作所為，及其能使後來者有所深感之處。

眾所周知，二戰後的 1950 年代，是中國現代史上大變動的時代。國共內戰失敗，撤退來臺的國民黨，在風雨飄搖中，於面對中共威脅與鞏固政權的考量下，採取了獨裁政治的威權統治。

一批來臺的自由主義知識分子，於大陸時期雖被夾擊於國共兩大政黨各自的主義之間，但尚還有一相對的可乘之機，可同時置身於或左或右的偏離與偏倚的條件，尚可標榜獨立自主。來臺後，由於批評國共兩黨的議政空間更形緊縮，所受箝制的力量也更大。擺在眼前的，就只有一個政黨、一個主義、一個領袖的威權體制。所以在 1950 年代初期，跟隨國民黨政權來臺的自由主義知識分子，雖不情願也不得不在現實上，接受這樣禁錮的環境。

另一方面，當時的國民黨政權，雖然是威權體制，但因其政權安危尚需美國支持，在考量美國觀感下，不得不給予自由主義知識分子一點說話自由的空間。換言之，當時的國府政權，即曾把這一點言論自由的權利，作為一種象徵，來裝飾臺灣。以所謂的「自由中國」，來對照大陸專制極權的「共產中國」。

只不過，像胡適、雷震、殷海光等自由主義知識分子，當時在臺灣也只有那點言論自由的微薄力量。「韓戰」後，國際局勢改變，國府政權在臺灣立穩腳跟後，胡適等人的那點言論自由也就岌岌可危了。

平情來說，胡適以其當時在海內外德高望重的地位，蔣中正尚不能不在表面上，對其容忍或禮敬一番；但對於以胡適為精神領袖的《自由中國》雜誌社雷震、殷海光等所謂「胡適派自由主義文人集團」的活動，蔣中正就沒那麼禮遇了。尤其，在其後，雷震越走越激烈，欲組「中國民主黨」時，蔣中正的容忍便顯然已到極限，因此設法羅織罪名，將其入獄；並將殷海光的臺大教職停職等，最後，連最年輕的自由主義信仰奉行者——《文星》集團的李敖，也身陷囹圄。

整個「胡適派自由主義文人集團」，隨著1962年胡適的去世，死的死、抓的抓、關的關，幾乎被國民黨摧殘殆盡。而以胡適為首的自由主義知識分子，在1950年代的臺灣議政，雖曾掀起《自由中國》時代的高潮，但也隨即在國民黨的反撲下，緣起緣滅，倏忽地風流雲散矣！

雖係如此，「哲人日已遠，典型在宿昔」，雷震、殷海光、甚至李敖等自由主義知識分子的典範，撫今追昔，仍是值得吾人加以肯定效法的，茲簡介其生平事跡及其思想如下。

雖千萬人吾往矣的雷震

雷震(1897–1979)，字儆寰，浙江長興人，早年留學日本京都帝國大學習行政法學和憲法。1933至1938年任職於王世杰主持的教育部，因王與胡適關係密切，因而也決定了胡、雷間的私交。

抗戰勝利後，他先後出任國民參政會副秘書長、政治協商會議秘書長、制憲國民大會副秘書長等要職。長期周旋於各黨各派間，深獲蔣之信任倚重。雷震雖為一老牌國民黨黨員，但在多年與各黨派和自由主義知識分子交往過程中，使他深刻體察到國民黨「一黨專制」的弊端；兼以其早年留學日本的法政專業素養，使他對「民主憲政」有一份憧憬與理念的堅持。

據胡虛一在〈讀「愛荷華憶雷震」書後〉所言，雷震早在 1947 年即對國民黨的「一黨專政」表示不滿，曾在日記中寫下其曾向陳立夫進言情況:「余進言謂今日辦黨，應變更作風。過去為一黨專政，今後為多黨政治，不獨方法不能同，而一切作風，均應改變。」同年 7 月 25 日的日記又言，他與羅貢華、程希孟等人討論選舉問題，及今後對付政治辦法，雷震以為民主勢力不擴張，中國今後必無出路也。

在大陸淪陷前夕，雷震與蔣廷黻等人，既不贊成共產黨的武裝暴力革命，也不滿青、民兩黨僅是國民黨的附庸，毫無在野黨制衡的力量。因此，蔣、雷希望國民黨內主張「民主憲政」的人士從中分離出來，另組一新政黨，和國民黨作公平而自由的政治競爭，以發揮「監督和制衡」的民主憲政功能。而蔣、雷心目中最理想的「新黨」領袖即為胡適，唯胡適並無意願。

有趣的是，當時蔣中正並不肯擔任憲法架構下，權限並不大的中華民國總統候選人，反而拱胡適出馬，但遭到國民黨內部的反彈。為此，蔣中正還特別約見胡適致歉，並希望胡適出面組黨，胡卻反而建議國民黨最好自行分化為兩、三個政黨來婉拒之。

由此可知，在國民黨自由分化產生新黨這點上，胡適、雷震、蔣廷黻的主張是一致的。這種政治上的自由主義，完全是「胡適派自由主義文人集團」一廂情願的幻想。

他們既不滿意國共兩黨的專制獨裁，也不滿民盟及青、民兩黨的依附性格，但自己在政治上，又空有理想而毫無行動力。

徐蚌會戰後，國民黨慘敗，雷震等為挽救敗局，從根本做起，試圖發起一場「民主自由中國運動」來號召群眾，以對抗共產黨的暴力集權。也就是說，此時的雷震等對國民黨尚存有希冀和幻想，因此才會在大陸局勢逆轉後，敦請胡適出面領導，欲組織「自由中國社」，創辦《自由中國》半月刊，借助輿論，一面宣傳民主反共，來鼓舞民心士氣。但另一方面，企圖以「自由中國社」為核心，聯合信仰民主憲政人士，反對國民黨的專制獨裁，並希望由此逐步發展成一新黨（自由黨），在反共同時，也能監督制衡國民黨。

雷震當初以「自由中國社」所發起的組黨構想，雖因時局惡化太快而未能有進一步活動，但卻是爾後來臺《自由中國》創刊、及蔣廷黻等在美擬成立「中國自由黨」的最初構想。

其實，當年雷震在臺成立的「自由中國社」及創辦《自由中國》半月刊，還曾得到蔣中正的首肯及支持，因國民黨欲借此行動來起死回生，使外界對其耳目一新；只是當時蔣中正的支持，其後證明仍是極有限度的。此即意味著，當時「自由中國社」所做的一切言論行為，必須、也只能在當局容忍的範圍內，才能有所開展。

因而，這就決定了雷震等自由主義知識分子的侷限和歷史宿命，此一局面當然亦導致胡適、雷震、殷海光等自由主義知識分子，其後無可避免被清算或遭整肅的悲劇下場。

其後，蔣廷黻在美的「中國自由黨」快速流產，但雷震在臺灣的《自由中國》雜誌，卻越辦越紅，影響力越來越大。在蔣中正立穩腳跟後，此即觸犯其政治上的大忌。因蔣中正本人，一向把自由主義視同如共產主義一般的毒蛇猛獸，長期以來，對其排斥不遺餘力。

例如早在 1920 年代，蔣中正即已不能忍受胡適在《新月》時期批評國民黨、孫中山及政府；如今臺島風雨飄搖，蔣因大陸慘敗和臺灣地方民主勢力抬頭，早已心存餘悸，又如何聽得進胡適、雷震等「烏鴉」的逆耳忠言呢？所以，蔣中正最後對雷震等，會毫不手軟的將其打壓入獄，也就不足為奇了。

或許有人會認為，雷震不能算是自由主義者，因為他曾做過國民黨的高官，和民、青兩黨人士往來密切，後來又搞反對黨，政治關係複雜，這就表示他不一定有一貫的自由主義思想。其實，雷震在其早年留學日本時，學校的課程已奠定其民主法治的學理基礎。在京都帝國大學時期，雷震主修行政法學，其師森口繁治教授，對於民主的堅定信仰，特別是對於議會政治和政黨政治的重視，以及反對軍人干政的態度等，都大大影響了雷震日後的政治理念。

基本上，雷震不屬於理論型的自由主義知識分子，相反的，其可貴之處，是以實際行動來實踐自由主義者的政治理念。

觀諸雷震在大陸時期對在野人士的尊重，對結束一黨訓政和實現民主憲政，亦曾做了許多推動的工作。來臺後，他尤其能不顧強權，向國民黨提改造意見，甚至要求軍中不得設黨部，搞權力圈圈。他在《自由中國》雜誌上，撰述許多爭民主、爭自由、爭法治或爭人權的文章，都膾炙人口，流傳一時。而戰後臺灣民主思想的啟蒙，就是由此逐漸發展出來的。

當時，雷震和許多自由主義朋友一樣，都認為國民黨那一套在大陸已失敗了，所以若要在臺灣繼續反共，就只有靠民主自由，才是對付共產主義的利器，而非以獨裁反獨裁、專制反專制，否則也只是「五十步笑百步」之譏罷了。而殷海光也曾提到:「一個真正的自由主義者，至少必須具有獨自的批評能力和精神，有不盲目權威的自發見解，以及不依附任何勢力集體的氣象。」這段話，其實也就是殷海光本人對自己或對其同人之最基本界說和自律原則。

準此而論，雷震可以說完全符合標準，因雷震的民主自由信念始終如一，例如他在批判國民黨蔣家父子的威權專制時，毫不畏懼，所以最後才會觸怒最高當局。除各項職務先後遭解職外，最後還遭到蔣家父子以「莫須有」罪名，羅織入獄長達十年之久。這種一肩扛起所有苦難擔當，見諸書生空議政的自由主義知識分子中，十分罕見。

而兩岸的現代史，有時也會有偶然的相似，例如 1957 年大陸開始「鳴放」運動，就有不少知識分子，以為有了說真話的自由，結果卻因此中了毛澤東「引蛇出洞」的陽謀。導致不少知識分子，後來紛紛被打成「毒草」而繫獄，或被清算、貼大字報和遊街示眾等羞辱行為的對待。正好臺灣也於此年，掀起組反對黨的高潮，所以雷震在《自由中國》上，一連寫了「七論」反對黨，直到被當局逮捕為止。

可見雷震因不願紙上談兵，或只有論反對黨的空論，而是希望真正付諸組黨的實現。所以才有聯合吳三連、楊金虎、高玉樹、成舍我、陶百川、殷海光、張佛泉、齊世英、李萬居、郭雨新、夏濤聲、許世賢、王地、傅正、夏道平等，於 1960 年蔣中正違憲欲競選第三屆總統之際，緊鑼密鼓的籌組新黨之舉。但其為此，終於付出慘重的代價。

其後，不但雷震本人長期繫獄，連李萬居《公論報》經營權也被奪，殷海光則遭解除臺大教職。而在雷震等人入獄後，彼等的精神領袖胡適，在輿論抨擊、內疚不安中，度過其生命最痛苦的晚年，並於 1962 年猝逝。而胡適悲壯的殞落，也結束了「胡適派自由主義文人集團」這一標榜自由主義知識分子，在臺灣從事民主自由憲政運動的緣起緣滅史。

自由主義領航者殷海光

殷海光 (1919–1969)，本名福生，湖北黃岡人，思想受當時清華大學邏輯學教授金岳霖的影響頗深。1938 年進西南聯大，1942 年入清華哲學研究所，為金岳霖入室弟子。

金岳霖主張學生要有自己的獨立思考和見解，也要勇於發表意見，不要人云亦云。金岳霖這些看似淺顯的言論，對殷海光影響甚鉅，甚至鑄成殷海光的性格和思想生命。他日後大力宣揚自由主義，多少受到了金岳霖的教育影響。

1944 年殷海光響應政府青年從軍的號召，投筆從戎參加青年軍，當時他的思想有相當濃厚的民族主義色彩，支持國民黨與中共對抗。1945 年大戰結束後退伍，1946 年受聘於《中央日報》主筆，並任金陵大學教職。

1949年殷海光隨《中央日報》來臺，並兼任《民族報》總主筆。同年他獲傅斯年聘，在臺大哲學系任講師教邏輯，其後且參與《自由中國》編務，任編輯委員。

殷海光是最早將西方科學、哲學引進臺灣的人，在臺大任職期間，被譽為「臺灣大學最賣座的教授」，深獲年輕人所擁戴，許多青年學者和學生，都視他為思想導師。在他影響下，臺灣也逐漸出現一群信奉自由主義的學子，如李聲庭、陸嘯釗、居浩然、韋政通、陳鼓應、王曉波、趙天儀、李敖等。在那個苦悶的年代，那個孤絕的小島，殷海光即使在風雨飄搖，仍不斷地掙扎、苦撐與堅持，使自由主義的嬰啼並未就此絕聲。

殷海光以自由主義學者暴得大名是其來臺後，在《自由中國》及《文星》等雜誌所發表的一系列宣揚民主自由的政論性文章，當然他當時對臺灣學術界，也有一定之貢獻。

殷海光在《自由中國》撰述政論的時間，是他一生最璀璨的歲月，也是他以自由主義知識分子的身分，影響臺灣輿論界最大的時期。

殷海光以專業「邏輯實證論」作為方法論的基礎，筆鋒犀利地闡述對政治主張及批判時局。他主要的政論文章，有兩個主軸：

㈠稟持「五四運動」以來的啟蒙思想，鼓吹現代化的建設。

㈡在事實的基礎上，立足民主反共的路線，另外亦對當時執政的國民黨展開嚴厲的批判。

殷海光常自稱是「五四後期的人物」，是「五四的兒子」，緣於對五四民主自由的濃厚情結，使殷海光對宣揚五四精神非常重視。《自由中國》雜誌上有關五四的社論，大都是殷海光所寫。

由於他對五四的憧憬及傾向西化的主張，所以到《文星》時期，發生所謂的「中西文化論戰」，殷成為眾矢之的，被徐高阮、鄭學稼、胡秋原等視為幕後的支持者。

平情論之，對於1950、1960年代的臺灣人而言，自由主義思想是被統治當局刻意打壓，不鼓勵接觸的思潮。但殷海光說：「自由是許多人恐懼的烏雲，也是另外許多人欣喜的朝陽。」殷海光不斷闡揚自由主義思想。他又說：「我們對於反對自由主義的人，至少有義務要促起他們，知道自由主義，是怎樣一回事。」為遂其宣傳自由主義的初衷，殷海光花費甚多心血，他親自翻譯出版了海耶克 (F. A. Hayek) 的《通往奴役之路》，並透過報章雜誌大量引介海耶克、卡爾巴柏 (Karl R. Popper)、羅素 (B. A. W. Russell) 等哲學鉅子之思想。殷海光引進西方思想，為當時封閉的學術界，開啟了對外的窗口。

「雷案」爆發後，殷雖未遭到逮捕，但他卻以大無畏精神和夏道平、宋文明等人聯名發表公開信，強烈質疑國府當局逮捕雷震之非法，並聲明言責自負，充分展現了知識分子的風骨。

但也因為得罪國府當局，殷在臺大教職遭到停職、給薪但不能上課的痛苦。其後，欲申請赴美亦不可行，生活陷入絕境，靠哈佛大學的經費支撐。1969 年，殷在極度精神苦悶與胃癌的蹂躪下，不治逝世，自由主義巨星又隕落一個。

其實，在當時政治統治高壓的情況下，很多知識分子失去脊樑，不敢和統治當局對抗，有的甚至噤聲，依附充當打手，但殷海光卻能不迎合當局，是其所是、非其所非、敢怒敢言的風骨氣節，成為知識分子的典範。

坦白說，殷海光在學術專業領域，並沒有了不起的創作；但在人格上，殷海光終身信奉自由主義，且試圖將自己活成心目中的自由主義者，並以此影響當時整個臺灣的學術信仰和政治局勢。在言論鼓吹上，以《自由中國》為傳媒，向廣大的臺灣知識青年介紹自由主義思潮，即便在國民黨鋪天蓋地的迫害壓力下，亦不改初衷，永不放棄自己堅信不疑的自由主義信仰價值。他以臺大為傳道所，為日後臺灣培養一批篤信自由主義思想的生力軍。

總之，殷海光到臺灣後，成為臺灣 1960 年代最著名的自由主義者及最佳代言人，雖然他本身的氣質，既不民主，亦不寬容，甚至在論戰場上也顯得相當武斷。然而，這種一元價值的思想特色，在當時臺灣封閉的思想環境中，反而使其主張別具另類價值意義；在宣揚民主和科學的工作上，作出重大的貢獻。無怪乎他被譽為「五四之後，除了胡適，臺灣唯一有影響力的知識分子」。

自由主義的殿軍——李敖

至今仍活躍於臺灣的李敖，雖還未到蓋棺論定的時候，但他在臺灣，已是一位家喻戶曉的傳奇人物。

他素來批判國民黨，亦不滿於民進黨，他左右開弓，天生反骨，罵他的說他是「瘋狗」，捧他的譽其「特立獨行」，總之，沒有任何評價可恰如其分的形容他。

這位有東北硬漢血統的李敖，與胡適一樣，在大學時，藉《文星》雜誌犀利的筆鋒橫掃千軍，罵盡天下蒼生。他向國民黨威權挑戰，遭到牢獄之災，出獄又入獄；他與影星胡茵夢結婚又離婚，遊戲人間，不改英雄本色。他開政論節目【笑傲江湖】，嘻笑怒罵臺灣朝野兩黨的藍、綠政客。

2000年代表新黨競選總統，將其傳奇攀上人生高峰，其後當選立法委員，縱橫國會議壇。2005年，訪問半世紀未曾踏上中國大陸，於北大、清華等大學講演，公然批評共產黨，猛龍過江，颳起一陣「李敖旋風」。

這位自稱「五十年來和五百年內，中國人寫白話文的前三名是李敖，李敖，李敖」。不愧是亞洲前三十名擁有影響力的人物。李敖的最精彩處，是他以血汗青春為代價，所譜寫出傳奇起落的一生。

李敖，桀驁不馴的勇者，正因為有所堅持，更凸顯其固執冥頑、難以頡抗。究竟是什麼樣的理念，使他寧願坐牢，也不接受官方關愛的眼神？究竟在他人格養成過程中，那些事件，使李敖一路走來始終如一？答案是：胡適絕對是李敖思想的啟蒙者。而這一點李敖亦不否認。事實上，他也一直是胡適自由主義的追隨者與信仰者。

而《文星》一案當是李敖一生的轉捩點，此事件充分考驗李敖對自由主義信仰的堅持，亦是形塑其人格個性的試金石。從此之後，自由主義這頂桂冠，牢牢的戴在李敖頭上，閃閃發光，終其一生亦不悔。

李敖思想的啟迪，家庭因素是免不了的，其父李鼎彝，畢業於北大國文系，受陳獨秀、胡適、魯迅、周作人、沈尹默、錢玄同等之教誨，所以李鼎彝的北大自由開放的民主精神，對李敖產生不小的影響。

當然，李敖的博覽群書，及絕對是非價值觀，對他自由意志的發揮起了絕對的作用。在臺大讀書期間，又認識了民國以來最偉大的思想家胡適，兩者如伯樂與千里馬般，馬上激盪出激烈的火花，兩代知識分子的薪火相傳，讓自由主義的棒子代代相承。

1957 年蕭孟能夫婦創辦《文星》雜誌。這原本是一本普通的刊物，直到後來李敖加入，才掀起濤天巨浪。1961 年李敖在《文星》發表的第一篇文章為〈老年人和棒子〉，擲地有聲的批評當時甚多佔著毛坑不拉屎的學霸。

此文一出，驚動了學術教育界，許多保守衛道之士，開始圍剿李敖，給他安上「文化太保」、「文化流氓」等許多罪名，此文亦是《文星》雜誌許多筆戰的導火線。

李敖後來又接連發表了〈播種者胡適〉和〈給談中西文化的人看看病〉，將文壇從「棒子戰」轉為更高潮的「中西文化論戰」。

「中西文化論戰」已使李敖成為眾矢之的，其後，他挖出一連串高等學府教授的弊端惡行，更激發反彈，許多人務必剷除李敖而後快。

之後，李敖雖從此成了學術界的「過街老鼠」，但他卻意氣風發、不無得意的以自己能將《文星》帶領走向「自由、民主、開明、進步、戰鬥等鮮明色彩」而自豪。

1965 年李敖在《文星》發表〈我們對國法黨限的嚴正表示：以謝然之先生的作風為例〉，批評國民黨，也肇下《文星》停刊關門的命運。

總計李敖在《文星》興風作浪，前後約有四年之久，其流彈所及，幾乎囊括所有黨政學術要人，因此國民黨開始羅織罪名，最後以叛亂罪名將其判刑下獄十年。

對李敖來說，他從不諱言對胡適的尊崇，而胡適對李敖的影響，也是全面性的，所以李敖曾說：

「四十年來，能夠『一以貫之』的相信他所相信的，宣傳他所相信的，而在四十年間，沒有迷茫、沒有轉變、沒有『最後見解』的人，除了胡適以外，簡直找不到第二個。在這一點上，我們不能不肯定他的穩健與睿智，和他對中國現代民主思想的貢獻。我們不得不說，這隻好唱『反調』的烏鴉，確實具有遠見。而這種遠見，就百年大計的建國事業來說，顯然是必須的」。

李敖以上所說胡適「一以貫之」的思想，其實就是胡適終身標榜的自由主義，同時也是李敖亦步亦趨、堅信不疑的民主自由思潮。

胡適影響李敖，使其成為理性的愛國主義和自由主義者，所以已趨晚年的他，仍對胡適敬佩有加；由 2005 年，他親訪北大，獨捐鉅資，要樹立胡適銅像於北大校園時，即知胡適在李敖心目中，其巨人形象是如何的大。

當然，李敖也不以胡適自由主義接班人為滿足，而時時刻刻站在這位思想巨人的肩膀上，並想超越他。

對於同志，李敖也曾責備殷海光本人和其他門人弟子，不能散佈並延續其自由主義的精神。確實如此。在殷海光眾多弟子中，的確李敖較他人更努力地或更全心全意地，做著他追求自由民主的艱苦工作。

所以，李敖的知己孟絕子曾說：殷海光的學生很多，可貴的不少，但最能代表殷海光全部精神的，就是李敖。此語連殷海光聽了，也點頭同意。而李敖本人，更曾經不客氣的對殷海光說：「殷先生，你在臺大辛辛苦苦培養出來的幾個自由主義者，一受軍訓，全都變成國民黨了。據我所知，他們有幾個還是自動的。憑這一點，你應該佩服我。」對於此語，殷海光本人也只能承認是事實。

所以，李敖在努力維護自由主義的過程中，確實付出很大的代價。只不過，因自由主義思潮在當代臺灣已趨沒落之際，即使勇者如李敖，縱然有心想要挽狂瀾於既倒，也只能慨嘆時局，已是「夕陽無限好，只是近黃昏」的落幕之時了。

自由主義的落日餘暉

大陸研究胡適卓有成就的沈衛威教授，在評論「胡適派自由主義文人集團」在臺灣的日暮黃昏時，有一段評語說得甚中肯。

他說：「在胡適『自由之旅』的蒼茫歲月，以他為核心的胡適派自由主義文人集團中，先後有兩個基本的群體結構：『自由中國社』和『文星社』。前者的代表人物為雷震、夏道平、殷海光；後者的代表人物為李敖。」

「其中雷震作為《自由中國》社的主持人，他以自己的務實和堅韌，乃至屈原式的愚忠，既使胡適晚年，那近於蒼白的理想化的理性自由主義，得以張揚，也有所附麗；又使『胡適派自由主義文人集團』，在 1949 年大陸赤變易幟後，薪盡火傳，一部分力量，在臺灣得以重新集結、調適，並再度介入政治。」

「胡適、雷震、殷海光、李敖及《自由中國》、《文星》，成了臺灣一個歷史時期內民主、自由的一個象徵性形象，也是一種社會化的民主、自由的力量。」

沈衛威評論得甚好，假如臺灣的「自由中國」與當時的共產中國有所區隔的話，雷震等人在 1950、1960 年代的臺灣，所擎起民主自由的火炬，是有相當意義的。

此一自由民主運動，以胡適為精神領袖，雷震為中堅、殷海光為論述者，李敖為殿軍，薪火相傳。彼等雖曾遭到當權者打壓，組黨亦胎死腹中，但「寧鳴而生，不默而死」，其對爾後臺灣思想之啟蒙，與日後臺灣之民主運動，影響可謂至深且鉅。

另外，自由主義信仰者張忠棟教授，亦說得好：「胡適、雷震和殷海光，是三位不同的自由主義者」。

因胡適是繼續反對獨裁極權，反對守舊復古，並繼續主張民主與科學；而殷海光則繼承五四餘緒，在《自由中國》寫了最多闡揚民主自由理念的文章；至於雷震，他是在爭取民主自由的艱苦歷程中，不僅坐而言，而且起而行，所以下場也最悲涼和最值得後人的同情。

以上三人，年齡雖不同，性情也各異，身分背景亦有別，也因此各有表現，也各有不同遭遇；但是，他們都曾共同堅持了一些自由主義的基本原則，於是才會因緣際會，成為同道，共同為戰後臺灣的民主思想來啟蒙、來奉獻、並為其而受苦、受難……。

「如今，我們若能為過去如彼那樣等的人，設身處地的作想，則對於這三位不同典型的自由主義者，雖難免有不同的評斷，或有更嚴格的要求。但平心而論，環顧今天的自由主義知識分子，大家的表現又有幾人能夠超越當年的雷震、殷海光或胡適?」——最後的自由主義者張忠棟教授，晚年即曾有如上的論斷和感慨。

張忠棟教授的論斷和感慨，並非無的放矢。觀之今日臺灣諸多亂象，所謂標榜自由主義的知識分子，還有幾人敢秉道德勇氣，挺身而出？或有幾人不畏於特定政治立場而針砭時局?

因此，在當代臺灣日益向下沉淪之際，猶能作獅子吼；或在臺灣道德逐漸錯亂淪喪的今天，猶能力挽狂瀾者，若較之當年胡適、雷震、殷海光等人，面對蔣家黨國機器的壓制，所表現的錚錚鐵骨作風，則其所標榜自由主義者知識分子角色，不知還能否心中無愧。

參考書目

四季出版公司編輯部編，《中國自由主義的領港人》（臺北：四季，1981 年）。
任育德，《雷震與臺灣民主憲政的發展》（臺北：國立政治大學歷史學系，1999

年）。
余英時，〈中國近代思想史上的胡適〉，《中國思想傳統的現代詮釋》（臺北：聯經，1987 年）。
李敖，《李敖回憶錄》（臺北：商周，2001 年）。
李筱峰，《臺灣民主運動四十年》（臺北：自立，1987 年）。
沈衛威，《升起與失落：胡適派文人集團引論》（臺北：風雲時代，2000 年）。
胡虛一，〈讀「愛荷華憶雷震」書後〉，《萬歲評論㈦放大・放大・再放大》（臺北：天元圖書，1984 年）。
島嶼柿子文化館編著，《啟蒙師與父：他們點亮了臺灣的光》（臺北：柿子文化，2005 年）。
曾遊娜、吳創，《長袍春秋：李敖的文字世界》（臺北：INK 印刻，2003 年）。
陳儀深，〈國共鬥爭下的自由主義〉，《中央研究院近代史研究所集刊》第 23 期下冊（1994 年 6 月）。
張炎憲等編，《臺灣近百年史論文集》（臺北：財團法人吳三連臺灣史料基金會，1996 年）。
張忠棟，《胡適・雷震・殷海光：自由主義人物畫像》（臺北：自立，1900 年）。
黃嘉樹，《國民黨在臺灣》（臺北：大秦，1994 年）。
彭明敏文教基金會編，《臺灣自由主義的傳統與傳承》（臺北：彭明敏文教基金會，1994 年）。
黎漢基，《殷海光思想研究》（臺北：正中，2000 年）。
韓妙玄，《消滅李敖，還是被李敖消滅?》（臺北：遠流，1985 年）。
薛化元，〈臺灣自由主義思想發展的歷史考察 (1949–1960) 以反對黨問題為中心〉，《思與言》第 34 卷第 3 期（1996 年 9 月）。

第九章　解嚴後臺灣政治社會面相之觀察

9.1　過渡階段——從蔣經國到李登輝的政權轉移

政治轉型的前夜

時序進入 1980 年代，長期由蔣經國主政，並有精彩表現的國民黨政府，又面臨著內憂外患，更嚴峻的形勢：

其內，有自「美麗島事件」衝擊以來，臺灣人民一波波，更高漲的政治民主改革呼聲及要求；其外，則國際處境更加孤立，與中共接二連三的統戰和談伎倆，兼以蔣經國總統健康的情況日益惡化。

在這三方壓力紛至沓來下，晚年多病的蔣經國，勢必要與時間競賽，如何在有生之年，及早做好權力的交班與政治佈署，成為他晚年迫在眉睫的大事。

「計利當計天下利，求名應求萬世名」，這是他常自勉的話。因此在他生命的晚年，勢必要深謀遠慮為臺灣以後的政治出路做好規劃和安排。

首先擺在眼前的是，臺灣國際社會的定位問題，在臺灣國際人格決難取得的殘酷現實下，蔣經國沒有其父蔣中正那般僵化的意識形態，他發現要擺脫臺灣國際孤兒的命運，關鍵點在兩岸問題。

雖然，在國民黨內部保守派勢力仍大的情況下，他仍堅持「不談判、不接觸、不妥協」的「三不政策」，但晚年其立場，已傾向緩和與大陸的對立情緒，逐步開放和大陸各方面的交往。

隨著臺灣民眾對國民黨標榜的舊法統說詞日漸不滿，對全面改選新民意的呼聲日高，蔣經國晚年，國府的「法統危機」再度浮現，更日形嚴重。

此問題一日不解決，國民黨統治的合法性即受到質疑。因此，其在晚年，有考慮一勞永逸解決此困擾經年的棘手問題，奈何時不我予，仍來不及解決，只有付諸後賢了。

此外，戒嚴體制亦是國民黨長期遭人詬病、抨擊的議題，戒嚴體制雖然鞏固了國民黨統治，但也成了反對力量攻擊的箭靶。

黨外陣營屢仆屢起，中產階級不滿，知識分子抨擊，海外臺灣人抗議和臺獨之激烈手段，甚至連國民黨內部開明派的改革呼聲，也幾乎全部是衝著戒嚴體制而來的。故此問題一日不解決，國府一天不得安寧，這也使得蔣經國晚年不得不正視解決。

總之，蔣經國在其晚年，已深刻體悟到「時代在變，環境在變，潮流也在變」。因此，只有順應潮流之趨勢，外求開放、內求民主，才是臺灣唯一的生存之道。

事實上，對他而言，只有在政治民主改革方面有所建樹，以民主改革者利於民主事業，作為其一生政治生命的最後歸宿，方能得到歷史的肯定，亦不失為一項「求萬世名」之偉業。

而因為身體不佳的關係，蔣經國嚴肅考慮到未來接班人的問題，這接班人當然不可能是蔣家第三代。除能力平庸外，在日漸民主化的臺灣也不允許有類似「家天下」的出現，故蔣經國曾明確表示蔣家第三代將不再掌權。

蔣經國最初屬意的接班人選，是對臺灣經濟甚有貢獻的行政院長孫運璿，但孫運璿後來於 1984 年因嚴重腦溢血而生命垂危，黯然退出政治舞臺，於是幸運之神似乎悄然的降臨至李登輝身上。

1984 年 2 月，國民黨十二屆二中全會通過蔣經國的第七任副總統人選為李登輝，這似乎隱含著，若蔣經國於任上辭世，第一位臺灣人有可能由副總統扶正。

只不過，當時國民黨及蔣經國本人都認為，自己應該能做完任期，李登輝的出線，仍僅是本土化的象徵意義，並無實質交班之意思。

誠如當時黨外雜誌《縱橫週刊》所評論：「蔣經國自認本身健康狀況良好，決定繼續在政治前臺統籌指揮，沒有必要在短期內安排實質上的政治權力接班人選，所以聽取『無政治班底及權力意志』的省籍菁英李登輝，以昭示他本人主導全局的事實，並確定一種政治發展上的均衡形象」，但歷史從來就不是如人所預料。

政治改革之輪的啟動

蔣經國就任第七任總統後，國內外政局依然波譎雲詭動盪不安，先有 1984 年 10 月 15 日發生震驚中外的「江南命案」❹；後有 1985 年初爆發官商勾結的「十信弊案」❺，讓已瀕風燭殘年的蔣經國政權，無疑是雪上加霜。

面對自己健康日益走下坡，及亂麻似的政局，蔣經國衡量島內外形勢，認為時機已迫在眉睫不容延宕，乃毅然決然的邁出「民主化」的第一步。

1985 年 12 月 25 日，蔣經國利用主持國民大會紀念行憲三十八週年慶祝大會的機會，拋出風向球，適時地提出兩點說明：

㈠經國的家中，有沒有人會競選下一任總統？我的答覆是：不能也不會。

㈡我們有沒有可能以實施軍政府的方式來統治國家？我的答覆是：不能也不會。執政黨所走的是民主、自由、平等的康莊大道，絕不會變更《憲法》。同時，也決不可能有任何違背憲法的統治方式產生。

---

❹ 國防部情報局買通竹聯幫陳啟禮等人於美國舊金山暗殺《蔣經國傳》作者劉宜良等。

❺ 臺北第十信用合作社理事主席蔡辰洲的不良放款超貸案。

蔣經國這段在公開場合的講話重點有二:

一為他排除了蔣家人士接班的可能性，二為明確宣告臺灣不可能實施軍人統治，即便在他逝世後亦如此。這段講話其實已預告臺灣民主曙光的到來。

1986 年 3 月 29 至 31 日，國民黨舉行十二屆三中全會，該全會強調「以黨的革新帶動全面的革新」，期許黨務的再革新，而黨務之革新又以「大步加速貫徹民主憲政的行動」為準的。因為只有貫徹落實民主憲政，才能承先啟後為國家開拓光明前途。總之，國民黨的三中全會，其基本方向和指導精神已逐漸在向民主化邁進。

三中全會後，蔣經國隨即提出一份名單，成立由十二名中常委所組成的「革新小組」，該小組以嚴家淦為召集人，成員包括謝東閔、李登輝、谷正綱、黃少谷、俞國華、倪文亞、袁守謙、沈昌煥、李煥、吳伯雄、邱創煥。此小組之功能，主要是為即將開展的政治革新，做規劃及研究。是年 4 月蔣經國身體進一步惡化，情勢逼使其不得不慎重思考，由國府主動解除戒嚴和開放黨禁等問題。

5 月 3 日，爆發華航貨機王錫爵投奔大陸事件，消息傳至臺北，蔣經國立即下令，成立由沈昌煥、汪道淵、王章清三人負責的專案小組。在不由官方出面前提下，透過談判，取回貨機及其他兩名機組成員，且過程絕對不隱瞞、不渲染，向臺灣民眾公佈真相。

5 月 12 日，蔣經國決定，由中華航空公司香港分公司，與和中國民航局在香港展開談判，最後達成協議，事情圓滿落幕。

「兩航談判」，是海峽兩岸分隔三十七年，國共首次正式接觸，其象徵意義是，國府對大陸的敵視正在緩和，冰山正在融解，兩岸解凍之契機正悄悄來臨。

總之，蔣經國同意兩航談判，並非只是權宜之計，而是有其政治上的考量，此舉有利於緩和兩岸的緊張關係，且有向國際間及中共與臺灣內部，拋出風向球的意味。與此同時，臺灣內部也敏銳觀察到政府的大陸政策，有可能鬆綁的跡象，於是提出進一步要求的時機，已然成熟。

5 月 5 日，青年黨僑選立委謝學賢即在立法院向行政院提出緊急質詢，要求以務實彈性的態度，處理與大陸的關係，尤其應基於人道主義的立場，允許外省籍人士回鄉探親，以符天倫。

此事，引起回響甚大，特別是那些孤家寡人、孑然一身、思鄉情切的老兵，更是老淚縱橫，集體到有關部門陳情請願，希望儘速開放兩岸探親。

這一連串的行動感動了全臺灣社會，大家的反應很熱烈，學者專家、在野黨派也都紛紛加入聲援呼籲的行列，使得政府不得不嚴肅思考此一問題。

老兵返鄉問題尚在研議間，蔣經國做出了第二件驚天動地的決定，即逐漸朝向開放黨禁邁進。1984 年 5 月 11 日，在野勢力有鑑於臨時拼湊的選舉後援會功能不彰，唯有成立常設組織，方能適應在野勢力政治動員的需要，因此於是年 9 月成立了「黨外公職人員公共政策研究會」，簡稱「公政會」。

公政會之成立，挑戰國民黨的容忍度，及民主開放之尺度。1985 年 10 月，國民黨中選會，破天荒允許黨外候選人，以公政會的資歷列於選舉公報上，無形中，承認了公政會的合法地位。

12 月 26 日，公政會決定再接再厲，召開會員大會，並醞釀成立各地分會，然國民黨態度亦轉趨強硬，堅不同意。而公政會理事長尤清則宣佈:「公政會籌設分會是組黨的準備步驟，如果國民黨動手取締，將迫使黨外加快組黨步伐」，雙方劍拔弩張，情勢緊張。最後蔣經國召見陶百川，希望他能開導黨外人士，並暗示國民黨有妥協餘地。

陶百川央請胡佛、楊國樞、李鴻禧等當中間人，請黨外人士與國民黨溝通，並敲定了 1986 年 5 月 10 日的溝通大會。

這次大會國民黨出席者為梁肅戎、蕭天讚、黃光平，黨外為尤清、謝長廷、康寧祥、費希平、張俊雄、江鵬堅、游錫堃等。最後，雙方達成三點協議，其中第二點最重要：「參加人士對『公政會』及其分會的成立都表同意，至於對登記和名稱問題，則留待進一步磋商」。

此點之所以引人關注，是它意味著國民黨已承認黨外勢力的組織化，由此再向前一步，必然引出承認在野黨的結論，實施三十餘年的「黨禁」勢必終止。國民黨將從一黨壟斷的政治專制體系，走向多元競爭的政黨政治。

此「5‧10」溝通，可謂是臺灣民主政治的歷史轉折，亦為國民黨開放黨禁之先聲。「5‧10」溝通後，組黨的趨勢，似乎逐漸明朗化，而國民黨也感覺到這股氣勢已壓不下去，因此在6月12日，蔣經國指示十二名「革新小組」，研討四項敏感議題：㈠結束戒嚴問題；㈡解除黨禁問題；㈢中央民意機構調整；㈣地方自治問題。

此四項議題，昔日國府是避之唯恐不及，且忌諱探討的禁區，而今由國民黨主動提出來推動解決，顯見蔣經國為奠定臺灣民主政治基石已心意堅定。

1986年9月28日「民主進步黨」成立後，蔣經國對民進黨的成立抱持容忍的態度，壓住國民黨內部強大的保守勢力，並分批召集黨政、情治、軍事首腦開會，告誡渠輩勿輕舉妄動，以免引發政治動亂，干擾政治革新大局。

是年10月7日，蔣經國在接見美國《華盛頓郵報》董事長凱薩琳‧葛蘭姆 (Katherine C. Graham) 時，明確表示將制訂《國家安全法》取代《戒嚴法》。

10月15日，在蔣經國主持下的國民黨中常會，一致通過「革新小組」所提出的兩項革新議案。原則上，決定解除臺、澎地區戒嚴令，另在憲法體制下，制定《動員戡亂時期國家安全法》，以保障臺灣的安全及社會安定。同時，將取消黨禁，修正《非常時期人民團體組織法》和《選舉罷免法》，以規範政治團體和各類民眾團體的活動。

基本上，在這兩項議題研擬過程中，諸多國民黨元老重臣及保守派勢力仍欲作最後的反撲，幸賴蔣經國不為所動、堅定不移的態度，才力排眾議一致通過。

誠如《中國時報》所評論：「兩項革新方案獲通過，主要是賴蔣經國的苦心孤詣、精誠感召，及堅持推進民主憲政的決心，終於克服阻礙，建立共識，並且迅速明確的作成決定，真是得來不易。」

「黨禁」解除後，1987 年 2 月，行政院長俞國華指示有關單位，重新研究報紙的登記與增張問題，這意味著國民黨當局有意解決實行了三十餘年的「報禁」。同時，長期遭取締的「一貫道」也正式解禁。5 月，國府當局又宣佈除施明德外，「美麗島事件」的受刑人黃信介、張俊宏、顏明聖、黃華、陳菊、姚嘉文等六名政治犯提前釋放。

7 月 1 日，《國安法》正式公佈施行。7 月 15 日，蔣經國宣告解除戒嚴，此創下世界最長紀錄，實施近四十年的《戒嚴法》終於走入歷史。

解嚴是數十年來臺灣民主化運動，包括幾代臺灣政治菁英及知識分子，前仆後繼奮戰不懈終告成功的偉大成就。也是蔣經國在生命的最後旅程，向臺灣歷史交出最亮麗的成績單。蔣經國作出此一順乎時代潮流的重大抉擇，對臺灣後來的政治發展，影響非常深遠。

緊接著，7 月 16 日，政府又宣佈解除對港澳地區的出境旅遊限制，這一措施象徵著國民黨「三不」政策的鬆動。

8 月 10 日，新聞局長邵玉銘宣佈「書禁」即將解除，將開放大陸出版品，針對大陸書籍，只要不替共產黨宣傳，均可個案考慮進口。是月底，「中央社」、《聯合報》、《中國時報》等媒體紛紛發表消息，稱當局正在考慮開放民眾赴大陸探親。

9 月 16 日，國民黨中常會通過決議，將於短期內開放民眾赴大陸探親。10 月 14 日，國民黨中常會通過李登輝等五人專案小組提交的探親問題研究報告。隔天，內政部長吳伯雄宣佈民眾赴大陸探親的具體辦法。探親之門打開後，隨之而來的通商、通郵勢必無法擋，兩岸的觀光、旅遊和文化、藝術、體育交流更加頻繁，歷史的洪流因閘門已開，終於滔滔洶湧的奔瀉而出。

除此之外，對最棘手的中央民意機構改造問題，1987 年 12 月，蔣經國亦授權「革新小組」研擬「國會充實方案」，構想亦已成型，但因資深民代掣肘，正式出爐卻一再推延。1988 年 1 月 1 日，實施三十餘年之「報禁」也宣佈解除。

1988 年 1 月 13 日，蔣經國走到了生命的盡頭，「蔣經國時代」於焉落幕。蔣經國的謝世，象徵「蔣家王朝」的結束。蔣經國最後兩年的民主政治改革，不僅為臺灣後來的政治發展奠定長治久安的基礎，也為他個人在臺灣史上留下一個正面的評價。

李登輝總統時代的鴻圖大展

蔣經國逝世當晚，第一位臺灣人總統李登輝宣誓就任中華民國第七屆總統，1 月 27 日，國民黨中常會又一致通過李登輝為國民黨中央代主席，形式上李登輝接掌了蔣經國所遺下的權力空白，但其實黨內外李登輝的處境，仍是暗潮洶湧，驚險萬分。

尤其是蔣經國所遺留下來的未竟之業，諸如兩岸關係、臺獨問題、黨內權力結構、軍方的掌控不易、中央民意機關之燙手山芋、法統危機，及與民進黨之互動等艱鉅事情，均在在考驗其政治智慧與處理能力，國內外正對李登輝如何大展身手拭目以待。

蔣經國晚年譜寫的歷史，只是臺灣走向自由民主寧靜革命的序曲，未來之路仍長且艱辛，最終完成寧靜革命者，是「民主先生」李登輝領導下的臺灣人民。

蔣經國的後兩年，加上李登輝的前八年，即 1986–1996 年這十年間，因為客觀環境的急迫與歷史人物的主動積極，及體制外在野黨的衝撞和臺灣人民的訴求，臺灣完成一連串之民主進程。這列民主快車在十年間，完成西方要百年才能達到的民主發展，幾乎是在不可能的情況下，完成寧靜革命之偉業。

因著李登輝在接替蔣經國後，政治本土化與經濟的改革步調太快，1990 年國民黨爆發主流李登輝與非主流的林洋港及蔣緯國欲角逐總統大位的「二月政爭」。此事使李登輝了解到，臺灣的政治改革光靠國民黨一黨之力仍不夠，要成功還必須依靠黨外反對力量與社會力來共同推動。

萬年國會不能改選的荒謬，早已令臺灣人民忍無可忍。而藉由選舉總統的機會，這批資深的國民大會代表，在陽明山開會之際，甚至有擴權的提議出來。此舉，終於激怒了學生，他們集體靜坐在中正紀念堂表達抗議。他們向李登輝提出四點要求：㈠解散國民大會；㈡廢除《動員戡亂時期臨時條款》；㈢召開國是會議；㈣訂定民主改革時間表。這股以大學生為主體的「野百合」學運，所引發的「三月學潮」終於逼使國民黨不得不正視。

3 月 21 日，李登輝當選總統的當天，接見了學生代表，表達政府改革的決心，並允諾召開國是會議及政治改革時間表，兩年內完成修憲工程。學生訴求獲得滿意承諾，結束靜坐罷課，撤離中正紀念堂。

召開國是會議是李登輝體會到利用國民黨外的政治力與社會力，開創臺灣寧靜革命的突破口，李特別透過體制外成立「國是會議籌備委員會」，並於是年 6 至 7 月召開。

為擴大參與機制，包括國民黨及民進黨人士、學術界知識分子與各行各業傑出人才都在邀請之列，共一百四十一名。

開幕時李登輝殷切期許，「國是會議要對四十年來累積的問題，作通盤的檢討，希望與會委員，以國家生存與全民福祉為唯一著眼點」。會議對終結萬年國會、省市長直接民選、總統由公民直選與廢止《動員戡亂時期臨時條款》等重大議題達成協議。

基本上，李登輝改造國民黨的舊法統與黨國體制，創建臺灣民主體制新局，是經由「兩階段修憲」進行的。

第一階段是透過 1991 年的「程序修憲」，廢止《動員戡亂時期臨時條款》，賦予人民直選中央民意代表的法源基礎。

《動員戡亂時期臨時條款》的終止意義重大，1991 年 4 月 30 日，當李登輝召開中外記者會，親自宣告動員戡亂時期將於 5 月 1 日零時終止，並正式廢止其條款。

此重大事件照李的說法是，對內「這是憲政改革的第一步」，對外「今後不再視中國共產黨為叛亂團體」，此舉明顯意味著國府已放棄「反攻大陸」不切實際的幻想，臺灣不再是反攻大陸的光復基地，也不再以武力作為光復中國大陸的手段。

而人民直選各公職民意代表，包括總統大選在內，表示臺灣是主權在民的獨立國家，其政府統治之合法性，源自於國民的自主選擇。此乃李登輝後來強調的兩岸關係是「特殊的國與國關係」之「兩國論」論調，其實在 1991 年的終止動員戡亂的第一階段修憲，已看出端倪。

第二階段為 1992 年的「實質修憲」，它是由臺灣民選的新國大來執行修憲工程，大會最後制定和通過了《憲法增修條文》，其中最重要一項即總統的選舉方式。換言之，為是否由公民直選產生。茲因直選與委選兩派意見發生爭議，延至 1994 年第三次修憲，才敲定由「全體人民直接選舉」的方案。

總之，從《動員戡亂時期臨時條款》的廢止，到國大、立委、省市長民選，乃至修訂《刑法》一百條迄於首屆總統直選，臺灣寧靜革命的每一步，都符合臺灣的主流民意，深獲臺灣人民的支持。勇敢堅毅的臺灣人民，在締造舉世欽羨的經濟奇蹟後，又幾乎是不可能的完成了政治改造工程的「政治奇蹟」。

「兩國論」與政黨輪替

1990 年代是臺灣民主轉型的關鍵時刻，面對中共的武力威脅，和國際外交孤立的長期困境，臺灣唯一的生存之道，是從流亡政權的反攻基地，蛻變為一個自由民主國家。故在轉型的過程中，保持臺灣安定和平環境至關重要。也因此在 1996 年以前，臺海環境相對緩和，兩邊政府透過「海基會」和「海協會」兩對口機構，曾就事務性質案件協商，來回穿梭海峽兩岸。

期間，為向中共領導人傳遞臺灣民主化對內對外採取的一些措施，甚至通過「密使」有所接觸，但是這情況，到李登輝訪美後有了突變。

臺灣在李登輝領導下，民主轉型的成功，獲得國際間高度的肯定，美國政府亦給予正面的反應和推崇。1995 年 3 月，美國參眾兩院以「臺灣是正在發展中的民主典範，支持外國的民主和人權符合美國國家利益，因此美國總統應立即表明，歡迎李登輝訪美，參加康乃爾大學的校友聚會」。

5 月初，參眾議院更以絕對懸殊的票數，通過邀李訪美。面對美國國會與強大民意壓力下，柯林頓 (Bill Clinton) 政府終於讓步，於 5 月 17 日同意發放李登輝簽證，允許其訪美。是年 6 月 10 日，李終於如願以償的踏上美國土地，並在母校康乃爾大學以〈民之所欲，長在我心〉為題發表演說。

李登輝的順利訪美成功，象徵臺灣突破外交困境的一大收穫，也代表臺灣民主政治的成就獲得國際及美國的重視與肯定。

對李的訪美，雖然臺灣事先已向中共打過招呼，但中共仍對臺文攻武嚇。除「新華社」與《人民日報》連續批評李在康乃爾的演說外，7 月至 10 月間，中共更在臺灣南北海域進行三波的飛彈試射演習，意在以武力恫嚇臺灣人民。

1996 年 3 月臺灣進行首次總統直選，在大選前後，中國又舉行三波軍事演習，飛彈在臺灣南北海域試射，並在福建沿海進行海空實彈演習，意在左右臺灣大選。但臺灣人無懼於中共的飛彈，硬是以選票讓李登輝以過半數當選臺灣史上第一位民選總統。

1997 年 10 月，中共國家主席江澤民訪美，在「柯江會」中，中共得到柯林頓對臺「三不支持」的外交勝利。所謂的「三不支持」是美國「不支持臺灣獨立、不支持臺灣加入聯合國、不支持『一中一臺』或『兩個中國』的主張」。

為反制「柯江會」，李登輝特別於是年 11 月 6、7 兩日，連續接受美國《華盛頓郵報》和英國《泰晤士報》專訪時重申「我們的人民不同意臺灣是中國的一個省。臺灣是臺灣，我們是一個獨立的主權國家。……臺灣自立於北京之外，像英國、法國一樣，是個獨立國家」。換言之，李登輝為反制將臺灣矮化為隸屬於中國大陸的一個行省，堅決果斷的透過國際媒體，表達臺灣人民的明確立場。

李登輝的說法，並非「獨立宣言」，他只是將其一貫的「中華民國在臺灣」這個早已存在的事實，再重申一遍。這對於改變國際社會對臺灣之無知、糾正中國大陸對臺灣地位的歪曲，以及防止中共併吞臺灣的企圖，是十分必要，也是非常重要的。

1998 年 6 月，柯林頓訪問中國，有鑑於臺灣內部臺獨意識高漲，江澤民再度運用其「聯美制臺」的伎倆，逼柯林頓明顯表態其對臺政策和立場。此即柯林頓在上海公開宣稱的「三不支持」:「美國不支持臺灣獨立。美國不支持『一中一臺』或『兩個中國』。美國不支持臺灣參加以主權國家為主體的國際組織」。其實這只是舊調重提，只不過以往均為暗中承諾，這次是公然宣佈，江澤民試圖利用美國的壓力逼臺灣就範的野心昭然若揭。

1998 年 8 月，在兩次柯江會後，李登輝察覺到中共聯美壓臺的腳程越來越緊，臺灣有必要亟思對策應付。因此，他特別成立了一個小組，專門研究如何強化臺灣的主權國家定位。

這個小組根據 1991 年歷次修憲之法理基礎，於 1999 年 5 月完成研究報告，報告從現實、法律、歷史等諸多面向，指出：把臺灣與中國的關係定位為國家與國家，至少是特殊的國與國關係，突顯臺灣作為一個主權國家獨立存在於共產中國之外的事實。

1999 年 7 月 9 日，李登輝在接受「德國之聲」廣播公司專訪時，即以此研究報告為藍本，拋出了震撼國際社會的「兩國論」之主張。

李登輝說:「1991 年修憲以來，已將兩岸關係定位在國家與國家，至少是特殊的國與國的關係，而非一合法政府，一叛亂團體，或一中央政府，一地方政府的『一個中國』的內部關係。所以北京政府將臺灣視為叛離的一省，完全昧於歷史與法律上的事實。……也由於兩岸關係定位在特殊的國與國關係，因此沒有再宣佈臺灣獨立的必要」。

此一「兩國論」震撼彈，因事先並沒有知會美方，故承受了美國相當大的壓力及質疑。李登輝的「兩國論」，雖其本人被美國和中共指責為「麻煩製造者」，在國內也引起一些批評。但其基本上，為臺灣與北京當局的關係，作了重要的切割和清楚的定調。此一路線及精神，為 2000 年民進黨執政後所遵循，一直奉行迄今。

2000 年臺灣舉行第二次總統民選，大選期間中共又對臺「文攻武嚇」，故技重施。但臺灣人民，仍以手中選票，選出民進黨候選人陳水扁為中華民國的總統。

臺灣人完成了有史以來最了不起的民主成就，即政權的和平轉移，這在其他國家是不容易做到的。

歷史的潮流所趨，不是任何大國或人為力量所能阻擋。李登輝代表國民黨，和平轉移政權給民進黨，他完成其大部分的歷史使命，也為「李登輝時代」結束劃下驚豔的句點。

參考書目

丹尼・羅伊 (Denny Roy) 著，何振盛、杜嘉芬譯，《臺灣政治史》(臺北：商務，2004 年)。

李登輝等，《民主臺灣 VS. 中華帝國》(臺北：財團法人群策會，2005 年)。

李功勤，《中華民國發展史》(臺北：幼獅，2002 年)。

李登輝，《臺灣的主張》(臺北：遠流，1999 年)。

阮銘，《歷史的錯誤：臺美中關係探源》(臺北：玉山社，2006 年)。

阮銘，《民主在臺灣》（臺北：遠流，2000 年）。

陳儀深等，《臺灣國家定位的歷史與理論》（臺北：玉山社，2004 年）。

陶涵 (Jay Taylor) 著，林添貴譯，《臺灣現代化的推手：蔣經國傳》（臺北：時報，2000 年）。

黃嘉樹，《國民黨在臺灣》（臺北：大秦，1994 年）。

張讚合，《兩岸關係變遷史》（臺北：周知文化，1996 年）。

鄒景雯採訪記錄，《李登輝執政告白實錄》（臺北：印刻，2001 年）。

戴國煇，《臺灣近百年史的曲折路：「寧靜革命」的來龍去脈》（臺北：南天，2000 年）。

9.2　政黨輪替——陳水扁本土政權的確立

政黨輪替與政權和平轉移

雖然本書之前相關單元和前一節結尾部分，已提及民進黨的崛起和陳水扁總統邁向執政之路的過程，但都只呈現特定的歷史畫面而已。

可是，這件事對戰後臺灣政治民主化的發展來說太重要了。所以有必要再次以另一詮釋角度，即以「政黨輪替——陳水扁總統本土政權的確立」為核心來說明。

基本上，臺灣首度出現政黨輪替，以及本土政權在和平轉移中確立，這確實是一項非凡民主的歷史進程。至於，政黨輪替後，是否一定帶來更佳的政績？那就要看事後的發展了。

不過，不管之後如何發展，先前出現的重大民主進步，既已形成制度性的憲政體制，則照此模式運作之後，正常的民主政治程序，就可以持續下去——對任何政黨都一樣——而非專由特定政黨，以非正常民主政治程序，來獨攬一切，這才是最重要的一點。所以，由此看來，在臺灣戰後政治民主化的發展過程中，由於蔣經國總統猝然去世，而改由本省籍的李登輝副總統接任其位，雖是由國民黨內進行的政權過渡，但也是前階段最具關鍵性的變化之一。否則，之後是否從「李登輝總統（國民黨臺灣籍）→陳水扁總統（民進黨臺灣籍）」，那就不一定了。

亦即，當代的臺灣民主政治，從此可以逐漸擺脫半世紀來，常態性由強人政治所主導的統治權力運作模式。

其後，則順此趨勢發展，由國會全面改選，到總統由民眾直選之路，也在李登輝總統主政的中期之後，一一展開。

在此趨勢下，不但李登輝總統本人藉臺海飛彈的危機，高票順利當選首次直接民選總統，更於西元 2000 年，順利地把政權和平地轉移到新當選的民進黨總統當選人陳水扁的手中。而達成了他（李登輝總統）在有生之年，可以將其政權和平轉移的最大心願。

這是臺灣民主政治有史以來的最大成就；也是臺灣民眾，最可引以為傲的一件大事。因為它證明了不經過流血，或激烈戰爭的殘酷手段，同樣可以直接選出總統和順利完成政權轉移。而此事，在兩岸漢民族的長期政治史上，也可以說是前所未見的經驗，卻居然在這一代的臺灣民眾眼前，活生生地出現了。因而，這是屬於非凡的民主政治成就，足以光耀史頁，並為後人所稱道。

回首來時路——一段充滿艱辛血淚的歷程

然而，回首來時路，此一臺灣本土政權的建立和轉移的過程，其實也是一段充滿艱辛血淚的歷程，才得以實現的。

例如，從早期「黨外」時期，無數民主前輩先驅，在國民黨威權體制的戒嚴時代，因主張民主自由遭到拘押逮捕。有的身陷牢獄、有的流亡海外、有的甚至犧牲自己寶貴生命。

隨著「黨外」勢力的逐年高漲，民主氣候的逐漸成熟，臺灣人突破政治藩籬的勇氣日增，長期主政的蔣經國總統，終於體認了這一環境潮流的劇變。於是順水推舟地，宣佈解嚴和准許本土在野政黨——民主進步黨的正式成立，從而為日後的本土政權轉移，奠下了穩固的法理基礎。

1986 年 9 月 28 日，「民主進步黨」的成立，標誌著臺灣人民追求民主政治的初步勝利。民進黨的誕生，也象徵著無數臺灣人過去所澆灌的民主之花，終於開花結果。

因此，可以坦白的說，當年民進黨的成立固然艱辛，但假如沒有時代潮流趨勢，與環境日漸成熟等天時、地利之條件配合，恐欲組黨成功，仍非易事。

尤其自 1980 年代以降，蔣經國總統有鑑於環境在變、時勢在變、潮流也在變的大勢所趨下，毅然在其生命的晚年，推動國府的政治革新。

此時代氛圍的巨變，給了黨外人士一個組黨的良好契機。

而在蔣經國總統革新動向日益明朗化的形勢下，黨外人士也決定與國民黨奮力一搏，以組黨為最終目標。

許信良在海外闖關的催生組黨作用

首先是 1986 年 5 月，流亡美國的前桃園縣長許信良，打破沉寂，率先在紐約成立「臺灣民主黨建黨委員會」，聲稱將在 8 月完成建黨大業，並於是年底遷黨回臺，突破黨禁。

為刺激島內黨外人士士氣，許信良甚至揚言，他們「是由民主運動的奉獻者所組織，只做黨外不敢做的事」，他們「帶黨入境」就是要「克服黨外組黨的障礙……，打開民主政治的第一道門」，即使硬闖海關被逮，甘冒入地獄的危險，也在所不惜。

許信良、謝聰敏、林水泉等人的大動作，確實對臺灣島內的黨外人士起了激勵作用。6 月中旬，康寧祥、林正杰等提出了黨外運動的「五年計畫」構想，第一件事即希望於 1986 年底先成立「新黨籌備委員會」，而於 1987 年完成反對黨的建立工作。

於此同時，另一組人馬尤清與謝長廷等亦於 7 月 3 日秘密組成「組黨行動規劃小組」，開始聯絡黨外各派人士共商組黨大計。

8 月 9 日，康寧祥一派先在臺北市舉行公開的「組黨促進說明會」，將黨外勢力的組黨意願公開化，並有探試國民黨反應之意味。

8 月 15 日，黨外人士再接再厲舉辦了「行憲組黨說明會」，25 日，黨外雜誌公開以組黨問題徵答的方式，徵詢新黨名稱，謝長廷提出了以「民主進步黨」為新黨黨名。30 日，黨外激進派的《新潮流》雜誌社，亦舉行類似的組黨說明會。

「林正杰事件」對組黨行動的進一步強化

至此，「組黨行動」已緊鑼密鼓的公開進行。另一方面，美國亦向蔣經國表示，希望臺灣能儘早解除戒嚴，並允許反對黨之成立。

9 月 3 日，臺北地方法院以違反〈選罷法〉為由，逮捕黨外健將、「黨外運動五年計畫」的提出者林正杰，並處有期徒刑一年六個月。此一「林正杰事件」，更是促成組黨的關鍵。

林正杰放棄上訴，於 9 月 4 日在康寧祥等幾十名黨外人士陪同下，上街發表「向市民告別」活動。9 月 9 日，有近三千名群眾走上街頭，以實際行動聲援林正杰，且將臺灣人擬組黨的熱切期盼，帶到最高潮。

9 月 19 日，康寧祥、尤清、費希平、謝長廷、江鵬堅、張俊雄、游錫堃等，邀請黨外各派人士協商組黨事宜，當場並推定尤清、江鵬堅、謝長廷、邱義仁等人組專案小組，進一步研擬黨名、黨綱及黨章問題。9 月 22 日，全臺具代表性之黨外人士再次集會討論組黨之事。

27 日在浩浩蕩蕩歡送林正杰入獄後，以民氣可用、機不可失，決定隔天及時成立新黨。9 月 28 日，132 名黨外重要人士在臺北圓山大飯店集會，由尤清向大會提出，成立組黨籌備會提案，獲與會者一致同意，隨即進行簽名活動。簽署者均視為新黨的籌備發起人。

「民主進步黨」終於成立

當日下午，繼續開會討論黨名、黨綱、黨章事項，經過一番熱烈激辯，最後，決定採用謝長廷提出的「民主進步黨」為新黨黨名。

黨綱則接受朱高正提案，以黨外時期的十二條主張，作為新黨政綱，亦獲得與會者一致贊同。於是大家起立鼓掌宣佈，臺灣第一個本土政黨，經過千辛萬苦的民主進步黨終告成立。大會並選出費希平、尤清、謝長廷、顏錦福、游錫堃、傅正、黃爾璇、洪奇昌等十八人為建黨工作小組委員，並對外宣佈民進黨的正式誕生。

29 日，康寧祥、江鵬堅、張俊雄、許榮淑也加入組黨工作小組，且成立發言、聯絡、協調三個組，分別由尤清、顏錦福及費希平為召集人。9 月 30 日，第二次組黨小組集會，議決將以黨的名義對外活動，同時分成政策、組織、協調、文宣、行政、財政等六個組展開工作。

民進黨成立後，其領導人也體認到環境仍甚險惡，最好不要太過激怒國民黨，所以私底下曾向有關單位提出保證，新政黨絕不會提倡臺灣獨立，且絕對遵守憲法。

蔣經國總統對「民主進步黨」組黨後的寬容

面對國民黨保守派的反彈，並強力主張逮捕民進黨的組黨成員，最高當局蔣經國對此卻不同意，認為「時代在變，事情在變，潮流也在變。要適應這些變局，執政黨必須採取新的方法，來迎接這場民主革命，也才能與歷史潮流接軌」。蔣經國的開明容忍，默許民進黨的成立，使民進黨有驚無險地，度過了第一關，從此站穩了腳跟，向前邁進。

雖說，民進黨度過了首關，但國民黨排山倒海的壓力仍在，隨時均有夭折的危險。為此，民進黨決定打鐵趁熱，欲造成木已成舟的事實。11 月 10 日，民進黨迅速召開第一次全國代表大會，通過黨綱、黨章，並選出黃爾璇等三十一名中央執行委員，推舉費希平、康寧祥、江鵬堅等十一位為中央常務執行委員；另選出陳菊等十一人，為中央評議委員；陳菊、邱義仁、王義雄等五人，為中央黨務評議委員。

最後，由三十一名中執委投票，選舉黨主席，江鵬堅以一票之差，險勝費希平，成為民進黨第一任黨主席。

民進黨的黨綱、自我定位、及其組黨後的政治參與

民進黨在第一次全國代表會議中，訂定其基本目標，包括臺灣政治地位，必須以公民投票來自我決定及重返聯合國。

黨綱中，也要求民主改革，如總統直接民選、終止動員戡亂時期的《戒嚴法》、更多的公民自由、縮減國防經費、停止興建核電廠與徵兵制度，以及保障消費者和弱勢族群團體的權益等。

第一次「全代會」也決定了黨旗，描繪出一個綠色的臺灣剪影，置

於綠底白十字中央的圖樣。綠色代表黨的環保訴求，以後被政治圖騰化，為代表與國民黨極不相同的「綠營」；而單獨以臺灣地圖出現，亦有暗示「臺獨」的味道。

民進黨自我定位為臺灣人的政黨，但也不排斥外省人加入，少數外省籍人士，如費希平、林正杰等曾加入民進黨，惜因理念的差異，此二人最終還是退黨。

民進黨傾向於吸收較年輕及高教育族群為黨員，當然，也吸納一些不同利益團體，如婦女、勞工、環保、弱勢、青年等社會運動團體。

為了容納不同派系，民進黨規定入黨黨員，必須至少有三位現任黨員推薦，以避免任何一派系籍黨員太多，而操縱全黨。換言之，民進黨甫一成立，即相當注意維持各派系之間勢力的平衡。至於黨員代表大會，原則上是每年召開一次，以便隨時掌握因應最新政治形勢和選舉黨主席。

1989 年的立法委員選舉，民進黨初試鶯啼，得到 28.2% 的選票，在立法院贏得 21 席；因立法院通過的每一法案，最低標準須有二十位委員連署，民進黨低空跨過門檻，從此在立法院形成一股不可小看的政治勢力。

是年，國民黨公佈《人民團體法》，正式開放黨禁，民進黨也順理成章，取得政黨的合法地位。時諸多「泡沫政黨」如雨後春筍般成立，令人看了眼花撩亂目不暇給，但真正有實力可與國民黨抗衡的，仍只有民進黨，且朝著取得政權的目標而努力。

民進黨的艱苦執政路

1989 年底，被放逐美國的許信良，企圖闖關返國，試圖接機的民進黨員與支持群眾，在中正機場與警方爆發嚴重的衝突，許信良闖關失敗，但義無反顧的一幕，讓臺灣人民留下深刻印象。

1990 年 2 月，民進黨在國民大會就職宣誓典禮上，改變慣例，把誓詞內的效忠中華民國，改成效忠臺灣人民，藉以凸顯「萬年國會」及大陸籍民意代表的荒謬性。

而此際在陽明山開會的國民大會，因有資深國代提議擴權的主張傳出，激怒了大專青年靜坐中正紀念堂，爆發了「野百合」學運，學生此舉得到全民聲援，於是才有「國是會議」的召開。

1990 年 6 月，大法官會議終結國民大會第一屆代表的任期。大法官議決，所有第一屆國會議員，包含國民大會代表、立法委員和監察委員，必須在 1991 年底全部退休。為此，國民大會於 1991 年 4 月召開特別會議，討論修憲事宜，其中最重要的是新國會議員的產生程序。

國民大會最後通過一項憲法修正案，自 1991 年 12 月始，之後三年內的國會議員席次，皆由新的選舉方式產生。

國大代表的改選，及第一屆民意代表的全部退職，讓民進黨一貫主張，實現臺灣中央民意代表全部改選的訴求，初奏凱歌。

緊接著，1991 年 3 月，民進黨起草《臺灣憲法》，9 月，上千民眾湧上街頭，支持民進黨以「臺灣共和國」名義，申請加入聯合國的提議。

是年 10 月，民進黨在第五屆第一次全國代表大會中，公然將建立「臺灣共和國」的目標列入黨綱，滿足了一部分獨派團體的願望，當然也引起渴望安定的中產階級之疑慮。

臺獨訴求的大挫敗

1991 年國民大會的改選，民進黨大膽提出以臺獨訴求為選戰主軸，結果嚇走了絕大部分欲維持現狀的中間選民。民進黨過度使用獨立的議題，造成選票流失，在新國民大會，僅獲得不到 1/4 的選票，獲得 66 席。這次國大選舉的挫敗，讓民進黨記取教訓，臺獨議題的時機，尚未成熟。

1992 年底的立法院改選，民進黨陣營改變策略，主打國內建設改革及民生經濟議題，結果頗有斬獲，拿下 50 席，而國民黨僅得 96 席，算是一次難堪的挫敗。

1992 年 3 至 5 月，國民大會臨時會議討論修憲工程時，總統直選的議題，成了國大討論的焦點。這是民進黨的重要目標，它提出了「作臺灣的主人，選出你的總統」為口號，與臺獨的立場不同，它只是藉此反映臺灣人民渴望當家作主的心聲。民進黨的總統直選主張，與李登輝國民黨主流派的想法，不謀而合，結果兩派分進合擊，在國民大會此一議題上，取得了重大的成果。

因此，1992 年 5 月國民大會採用了一項憲法條款，即規定 1996 年後的「總統及副總統，由中華民國自由地區的全體選民選出」，藉中華民國自由地區之名義，來突顯臺灣主權獨立之事實，亦為李登輝與民進黨的一項收穫。

北高市長與省長的直選

1994 年 12 月，首都臺北市長的選戰，對民進黨的茁壯發展是一個重要的里程碑，因為民進黨推出政治魅力頗高的陳水扁為候選人。

在國民黨候選人黃大洲及「新黨」的趙少康夾擊下，陳水扁巧妙閃躲了敏感的「統獨議題」，將競選主軸放在小老百姓最關心的市政、經濟、民生議題上；藉由國民黨的分裂，及夫人吳淑珍坐輪椅的感召；兼以許諾首都市民「有夢最美、希望相隨」的遠景，以 61 萬票，擊敗趙的 42 萬票及黃的 36 萬票而當選。

陳水扁的當選，除了塑造在黨內無可取代的政治明星外，最主要是其競選策略，迥異於民進黨的傳統方式。他刻意淡化歷史悲情，邁向族群共榮、民主先於臺獨、強化政策競爭、結合多元力量等。

易言之，以務實的中間路線打動選民迎向未來，陳水扁的勝選對民進黨未來競選策略之擬定，是有相當啟發作用的。

相對於首都市長的勝利，民進黨在同一時刻的省長選舉，則遭逢挫敗，國民黨的宋楚瑜挾著原省主席的行政優勢，在李登輝光環及自己勤走基層的政績下，以 56.2% 的得票率，大勝民進黨陳定南的 38.7%，除宜蘭縣外，宋在所有縣市均大勝。

宋楚瑜，身為外省人卻能大勝，顯示「臺灣人出頭天」悲情動員的侷限性，包括族群動員的極限、歷史悲情控訴的曲高和寡、本土議題被國民黨收編、臺獨牌仍難敵安定牌等等。

但這次全省大選區的選舉，也測試民進黨全省動員的能力，為以後的總統大選作操兵演練，尤其可以檢驗出民進黨在全國的支持度。

經由省長及北高直轄市市長的選舉，結果可看出，1990 年代的選舉，民進黨的得票率，約在選民的 30% 至 40% 間，且呈現穩定的成長中。

1996 年的第一次總統直選，國民黨推出強棒李登輝，雖然國民黨分裂為三組候選人角逐，尚有林洋港、陳履安兩組，但一般政治觀察家都看好李登輝志在必得。

民進黨內最初有許信良、林義雄、尤清和彭明敏角逐，最後，由七十二歲的彭明敏，取得民進黨候選人資格。

民進黨首次總統直選中挫敗

彭明敏早期與學生謝聰敏、魏廷朝，起草〈臺灣人民自救運動宣言〉，遭國民黨通緝，而長期流亡海外。在黨外臺獨運動的輩份極高，直到李登輝主政後，解除「黑名單」，才返國。

彭明敏選擇謝長廷為副手，在競選期間，主張對大陸採取強硬立場，並警告國民黨的「一中政策」將導致「二二八事件」悲劇的重演。

雖然彭明敏在民進黨全力支持下，努力以赴，但其對手仍批評他太老，被放逐太久，已與臺灣現實政治脫節，且缺乏政府事務的經驗。後來，國民黨的候選人李登輝在中共「文攻武嚇」及飛彈試射下，所表現出強者的形象，囊括了 54% 的選票，贏得壓倒性的勝利。

擊敗陳水扁！——國民黨馬英九的崛起

1998 年 12 月的北高市長選舉，臺北市長選舉結果，國民黨提名的馬英九，以 51.13% 的得票率，擊敗民調極高、市政口碑不差的現任市長陳水扁 45.91%。

於是，國民黨一顆耀眼的新政治明星——馬英九開始崛起了！日後，國民黨的未來轉型和重返 2008 年的總統執政之路，馬英九都扮演舉足輕重的關鍵地位。

相對的，高雄市長選舉的結果，因系出同門新黨提名的吳建國拿下 0.81% 的選票，導致現任市長吳敦義以 48.13% 之得票率，小輸民進黨提名的謝長廷 48.71%。

此事實顯示民進黨要贏，仍須建立在國民黨的分裂上，就是要視國民黨選民的分與合，即政治學上所謂的選民解組 (Dealignment) 之上。

2000 年的總統大選，國民黨昔時在臺北市長，因分裂而敗選之悲劇，再度重演。因為宋楚瑜的出走，國民黨再度裂解，如此一來，便給了民進黨可乘之機。

漁翁得利！民進黨總統大選的勝利

2000 年的總統大選，民進黨的策略，就是不斷製造國民黨候選人連戰與獨立參選人宋楚瑜的矛盾與對立。兼以原本民調和支持度均領先，以亮麗省長政績的宋楚瑜，因「興票案」的重挫，使原本勝面不大的民進黨候選人陳水扁，漁翁得利的意外贏得 2000 年的總統大選，完成了政黨輪替的民主挑戰。

創黨甫屆十四年的民進黨，一則其政策貼近主流民意；再則李登輝主政晚期國民黨的「黑金」政治，令人民厭惡；兼以國民黨連宋的分裂，和在人民渴望「變天」的心理期盼下，一舉拿下總統寶座，完成了一個幾乎是不可能的任務。

二十世紀末，臺灣的總統民選與政黨輪替，這些傲人的民主奇蹟，都在世紀交替之際完成，其所象徵之意義，是臺灣民主的勝利！是臺灣人要堅定，走自己的「民主之路」，跨入二十一世紀。

陳水扁總統時代的來臨

2000 年 3 月，民進黨候選人陳水扁，在中國國民黨分裂的基礎上，幸運的取得執政權，開啟了民進黨執政的新時代。陳水扁的當選促成政權的和平輪替，在臺灣民主化過程中，樹立了新的里程碑。

然而，沒有執政經驗的陳水扁政府，在執政初期的表現，並不令人滿意。此原因是民進黨倉促執政，缺乏行政幹才，且國民黨在立法院仍是第一大黨。在「朝小野大」的格局下，國民黨多所掣肘民進黨的施政，使扁政府綁手綁腳，施展不開；此外，陳水扁個人的施政風格也是原因之一。

陳水扁個性多變、善變，許多政策擬訂搖擺不定，缺乏執行的一貫性，使得執政團隊及百姓無所適從，「核四」工程的停停建建即是顯例。

所幸在兩岸關係定位上，為使民眾安心、使美國放心、使中共沒有戒心，陳水扁總統在就職典禮上，提出「四不一沒有」（他保證在任期內，不會宣佈獨立、不會更改國號、不會推動兩國論入憲、不會推動改變現狀的統獨公投，也沒有廢除國統綱領或國統會的問題），並標榜走「新中間路線」，避免了兩岸關係迅速惡化。

陳水扁的幕僚，多為有理想的青年政治人物。執政之初，他喊出「全民政府」之口號。為安撫一向挺國民黨的軍方，他刻意向國民黨借將，聘原國民黨籍的國防部長唐飛來組閣。

此舉，可謂有其權謀之處，一則循郝柏村模式，建立與軍方的淵源；再則裂解國民黨，使居於國會多數的國民黨不便反對自己人。為營造「全民政府」和「全民內閣」，陳水扁政府的內閣成員中，只有 1/3 為民進黨籍。

陳水扁執政下的困境及其諸問題

基本上，少數總統是陳水扁政府執政初期最大的困境。由於只獲得近 40% 的民意支持，陳水扁執政的正當性頗受質疑，其權力基礎亦相對較弱。

而為了爭取反對黨的支持，陳水扁延攬唐飛組閣的策略，並不成功。民進黨黨內，尤其是獨派強烈反彈，在唐內閣形成後，處處扯後腿，如此亦肇下唐飛內閣成為「短命內閣」的宿命。

在國民黨掌握立法院多數，及內閣更迭頻繁的情況下，陳水扁政府的執政成績令人民失望，民眾及輿論開始砲轟他。

陳水扁的原住民政策無法落實，導致原住民對其相當不滿。其政府無法有效振興經濟，使得股市連連慘跌，失業率也逐年飆高，全臺陷入一片不景氣當中。

2000 年 7 月「八掌溪事件」，首度突顯陳水扁政府的無能，此事件造成四名工人苦等不到救援而喪命，「扁政府」的顢頇、行政效率低下，成為眾矢之的。

其後，張俊雄內閣於 10 月 27 日宣佈停建核四，這固然是民進黨長期以來「非核家園」的理想。然宣佈時機點卻在「扁連會」之後的幾十分鐘，令國民黨及連戰有遭羞辱之感。此舉使得國民黨與民進黨的關係更加惡化，並開啟了朝野雙方永無休止的惡鬥。

核四停建案，不但是扁政府與國民黨立法院對抗之始，國民黨籍立委甚至提案要罷免總統。陳水扁的停建核四案，雖然受到綠營的支持，但 2001 年 1 月大法官的決議文聲明，核四的停建應由立法院通過，而非執政內閣片面所能決定，於是行政院不得不與立法院協商來討論核四的未來。

陳水扁的妥協，再次證明其施政的多變，此「核四風波」造成支持民眾對他的不信任，其施政滿意度也大幅滑落。

2001 年臺灣政治生態重新洗牌，遭國民黨開除黨籍的李登輝，組成「臺灣團結聯盟」，意識形態與對兩岸關係的看法與民進黨相近，形成所謂的「泛綠聯盟」。另一方面，國民黨、新黨與宋楚瑜所領導的親民黨，則凝聚成「泛藍聯盟」，形成兩大陣營對抗型態。

該年底的立法委員選舉，民進黨獲得大勝，席位從 66 席增加到 87 席，成為國會第一大黨。另外，同屬泛綠陣營的臺聯，也有不錯的表現，得 13 席；國民黨則慘敗，僅獲 68 席。初次參選的親民黨則表現亮眼，一舉拿下 46 席。整體而言，在國會泛藍仍略贏泛綠，「朝小野大」的格局，依舊未變。

在敏感的兩岸議題上，當選之後的陳水扁，務實的與臺獨路線保持距離，聲明要當全民總統。另外以「四不一沒有」，來安撫美國和中共。

基本上，由於來自民進黨內部及獨派團體的壓力，陳水扁陣營始終否認有所謂的「九二共識」❻，但他歡迎以「九二精神」與北京展開對話。唯從北京觀點來看，扁政府不接受「一個中國」原則，一切無從談起。

在經貿交流上，扁政府倒鬆綁了李登輝晚期的「戒急用忍」政策，放鬆了兩岸貿易與投資的諸多限制。2000 年，扁政府廢除了離島與中國之間的旅遊貿易禁令，開放「小三通」。

2001 年 8 月，扁政府更落實「經發會」決議，提出「積極開放，有效管理」政策，甚至放行高科技產業至大陸設廠投資。

2004 年的總統大選，尋求連任的陳水扁因執政成績不佳，而倍感壓力，兼以連戰、宋楚瑜搭擋參選，泛藍陣營分裂不再。

雖有「三一九」兩顆子彈的爭議❼，但陳水扁仍險勝連任成功，然也伏下其當選合法性之質疑。比較遺憾的是，此事件之後，泛藍泛綠敵

---

❻ 2000 年連戰敗選後，與幕僚蘇起創造了一個名詞，即所謂的「九二共識」。其意味 1993 年辜汪新加坡會談前的 1992 年，雙方對「一個中國，各自表述」曾有共識。

❼ 2004 年 3 月 19 日，民進黨籍總統候選人陳水扁在臺南市掃街拜票時，遭到兩顆子彈襲擊，隔日陳水扁險勝連任成功。國民黨認為此兩顆子彈有問題，一直質疑陳水扁當選的正當性。

對意識的升高，非藍即綠的選擇，讓臺灣幾乎已沒有理性論政的空間。

兩大陣營的互不信任，不但撕裂臺灣，而且如同形成北藍南綠「一國兩制」的荒謬情況。兩年來，隨著扁政府的「弊案」一樁樁浮現，重挫了民進黨長期以來，所標榜的「本土、清廉」的形象。陳水扁第一家庭及總統府紛至沓來的弊案，終於讓百姓看不下去。

2005 年 12 月，縣市長「三合一」大選，民進黨遭遇到創黨以來，最大的慘敗。連一向被視為綠營大票倉的嘉義市與宜蘭縣亦紛紛淪陷。尤其執政十餘年的全臺第一大縣——臺北縣，也由綠地變藍天，對民進黨及扁政府而言，更是一大警訊。

假如民進黨不能重拾過去清廉的形象，有效改善經濟和人民生活，2008 年，再次政黨輪替，也是極有可能出現的。

參考書目

田弘茂著，李晴暉、丁連財譯，《大轉型：中華民國的政治和社會變遷》（臺北：時報，1989 年）。

司馬文武，〈迂迴曲折的奔流：從後援會到組黨〉，《八十年代》第 8 期（1985 年 10 月）。

丹尼・羅伊 (Denny Roy) 著，何振盛、杜嘉芬譯，《臺灣政治史》（臺北：商務，2004 年）。

阮銘，《民主在臺灣》（臺北：遠流，2000 年）。

李筱峰，《臺灣民主運動四十年》（臺北：自立，1987 年）。

林濁水，《統治神話的終結：政論篇》（臺北：前衛，1991 年）。

林濁水，《國家的構圖：國家篇》（臺北：前衛，1991 年）。

郭正亮，《變天與挑戰》（臺北：天下遠見，2000 年）。

陳水扁，《世紀首航：政黨輪替五百天的沉思》（臺北：圓神，2001 年）。

陳芳明，《在時代分合的路口》（臺北：前衛，1989 年）。

陳儀深，《誰的民進黨：九〇年代臺灣反對運動的參與、觀察與批判》（臺北：前衛，1995年）。
黃嘉樹，《國民黨在臺灣》（臺北：大秦，1994年）。
彭明敏文教基金會編，《彭明敏看臺灣》（臺北：遠流，1994年）。
彭懷恩，《臺灣政黨論》（臺北：米羅文化，2005年）。

9.3 弊政下風起雲湧的各種社會運動

當代臺灣急待解決的社會議題

臺灣在1980年代中期解嚴後，近四十年的政治冰封總算逐漸消解。經過四十年禁錮，臺灣生機蓬勃的社會生命力，並沒有消失，反而開始強而有力的展現出來。這象徵著國民黨的戒嚴，只是暫時壓抑臺灣人民的熱情，並無法徹底打倒臺灣人的反抗意識。

隨著解嚴後國民黨這座冰山開始動搖冰釋，長期存在戒嚴體制下，諸多不公不義之事，亦如春雷驚蟄後，開始蠢蠢欲動。其中，表現最明顯的，莫過於街頭運動和社會運動的頻繁，以及各種社會團體、公會組織如雨後春筍般成立。

臺灣人民過去被統治階層強行剝奪的集會、遊行、請願等基本權力，現在終於可以合法為之了。透過申請，這些抗爭人群或團體，為爭取權利、訴求理念、突顯不合理現狀，可以堂而皇之走上街頭，直接訴求於社會大眾或有關單位，大膽表達心聲。而由街頭運動頻繁及訴求議題多元，也可看出過去是積累了多少該做而未做之事。

這些長期被忽視的議題紛紛湧現，如環保、農民、弱勢團體的照顧、原住民問題、婦女保護、家暴、核四、偏遠地區教育資源、老兵問題、社會犯罪的治安危機、外省族群的失落、特殊的眷村文化、地方社區經營、森林資源「還我土地」與水土保質、雛妓和青少年關懷運動、勞工權益等議題。

這些五花八門林林總總的社會議題，都成為彼時抗爭訴求請願的焦點，臺灣人透過社會運動管道，直接、間接的解決局部或若干不合理的現象。它們是臺灣人勇於反省，旺盛生命力的具體展現，也見證了臺灣於那個世代特有的社會運動特質。

非核家園的核四爭議

1990 年代，蘇聯的「車諾比」核輻射外洩事件，不但造成無辜生命的死傷，也勾起了人類為當年日本廣島、長崎原子彈投擲所造成「核傷害」的慘痛回憶，由此，舉世亦興起一片核能運用的爭議與反思。「核能」作為現代一項高科技的能源，確實為人類帶來相當的便利，但是它猶如刀之兩刃，有其佳惠人類的一面，更有毀滅人類的可怕性。

姑不論原子彈具有毀滅人類、甚至地球的能力，即以對人類有正面貢獻的「核能發電」，其所涉及的環境、生態、安全、能源亦不能輕忽。所以為了臺灣後代子孫的安全以及永續發展，民進黨長期以來將「非核家園」視為該黨的核心價值之一。對國民黨從蔣經國晚期為供應臺灣充足電力，經濟部提出興建第四座核能發電廠的政策，該黨結合民間反核、環保團體，以種種激烈手段，表達堅決反對的立場。

尤以核四興建地點的臺北縣貢寮鄉民，更是誓死反對。由於反核聲浪來勢洶洶，使核四的興建一直在爭議中而無法獲得共識。

政府興建核四的說帖，無法說服國人的疑慮，而民間強而有力的反對意志，亦讓政府有所顧忌，因此核四停停建建，浪費無數社會成本與金錢，一晃眼此爭議已拖宕了近二十年。

遺憾的是，政黨輪替後，2000 年 10 月 27 日，行政院長張俊雄宣佈停建核四。其理由是，儘管沒有核四，臺灣的電力仍可維持充足供應至 2007 年，屆時替代能源已研發出來，所以無庸擔心。民進黨政府一直以「車諾比事件」為例，強調臺灣無法承受依賴核能電力所可能導致的核能汙染。

民進黨的反核四政策，其實是得到眾多臺灣人民支持的，在臺北、高雄曾有成千上萬的民眾走上街頭，表達對停建核四的支持。但 2001 年 2 月，在立法院泛藍勢力的強力堅持興建下，善變的陳水扁又中途妥協，同意繼續興建核四，不僅棄民進黨的「非核」理念，更讓曾經為表達反核意志，而如苦行僧般行走全臺的民進黨前主席林義雄，情何以堪。

其實臺灣的核四爭議，一開始就充滿了政治角力，朝野雙方心中均只有政治利益的機關算盡，而沒有真正的環境正義。所以擁反核四就淪為只是政黨鬥爭的工具或名目，反核原本有其嚴肅深層的新環境典範意義，但最後卻淪為這些不論環境、只有權謀之政黨及政客惡鬥的籌碼。

尤其民進黨，在核四的立場上更該譴責，當初打著綠色執政非核家園的理想而執政，然執政後，立即昨是今非的與現實政治妥協，拋棄了過去二十年來堅持的理想。

民進黨的丟盔棄甲，不得不讓人質疑該黨的環保形象。長期真心主張反核的那些民間環境正義人士，看到核四爭議淪落到如此政治化地步，一定會感慨萬千心痛不已。

日益惡化的環保問題

平情而言，臺灣過去的經濟發展，締造舉世欽羨的「經濟奇蹟」，形成「臺灣錢淹腳目」的成就，確實是有目共睹的。但坦白說，臺灣經濟奇蹟的背後，是建築在扼殺環境、不計環境破壞的慘痛代價之上的。經濟是高度成長了，但環境卻惡化了。

自 1980 年代起，臺灣人的環境意識逐漸成熟，從而興起綠色運動旋風，這無疑是本土民間社會對國民黨政府長期重經濟輕環保的一種反彈。臺灣民眾對空氣、水、廢棄物、噪音等環境問題的嚴重性已發出怒吼，他們已不能慢慢等待政府「牛步化」的解決態度。面對這樣長期累積下來的環境問題，臺灣人在 1980 年代終於有了集體覺悟，開始領悟到環境和成長之間所存在的辯證關係。

臺灣民眾對於政府環保法令是否周延，執行環境法令是否認真，並無多大信心，有六成以上的民眾是持否定態度。問題是，環保之事不能只寄望於政府來做，每個國民尤其要自己做環保，身體力行從自己做起。可惜我們的教育長久以來缺乏對國民環保意識的灌輸，而政府的環保宣傳工作做得也不夠，如此一來，終於暴露了臺灣社會環境意識的膚淺。

國民黨執政時代姑且不論，即以標榜綠色執政的民進黨政府上臺後，對環保工作的推展亦僅見於口號而已。茲舉二例為證：

其一，2000 年底於屏東恆春墾丁海域，外籍大型輪船「阿瑪斯號」擱淺漏油，造成整片墾丁海域油汙嚴重汙染。這是一個大災難，其影響所及，對整個南臺灣海域的海洋生態，造成可能百年亦無法恢復的嚴重浩劫。但自詡綠色執政的民進黨政府，對此浩劫卻顢頇官僚，延宕多時才動手處理，然為時已晚，已造成海洋生態環保的嚴重傷害。

民進黨政府未能劍及履及，把握此一危機，作為再次強化和再塑「環保政府」的轉機，鄭重向國人宣示捍衛海洋環境生態的決心與努力。挽救海洋生態，不僅可以展現民進黨執行環保的魄力，亦可挽回因核四爭議而失去之民心。但從核四到墾丁海域汙染事件，輕易的就摧毀了民進黨建立綠色執政的崇高形象。

其二，民進黨執政為塑造全民政府與尊重專業的形象，特別敦聘新黨的臺大教授郝龍斌入閣，擔任環保署長一職。此舉曾獲全民不錯的口碑，而郝龍斌在任內最重要的政策，即是要求塑膠袋減量政策。

塑膠袋因為不環保，且燒毀時會產生有毒之戴奧辛氣體，不但造成空氣汙染，也有害身體，因此在歐美先進國家早就減量，甚至禁用塑膠袋已行之有年。然國人因習慣及貪圖方便，早就大量使用保麗龍及塑膠袋，所以郝龍斌這一有利環保的限用減量塑膠袋政策，甫一推出，隨即阻力重重。

不但需要使用大量塑膠袋的零售商、攤販拒絕合作，連不少民進黨立委也砲聲隆隆，而為數甚多的國人，也以消極態度觀望之。最後此一立意良好之政策，甚至無限上綱到政治層面上，真是離譜至極。後來郝龍斌下臺，此政策也早已虎頭蛇尾，形同失敗。

即此一事，就可充分顯示國人環保意識、環境觀念、環保教育仍有待深化提升，也突顯民進黨政府在環保問題上「民粹」的一面。只因民意反彈，即輕易放棄自己的環保理念和堅持，從核四、海域汙染到塑膠袋政策，我們看到的民進黨政府，不是棄守，就是搖擺不定，有始無終，這樣的「環保政府」，豈不令國人大失所望。

原住民的悲歌

原住民族群，臺灣最早的主人。長久以來，外來政權及閩、粵、客移民潮來臺，憑藉其人口的多數與壓倒性的經濟優勢，將此一臺灣的主人，弱化為幾乎成了臺灣的邊緣族群。無可諱言，原住民雖然號稱臺灣四大族群之一，但其在臺灣的社會地位，可謂為不折不扣的弱勢族群。

此一地位並沒有因臺灣經濟起飛，或政治民主化而有太大的改變，相反的，其悲慘的環境反而更在惡化中。尤其政黨輪替後，原本寄望新政府有番新作為，結果更慘。如近年來每逢颱風必有土石流的中部山區，政府不思根本解決之道，呂秀蓮副總統甚至不顧及原住民的尊嚴感受，居然叫原住民遷移部落，要封山以利水土保質。更離譜的是，建議原住民可移民中南美洲。

諸如此類不得體的話，終於激怒部分原住民，番刀出鞘到總統府前抗議。一個口口聲聲宣稱熱愛臺灣的民進黨本土政權，對原住民權益是如此的漠視，難道只是因為他們手中的選票不多嗎?

根據調查，近些年來原住民的集體意識，表現最不滿的，在於他們對總體社會經濟狀況的評估，以及他們對自己個人生活品質的感受。

由於政府在重大工程引進外籍勞力，使得原住民連出賣勞力的工作機會都受到威脅。在沒有「頭路」的情況下，經濟來源都有問題了，又如何奢求生活品質的提升。

總之，在處於經濟絕對弱勢之下，原住民對過去幾年來，臺灣社會中的貧富差距和社會不公的認知，確實比其他族群來得敏感且感觸深刻。尤其在新政府上臺後，屢屢發言不當刺傷原住民，及扁政府向財團靠攏，更讓原住民對自己的未來缺乏信心。

基本上，除了略述最重要的原住民經濟無著，謀生困難的實際問題外，原住民尚有幾個急待解決刻不容緩的議題：

㈠**人口**：原住民目前人口約四十萬，僅佔臺灣總人口的2%。各族間的人口多寡有別，但因強勢漢文化的同化及偏高的死亡率等自然或人為因素，在可見的未來，原住民將面臨人口更加減少和生產力不足的危機。

㈡**生存空間**：原住民大多居處山區或狹窄的河床平原地帶，土地貧瘠，生存不易。而政府在近二十年來，「國家公園」一座座的規劃宣佈，及縱容財團的土地炒作，更剝奪了不少原住民的生存空間。原住民曾集體怒吼的「還我土地」運動，即由此而來。

㈢**語言**：原住民沒有文字，族群經驗的傳遞靠口耳相傳，但在國民黨執政時期，因對原住民教育的忽視，各族母語已嚴重流失。許多年輕一代的原住民，已不會使用本族的語言，此情況原住民若不自覺，政府若不及時伸手補救，恐怕最後原住民會有音消語散的一天。

以上所提，其實只是原住民眾多問題的冰山一角，了解原住民問題後，不管新舊政府都責無旁貸，針對原住民的教育、就業以至於雛妓問題，政府應該要正視以對。

政府有個「原住民委員會」，我們希望它能有效發揮應有的功能，畢竟有做總比沒做好，都是自己的同胞，不要讓我們聽到原住民的悲歌在臺灣各個角落迴盪。

臺灣之根的農民心聲

臺灣農業有著數百年輝煌的歷史，此一勤奮打拼代表典型臺灣精神的農業史，其實也是一部艱辛移墾的庶民史。

臺灣農業數百年，其中經歷過多次結構性的轉型成功，締造了一波波農業產值的高峰，無論是生產或外銷，均為臺灣賺取可觀的利潤。

荷鄭時期的米糖，清代茶業的興盛，日本「蓬萊米」改種之成功，不管糧食作物或經濟作物，都使臺灣成了「糧倉」及農業高度發展地區。

日治時期所謂「工業日本、農業臺灣」其考量因素亦基於此。

國府來臺後，臺灣農業又遭逢重大變革。為發展工業，國府實施土地改革與「肥料換穀」❽制，半強迫性的逼大地主交出土地，政府再以低利輔導農民、佃農來承租或購買土地，最後達到「耕者有其田」的目標。也就是說，國府的土地改革，其實是建築在犧牲地主若干權益之上的。農民有了土地，在政府大力支援下，農業發展突飛猛進。

1950年代初期，臺灣農業產業結構，即發生明顯的變化，不僅大量的農產品及加工品開始外銷，且農業的快速發展，也為工業提供了勞動力、農業原料與消費市場，最主要的是，初步完成了政府「以農業培植工業」的目標。

但國府當時所實行的米糖統制和低糧價政策，並通過田賦徵實，隨賦收購、肥料換穀、出口差價等政策，剝奪了農民自由購買的權利，榨取農民部分所得，加重農民負擔。

農民在土地改革的獲益，很快就被米糖統制給剝削抵消了。而國府卻透過此方式，將農產剩餘有效的向工業轉移，加速工業部門的資本累積，以發展工業。換言之，整個1950、1960年代，國府當局利用農業換取外匯支援工業發展，這種以農業培植工業的作法，也是建立在犧牲農民利益之上的。

1970年代，臺灣經濟起飛了，百業俱興，唯獨只有為臺灣工業奠基的農業「斯人獨憔悴」，開始面臨轉型的瓶頸，而走向沒落。隨著工商業蓬勃發展，農村青壯人口紛紛到都市謀生，農村因主要生產力的快速外流，更加速傳統農業之凋零。

此衝擊不僅是農業，因人口外移，也造成城鄉差距拉大的社會問題。農民與農業問題一直無法有效改善，1988年5月20日，農民積壓已久的怒火終於點燃，爆發臺灣農運、社運史上最關鍵的「五二〇事件」。

---

❽ 肥料不再以現金交易，農民需以稻穀向糧食局肥料運銷處換取肥料，政府意圖以肥料掌控糧源。

「五二〇事件」之起因，是當時美國動不動就祭出「三〇一」觀察名單，強烈要求臺灣要平衡美臺貿易逆差。在美國壓力下，政府在稻米、蔬果、魚肉進口方面，屢屢向美方讓步。前此，因穀賤傷農及政府長期忽視農民權益下，農民早已怨聲載道，抗議連連。

在「五二〇事件」前，已有抗議開放美國火雞肉進口，逼養雞戶走上街頭，如今政府在美國壓力下，又有農業開放政策的擬定。面對農業開放導致農民權益可能受損，由雲林縣農權會主導南部農民北上遊行請願首先發難。

該行動由林國華擔任總指揮，蕭裕珍為副總指揮，當日下午二時左右在立法院與警方發生激烈衝突，警民多人受傷。歷經多次衝突後，當晚前來聲援的學生團體又與警方發生拉扯，請願農民及支持群眾一直與警方僵持至隔日凌晨。

最後，出動憲兵強制驅離，學生首當其衝，多人遭毆傷、逮捕，緊張對峙情況延續到清晨六時才結束。

此次事件總計有一百三十餘人被捕，其中九十六人被移送法辦，為臺灣有史以來最大規模的農民請願運動，而過程之激烈也是前所未見，甚至引起國際媒體之關注。

其後，政府欲栽贓指控農民有預藏武器，準備暴力行動之跡象，經學者組成之「五二〇調查報告」證實此指控不確。總之，「五二〇事件」影響非常深遠，成了以後臺灣社會運動的標竿日期。

「五二〇事件」雖曾一度引起對農民權益的重視，但很快的佔臺灣人數最多，卻是屬弱勢的農民問題旋即又遭遺忘。

2001 年隨著政府加入「世貿」組織，開放國外農產品輸入，對臺灣農業的衝擊更是雪上加霜，農民生計遭受威脅。政府雖有獎勵農民轉型，以發展精緻休閒農業，但平情而論，真正能受惠轉型成功的畢竟少數。

在國外農產品激烈競爭下，本地農產品常有滯銷，甚至價格低到不敷成本的地步，其中尤以果農、菜農損失最慘重，如近年來柳丁、西瓜、高麗菜即曾經發生此現象。

農民原本希望臺灣農產品可以銷售大陸，以大陸廣大市場，將可為臺灣農民帶來春天，惜因政治考量，當局並未完全同意開放。在政治掛帥前提下，臺灣農民的春天，臺灣農業之復甦，還須漫漫等待。

上述這幾項議題，只是臺灣社會急待解決的重大議題，其他百廢待舉的還有很多。比方「九二一」重建，還須努力；「教改」的成敗，關係我們下一代之競爭力；社會治安的逐年敗壞、經濟景氣不佳，已持續好幾年；政府的貪汙腐敗弊案層出不窮、行政效率不彰；意識形態與國家認同的爭議困擾、貧富差距的懸殊、司法改革等，上述眾多問題，均有賴全民一起努力。

臺灣已經空轉、內耗太久了，人民也厭倦了政客口號式的「愛臺灣」，今天只有朝野和衷共濟，不分藍綠，暫時擱置統獨爭議，苦民所苦，全力打拼經濟，讓臺灣人民有好日子過，這樣才是真正的「愛臺灣」。

參考書目

王甫昌，《當代臺灣社會的族群想像》（臺北：群學，2004 年）。

中央日報主編，《臺灣寫真集：兩年來沉淪實錄》（臺北：中央日報，2002 年）。

天下編輯，《環境臺灣：獻給臺灣的未來》（臺北：天下雜誌，1996 年）。

天下雜誌記者著，《耕耘臺灣：讓希望從地方升起》（臺北：天下雜誌，2001 年）。

施正鋒，《臺灣人的民族認同》（臺北：前衛，2000 年）。

徐正光，〈臺灣的族群關係：以客家人為主體的探討〉，收入張炎憲、陳美蓉、黎中光編，《臺灣史與臺灣史料》㈡（臺北：財團法人吳三連臺灣史料基金會，1995 年）。

孫大川，〈一個新的族群空間的建構：臺灣泛原住民意識的形成與發展〉，收入游盈隆編，《民主鞏固或崩潰：臺灣二十一世紀的挑戰》（臺北：月旦，1997 年）。

孫大川，《夾縫中的族群建構：臺灣原住民的語言、文化與政治》（臺北：聯合文學，2000 年）。
張正修，《尋找主體的無國之民》（臺北：前衛，1998 年）。
張茂桂等著，《族群關係與國家認同》（臺北：業強，1993 年）。
溫振華等編，《臺灣文化事典》（臺北：國立臺灣師範大學人文教育研究中心，2004 年）。
蕭新煌，《臺灣社會文化典範的轉移》（臺北：立緒，2002 年）。

9.4 當代臺獨思想的崛起及其實際政治行動

從史明著《臺灣人四百年史》一書對當代臺獨思想的啟蒙說起

戰後在臺灣出版的臺灣史著作中，最具震撼性又對臺獨或左派思想產生重大影響的，大概非史明所著的《臺灣人四百年史》一書莫屬了。其他的臺灣史學者，當初在史明的這股巨大旋風之下，一時之間，要想重新奪回原有的學術主導權，可以說相當不易。例如前民進黨文宣部主任陳芳明、已故臺北縣立法委員盧修一等，都深受史明此書的影響。

可是，時過境遷，史明此書的重大缺失也暴露無遺，因為他的書名，雖號稱是臺灣人的四百年史，但其內容最缺乏的，即為臺灣的民眾生活史，雖係如此，但史明其書的影響，還是不能忽視。

在當代臺灣民眾的政治意識形態中，我們可能必須更重視的政治意識形態，其實是所謂「當代臺獨思想的崛起及其實際政治行動」這樣一個課題。而這也是和現實政治局勢並行，和引起諸多爭議的複雜政治問題。

這一課題，在過去是教科書上罕見討論的部分，而如今言論自由之門既已洞開，學術著作和教科書已不能再刻意迴避此課題的重要性。

臺獨路程近三百年的歷史回顧

現在，國內政壇仍爭議不休的臺灣獨立運動，實在是一條充滿荊棘艱辛的崎嶇之路，臺灣人民渴望當家作主的心願，在滾滾東逝的歷史長河中，迭次遭到統治者無情的打擊與鎮壓。

早從荷據時期起，就有了以臺灣人民力量對抗荷蘭殖民統治的郭懷一抗暴事件的發生。

而鄭氏王朝，基本上，是以一種「客觀臺獨」的身分存在。鄭氏王朝，雖然遙尊桂王永曆年號，但這僅是一種名義上的尊奉，論發號施令，一切仍以延平王意旨為準。

不僅如此，就鄭氏王朝的主觀意志觀之，鄭氏在克臺之歲，即改臺灣為東都，置承天府，後又改東都為東寧，設天興、萬年二州，並將赤崁易為「東都明京」。

這些舉措都說明一個事實，即鄭氏王朝打從抵臺始，就有開朝立基之打算。無怪乎連雅堂的《臺灣通史》亦以〈建國紀〉來看待鄭氏王朝開臺之新局，稱鄭成功為「我臺建國之大神」。因此，無論就主、客觀因素觀之，鄭氏王朝，就歷史意義言之，可視為有別於中國的臺灣獨立政治實體。

清領時期，臺灣雖正式納入大清版圖，但因滿清是以異族統一中國，明朝的滅亡，不但是政權易手，更象徵漢人國家的淪喪。深受中原文化影響的臺灣人，在有清統治之下，即曾爆發帶有民族主義色彩的「朱一貴事件」與「林爽文事件」。

1894 年「甲午戰爭」中國戰敗，清廷被迫於隔年 4 月 17 日，簽訂了割讓臺灣、澎湖予日本的〈馬關條約〉。臺灣人民在祖國無力保護，與不甘成為日本殖民地的情況下，於 5 月 25 日成立「臺灣民主國」，推唐景崧為大總統。

臺灣民主國的成立，是在中國割讓臺灣的既定事實下，臺灣人為自求多福的無奈之舉。它的獨立，可說是不願屈服日本殖民統治的民族主義式臺獨，由其年號「永清」及一再強調「願為島國，永戴聖清」、「今雖自立為國，感念列聖舊恩，仍應恭奉正朔」、「事平之後，當再請命中朝，作何辦理」等各項文告看來，它成立的目的並非想脫離中國母體，只是為引起列強干預的一種權宜之計而已。換言之，臺灣民主國的獨立只是手段和過程，回歸祖國才是其最後之目的。

但從另一角度觀之，臺灣民主國的臺獨，仍有其進步性，至少它在形式上首度使用「臺灣」一詞，用臺灣之名來代表臺灣島這個地理空間所成立的國家，這不能不說是臺獨進程上很大的突破。

至於日治時期的非武裝抗爭，亦潛藏著臺獨的意涵，以日治時期最大的啟蒙團體「臺灣文化協會」言，其成立的動機，雖以文化思想啟蒙為訴求，但有部分原因，乃是欲透過追求臺灣文化的養成和建立，由獨自的文化，再進展到政治上獨立的國家。

日治時期，真正打出臺獨訴求的，其實是 1928 年在上海成立的「臺灣共產黨」，臺共成立之目的，即明確指引出，藉由革命行動，推翻日本對臺的殖民統治。

在臺共政治大綱中，就公然提出「臺灣民族獨立萬歲」、「建立臺灣共和國」的口號，這是日治時期唯一敢公然在島內提出臺獨主張的政治團體。臺共激進的臺獨主張，採取暴力手段與殖民當局對抗，其不見容於當局，而遭到鎮壓解散，也就不足為奇了。

日治時期，不僅臺灣島內有或隱或晦的臺獨潛流，在海外臺獨的主張更喊得漫天震響。1920 年代，旅居上海的臺灣知識分子，彭華英、蔡炳耀等人，明白反對林獻堂的溫和議會路線，主張臺灣應與印度、朝鮮、菲律賓等諸弱小民族一樣，努力掙脫殖民地的枷鎖，完成獨立建國的長遠目標。

又 1932 年，林雲連、劉邦漢、鄭鑑洲等寄寓廣州的臺灣青年，他們在廣州組織「臺灣民主黨」，在該黨的組織大綱中宣示，「本黨根據民族自主的精神，推翻異民族日本帝國統治，以建立臺灣民族之民主國為目的」。

該黨不但主張臺獨，且一再強調，臺灣有成為一獨立國家的豐厚條件，而且對中國也相當有裨益。

有趣的是，臺灣人民在大陸高喊臺獨時，中國的國共兩黨領導人，同樣支持臺獨並給予祝福。以中共言，其始終強烈支持臺灣獨立運動，1936 年，毛澤東對美國專欄作家史諾 (Edgar Snow) 提及：「當我們收回中國的失地，達成獨立之後，如果朝鮮人，想要掙脫日本帝國主義的桎梏，我們對他們的獨立鬥爭將加以熱烈的援助。對於臺灣也是如此」。

由此可見，毛澤東並不把臺灣視為中國的失地，而是等同於朝鮮，支持臺灣將來能獨立成功。

日治時期的臺獨思想，有一值得觀察之處，即對中國並不採取敵視態度，島內外種種脫離日本的臺獨行動，有些甚至還奠基於對中國的認同之上，且這種認同，非但是漢裔種族文化上之認同，而且還含有政治上的認同。

相對的，中國對臺獨亦不排斥，甚至在某種程度上，是支持贊同的。雙方之所以如此，是有些臺灣人對祖國仍存有幻想，希冀先以臺獨為策略性的過渡，最終仍希望能回歸中國；至於中國，在沒有能力幫助臺灣解除日本殖民統治之時，能鼓勵臺灣獨立，脫離日本掌控，對中國自然有利，故也樂觀其成。

戰後臺獨意識的復活與臺獨政治運動的再起

二次世界大戰後，臺灣又再度淪為列強角力之祭品，沒有任何表達意願心聲的機會，重回所謂「祖國」的懷抱。

然接收臺灣之後，因國府的貪汙腐化及諸多複雜原因，在統治不到兩年時間，即 1947 年，就爆發了臺灣史上最大之悲劇「二二八事件」。兼以後續工作國府又處置不當，遂使得戰後，具備現代意義的臺獨運動再度揚起。

其實，早在 1945 年 8 月，日本投降後，國府尚未來接收的這段空窗期，就發生了臺灣仕紳林獻堂、辜振甫、徐坤泉、林熊祥、許丙、簡朗山等，與日本主戰派軍官牧澤義夫、宮中悟郎等人，在草山密謀的所謂「八一五臺獨案」、或稱「辜振甫臺獨案」。但是，在當時臺灣一片期待祖國接收的歡樂氣氛中，少數人的臺獨主張，並無法得到一心渴望回歸祖國的臺灣人之認同。

平情而論，假如戰後國府治臺，能充分尊重臺灣人希望當家作主的心願，治理能上軌道，能得到臺灣人的認同，那麼其後的「二二八事件」悲劇也不會發生，臺獨運動更會因沒有市場而式微，甚至走入歷史。但，歷史往往令人難料，偏偏國府以君臨天下之姿，在臺灣「五子登科」（車子、房子、位子、金子、女子）通通都要，搞得臺灣人民天怒人怨，民不聊生。國府的失政，逐漸使臺灣人民對其由殷切期盼，轉為憤怒不滿，漸漸地尋求另一條臺灣人出路的臺獨聲音，再度響起。

1946 年 6 月「二二八事件」還未發生，臺獨運動大將黃紀男，即以「臺灣青年同盟」主席名義，起草一份英文請願書，請美國駐臺副領事葛超智 (George Kerr) 代為轉交美國政府及聯合國，倡議臺灣應該獨立，在聯合國監督下，舉行公民投票，成立如瑞士一樣的永久中立國。這是戰後第一起臺獨行動，對國際社會的公開發聲。

1947 年元月，廖文奎、廖文毅兄弟，又再度提出「臺灣人治臺」，以及「臺灣應在中國聯邦的體制下，完全自治」的呼籲，希冀以「完全自治」的方式來包裝其臺獨之企圖。

總之，由於國府治臺的失敗，失掉民心，使得島內臺獨的聲浪，也隨著對陳儀當局的不滿而加溫。臺灣回歸中國未及兩年，臺灣的民心已與中國日漸疏離，許多臺灣人開始寄望美國或聯合國的國際干涉，希望臺灣與中國分離，而尋求獨立。

「二二八事件」期間，因反中國思想高漲，臺獨運動更是蓬勃發展。1947 年 3 月 1 日後，許多人民團體紛紛成立，他們到處散發傳單、張貼標語，提出「建立臺灣民主自治政府」、「建立臺灣民主自衛軍」等臺獨主張。即便聲稱幫助陳儀處理善後的「二二八事件處理委員會」，也頗具規模的如同一「臨時政府」，他們在 3 月 7 日向陳儀提出的「四十二條要求」（原三十二條，後再加十條），表面上雖無臺獨口號，但實際上等於要求實質上的獨立。

由此顯示，「二二八事件處理委員會」並不以高度自治為滿足，其隱藏的政治底牌，仍是臺灣獨立。而國府也洞察到此傾向，在 1947 年 3 月

9 日，國府的增援部隊第二十一師抵臺後，隨即以鎮壓屠殺為手段，血腥槍殺反抗的臺灣民眾。其中「二二八事件處理委員會」更是關注的重點。

該委員會以下的臺灣菁英，幾乎全被一網打盡，許多知名度頗高的委員，如王添灯、白成枝、陳屋等，皆以「參與謀議四十二條叛國議案」被起訴，他們有的被槍決、有的被就地正法。

坦白說，「二二八事件」期間，雖有少數人倡議臺灣獨立，但絕大多數臺灣人仍是心向祖國的，惜國府當局處置失當，且統治未符合臺灣人民之期望；兼以對自己的同胞，用血腥屠殺來鎮壓之，此殘暴統治終於激起臺灣人民欲脫離國府暴政，而尋求臺獨更大的波瀾。

「二二八事件」帶給臺獨運動最大的影響是，它提供臺獨汲取養份，且是賴以滋生壯大的源頭。茲舉被尊稱為「臺獨教父」的彭明敏為例，彭明敏父親彭清靠，於「二二八事件」時，擔任高雄市參議會議長，在事件期間，曾與高雄要塞司令彭孟緝交涉，親眼目睹交涉者涂光明被當場擊斃的慘狀，回來後久久未能釋懷。彭明敏描述其父在事件後之心境：「他有兩天，沒有吃東西，心情粉碎，徹底幻滅了。……他所嚐到的是，一個被出賣的理想主義者的悲痛。到了這個地步，他甚至揚言，為身上的華人血統感到可恥，希望子孫與外國人通婚，直到後代再也不能宣稱自己是華人」。

而另一最早提倡臺獨的黃紀男，也坦承「二二八事件」是加強其臺獨理念與思想的轉捩點，「二二八事件」被鎮壓平息後，他對臺獨所抱持的理念，不降反升，更加堅定。總之，「二二八事件」對臺灣人的傷害太大了，彭明敏說：「二二八之後，臺灣人對中國的失望，進而認為要決定自己的前途。」

1949 年，國府在大陸戡亂失敗播遷來臺，國府在臺，仍以中華民國法統為基礎，施行《戒嚴法》有效的建立其威權政治體制。從 1950 年代起，國府為確保其在臺灣的政權，透過各種管道，強化中國意識的灌輸，相對的為防止臺獨運動之再起，刻意打壓臺灣意識，淡化臺灣之認同；另輔以「白色恐怖」的天羅地網，使得當權者隨時可運用國家機器直接去摧毀一切反抗現有體制的革命者或革命團體。

國府當局更直言：「宣佈實施《戒嚴法》，純粹係針對共產主義滲透顛覆分子的活動，和臺灣分離主義者的暴力行動。」可見，在戒嚴體制下，「共匪」與「臺獨」，將是國府最主要的打擊對象。

在國府強力掃蕩下，1950 年代的冤案、假案、錯案層出不窮，當中最多為「匪諜案」，另外亦有不少「臺獨案」，只不過，國府所指控的「臺獨案」其虛實真假如何，還有待進一步檢驗。尤其 1950 年代臺灣島內的臺獨活動，常有國際因素牽扯其中，更令國府有芒刺在背之感。當時，嚮往臺獨的人士可分兩派：一為陳逸松領導的「託管派」；主張兩階段臺獨論，即臺灣先由美國或聯合國託管，時機成熟後，再宣佈獨立。另一為楊肇嘉主張的「臺獨派」，此外，林挺生亦為贊同臺獨人士之一。

綜觀整個 1950、1960 年代的「臺獨案」，有甚多是遭栽贓誣陷的冤獄，如陳三興的「臺灣民主同盟」與施明德的「亞細亞同盟」合組的「臺灣獨立聯盟」案，後來證明，該案是調查局所構陷。當然其中也有若干是真的，如廖文毅在海外遙控指揮的臺獨活動即屬實，但在國府強力掃蕩下，這些組織或活動不是遭破獲瓦解，就是轉入地下，待機而動。

而當時大學生的議論時政，也常容易被扣上臺獨的帽子，1960 年 6 月臺大畢業生在臺南關子嶺臧否時局，即被國民黨特務機關盯上，而加以嚴密監控。此次聚會學生，未必直接主張臺獨，但該會部分成員，如張燦鍙、侯榮邦、羅福全、陳榮成、蔡同榮等，後來離臺後，反倒真正成為海外臺獨的中堅分子，這是很有趣的現象。

1961 年，廖啟川因為發表反國民黨的言論，被安上臺獨罪名，此案同時又牽扯出「蘇東啟案」，罪名依舊是倡導臺獨，試圖武裝革命。其實，這些人充其量只是略具臺獨思想的異議分子，還談不上是武裝叛亂事件。

白色恐怖年代真正成立臺獨組織者，為「全國青年團結促進會」一案。此案始於 1965 年 10 月，時任臺北市議員的林水泉赴日，與王育德、黃昭堂等人會晤，並加入了「臺灣青年獨立聯盟」，接受辜寬敏資助，負責在臺蒐集情報與見機發展臺獨組織。

1966 年起，林水泉與呂國民、許曹德、林中禮、陳清山等密商研議相關事宜。當年夏天，即由張明彰提出組織草案，林水泉主張明列臺獨宗旨，並成立「全國青年團結促進會」組織，以「建設臺灣共和國，成立共和國政府，制定憲法，成立國會」為宗旨，並以「臺灣獨立統一戰線行動委員會」對外發表宣言。

該組織且透過顏尹謨、劉佳欽等日本留學生和日本的「臺灣青年獨立聯盟」、「獨立臺灣會」等臺獨團體聯繫，甚至還計畫炸毀國府軍事基地、暗殺政府官員、組訓游擊隊等工作。但因組織成員之一的吳文就，其同鄉陳光英為調查局線民，經報告後，調查局迅雷不及掩耳的採取搜捕行動，使得此組織一夕瓦解。

從雷震到彭明敏的「臺獨」思想發展之歷程

1960 年代雷震因《自由中國》及籌組「中國民主黨」事件，被國民黨判刑十年，出獄後，這位臺灣民主運動的鐵漢，鑑於 1970 年代國府在國際間的外交慘敗，無懼再度繫獄的危險，呼籲臺灣必須「變法以圖存，改制以自保」，而且要徹底的、根本的改變現狀。

1972 年 1 月，老驥伏櫪的雷震，發表了〈救亡圖存獻議〉，大膽提出「從速宣佈成立『中華臺灣民主國』，以求自保自全，並安撫臺灣人，開創一個新局面」。

據研究者陳佳宏表示：該文主張變更國號，即為一種「形式臺獨」的展現。尤其雷震將「臺灣民主國」，視為「中華臺灣民主國」的歷史傳承，可說是一種臺獨的歷史探源。把「中華」和「臺灣」，並列為「一千四百萬人民國家」之國號，不啻為臺灣各族群，對國號認同的最大交集，具備了新穎的臺獨創意。也因如此，海外臺獨人士才將「雷震事件」視為「臺灣人和外省人一起建立國家」的行動表現。

雷震本人雖矢口否認主張臺獨，但從〈救亡圖存獻議〉一文看來，至少是有間接臺獨的成分在裡頭。與傳統臺獨者不同的是，雷震的臺獨訴求，考量的是臺灣退出聯合國的自保之道，此為理性取向的國家選擇，而較少情感成分。

總之，無論是《自由中國》時期對民主信念的堅持，還是後期對臺獨進程的巧思規劃，雷震均引領風騷，帶動了臺灣民主運動的發軔及啟蒙，亦開啟了日後臺獨訴求的演進與臺獨策略之靈感。

彭明敏的〈臺灣人民自救運動宣言〉

1964 年 9 月 20 日，彭明敏師生發表的〈臺灣人民自救運動宣言〉事件，可說是驚動島內的臺獨事件，該事件不但引起國際關注，也達到臺獨主張的國際宣傳效果。

當時發表〈自救宣言〉的主角彭明敏，原出身為高雄望族，亦是國民黨刻意培植的臺籍菁英，曾擔任臺大政治系主任，並兼聯合國大會中國代表團顧問。

而〈自救宣言〉的主筆者，為彭的學生謝聰敏，宣言經過彭明敏、謝聰敏及魏廷朝三人密切商討，先由謝草擬，魏潤飾，彭審訂完成發表。

此一〈自救宣言〉，在開宗明義便說：「『一個中國，一個臺灣』早已是鐵一般的事實！這是一種客觀臺獨的存在。我們的目標是團結一千二百萬人的力量，不分省籍，竭誠合作，建設新的國家，成立新的政府。……重新制定憲法，保障基本人權，成立向國會負責且具有效能的政府，實行真正的民主政治」。

這是從客觀臺獨更進一步過渡到實質臺獨的一大突破。至於宣言中提到，「以自由世界的一分子，重新加入聯合國，與所有愛好和平的國家建立邦交，共同為世界和平而努力」，則更具前瞻性，希望臺灣以新國家名義。重新加入聯合國。此正是「法理之臺獨」的希望與目標，當然，最終仍是企盼臺灣獨立的完全實現。

基本上，〈自救宣言〉是相當具有歷史意義的臺獨文件。它詳實的規劃臺獨之歷程次第之開展過程；它亦標示戰後臺灣政治發展的歷史軌跡。

〈自救宣言〉在海外引起巨大回響，海外獨派人士將其視為「臺獨聖經」，並認為它是臺灣的獨立宣言，彭明敏在臺獨的地位更為崇高。

彭明敏後來經蔣中正特赦，而免去牢獄之災，後潛逃海外轉往美國，對美國的臺獨運動影響至大。

總之，彭明敏藉由〈自救宣言〉所累積的臺獨光環，凝聚了海外臺獨的向心力，並陸續成為「臺獨聯盟」(WUFI) 及「臺灣人公共事務會」(FAPA) 等重要臺獨團體之精神領袖，在海外延續其政治生命。

戰後臺獨運動在海外發展之相關背景

「二二八事件」後到 1949 年國府遷臺，伴隨著國府的《戒嚴令》，臺灣完全罩在一片白色恐怖的陰霾中，連帶著臺獨組織也幾乎被清除殆盡。

當時在島內，臺獨活動只能暗中進行，形成所謂的「暗獨」，幸而在國際上還有一股支持力量，能讓其發揮微弱聲音。美國在「二二八事件」前後，曾任美國駐臺副領事葛超智曾建議國務院讓臺灣成為美國控制的基地，直到臺灣政局安定為止。

而島內臺獨勢力，也一直希望美國能派兵協助臺獨，以對抗國民黨在臺之統治。然平情而言，要美國由同情臺獨，轉為支持臺獨，甚至軍援臺獨，以現實論，是有其困難的。

1950 年 6 月，「韓戰」爆發後，杜魯門總統發表〈臺灣中立化宣言〉，下令第七艦隊協防臺海，此舉不僅保住了國府，也造成了「客觀臺獨」存在之事實。在冷戰時期，美國透過〈舊金山和約〉及〈中美共同防禦條約〉的簽訂，更加強化「客觀臺獨」之確定。無論國府及中共主觀意願如何，在美國強大軍事力量介入的情況下，臺灣「獨立」於大陸的客觀存在，是美國在冷戰架構下，臺海雙方都不得不接受的客觀事實。

在 1950、1960 年代，美國雖與國府有外交關係，也曾一度有「兩個中國」及「一中一臺」之構想，惜此構想均不為海峽兩岸政府所接受。隨著國際局勢的鉅變，1971 年 10 月，臺灣的國府當局，被逐出聯合國，從此成為國際孤兒。在孤立的國際情勢下，因國際強權與世界絕大多數國家，皆屈從中共意旨，承認臺灣是中國的一部分，在外交上，不敢承認臺灣為一主權獨立的國家。臺灣因外交日益孤立，「法理臺獨」更是遙遙無期。

國際間美、日等強國，因礙於中國的崛起，雖不承認臺獨，但卻不反對臺獨在其國內活動。因此，美、日兩國，日後即成了臺獨的大本營。

「二二八事件」後廖文奎、廖文毅兄弟在海外的臺獨活動

「二二八事件」後，在海外擎起臺獨大旗的，首推廖文奎、廖文毅兄弟於 1947 年 6 月，在上海成立的「臺灣再解放聯盟」。由於廖氏兄弟知道，在中國大陸從事臺獨有其難處，為求進一步擴大聯盟力量，乃將組織轉往香港發展。

1948 年 2 月 28 日，廖文毅以原上海「臺灣再解放聯盟」為基礎，聯合「獨立派」與「託管派」兩方力量，組成香港「臺灣再解放聯盟」，以廖文毅為主席，黃紀男任秘書長，戰後第一個海外臺獨團體正式成立。

是年 9 月，該組織並以臺灣人名義向聯合國提出請願，重申臺灣應暫由聯合國託管，然後再由全體臺灣人民公民投票決定臺灣前途是隸屬於中國或臺灣獨立，這是「二二八事件」後，臺灣首度向國際宣示臺獨之始。

後來香港的「臺灣再解放聯盟」因遭取締，廖文毅等人為求臺獨繼續發展，只好將陣地轉進日本。

相對於香港臺灣人較少，日本當時則有許多臺灣人，臺獨活動及發

展的空間較大。1950 年 5 月 17 日，廖文毅將「臺灣再解放聯盟」改組為「臺灣民主獨立黨」，為當時日本臺獨的指揮中心。

1955 年 4 月 18 日，廖文毅以「臺灣民主獨立黨」主席身分，應邀參加在印尼萬隆的「亞非會議」，表達臺灣獨立意願。為進一步擴大臺獨的國際號召，廖文毅認為成立政黨不足以引起注意，只有組織臺獨流亡政府才能引起海內外矚目。

因此，1955 年 9 月 1 日，海外臺獨先行成立「臺灣臨時國民會議」，推舉廖文毅為名譽議長，吳振南為議長，鄭萬福為副議長。1956 年 2 月 28 日在東京建立「臺灣共和國臨時政府」，廖文毅自任「大統領」，積極推動臺灣民族建國運動。

「臺灣共和國臨時政府」曾活躍一時，儼然成為日本臺獨的中心。然因廖文毅的角色頗受爭議，缺乏開創性與自主性、兼以內部派系惡鬥，由此形象一落千丈。

1965 年 5 月 14 日，廖文毅受國民黨遊說，放棄在日本的臺獨運動，消息傳出後震驚全臺，予臺灣獨立運動不小打擊，而「臺灣共和國臨時政府」也隨之冰消瓦解。廖文毅自此之後，也被部分臺獨分子視為對臺獨運動的「背叛者」。

王育德、史明在日本的臺獨組織

就在「臺灣共和國臨時政府」內鬨之際，一群留日學生另起爐灶，於 1960 年成立「臺灣青年社」，以王育德為領導，發刊《臺灣青年》為其機關雜誌。

1963 年 5 月，為擴張勢力，「臺灣青年社」改組為「臺灣青年會」，並設置「中央委員會」以強化組織功能，該會以黃昭堂為委員長，戴天昭、廖建龍等專責吸收學生為會員。

初期「臺灣青年會」運作尚稱順利，1964 年 6 月因受「陳純真事件」影響，多名幹部繫獄。1965 年 9 月「臺灣青年會」又改組為「臺灣青年獨立聯盟」，以辜寬敏為委員長，活動更加積極，經過數年發展，該組織成了日本臺獨的龍頭。

在日本還有另一股臺獨勢力，即史明之力量。1967 年 4 月史明以「臺灣公會」為主體，聯合何文燦的「臺灣獨立戰線」、郭泰成的「臺灣民主獨立黨」、廖明耀之「臺灣自由獨立黨」、林臺元之「臺灣共和黨」等團體，成立「臺灣獨立聯合會」，創辦《獨立臺灣》月刊為喉舌，然聲勢遠不及「臺灣青年獨立聯盟」，且亦未得到該聯盟之支持。

未幾，史明又獨自創立「獨立臺灣會」，提出「主戰場在島內」的策略，積極遣人回臺覓尋島內臺獨發展的空間。

隨著廖文毅的返臺，及留美學生的日多，1970 年代以後，臺獨的大本營漸移至美國。但總的來說，日本臺獨組織，對留日學生仍發揮了極大的臺獨宣傳效果，許多人都是經由日本臺獨的啟蒙，而對臺灣前途，有進一步的思索，當時留日的謝長廷之受影響，即為其中一個顯著的例子。

美國的臺獨活動

美國的臺獨活動，始於 1956 年 1 月，臺灣留學生在費城組織的「臺灣人的自由臺灣」（Free Formosans Formosa，簡稱三 F）小組，其目標宣稱，要建立獨立民主的臺灣共和國。

唯因彼時美國的臺灣留學生甚少，三 F 實際的影響力有限，該組織於 1957 年底宣佈解散。三 F 解散不久，1958 年又有「臺灣獨立聯盟」（United Formosans for Independence，簡稱 UFI）的成立，以盧主義（筆名李天福）為主席，初為秘密團體，直到 1961 年的 2 月 28 日，才正式公開臺獨活動。當時國府的副總統陳誠訪美，該團體曾去抗議，引起美國媒體注意。

1965 年，為提振因廖文毅於 5 月返臺歸順國府，而陷於低迷的臺獨士氣，挽回臺獨信心，及重凝海外臺獨之向心力，「臺灣獨立聯盟」於 1965

年 10 月 29、30 兩日，在威斯康辛大學舉行「麥迪遜結盟大會」。

該次集會以「臺灣問題研究會」為主導，串聯全美的臺灣同鄉會、讀書會及美日主要臺獨團體，群聚一堂，呼籲全球臺獨大團結。

1966 年 6 月，「臺灣獨立聯盟」進而舉辦「費城會議」，整合全美臺獨團體，並決議成立「全美臺灣獨立聯盟」（The United Formosans in America for Independence，簡稱 UFAI），首任主席為陳以德，其下並設有「執行委員會」及「中央委員會」等組織，主力成員有蔡同榮、周烒明、張燦鍙、賴文雄、王秋森、陳隆志等。

該組織最大成就，是 1969 年 9 月 20 日，有效整合日本、加拿大等地的臺獨團體，於紐約開會決議，成立了世界性的「臺灣獨立聯盟」（World United Formosans for Independence，簡稱 WUFI），正式達到海外臺獨勢力之統合。

基本上，海外臺獨主要場所在美國，人數約有三十萬人，主要人物亦在美國，較著者有「臺灣獨立聯盟」、「臺灣革命黨」、「臺灣民主黨」、「臺灣人公共事務協會」等，以及甚多之「臺灣同鄉會」。

這些勢力整合後，隨即採取激進的革命手段，唯有時淪為褊狹的仇恨情緒，手段不免過激，甚至略帶有「恐怖主義」色彩。如 1970 年的「四二四刺蔣事件」、1976 年省主席謝東閔的「郵包案」，均為海外臺獨暴力手段的例子。

海外臺獨的激烈行動，引來了美國政府的關注，甚至保守支持者的疑懼，凡此，皆使得海外臺獨形象不佳與革命路線受挫。

最後，海外臺獨勢力內部的穩健派，逐漸抬頭，對進行策略也有所修正，逐步將海外臺獨勢力，導引至溫和路線。

1980 年代海外臺獨團體回臺發展

1980 年代後，隨著臺灣政治環境的鬆綁，海外臺獨勢力的主力幹部，紛紛回歸臺灣，卸去其鮮明革命暴力色彩，投入以民進黨為主體的島內反對運動。其中不少人頗有斬獲，張燦鍙曾任臺南市長，蔡同榮為立委。2000 年後，這些獨派人士，有的與李登輝的「臺聯」合作、有的仍留在民進黨內，一部分曾組織「建國黨」。

基本上，海外臺獨回流後，與島內臺獨勢力結合，確實壯大了臺灣的獨派聲音，也在臺灣政壇佔有一定影響力。

目前，擺在獨派勢力嚴峻考驗的，是與統派力量在臺灣的政治角力和如何面對中共的打壓。

尤其甚者，是隨著中國勢力的崛起，在國際間，儼然已是美國外的「第二號強權」，在中國強大的武力威脅，和國際空間的全面封殺下，兼以美國亦不支持的情況下，臺灣獨立建國的企盼到底能不能實現，短時間恐不樂觀。

總之，臺灣的未來與前途，仍擺蕩在「統」、「獨」的十字路口。如何尋找出路，端賴臺灣人民的智慧與堅持和國際局勢的改變，更寄望中國能理解，臺灣人民當家作主的心願。

當然這一切還有待未來，時間或時局的改變及考驗。這或許是「獨」、或許是「統」的未來走向，逐漸朝明朗化發展的可能性答案。

參考書目

Claude Geoffroy 著，黃發典譯，《臺灣獨立運動：起源及 1945 年以後的發展》（臺北：前衛，1997 年）。

王育德著，侯榮邦等譯，《臺灣獨立的歷史波動》（臺北：前衛，2002 年）。

史明，《臺灣人四百年史》（美國聖荷西：蓬島文化，1980 年）。

阮銘，《歷史的錯誤：臺美中關係探源》（臺北：玉山社，2006 年）。

李筱峰，《臺灣民主運動四十年》（臺北：自立，1987 年）。

陳佳宏，《海外臺獨運動史》（臺北：前衛，1998 年）。

陳佳宏，〈戰後臺獨之發展與演變 (1945–2000)〉（臺北：國立臺灣師範大學歷史研究所博士論文，2005 年）。此論文影本，由師大鄭瑞明教授提供，且本文之撰寫，受陳佳宏博士的此一傑出論文之啟發甚大，特此一併致謝。
陳銘城，《海外臺獨運動四十年》（臺北：自立，1992 年）。
黃嘉樹，《第三隻眼看臺灣》（臺北：大秦，1996 年）。
許世楷，《臺灣獨立黨回歸祖國》（臺北：前衛，1993 年）。
張炎憲等採訪記錄，《臺灣獨立運動的先聲：臺灣共和國》（臺北：財團法人吳三連臺灣史料基金會，2000 年）。
張炎憲等編，《自覺與認同：1950–1990 海外臺灣人運動研討會》（臺北：財團法人吳三連臺灣史料基金會，2003 年）。
彭明敏，《自由的滋味》（臺北：彭明敏文教基金會，1995 年）。
劉重義等合著，《風起雲湧：海外臺灣獨立建國運動》（臺北：自由時代，1988 年）。

第十章　破冰後兩岸的政經交流趨勢及其待解問題

10.1　破冰後的兩岸政治關係

李登輝時代的兩岸關係

1970 年代，在美中和解以制蘇的國際戰略架構下，在臺灣的國府當局敵不過國際現實環境的劇變，開始一連串的外交大挫敗。先是退出聯合國，繼則與日本斷交，最後是尼克森訪問中國大陸到卡特政府與中國建交。在國際遭受外交挫折之後，執政的蔣經國政府轉而專注國內的政治發展和經濟建設，企圖經由加速政治的民主化以尋求政權的合法性；藉由經濟之蓬勃發展來增強臺灣的國力。

在大陸政策上，因應冷戰的解體，兩極化的美蘇對峙已成過去，國際間已進入一個多元體系及全球化的形成。為此，不僅臺商赴大陸投資趨勢已莫之能禦，兩岸的關係也非靠隔離所能解決，而須依賴雙方交流來解決共同事務。基此前提，到了 1980 年代，兩岸領導人都不能不以新思維、新觀念來共同思考解決橫亙在兩岸之間的問題。蔣經國晚年致力於藉由雙方的交往來緩和彼此的敵意，即是作為一種對付中共和平演變的策略。

李登輝主政後，面對強烈的臺灣意識及島內不斷高漲的臺獨聲浪，李登輝選擇了「強化臺灣主權」作為國民黨與民進黨的共同默契，在強化臺灣主權與臺灣主體意識下，先前成立的「海基會」與「陸委會」雖仍正常運作，但兩岸的關係卻日益緊張。

雖係如此，然 1993 年 4 月 27 日，海基會董事長辜振甫與大陸「海協會」會長汪道涵的新加坡「辜汪會談」，仍是開啟海峽兩岸高層，第一次以對等政治實體對話的先聲，其實質性意義關係重大，引起國內外媒體十分關注。

「辜汪會談」後，原本兩會決定以後每年舉辦固定式的高層協商，後來因為中共抗議李登輝的訪美，不滿其推動所謂的務實外交，而臺灣在總統大選期間，中共的飛彈試射導彈演習也徒增臺灣政府與人民之惡感，第二次「辜汪會談」與兩會高層協商也為之中斷，兩岸關係亦因缺乏直接聯繫管道而不穩定。

直到 1998 年 10 月，辜振甫率團訪問大陸，在上海與「海協會」會長汪道涵舉行非正式的第二次「辜汪會談」，才又達成加強對話、恢復協商的共識。這次辜振甫大陸行最重要的歷史意義為，除修補緩和先前因「飛彈危機」的緊張關係外，在與江澤民、錢其琛晤談時明確指出，中華民國存在是個事實，兩岸是兩個政治實體，兩個獨立的政府，兩岸要進行政治談判，必須尊重此一客觀之事實。

總的說來，李登輝時代的兩岸政治關係之所以由緩和到緊張，主要卡在「一個中國」定義認知的分歧上。北京當局認為一個中國當然是中華人民共和國，而臺灣是中國的一部分，因此臺灣的主權為中共所有。其後，中共又改口中華人民共和國與臺灣均屬於中國的一部分，稍微淡化臺灣主權隸屬於中共給予臺灣人之反感。

相反的，臺灣當局始終務實的認為，中國是由兩個分裂的政治實體共同統治，一個叫中華民國，另一邊是中華人民共和國。所以合理的論述兩岸的情況是「一國兩區」、「一國兩府」、「一國兩體」甚至到「一個中國、兩個地區、兩個對等的政治實體」。但在中共不願承認臺灣為對等政治實體的情況下，兩岸的關係當然就不可能風平浪靜，而是進程緩慢且風波不斷。

李登輝主政時代的兩岸政治關係可以 1995 年為分界，前此李登輝尚維持「一個中國」的原則，此由其於 1990 年 10 月 7 日同意成立「國家統一委員會」一事可知。不僅如此，李登輝掌權後也一再向中共表達善意，1991 年 4 月 30 日，李登輝主動宣佈終止《動員戡亂時期臨時條款》，將中共從「叛亂組織」重新定位為「中共當局」或「大陸當局」，並承認其為有效統治大陸的政治實體，惜中共並未領會其善意。

吾人檢視李登輝在 1995 年之前的兩岸政策可歸納出幾個特點：一為中國的統一是個遙遠的目標，目前兩岸尚無統一的可能。二為在此之前，臺灣同意有限度的與中共進行交流，包括經濟及其他方面之交流，甚至也不排斥與大陸舉行半官方的對談。最後是希望為改善兩岸關係，臺灣方面要求北京當局放棄武力威脅，並平等對待將臺灣視為一政治實體。

換言之，臺灣人民希望能在避免與中共武力衝突的情形下，成為擁有基本國家權力的政治實體；然也不排斥在中國發展為更富裕及民主後，兩岸可談統一的問題。

問題是，李登輝深刻了解到臺灣人民渴望擁有國際生存空間，希望臺灣人民當家作主，最好能成立一個獨立自主的新國家之願望。只不過，在李登輝執政初期，為安撫黨內統派保守勢力，以及為緩和兩岸關係與臺美友誼，李登輝不得不祭出「一個中國」原則。但隨其善意，中共並不領情，與在國際外交生存空間的擴展上，中共打壓毫不手軟甚至變本加厲，且常常「聯美制臺」欲逼臺灣接受其「一國兩制」之設計。

為此，李登輝為堅持臺灣的主體地位與臺灣是個主權獨立國家之事實，從 1995 年起，其對大陸政策開始有明顯之轉變。他不斷衝撞中共「一個中國」及「一國兩制」之框架，在國際間強力推銷中華民國在臺灣存在之事實。是年 6 月，他的康乃爾大學母校之行，即一再強調「中華民國在臺灣」此一客觀存在之事實。1996 年 3 月，總統大選期間，他接受亞洲《華爾街日報》專訪指出，中華民國的主權與治權僅及臺澎金馬，臺灣是主權獨立的國家。

為讓中共承認中華民國在臺灣存在之事實，1997 年 2 月，李登輝指示新聞局積極向國際提出「一個分治的中國」說帖。是年 9 月，李登輝在「太平之旅」出訪中，隨時掌握機會再三於國際場合強調中華民國在臺灣是主權獨立的國家。

11 月，李登輝在接受《華盛頓郵報》與《泰晤士報》專訪中，依然重申臺灣早就獨立，是主權獨立國家，臺灣是臺灣，絕非中華人民共和國的一省。總之，李登輝在 1998 年以前，一貫的兩岸政治定位是，在臺灣的中華民國是主權獨立的國家實體，是早已成立之國家，而非內戰的分裂團體。

在李登輝堅持臺灣是主權獨立的國家訴求，強烈對抗中共「一個中國」框架下，兼以 1996 年的「飛彈危機」，使得兩岸關係停滯了近三年，直到 1998 年辜振甫訪問北京，僵局才稍有打開。但問題的關鍵點是中共不願承認臺灣為一政治實體的情況下，臺灣的國際生存空間依舊遭受不公平的對待與無理打壓。

為此，李登輝的兩岸主張又為之再變，他不再強調一個中國或是對等的政治實體，而是急進的拋出「兩國論」震撼彈。1999 年 7 月 9 日，李登輝在接受「德國之聲」專訪時指出，兩岸關係是特殊的國與國關係。李登輝「兩國論」甫一提出，隨即震驚美國與中共。

1999 年 7 月 15 日，即提出「兩國論」一週後，中共國臺辦主任陳雲林火速的以高分貝口語，指責李登輝嚴重破壞兩岸關係，此舉使海協會與海基會在一個中國原則下進行接觸、交流的對話基礎已不復存在。是年 9 月，中共國防部長遲浩田更以罕見的大動作恫嚇兩國論是製造兩個中國，並重申中共對臺「和平統一、一國兩制」方針不變，但絕不承諾放棄使用武力。

李登輝的「兩國論」使大陸海協會會長汪道涵原本的訪臺計畫為之破局，其後，中共外長唐家璇更批判李登輝「兩國論」是「靈魂深處要搞臺獨的最大暴露」。2000 年 1 月，中共副總理錢其琛亦以臺獨意味兩岸將發生戰爭來威脅臺灣，3 月中共總理朱鎔基更強悍表示對「兩國論」和臺獨，中共絕對不會坐視不管。總而言之，「兩國論」的提出，已讓中共將其解讀為形同臺獨，在此情況下，李登輝時代的兩岸政治關係要有進展，可說幾乎是不可能的。

李登輝政治立場之「三變」，其實也是反映他在兩岸政治關係的「三變」上，初期不排斥「一個中國」，僅要求中共承認臺灣為一對等政治實體；繼則強調中華民國在臺灣存在之事實，希望中共予以尊重，並同意臺灣拓展國際空間；最後是聲明臺灣與中國是特殊的國與國關係之「兩國論」，已是另一涵義的臺獨主張。

卸任後的李登輝，政治立場更為激進，連中華民國這招牌也不要，而是光明正大的主張臺灣獨立建國。唯此時已是扁政府執政，李登輝的臺獨主張，固然對兩岸政治關係定調，仍有若干影響，但主導者已是陳水扁，歷史進入了陳水扁時代。

扁政府時代的兩岸關係

基本上，陳水扁執政前的李登輝晚期，兩岸關係已因中共一連串對臺灣的武力恫嚇和飛彈危機，與李登輝「兩國論」的提出而降到冰點。而 2000 年 3 月，有著強烈臺獨色彩的民進黨陳水扁當選總統，更是北京最不樂意見到的結果。但平情而言，陳水扁就任初期，為讓中共沒有武力犯臺的藉口及取得美國的信賴和國內民眾之安心，其在兩岸政策上採取了比李登輝更柔軟的姿態。他不僅在就職演說宣誓「四不一沒有」政策，更立即與臺獨路線劃清界線。是年 8 月，他更指出其不排斥兩岸統一是未來可能的選項，只是目前仍尚未定論。

但北京當局有鑑於被李登輝的「兩國論」挨了一記悶棍，推翻了「一個中國」原則，所以對同樣有著臺獨色彩的陳水扁並不信任。北京方面對陳水扁的對策仍是舊調重提，即希望陳水扁能重新以「一個中國」的架構來思考兩岸關係，否則在缺乏「一個中國」前提下，兩岸絕無對話的空間。

中共原希望陳水扁最起碼能做到承認「九二共識」，即「一個中國、各自表述」。陳水扁剛開始也不排斥，甚至在2000年6月曾表現出妥協態度，他說道:「我們接受九二共識，海峽兩岸可堅持各自對一個中國意義的解釋」。但不久他發現「九二共識」其實是把臺灣綁在「一個中國」的框架下，於是他開始矢口否認。他說根本不存在「九二共識」，只有「九二精神」，他可以接受所謂的「九二精神」，並暗示在「九二精神」的前提下，他願意與北京展開對話。

在對「一個中國」認知毫無交集的情況下，陳水扁執政時期的兩岸關係可說停滯不前。並在中共刻意打壓下，原先的停滯倒退到惡化的地步。以臺灣加入世貿為例，臺灣早在1998年已具備加入世界貿易組織的會員資格，但在中共刻意阻撓下，歷經三年的漫長等待才被批准入會，且在北京當局的強烈要求下，臺灣必須在中國之後才能加入，因此2001年11月10日中共入會，臺灣緊接著在11月11日加入。

2004年，陳水扁險勝連任成功，在陳水扁執政下，兩岸關係依然毫無進展。為扼制島內臺獨聲勢，中共斷然於2005年3月14日，通過企圖侵吞臺灣的《反分裂國家法》。該法重點為，一旦臺灣獨立，中共將可依據該法出兵動武，為其武力犯臺尋求一法源基礎。

胡錦濤簽字同意《反分裂國家法》後，深知此法對臺灣人民之傷害，為修補關係，延續其過去一貫拉攏在野勢力架空民進黨政府之策略，殷勤招待臺灣在野政治人物訪問中國。

此舉果然奏效，就在《反分裂國家法》公佈不久，臺灣在野的國民黨主席連戰與親民黨主席宋楚瑜即分別先後訪問中國，促成了所謂國共第一次高層的「連胡會」及其後「宋胡會」的召開。胡錦濤軟硬兼施的手段，可說運用到極致。

為反制中共的壓力，陳水扁選擇了以廢除《國統綱領》與終止國統會運作來與胡錦濤抗衡。扁政府的「終統」引發了諸多麻煩，除引來美國關切外，在國內也引爆藍綠再次嚴重對抗，兩岸關係再度陷入緊張中。

在這險峻形勢下，兩岸的政治關係正考驗著陳水扁及後繼者的政治智慧、臺灣的安全與未來，以及長久以來的美臺關係。

參考書目

丹尼・羅伊 (Denny Roy) 著、何振盛、杜嘉芬譯，《臺灣政治史》（臺北：商務，2004 年）。

李登輝等，《民主臺灣 VS. 中華帝國》（臺北：群策會，2005 年）。

李功勤，《中華民國發展史》（臺北：幼獅，2002 年）。

阮銘，《歷史的錯誤：臺美中關係探源》（臺北：玉山社，2006 年）。

陳水扁，《世紀首航：政黨輪替五百天的沉思》（臺北：圓神，2001 年）。

陳儀深等，《臺灣國家定位的歷史與理論》（臺北：玉山社，2004 年 3 月 1 版）。

彭明敏文教基金會編，《彭明敏看臺灣》（臺北：遠流，1994 年）。

鄒景雯採訪記錄，《李登輝執政告白實錄》（臺北：印刻，2001 年）。

10.2 破冰後兩岸相互依存的經貿網絡

兩岸逐漸頻繁的經貿互動

1980年代，隨著兩岸政治冰封的逐漸消融，不僅開始了兩岸民間的交流，也啟動了兩岸經貿的往來。

在兩岸經濟互動上，中國自改革開放後，主動出擊，主張兩岸經濟積極往來，進而企圖「以商逼政」達到政治統一之目的。

在中共以經濟為軸心，以政治為長遠目標策略下，臺灣政府當局不得不在「中國積極、臺灣謹慎」的兩岸經濟互動格局裡，於各個時期採不同對策應付之。

基本上，在1979年以前，因兩岸尚處於軍事對峙時期，故兩岸的經貿往來可說是全面中斷。1979年起，鄧小平開始推動改革開放後，中國在兩岸經濟關係，基於中國發展需要，亦釋放化解兩岸經濟互動之誠意。1981年9月30日，中國全國人大委員長葉劍英發表的「葉九條」中，正式提出「三通」、「特別行政區」等議題，後來成為中共對臺政經之基調。

隨著大陸改革腳步的加快，中國單向對臺開放，使得不少臺商捷足先登，已暗中到大陸投資經商。尤以在臺灣市場已趨飽和，甚至有沒落危險的傳統產業為最。

面對趨之若鶩的臺商競相潛赴大陸，政府內部的壓力開始升高，1987年政府態度亦跟著轉變，先是同意民眾赴大陸探親。接著於1988年成立行政院大陸工作會報，職司兩岸關係事宜。1991年於通過《國家統一綱領》後，正式成立「行政院大陸事務委員會」。至此，海峽兩岸開始正式往來，而1990年兩岸雙方簽署的〈金門協議〉，也開啟政治互動及經貿的熱絡往來。

兩岸經貿頻繁往來後，雙邊貿易額即快速加溫，而臺灣產業外移的速度也越來越快，但在國內產業轉型碰到瓶頸之際，產業快速的西進大陸，終有可能使臺灣經濟掏空的情勢加劇。

為此，引起政府警訊，1996 年 9 月李登輝總統才提出「戒急用忍、根留臺灣」的對策以因應，也開始呼籲國人及臺商對大陸投資宜降溫。但「大江東流擋不住」，在經貿往來上不僅沒降溫，反而仍持續擴大中。

2000 年政黨輪替後，有臺獨色彩的民進黨陳水扁當選總統，在政治上，兩岸關係並無改善的跡象，但在經貿來往上，扁政府採取比李登輝更寬鬆的政策，故經濟互動是有增無減。

尤其在 2001 年兩岸均先後進「世貿組織」(WTO) 後，更逐漸呈現政經分離的趨勢，即在政治上，民進黨政府採取一步步「去中國化」政策，但在經濟上也採取「去 (go to) 中國化」政策。不僅在 2000 年 12 月放寬投資中國上限為五千萬美金、開放「小三通」，2002 年更同意大陸觀光客來臺，2003 年晶圓代工廠登陸放行，2004 年春節包機直航成功，到了 2005 年更進一步計畫貨運包機直航及臺灣農產品登陸，引起各方高度關注，現正研議中。

兩岸經貿互動現況

自從 1979 年迄今，二十餘年的兩岸經貿往來，有幾個現象值得特別注意：

㈠**兩岸貿易額不斷攀高，轉口貿易額大幅上揚：**舉例而言，1984 年兩岸的貿易額僅五億五千三百萬美元，到了 2004 年已增長至六百一十六億三千九百萬美元，二十年間成長了一百二十餘倍；若以大陸海關統計則是七百八十三億二千四百萬美元，成長一百五十餘倍，成長速度及幅度十分驚人。

若以香港轉口貿易言亦是如此，早在 1984 年，兩岸尚未開放貿易時，臺灣即以香港為轉口向大陸輸出商品，當年金額為四億二千五百萬美元，於 2004 年則成長至一百四十七億六千二百萬美元，成長了三十五倍左右。而臺灣對大陸的出口總額，1984 年僅香港一地轉口是四億二千五百萬美元，而 2004 年的直接出口已成長至四百四十九億六千萬美元。

來自中國大陸的進口，透過香港轉口，1984 年是一億二千八百萬美元，2004 年則成長到一百六十六億七千九百萬美元，二十年間也足足成長一百六十餘倍。

㈡**兩岸貿易至今，臺灣始終是對大陸出超：**1990 年代每年從大陸出超約二百億美元，2004 年更高達二百八十億美元以上。若以臺灣對外貿易總額來看，臺灣對大陸（含香港）的貿易順差，佔臺灣對全球貿易順差額的百分之百以上。

其實臺灣從 1992 年起，對世界各地的貿易已處於逆差狀態，完全靠對大陸的貿易順差來彌補，此意味著中國已成為臺灣最大、且最重要的貿易出超國。相對的，也代表臺灣對大陸的經貿依賴度越來越加深。

㈢**兩岸經貿依存度的提高：**兩岸經貿互動二十餘年，雖然臺灣年年對大陸出超，但因為臺灣經濟規模小，對大陸依存度明顯增加。根據陸委會估計，臺灣對大陸貿易佔臺灣出口的比重從 1984 年的 1.4%，快速上升到 2004 年的 25.83%，亦即臺灣的對外出口有四分之一是銷往中國，顯然在經濟上對中國的依存已相當嚴重。

而反觀中國對臺灣的出口，僅佔其對外出口總額的 8.48%，情況並不嚴重，在中共「以商逼政」的策略下，對大陸經貿的高度依賴是有其風險的。

兩岸經貿政策之省思與展望

因兩岸當局對經貿互動的考量點有異，雙方當前的政策有別，呈現鬆緊不一的格局。臺灣當局提出「積極開放，有效管理」對策。此政策主要是主張「積極開放」的同時，亦能建立臺灣的經濟安全預警制度，從而實現透明化、制度化的「有效管理」。

2006年1月，政府有鑑於前此的「積極開放，有效管理」政策其中的「有效管理」功能不彰，且積極開放形同全面開放，過多資金流向中國而無法回流臺灣。因此又改弦易轍，改為「積極管理，有效開放」政策，企圖為過熱的兩岸經貿降溫，唯效果似乎有限，目前看不出有何重大改變。

相較於臺灣當局的緊縮控管，多所顧慮，大陸在推動兩岸經貿互動的態度上，則顯得十分積極。此因在強調「一個中國」原則下，存在著「以商逼政」的思維，即發展兩岸經貿關係，不僅是中國經濟利益之需要，更有著和平統一的長遠目標。大陸始終認為，經由經貿的密切交流往來，可以逐漸化解對立，增強溝通與互信，從而對未來兩岸之統一，奠定堅牢之經濟基礎。

另外，大陸亦非常理性務實的強調現階段「政經分離」的必要性，在一個中國大前提下，中共堅持絕不會以政治上的分歧，而影響兩岸的經濟合作及往來。

不但如此，為積極拉攏臺商，在不違背WTO的原則下，中共仍儘量對臺商釋出優惠待遇，努力創造更好的投資環境，以利臺商在大陸投資的連續性。

目前正研議簽訂「兩岸更緊密經貿安排(CEPA)」、「大中華經濟圈」等方案，唯仍需要進一步協商。而有關儘速促進兩岸雙向、全面直接的經濟交流與協商機制，也是中共下一步發展重點。但是卡在兩岸政府無法對話，現在尚無進展，例如全面三通和直航，即是兩岸雙方急需解決的問題。

基本上，兩岸經貿互動在經濟全球化或區域化發展的今天，臺灣不僅無法逆轉此一趨勢。相對的，在中國的「磁吸效應」之下，臺灣更面臨越來越依賴中國市場的處境，如果政府不能提出因應之道，將對臺灣未來經濟發展產生重大影響。

李登輝與民進黨政府的緊縮降溫態度，並非解決問題的良方，在全球化格局的此刻，臺灣絕對不能採取「鎖國」政策，宜暫時採取「政經分離」策略，以全球化為佈局，積極搶攻中國市場，使自己先立不敗之地，對「三通直航」有利臺灣之事，在不影響國家安全情況下，應該早日付諸實施。

畢竟，經濟是臺灣手上唯一的王牌，臺灣固然離不開大陸，中國對臺灣經濟亦有所仰賴，只有兩岸經濟依存持續加深，彼此互補互利，到合則兩利、分則兩害的時候，大陸對臺灣有所顧忌，這才是保障臺灣安全之籌碼。當全世界競相角逐中國大餅時，臺灣絕對不能有半點遲疑，因為機會是稍縱即逝的。

經濟發展與國家安全

對一般國家而言，對外經貿越密切，越有助於國內經濟的成長，越有利國家安全。但對臺灣而言，疑慮在於與大陸經貿往來越密切，雖有助於臺灣的經濟發展，但是否更威脅到臺灣的國家安全?

在經貿全球化的同時，兩岸的經貿互動日益深化，但是很諷刺的，從兩岸的現況來看，兩岸的衝突與敵意，並沒有因為經貿互動而減少。反而在中共「以商逼政」及李登輝「戒急用忍」與扁政府後期的緊縮政策下，對峙情勢有逐日加溫的傾向。

基本上，中共對兩岸經貿交流，是有其政治意涵的，有其政治目的，甚至視其為促進未來統一的工具。在戰略上，希望經由臺灣對大陸經貿依賴的加深，而達到不戰而屈人之兵的「和平消化」臺灣之企圖。

針對中共之野心，臺灣內部也一直有不同的聲音存在，就商人、企業界言，與中國大陸進行經貿活動，是不可擋之趨勢，因此不僅不能夠降溫，反而要掌握先機，積極搶攻大陸市場。但就政府而論，賺錢營利不可忽略國家安全，尤其了解到中共的兩岸經貿政策有其政治目的時，更是不可大意輕忽，宜謹慎因應步步為營。

因此政府當局一再呼籲臺商及人民，要提防中共的「以民逼官」、「以商逼政」策略，政府必須採「戒急用忍」之策以防範。即便在臺灣已入世界貿易組織 (WTO) 後，面臨產品開放之際，也要「積極開放，有效管理」。

任何一個國家，在討論其國家安全時，經濟發展往往是國家安全的重要因素。因此「經濟安全」與國家安全有著非常密切的關係。在臺灣「經濟安全」指的已經不是經濟競爭的優勢，而是國家續存的大問題，如果經濟不能有效持續發展，不只會動搖人民對政府之信心，也會摧毀人民對臺灣的信心。

尤其，海峽兩岸目前敵意並未消除，臺灣經濟發展又相當仰賴對方，那麼臺灣的國家安全，就有著能否續存的憂慮。臺灣相當程度的國家安全，是建立在經濟安全之上，此乃政府不得不正視以對的地方。

兩岸政治的對峙，與經貿的互融，產生出兩個弔詭又矛盾的現象：

㈠面對中國大陸快速崛起的經濟實力，和日益繁榮的經濟發展，臺灣如果不能在經濟上繼續成長，政府生存將是一個可能發生的課題。偏偏近二十年來臺灣經濟之所以尚有成長，主要是依賴兩岸貿易的熱絡，但在中共逼臺統一目的昭然若揭的情況下，如何兼顧國家安全，又不影響兩岸經貿發展，實是一相當棘手的問題。

㈡隨著「中國熱」的發燒，大批臺商趨之若鶩的競相湧至大陸投資經商、定居發展。據估計目前僅上海一地就有經常流動臺商約五十萬人，臺灣人民每年約有三百萬人次進出大陸，創造出人類史上一超奇特現象，即國家認同的不確定與族群認同的衝突。

經濟全球化推動了國際分工與交換的深化，加速了資本與人員的流通，臺灣作為一海洋國家和本身腹地有限的情況下，與全球接軌成為必然的出路。

而中國大陸經貿的「磁吸效應」，吸納了臺灣大部分的能量，在全球與兩岸的經貿互動中，臺灣不應該只是斤斤計較於兩岸經貿誰的受益多少，而是要有一套長遠策略，以「臺灣優先」來考慮兩岸的和平架構，以兩岸互利依存的「絕對收益」，來替代暫時獲利的「相對收益」，最終達成兩岸在彼此高度互助互利的經貿基礎下，進一步來求得政治問題的解決。

臺灣因地緣緊鄰中國大陸，自古以來兩岸的經貿往來，是無可避免的。不管我們喜不喜歡這位鄰居，也無論我們和其關係為何，臺灣與中國的特殊關係，是無庸質疑之事實。

也許，我們可以用政治力限制於一時，但終究無法長期與大陸不相往來。面對單向投資中國的風險，臺灣曾嘗試以「亞太營運中心」或「南向政策」到東南亞國家投資以分攤風險，但效果均不理想。

在因應全球化的挑戰時，全世界競相爭食中國這塊大餅，臺灣其實沒有多少選擇的空間。除了積極參與外，尚有一可能選擇，即與中國大陸共同形成一「大中華經濟圈」，來增強自己的經濟實力，來因應經濟全球化的嚴峻考驗。問題是，兩岸三地華人能否形成一區域經濟體，關鍵仍在海峽兩岸的「一個中國」原則。此高難度的政治問題，若處理得好，兩岸三通直航，臺灣將商機無窮更攀高峰。反之，若處理不當，恐將兵戎相見，雙方經濟發展毀於一旦。我們現在正站在歷史抉擇的十字路口，如何因應？將考驗所有中國人和全體臺灣人的智慧。

參考書目

天下編輯，《競爭中國：金礦，還是錢坑?》（臺北：天下文化，2002 年）。

行政院陸委會，《「積極開放、有效管理」政策說明》（臺北：行政院陸委會，2001 年）。

行政院經濟建設委員會彙編，《我國加入 WTO 後對經濟之影響及因應對策報告》（臺北：行政院經濟建設委員會，2002 年）。

郭立民編，《中共對臺政策資料選輯》（臺北：永業，1992 年）。

高希均，《優勢臺灣》（臺北：天下文化，1994 年）。

高希均，《大格局》（臺北：天下文化，1992 年）。
張亞中，《兩岸統合論》（臺北：生智，2000 年）。
張亞中，《全球化與兩岸統合》（臺北：聯經，2003 年）。
溫世仁，《新經濟、新工作、新財富》（臺北：天下遠見，2001 年）。
溫世仁，《中國經濟的未來》（臺北：天下遠見，2003 年）。
趙建民主編，《大陸研究與兩岸關係》（臺北：晶典文化，2005 年）。

10.3 當代兩岸文化交流與國家認同問題

隔閡誤解下的兩岸文化交流

自二十世紀末葉以來，「全球化」(Globalization) 浪潮席捲全世界，其所帶動之影響，是全面性的。全球化，不僅是一個經濟變遷過程，同時，也是一個涉及文化及政治變遷之過程。

尤其，在「經濟中國化」的磁吸效應下，臺灣會不會因為「文化中國化」而喪失臺灣的主體性，則頗令人憂心。是否因為與中國在文化認同、民族認同的趨同，致使臺灣的國家認同混淆或弱化？最後，失去其獨立自主呢？凡此種種，均引人關注。

蔣經國總統執政時期，鑑於兩岸中止來往已超過四十餘年，雙方在政經體制、生活方式與價值觀念，差異頗鉅。因此，主張先透過民間交流，以增進了解，消除敵意，最終希望經由文化交流，而邁向統一。

1991 年通過的《國家統一綱領》，即認為海峽兩岸文化交流之目的，在「建立民主、自由、均富的共識，共同重建一個統一的中國」、「中國的統一，應以發揚中華文化，維護人性尊嚴，保障基本人權，實踐民主法治為宗旨」。

而在 1995 年 4 月，李登輝提出「李六條」時，也特別提及臺灣與中國，分別由互不隸屬的政治實體所治理，應在「分治的現實上，追求中國統一」；同時，主張「以文化作為兩岸交流的基礎」。臺灣與大陸宜加強文化交流領域的廣度與深度，推動學術、資訊、科技、體育、藝術等各層面的交流與合作。

而執政的民進黨，於在野時期亦不反對與中國進行文化交流。民進黨於 1987 年 10 月 13 日通過中國政策時，主張「兩岸人民與民間團體，可直接平等來往，對等展開文化性、學術性、藝術性、科技性、體育性、經濟性之全面交流與競爭」。

有鑑於大陸人民,對臺灣之隔閡與了解有限,民進黨於 1992 年 10 月制訂中國政策時，主張雙方的文化交流，宜跳脫意識形態的框架，而是以促進中國大陸各階層人士，對不同歷史發展經驗下之臺灣社會的認識為目標。

至於大陸方面，1995 年 1 月 30 日，江澤民於「江八點」也提到「中華文化始終是維繫全體中國人的精神紐帶，也是實現和平統一的一個重要基礎」。胡錦濤上臺後，也揭示中共對臺政策，必須以弘揚中華文化的優秀傳統為主線，擴大雙邊文化交流，以鴨子划水方式，爭取臺灣人民好感，達到「以民逼官」的目的。

綜上所論，基本上兩岸的國、民、共三黨對文化交流，均持全面開放的態度。只不過，各黨對文化交流，皆賦予過多的政治使命與任務。主張統一者，都期待透過雙邊文化交流，擴展至經濟整合，最終邁向政治的統一。因此文化交流本身，成了促進統一的工具手段，而非價值目的。

但強調臺灣主體價值、傾向臺獨之人士，對兩岸文化交流則採取消極迴避態度，能免則免，但如果真避免不了，則交流重點亦在突顯臺灣在近百年，早已發展成有別於中國的臺灣意識。

諸如此類，具有高度政治意涵或終極目標，都使得兩岸的文化交流含有濃濃政治氣息。職是之故，兩岸文化交流甫始，雙方動機即不單純，對中國而言，文化交流不失為一文化統戰的機會；就臺灣而論，文化交流也是提供一個宣揚臺灣民主價值的渠道，有助於「和平演變」中國。

所以，就兩岸而言，彼此密切的文化交流，都是一場激烈競爭的無煙硝戰爭。

其實，文化交流，應該只是文化交流自身之價值而已，它當然會帶來一些友誼或政治、經濟之附加價值，但倘若背負著太多政治色彩，不僅傷害了文化的自主性，也不見得會達到所期待的政治目的。

歷史經驗與國家認同——文化交流之障礙和癥結

坦白說，兩岸文化交流確實是密切頻繁，但何以雙方歧見，不降反升？原因是，中共的「一個中國」原則，及不放棄以武力威脅臺灣，尤其在國際場合，更常常毫不留情的打壓臺灣的國際空間，讓臺灣人民徒增惡感。

中共的兩手策略，內外有別伎倆，讓臺灣人民懷疑其誠意，對內訴求血濃於水的民族情感；對外則無所不用其極的矮化、封殺、羞辱臺灣。如此作為，如何取得臺灣人民的信任與好感？

舉例言之，張惠妹的唱國歌事件，居然就封殺其在大陸的演出，本來只是單純兩岸歌手的流行文化來往，現在卻要歌手表態、政治選邊，真不知這種交流意義何在。

而動輒以武力威脅恫嚇，更屬司空見慣之事。2005 年 3 月，更通過了嚴重傷害臺灣人民情感的《反分裂國家法》，公然為武力犯臺提供法源依據。如此雙方關係自然難以正常化，即便再多的文化交流亦無益。

其實，造成中共對臺灣認知如此誤解，是因為中共不了解臺灣的歷史經驗與國家認同所致，尤其是日治時期，更屬關鍵。老實說，臺灣與中國分離已超過一世紀，前五十年，受日本的影響尤大，後五十年，受美國的影響也很大。

這使得臺灣的意識形態與中國出現極大的落差，而被動與中國短暫統一的 1945-1949 年，又發生了臺灣史上最大的悲劇「二二八事件」，那是一段不堪回首的痛苦經驗。所以說，臺灣人的祖國意識破滅，臺灣人的國家認同失落，「二二八事件」的悲劇，要付很大的責任。

其後，國府退居到臺灣後，其政權仍囿於大陸時期的「大中國」統治心態，維持著中央和省的政治結構，視臺灣為一地方省分。臺灣成了維繫國府「國家實體」的社會基礎，但臺灣人在國府當局的宰制下，卻無法認同臺灣為一實然的國家。多數的臺灣人，即因「二二八事件」和國共內戰兩岸對峙的結果，對國家認同長期處於失落和無根的狀態。兼以在「二二八」的陰影下，外來統治者被簡單的化約為來自中國大陸的「外省人」政權，且在政治資源分配不均的情況下，一股訴求臺灣人當家作主的臺獨意識，已悄然伏下。

平情言之，臺獨運動發生之因，不論「洋獨」或「土獨」即為此不平意識之產物。易言之，追溯其根由，乃「二二八事件」後，政治權力不均和省籍矛盾衝突的結果，也與強加於臺灣社會虛幻的「大中國」國家認同，而強迫臺灣人民自外於自我的本土認同有關。

1980 年代之際，兩岸終於開啟一扇窗口，開放大陸探親，讓思鄉四十餘載的老兵可回鄉，一解鄉愁，真是家國四十年滄桑；而同意到大陸投資經商，也使臺灣原本已奄奄一息的傳統產業，尋到商機找到活水。

可惜，情感的交流、文化的互動與經貿的熱絡，並沒有化解掉政治上的對峙。在中國大陸堅持「中國人的問題，由中國人自己解決」；而臺灣人民認為「臺灣的命運，由兩千三百萬臺灣人民決定」時，雙方認知最大的差異是：中共認為，「一國兩制」是中國最大的寬容及底線；而臺灣卻認為，如果自己不能當家作主，任何的寬容和模式都可能只是毒藥外的糖衣。

近二十年來，有關兩岸關係的未來模式，先後出現種種選項，如《國家統一綱領》的近、中、長程規劃；抑或是所謂「一個中國、各自表述」的「九二共識」，還有，引起軒然大波之「兩國論」及「一邊一國」的諸多論述。雖然，其在政治的意涵上，有相當程度的差別，也姑且不論最後的目的是什麼，但都凸顯了未來任何的兩岸關係模式，臺灣都必須有其主體性的思考，臺灣主體性的基本立場，不能被邊緣化或稀釋。

然這在中共看來，強調臺灣主體地位，其實與臺獨僅有一線之隔；當其無法判斷臺灣主體性主張之真偽時，其所聲稱的保留使用武力權，實即其預為扼止臺獨的最後籌碼。但此舉在大多數臺灣人民看來，宛若又遭對岸動輒恫嚇，心中五味雜陳，常感難以接受，卻又不知如何說不。

因此，從臺灣人民角度來看，中共這種「一手安撫、一手拿劍」的兩手策略，動輒武力威脅臺灣，完全是不顧臺灣人民渴望當家作主的心聲，又豈是在表現兩岸同根血緣深厚的兄弟之情。換言之，中共一心一意地要拿回臺灣，到底真的是為全體中國人謀幸福？還是為成就自己歷史功業？讓人不禁想問。

然而，另一方面，在文化全球化及兩岸文化頻頻交流的今天，雖有人擔心對岸此舉會影響到臺灣民眾的國家認同，或降低臺灣對本土文化主體性之堅持，其實不然。因為，根據調查結果顯示，臺灣人民並未因為兩岸頻繁的文化交流，或常遭恫嚇，而模糊其對國家的認同。也就是說，儘管多數臺灣人承認其在民族、文化認同上，與大陸淵源甚深，相互的依存度極高，彼此事實上無法完全切割，但這並不影響現在的臺灣民眾，對臺灣的國家認同。

最近，根據孫治本教授調查研究，指出有高達 75.7% 的學生受測，認為「臺灣與中國，是兩個不同國家」，但只有 11.7% 的受測學生同意，「臺灣人與中國，分屬兩個不同民族」。

這一數據，代表了多數臺灣人認為，臺灣與中國同屬中華民族，但卻認為臺灣與中國的定位關係是，「一個民族，兩個國家」，而非僵化的認定，「同屬一個民族，只能成立一個國家」的不通邏輯。

然而，就中共的認知來說，雖其不否認文化有因地制宜發展之特殊性，但卻認為臺灣文化，即是中華文化的原有分支。因此，「臺灣文化」的概念，甚至於不能淩駕於「中華文化」的概念之上。也因此，臺灣方面不能因文化的差異，而主張脫離母體，或試圖建立另一個國家。

不過上述這樣的論調及心態，基本上就犯了一個：「認同文化中國」，即必須要同時「認同現時政治中國」的混淆觀念。也因此，當代兩岸文化交流，之所以橫生枝節，應即為此雙方認知的分歧過大所致。

當然，扁政府自當選以來，在其「四不一沒有」的擋箭牌下，近年來在臺灣繼承其前任李登輝的「文化臺獨」路線，已朝「去中國化」的漸進式的臺獨目標，一步步地邁進。因而曾被對岸政府，批判其如此作法是對在臺灣的中國文化「刨根去基」，並藉此來鼓吹臺灣本土文化，或彰顯臺灣文化的自我主體性，並試圖割裂臺灣文化與中國文化原有的臍帶關係。

殊不知，對岸的此種認知，仍和兩蔣時代，在臺灣所強迫灌輸的「大中國意識」、「大中國沙文主義」的想法，如出一轍。完全不了解臺灣與中國分離近百年，臺灣人早已創造發展出，相當有別於中國大陸封建文化的「海洋文化」。

由以上說明可知，當代臺灣人已有強烈的本土主體之自我意識，亦即，已具有高度自我認同的「臺灣意識」之現實存在。

因此，假如對岸中國當局一直不了解、與尊重臺灣人高度自我認同的集體意識，則今後兩岸的文化交流要正常發展，其實是有其困難的。

兩岸文化交流之展望

所以說，兩岸的爭議「能否解決」其實不是主要的問題，作為兩岸的一分子，我們比較在意的是「如何解決」。

「能否解決」需要耐心等待，「如何解決」則需要大智慧，這才是問題的核心所在。

近些年來，關於「如何解決」的方式，有多家說法。陳水扁總統於2001年元旦，曾提出「兩岸統合」的觀點，親民黨的大陸政策白皮書也主張「整個中國」、「一中屋頂」、「歐盟模式」、「兩岸整合」等論述。

基本上，這些主張都有可以討論的空間，我們比較在意的是在臺商經濟「中國熱」、政治接觸卻仍處冰封期的「政冷經熱」情況下，如何去化解僵局?

思前想後，又回到文化交流原點，因為兩岸千絲萬縷的問題，無法一夕解決，只有長時間、有耐心的持續從全面性文化交流著手，才有可能化解彼此的歧見，尤其是在國家認同認知觀點的歧異。交流是了解的起步，文化交流更屬細水長流，只有雙方累積一點一滴的了解，才可逐漸化解僵局。

特別是兩岸分離已久，雙方的歷史經驗與記憶截然不同。各自在經濟、政治、文化、思想等制度設計上，亦差異懸殊，已形成迥然有別的國民意識。

在威權體制解體後，一種明顯以臺灣歷史、社會發展與政治民主化的「臺灣意識」正在興起，且沛然莫之能禦。這種因臺灣特殊歷史格局而起的歷史經驗與記憶，是彼岸中國大陸所無法理解的。

從這個角度觀之，就可以說明兩岸之間，已出現了文化差異，甚至文化衝突。因此兩岸，如不能儘快從雙方的文化交流過程中，來共同反省誤解的根源，或找到歧異衝突之所在，欲以文化交流來增進了解，恐怕不易。

尤其令人擔心的是，假使兩岸當局無獨有偶的，都寄望以文化交流，來達成特殊之政治目的的話，當文化交流只是一個幌子，或政治工具的時候，大家知己知彼心照不宣，可能對文化交流產生更大的心理防衛機制。如此一來，不僅妨礙了文化交流的層面和深度廣度，兩岸人民的敵意未解，反而漸行漸遠。姑不論政治企圖未達成，心理的隔閡誤解更為加深，「統」、「獨」目的未有結果，受傷害的絕對是兩岸人民。

所以，展望未來的兩岸文化交流，宜尊重彼此的「差異性」，異中求同，化解歧見，一切以促進兩岸所有百姓福祉為優先。尤其要有彈性作為，及前瞻性的構想。

例如，可先以「現實主義」定位兩岸關係，但不排除任何特殊關係建構的可能性：少些政治企圖，多些溝通了解；例如，可否考慮暫時擱置爭議甚大的「一個中國」主權衝突；或者，讓「一個中華」的民族和解，來取而代之，而雙方也擴大文化交流的管道與層次？

以上這些思維，可能才是兩岸文化交流合理正常的作法，或兩岸當政者今後應採取之態度。

參考書目

何寄澎、黃俊傑主編，《臺灣的文化發展：世紀之交的省思》（臺北：國立臺灣大學出版中心，2002 年）。

胡元梓、薛曉源主編，《全球化與中國》（北京：中央編輯出版社，1998 年）。

施正屏，《兩岸文化交流歷程回顧與政策檢討》（臺北：行政院陸委會，1997 年）。

郭洪紀，《臺灣意識與中國情結》（臺北：慧明文化，2002 年）。

孫治本，《全球化與民族國家：挑戰與回應》（臺北：巨流，2001 年）。

黃俊傑，《臺灣意識與臺灣文化》（臺北：正中，2000 年）。

趙建民主編，《大陸研究與兩岸關係》（臺北：晶典文化，2005 年）。

第十一章　全球化與本土化交互衝擊下的當代臺灣處境

11.1　面對新局——從現代化到全球化

回顧和展望——臺灣現代化的歷程

無論從臺灣開發的歷史脈絡來看，或從世界變遷的框架來看，一部臺灣史嚴格而言，亦是定居於這個島上住民的現代化史，不管這現代化歷程，在臺灣島史是出於主動，或被動。要而言之，這現代化歷程，總歸是事實。所以本節，對「臺灣現代化的歷程」提出些扼要的「回顧和展望」。

現代化是一社會巨大轉型的變遷過程。此變遷涉及經濟、政治、文化各個制度層面。在根本上，它也是一種生活方式與價值秩序的轉變。從荷、西治臺時期，以臺灣為轉運中心之經貿網絡的發達，臺灣就曾被推到第一波全球化浪潮的歷史舞臺。

其後，明鄭時期大量的漢移民來臺，也為臺灣的土地開發帶來充沛的生產力和生產技術。到了清領後期，臺灣開港後，大批洋行的進駐臺灣，又將臺灣納入資本主義的國際貿易中，而沈葆楨、劉銘傳在臺的富強「新政」，使臺灣成為中國洋務運動最進步的一省，亦是現代化最成功之省分。

日治時期，日本雖然殖民統治臺灣，但憑良心說，無論就物質建設或新思潮的引進，都將臺灣打造成跟上世界文明潮流的地區。伴隨著日本「脫亞入歐」的西化政策，其統治下的殖民地亦深受影響，臺灣在日治時期，均積累了相當明顯的城市化、市場化、法治化等之現代化的特徵。

社會上亦出現了現代化的基礎設施，如一定規模的資本累積，市場體系，以及少量的中產階級，這些都為臺灣的現代化工作，奠定初基。

「臺灣經濟奇蹟」與「臺灣經驗」

戰後國府治臺五十年，將臺灣經濟發展為亞洲四小龍之一，締造舉世欽羨的「臺灣經濟奇蹟」，成為開發中國家競相模仿的「臺灣經驗」。

尤其在臺灣經濟起飛後，大批海外人才回國，戮力投身於臺灣的建設開發；過去熱衷於政治運動的學生，也將精力轉移到體現個人價值的創造性工作。經濟結構，以高科技產業為支柱，並得益於以貿易輸出為主的全球性經濟組合。

雖然有不少學者批判現代化理論太過著重強調人類對經濟福祉的追求及物質技術的進步，但就啟蒙的科學理性觀視之，追求人類經濟生活的改善，不就是人類存在之普遍價值嗎?

準此而論，四百年來的臺灣史，不外乎就是島上住民追求經濟生活改善的奮鬥史，否則，當年祖先何以要冒著九死一生的危險，橫渡黑水溝，來這「海角一樂園」，經營其天堂美夢呢?

臺灣現代化的進程與意義

在臺灣的現代化進程,主要展現在傳統性與現代性的交融整合過程。見諸臺灣歷史，尤其是清領末期這一段，李國祁教授即曾一再強調：臺灣近代化，即是一連串以中國為中心的內地化過程；臺灣在那段時間，充分吸收大陸傳統文化之養分，且揉合了臺灣移墾社會所特有的海洋文化之精髓，形塑成與大陸有異的「臺灣文化」格局。

日治時期，因日本的「西化政策」，臺灣很快的趕上接受新思潮的腳步，在昔日漢文化的土壤上，撒上更多西潮的種子。尤其在法治觀念的培養與成熟公民社會的養成、精神文化的更新，都與清領時期尚帶濃厚大陸色彩的文化價值觀大異其趣。所以，我們可以說，臺灣的器物層面現代化，在清末萌芽奠基，在日治時期略具規模，在戰後國府治臺迄今，基本上已完成。

而更重要的是，精神文化更新層面的現代化，也在日治時期，紮下堅實基礎。再經戰後國府的治臺階段，雖說早期於威權時代，曾受到禁錮，但在強人政治瓦解後，精神文化現代化的機制又重新啟動，於今亦看到明顯的成果。

總之，臺灣的現代化歷程，其基調是從清領時期的農業社會，轉向工商業社會邁進的。在建立自己工商業文明新秩序之際，須建立種種制度的配套措施。這當中包括了政治、經濟、法律、教育、宗教等制度，這些制度不僅是舊社會制度的替代，有些更是舊社會所沒有的，而為新社會所必需。基本上，此一新制度建立的過程相當艱辛，其中，政治民主與法治觀念的養成，更是一波三折，困難重重。

所幸，臺灣人秉持堅毅不撓的精神，克服萬難，在民主政治的大方向上，取得重大進展。而就兩岸三地言，臺灣在政治民主化的進程，也遙遙領先大陸、港澳地區。

誠然，臺灣在現代化制度的建立上，向西方取經，有相當程度之「西化」色彩，但這並不影響臺灣轉換成有自己特色的政治或文化制度。現代化最主要的內涵，為一自我更新、自我轉化精神的社會變遷。

依此而論，我們若從根本的意義上來看，臺灣的現代化運動，其當然絕不止於物質基礎的建設，及富庶生活的追求，它實際上是臺灣「現代性」的建構，一個有別於中國大陸的「臺灣文化」的塑造。

臺灣在全球化浪潮下的衝擊

二十世紀中葉，特別是二次大戰之後，隨著電腦科技的無遠弗屆，及全球經貿網絡的發達，一個以西方文化價值觀為主體的「全球現代化」正逐漸形成。當然，全球現代化並不等同於全球西方化。

然而，無庸質疑的，全球現代化，促成了我們今日的「全球化」。臺灣的現代化歷程，其實也是全球現代化的一環，全球化意味著臺灣進入世界，世界也進入臺灣。

在全球化浪潮席捲下，強調主權獨立，作為民族國家屬性的觀念，正受到前所未有的衝擊，而文化作為族群生存根源的說法，也受到全球一體化普世文明趨向的挑戰。

但是，在全球化的趨勢下，反而帶動民族主義的回潮，為保持自己鮮明的族群特徵，各國乃紛紛從本土資源汲取傳統價值力量，而刻意強調「本土化」的重要性。

現代化帶來本土文化的復興，成為反制「全球化」的一把利器。當今諸多第三世界國家的「反全球化」運動，即是以本土化為訴求。

所以說，經濟全球化的發展趨勢，固然遭到若干抵制，一個合理的全球經濟秩序亦有待建立，但更深層講，「文化全球化」才是一個根本的衝突點。

文化之「同質化」與「異質化」這兩股力量正在角逐較勁，此關係到現代性的多元性與單一性問題。

基本上，這世界上並無存在單一「全球文化」的可能，全球化所應該開展的是各個國家、各個族群複數多元的全球化。

正如阿蘭・盧格曼 (Alan Rugman) 在其《全球化的終結》一書所提到的，「迄今被人濫用的『全球化』概念，並無實在意義。作為全球化最基本的構成要素的經濟事實，已然表明，不存在一個純粹的全球化」。而人們所謂的「全球化」只不過是「由目前最為強大的『三極集團』——即:

美國、歐盟、日本三大經濟巨人主導下，超級跨國公司的全球化經營」。

臺灣在戰後的經濟發展，迄今仍極度仰賴美國和日本提供市場和技術。所以，「全球化」的新潮流，所增加的新變動因素，其實是因對岸中共採取「改革開放」政策，而「和平崛起」的這一巨大經貿體，已逐漸成為世界規模的大生產製造中心，所帶來的強烈衝擊。

當然，在所謂「全球化」的浪潮下，除上述經濟的因素之外，今後，臺灣本身還有現代化的途徑要走。臺灣近代以來的現代化，既是形塑臺灣文化及開展臺灣文明秩序的歷程，當然也有與其他世界現代化的共通性與同質性。但更重要的是，它還是要保有臺灣本土的特殊性，尤其是，與中國大陸文化有別的特殊性。此即何以從 1980 年代起，臺灣人民自覺意識高漲，強調回歸臺灣本土文化的重要性、主體性之所在。

平情而言，一個國家的經濟發展和科技實力，是透過現代化過程，向世界文明吸收的成果。但也是來自對自身文化傳統的反思，而更重要的是，經濟發展以及財富創造，歸根到底，仍是依賴人的自由和思想交流。

其實，從長遠角度看，現代化與全球化的這兩股勢頭，並非不能相容，而是彼此深深地相互滲透。但實際過程中，卻往往由於兩者的激烈撞擊，而不斷引發文化民族主義的情緒。從各國的實踐，以及臺灣的現代化演變來看，正是因為在現代化上取得成功時，反而興起一種強烈的自我文化認同的追求。

此一源於現代性的本土化之要求，乃臺灣於 1970、1980 年代，所展現的強烈文化認同之所由來。

這種文化認同之追求，其實亦是一種「另類現代性」的追求，此一弔詭現象，為臺灣現代化→本土化→全球化演變三部曲歷程下了最佳註腳。

總的來說，我們不否認，臺灣的現代化確實在相當程度受西方現代性的影響，它與西方現代性也有一定程度的匯流現象。

臺灣在全球化衝擊下的自我文化重塑與認同，可顯示臺灣形成中的現代性，像西方的現代性一樣有其「普遍性」，但亦有其「特殊性」。且此文化在「特殊」與「普遍」之間是可以取得一動態的平衡。

全球化似乎使世界變成一天涯若比鄰的地球村。但是，它不會產生文化的一體性，反而使我們意識到文化的差異性。所以說，全球化一方面形成一彼此依存的「全球社會」，另一方面又凸顯了各個民族文化和歷史傳統的差異性。

認識到全球化下，文化的多樣性，認識到全球化下，多元文明存在的價值，也許可以有助於我們更清楚了解，「臺灣文化」在其上面的座標。

參考書目

阿蘭・盧格曼 (Alan Rugman) 著，常志霄、沈群紅、熊義志譯，《全球化的終結》（北京：三聯書店，2001 年）。

何寄澎、黃俊傑主編，《臺灣的文化發展：世紀之交的省思》（臺北：國立臺灣大學出版中心，2002 年）。

李永熾等編撰，《臺灣主體性的建構》（臺北：財團法人群策會李登輝學校，2004 年）。

余英時，〈中國現代價值觀念的變遷〉，《現代中國的歷程》（臺北：華視文化，1992 年）。

金耀基，《中國的現代轉向》（香港：牛津大學出版社，2004 年）。

金耀基，《從傳統到現代》（臺北：時報，1979 年）。

金耀基，《兩岸中國民主的反思》（臺北：天下文化，1990 年）。

11.2　全球化潮流下的臺灣

開場白

二次大戰後迄今，半個多世紀以來，世界歷史的發展，有兩個潮流特別顯著：

一為隨著高科技及國際經濟的發展，所帶來的「全球化」，或謂「超國家化」(Transnationalization) 的趨勢，國與國之間，乃至區域與區域之間，人為界線逐漸泯除，所謂的「地球村」日益成為事實；二為在全球化、國際化的大潮中，全球各地的尋根意識日益抬頭，回歸「本土」的呼聲，甚囂塵上，此「本土化」(Localization) 的訴求，也蔚為歷史主流。

「全球化」與「本土化」兩股歷史趨勢互相激盪

「全球化」與「本土化」這兩股歷史趨勢，互相激盪，互補互利，形成辯證性的發展關係。這兩股看似有所衝突、互相矛盾的趨勢，其實顯現的問題，不是二者選其一的選擇，而是覓出二者之間的平衡點。

這當中，其實孰先孰後的爭議不大，而是心態及作法。二者之間，不必兩極化；若能透過合理的政策，適當的規範，仍然可找出解決之道。

「全球化」和「本土化」，這兩股大潮，既存在不可分割，又互相競爭的關係。尤其，在 1990 年代後，臺灣在完成初步民主改革後，也面臨了在這二者之間抉擇的難題。此即從 1987 年解嚴始，到威權體制逐步崩解過程中，「政治認同」與「文化認同」的問題，隨即浮上檯面。

臺灣的「政治認同」與「文化認同」，其作法是先緊握著「本土化」這股尋根覓祖潮流，強化「本土化」即「臺灣化」這樣的認同、認知，所形塑而成的，所謂臺灣主體意識。

主權獨立的「本土化」與「去中國化」?

弔詭的是，這股重塑臺灣「本土化」的作法，卻往往是以「去中國化」為前提手段。但，此種作法，不僅有悖於全球化，恐怕也達不到「去中國化」的目的。

基本上，臺灣「國家認同」的混亂與危機，有其先天之特殊歷史因素，它是國共內戰遺留的未解問題，也是冷戰結束後凸顯的問題。

何以是內戰問題? 因為 1949 年國共內戰後，戰敗的國民黨一方，將「中華民國」政府帶到臺灣來，並名正言順的宣稱它代表全中國。但說實在，共產中國卻實際統治著中國大陸，只不過我們不願承認而已。

而當時的國際社會，在共產與西方民主的兩大陣營之間，正長期處於劍拔弩張的冷戰時代，並且又由西方民主超強盟主美國強勢主導，所以大多數西方民主陣營的國家，也不願對其正式承認。因此，轉而以（在）臺灣的中華民國，來代表包括海峽兩岸全中國地區。

問題在於，時間會改變，環境會改變，中共也會改變。因此，當中共於 1970 年代，回到聯合國後，並與日本、加拿大、義大利及亞、歐等重要國家正式建交，歸返國際社會時，其對臺灣的衝擊，就甚大無比。

因為此一巨大衝擊，不僅承認「（在）臺灣的中華民國政府」之外交國銳減，而且「（在）臺灣的中華民國政府」於國際間的合法性，也迭遭到質疑；尤其更重要的是，它頓時使臺灣失去了藉由內戰與冷戰，來自我定位的法統合法性依據。

過去，在冷戰時期，中共曾被國際社會視為一個邪惡侵略、孤立封閉的異端國家，因此為圍堵中共的興起，及共產勢力的擴張，臺灣成為美國在西太平洋，作為牽制中共的一個重要據點。

且在國際間，「（在）臺灣的中華民國政府」，因仍擁有美國的強力護持與外交承認，所以仍能維持其國際地位。

可是，當 1970 年代始，美國及國際社會，轉向承認中國後，「（在）

臺灣的中華民國政府」已不被絕大多數的國家所承認，甚至於也不被國際主流的價值所接受。

而在對內部分，其所代表的「中華民國」的政府合法性統治基礎，也一直遭受在野黨及民眾的質疑。尤其，在後冷戰時期，臺灣在流行的主體政治現象中，已逐漸找不到自己適切的位置。這也是何以在世紀之交前後，當全球化大潮風起雲湧之時，臺灣不得不被迫走向相逆道路；在世界化潮流已穿透國界時，臺灣則仍在奮力，要重新砌起自我主體防衛與認同的高牆。

臺獨論述的困境

然而，此時西方國家已不支持臺獨，也不希望臺灣真的徹底從中國分離出去。在如此時勢已大為逆轉的情況下，又當大陸因經濟快速成長，而臺灣很多民眾對於能在彼岸尋找各種機緣，趨之若鶩時，臺灣島內，更急迫的想關起門來，努力從事建構其所謂臺灣「主體化」、「本土化」的各項運動。問題是，此一型態的論述，國際社會是否會接受？以及其對內引發的各種爭議，是否能有效地排除？諸多待解，或可能根本無解的難題。

總之，臺灣興起的主體性認同及本土化運動，原本無可厚非；問題在於，推動的過程中，是否需要一味的伴隨著以「去中國化」為訴求，以及無視於國際社會已逐漸全球化的趨勢。

因而，使此一在後冷戰時代，所充分暴露的，臺灣在主權論述的矛盾與空虛，逐漸被導至無所回歸、無所認同、或無所依附的地步。

在「經濟全球化」的二十一世紀，世局時勢將更變幻莫測，臺灣未來的處境，很可能會更艱辛，或更具挑戰性。有關臺灣主體意識的建立已刻不容緩，但宜先在島內尋求共識，由此形成臺灣人的普遍共同信仰。

臺灣未來的演變，無論統或獨，或不統不獨，維持現狀，都不能排除作為臺灣全體民眾，在自由意志下，大多數抉擇的可能選項之一。這才不會作繭自縛，先將自己困住，或讓自己此後的舉步，更為艱難!

過去，我們從文化社會變遷、外來政權統治的「原住民的臺灣」→「移民的臺灣」→「中國的臺灣」→「日本的臺灣」；到今天，宜在全球化潮流下，從「世界的臺灣」，來定位自己。

因為，只有如此才能讓臺灣和國際社會接軌，並且，在堅持臺灣主體的同時，也不排除和中國大陸在未來有任何變化的可能性發生。

相信唯持有此彈性的觀念，來面對世局的變幻莫測處境，始能妥善因應新局，也才是臺灣安全保障之最大公約數。

參考書目

何寄澎、黃俊傑主編，《臺灣的文化發展：世紀之交的省思》（臺北：國立臺灣大學出版中心，2002 年）。

李永熾等編撰，《臺灣主體性的建構》（臺北：財團法人群策會李登輝學校，2004 年）。

金耀基，《中國的現代轉向》（香港：牛津大學出版社，2004 年）。

張德麟主編，《臺灣漢文化之本土化》（臺北：前衛，2003 年）。

郭洪紀，《臺灣意識與中國情結》（臺北：慧明文化，2002 年）。

黃俊傑，《臺灣意識與臺灣文化》（臺北：正中，2000 年）。

張亞中，《開放政治市場：全球治理臺灣》（臺北：聯經，2002 年）。

張亞中，《全球化與兩岸統合》（臺北：聯經，2003 年）。

Jacques Addas 著，何寬、周曉辛譯，《經濟全球化》（臺北：米娜貝爾，2000 年）。

蔡文輝，《臺灣社會變遷》（臺北：三民書局，1982 年）。

楊國樞、葉啟政主編，《臺灣的社會問題》（臺北：巨流，1991 年）。

張麟徵編著，《知識分子與二十一世紀》（臺北：國立臺灣大學共同教育委員會，1997 年）。

文明叢書——

把歷史還給大眾，讓大眾進入文明！

文明叢書 05

疾病終結者——中國早期的道教醫學　　林富士／著

金爐煉丹，煉出了孫悟空的火眼金睛，也創造了中國傳統社會特有的道教醫理。從修身道士到救世良醫，從煉丹養生到治病救疾，從調和陰陽的房中術到長生不老、羽化升仙的追求，道教醫學看似神秘，卻是中國人疾病觀與身體觀的重要根源。

文明叢書 06

公主之死——你所不知道的中國法律史　　李貞德／著

丈夫不忠、家庭暴力、流產傷逝——一個女人的婚姻悲劇，牽扯出一場兩性地位的法律論戰。女性如何能夠訴諸法律保護自己？一心要為小姑討回公道的太后，面對服膺儒家「男尊女卑」觀念的臣子，她是否可以力挽狂瀾，為女性爭一口氣？

文明叢書 07

流浪的君子——孔子的最後二十年　　王健文／著

周遊列國的旅行其實是一種流浪，流浪者唯一的居所是他心中的夢想。這一場「逐夢之旅」，面對現實世界的進逼、理想和現實的極大落差，注定了真誠的夢想家必須永遠和時代對抗；顛沛流離，是流浪者命定的生命情調。

文明叢書 08

海客述奇——中國人眼中的維多利亞科學　　吳以義／著

毓阿羅奇格爾家定司、羅亞爾阿伯色爾法多里……，這些文字究竟代表的是什麼意思——是人名？是地名？還是中國古老的咒語？本書以清末讀書人的觀點，為您剖析維多利亞科學這隻洪水猛獸，對當時沉睡的中國巨龍所帶來的衝擊與震撼！

文明叢書 09

女性密碼——女書田野調查日記

姜　葳／著

你能想像世界上有一個地方，男人和女人竟然使用不同的文字嗎？湖南江永就是這樣的地方。與漢字迥然不同的文字符號，在婦女間流傳，女人的喜怒哀樂在字裡行間娓娓道來，建立一個男人無從進入的世界。歡迎來到女性私密的文字花園。

文明叢書 10

說　地——中國人認識大地形狀的故事

祝平一／著

幾千年來一直堅信自己處在世界的中央，要如何相信「蠻夷之人」帶來的「地『球』」觀念？在那個東西初會的時代，傳教士盡力宣揚，一群中國人努力抨擊，卻又有一群中國人全力思考。地球究竟是方是圓的爭論，突顯了東西文化交流的糾葛，也呈現了傳統中國步入現代化的過程。

文明叢書 11

奢侈的女人——明清時期江南婦女的消費文化

巫仁恕／著

「女人的錢最好賺。」這句話雖然有貶損的意味，但也代表女人消費能力之強。明清時期的江南婦女，經濟能力大為提升，生活不再只是柴米油鹽，開始追求起時尚品味。要穿最流行華麗的服裝，要吃最精緻可口的美食，要遊山玩水。本書帶您瞧瞧她們究竟過著怎樣的生活？

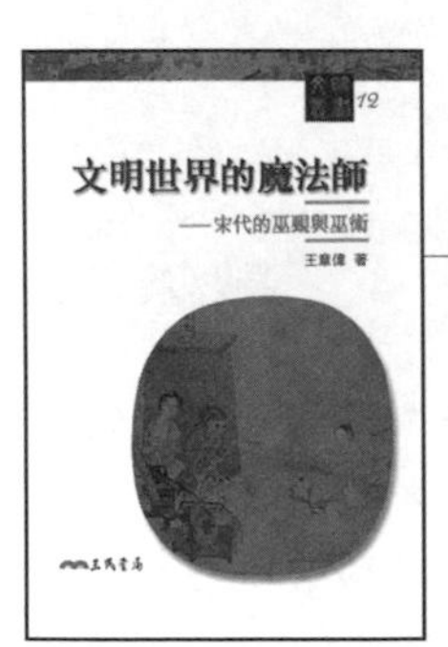

文明叢書 12

文明世界的魔法師——宋代的巫覡與巫術

王章偉／著

《哈利波特》、《魔戒》熱潮席捲全球，充滿奇幻色彩的巫術，打破過去對女巫黑袍掃帚、勾鼻老太婆的陰森印象。在宋代，中國也有一群從事巫術的男覡女巫，他們是什麼人？他們做什麼？「消災解厄」還是「殺人祭鬼」？他們是文明世界的魔法師！

文明叢書 13

解構鄭成功——英雄、神話與形象的歷史

江仁傑／著

海盜頭子、民族英雄、孤臣孽子、還是一方之霸？鄭成功到底是誰？鄭成功是民族英雄、地方梟雄、還是不得志的人臣？同一個人物卻因為解讀者（政府）的需要，而有不同的歷史定位。且看清廷、日本、臺灣、中共如何「消費」鄭成功！

文明叢書 14

染血的山谷——日治時期的噍吧哖事件

康　豹／著

噍吧哖事件，是日治初期轟動一時的宗教反抗，震驚海內外。信徒憑著赤身肉體和落後的武器，與日本的長槍巨砲硬拼，宛如「雞蛋碰石頭」。金剛不壞之身頂得住機關槍和大砲嗎？臺灣的白蓮教——噍吧哖事件。

文明叢書 15

華盛頓在中國——製作「國父」

潘光哲／著

「國父」是怎麼來的？是選舉、眾望所歸，還是後人封的？是誰決定讓何人可以登上「國父」之位？美國國父華盛頓的故事，在中國流傳，被譽為「異國堯舜」，因此中國也創造了一位「國父」——孫中山，「中國華盛頓」。

文明叢書 16

生津解渴——中國茶葉的全球化

陳慈玉／著

大家知道嗎?原來喝茶習慣是源於中國的，待茶葉行銷全球後，各地逐漸衍生出各式各樣的飲茶文化，尤其以英國的紅茶文化為代表，使得喝茶成為了一種生活風尚，飄溢著布爾喬亞氣息，並伴隨茶葉貿易的發展，整個世界局勢為之牽動。「茶」與人民生活型態、世界歷史的發展如此相互牽連，讓我們品茗好茶的同時，也一同進入這「茶」的歷史吧！

文明叢書 17

林布蘭特與聖經
——荷蘭黃金時代藝術與宗教的對話

花亦芬／著

在十七世紀宗教改革的激烈浪潮中，林布蘭特將他的生命歷程與藝術想望幻化成一幅又一幅的畫作，如果您仔細傾聽，甚至可以聽到它們低語呢喃的聲音，就讓我們隨著林布蘭特的步伐，一起聆聽藝術與宗教的對話吧！

文明叢書 18

救命——明清中國的醫生與病人

涂豐恩／著

這是三百年前的世界，人們同樣遭受著生老病死的折磨。不同的是，在那裡，醫生這個職業缺乏權威，醫生為了看病必須四處奔波，醫生得面對著各種挑戰與詰問。這是由一群醫生與病人共同交織出的歷史，關於他們之間的信任或不信任，他們彼此的互動、協商與衝突。